Introdução clínica à
psicanálise lacaniana

◇ **Transmissão da Psicanálise**
diretor: Marco Antonio Coutinho Jorge

Bruce Fink

Introdução clínica à psicanálise lacaniana

Tradução:
Vera Ribeiro

Revisão técnica:
Marco Antonio Coutinho Jorge
Programa de Pós-graduação em Psicanálise/Uerj

8ª reimpressão

ZAHAR

Para Héloïse

Copyright © 1997 by The President and Fellows of Harvard College

Tradução autorizada da primeira edição inglesa, publicada em 1999 por Harvard University Press, de Londres, Inglaterra

Grafia atualizada segundo o Acordo Ortográfico da Língua Portuguesa de 1990, que entrou em vigor no Brasil em 2009.

Título original
A Clinical Introduction to Lacanian Psychoanalysis (Theory and Technique)

Capa
Sérgio Campante

Preparação
Angela Ramalho Vianna

Indexação
Gabriella Russano

Revisão
Eduardo Monteiro
Carolina Menegassi Leocadio

CIP-Brasil. Catalogação na publicação
Sindicato Nacional dos Editores de Livros, RJ

F535i	Fink, Bruce
	Introdução clínica à psicanálise lacaniana / Bruce Fink; tradução Vera Ribeiro. – 1ª ed. – Rio de Janeiro: Zahar, 2018.
	il. (Transmissão da Psicanálise)
	Tradução de: A Clinical Introduction to Lacanian Psychoanalysis (Theory and Technique).
	Inclui índice
	ISBN 978-85-378-1735-3
	1. Lacan, Jacques, 1901-1981. 2. Psicanálise. I. Ribeiro, Vera. II. Título. III. Série.

CDD: 616.85262
CDU: 159.964.2

18-47078

Todos os direitos desta edição reservados à
EDITORA SCHWARCZ S.A.
Praça Floriano, 19, sala 3001 – Cinelândia
20031-050 – Rio de Janeiro – RJ
Telefone: (21) 3993-7510
www.companhiadasletras.com.br
www.blogdacompanhia.com.br
facebook.com/editorazahar
instagram.com/editorazahar
twitter.com/editorazahar

Sumário

Prefácio 7

PARTE I DESEJO E TÉCNICA PSICANALÍTICA 11

1. O desejo na análise 13
2. Engajando o paciente no processo terapêutico 21
3. A relação analítica 39
4. A interpretação: abrindo o espaço do desejo 54
5. A dialética do desejo 62

PARTE II O DIAGNÓSTICO E A POSIÇÃO DO ANALISTA 85

6. Uma abordagem lacaniana do diagnóstico 87
7. Psicose 91
8. Neurose 127
9. Perversão 184

PARTE III A TÉCNICA PSICANALÍTICA ALÉM DO DESEJO 225

10. Do desejo ao gozo 227

Posfácio 241
Nota sobre a documentação na edição brasileira 245
Notas 246
Recomendações de leitura 307
Agradecimentos 317
Índice remissivo 318

Prefácio

> O fim do meu ensino tem sido, e permanece, o de formar analistas.
>
> Lacan, Seminário 11, p.209[224]*

Apesar da grande complexidade dos escritos de Lacan, muitas de suas ideias e inovações clínicas podem ser formuladas de maneira simples e clara. No entanto, poucos ou nenhum dos livros sobre Lacan hoje disponíveis falam de como praticar a psicanálise lacaniana, do que ela realmente envolve e, por conseguinte, do que a distingue de outras formas de terapia, tenham elas ou não uma orientação psicanalítica.

Este livro se propõe a retificar essa situação. Destina-se a clínicos (psicanalistas, psicólogos, psiquiatras, psicoterapeutas, orientadores, assistentes sociais etc.) e a pessoas que estão em terapia – ou se interessam por fazê-la. O livro nasceu de meu trabalho de formação de novos terapeutas na Universidade Duquesne e da supervisão de clínicos já no exercício da profissão – alguns por um bom número de anos. Poucos deles tinham grande conhecimento anterior da obra de Lacan, mas pudemos encontrar um terreno comum na nossa experiência clínica, lidando com os tipos de problemas enfrentados por uma ampla gama de clínicos: fazer os pacientes se engajarem na terapia, lidar com sua angústia e suas demandas, manejar o amor transferencial, pôr de lado nossos sentimentos favoráveis (ou contrários) ao paciente, manter nossos preconceitos fora do contexto terapêutico, trabalhar com a agressão, o sarcasmo e a crítica do paciente, e assim por diante.

Na minha experiência, clínicos de diversas orientações consideram o trabalho de Lacan muito acessível, quando usado para elucidar situações clínicas concretas e históricos individuais de casos. Por isso, fiz o melhor que pude aqui para discutir aspectos cotidianos da experiência dos praticantes e usar o máximo possível de exemplos para ilustrar minhas formulações.

Não pressuponho um conhecimento prévio da obra lacaniana e ofereço sugestões de leitura para complementar minha discussão, em seção separada

---

* Sobre as referências a obras e páginas de Lacan e Freud, ver a "Nota sobre a documentação na edição brasileira", na p.245 do presente livro.

no final do livro, na qual se incluem livros e artigos de Freud, Lacan e discípulos deste. Ao contrário de muitos de meus trabalhos anteriores sobre Lacan, este livro não inclui uma interpretação meticulosa de conceitos lacanianos complexos nem uma trabalhosa decifração de formulações de seus escritos, extremamente densos. Presumo que o leitor se veja confrontando a multiplicidade de problemas de ordem prática suscitados pelo trabalho terapêutico com pacientes, e ainda não saiba ao certo se a abordagem lacaniana lhe interessa o suficiente para que dedique horas e horas, ou, mais provavelmente, meses e anos, à elaboração dos pontos mais sutis dessa teoria.

Assim, minha abordagem aqui pode ser vista de pelo menos duas maneiras diferentes: 1) Ela constitui uma popularização injustificavelmente expurgada da obra lacaniana, envolvendo generalizações e reducionismo grosseiros – é fatal que alguns me façam essa acusação. 2) Ela tenta proporcionar um ponto de encontro entre teoria e prática que faz uma dolorosa falta, um ponto de encontro como o que existe em muitos hospitais e ambulatórios parisienses dirigidos por lacanianos. Nesses contextos clínicos, novos terapeutas e terapeutas em formação engajam-se no trabalho diário com lacanianos – não em relação aos pontos mais sutis da dialética hegeliana, da lógica modal, da topologia, das teorias heideggerianas do ser e da verdade, ou de tropos literários, mas em relação a casos concretos em que o diagnóstico, a medicação, a hospitalização e o envolvimento do paciente na terapia são questões vitais. É no contexto da apresentação de casos, da discussão do que precisa ser feito para determinado paciente, ou da interpretação de um sonho, fantasia ou devaneio, que os clínicos da França deparam, com frequência pela primeira vez, com conceitos como o desejo do analista, o simbólico, o objeto *a*, o gozo e assim por diante. Mesmo nessas circunstâncias, eles não os apreendem automaticamente, porém ao menos existe aí um contexto em que conceitos lacanianos básicos são usados em meios clínicos do dia a dia para formular o que está acontecendo com pacientes específicos, em momentos específicos, e para fazer recomendações aos terapeutas que os tratam.

Nem todos nascem analistas, e o francês ou francesa comum das ruas não entende nada da gramática de Lacan, muito menos de seus pronunciamentos multiestratificados e polivalentes. Ninguém na França passa a compreender Lacan pela leitura da principal obra que ele escreveu, os *Escritos*; como ele próprio disse, "eles não eram para ser lidos" (Seminário 20, p.29[32]). Os terapeutas franceses aprendem Lacan em contextos acadêmicos e clínicos, nos quais têm aulas com um ou mais dos milhares de praticantes que trabalharam diretamente com Lacan e seus associados, frequentaram palestras, compareceram a apresentações de casos nos hospitais, passaram anos no divã etc. Aprenderam sobre o trabalho de Lacan em primeira mão – como uma prática.

Nos Estados Unidos, até hoje a psicanálise lacaniana tem sido vista como pouco mais que um conjunto de textos – um discurso acadêmico morto. Para que o discurso de Lacan ganhe vida, é preciso introduzir sua *abordagem clínica*, através da análise, da supervisão e do trabalho clínico – em outras palavras, através da experiência subjetiva. Os livros são apenas um começo. Se, atingindo os clínicos no nível da sua experiência cotidiana, eu puder motivá-los a olhar mais demoradamente para a obra de Lacan, amiúde impenetrável, e a levarem mais a sério a visão que ele tem da experiência analítica, terei realizado meu objetivo aqui. Este livro não pretende, de modo algum, ser uma expressão total da visão lacaniana da prática clínica. É antes uma introdução e um convite à leitura.

O livro é adequado para analistas em formação, clínicos de todas as orientações e seminários avançados de graduação e pós-graduação em psicanálise e outras áreas correlatas. Ele fornece uma visão geral da abordagem de Lacan na terapia, ao mesmo tempo em que apresenta muitos de seus conceitos fundamentais: imaginário, simbólico e real; necessidade, demanda, amor, desejo, fantasia e gozo; sujeito, objeto e Outro; significante e significado; as três formas de negação (foraclusão, renegação e recalcamento) e as estruturas clínicas determinadas por elas; o desejo do analista, a pontuação e a sessão de duração variável; e assim por diante. Quatro discussões detalhadas de casos figuram nos capítulos finais, ilustrando a abordagem lacaniana da prática aqui exposta, bem como as diferentes categorias diagnósticas psicanalíticas. Também em outros capítulos incluo certa quantidade de material de casos (embora de natureza mais fragmentada), grande parte do qual tomei emprestada de meus supervisionandos; é comum eu achar mais fácil extrair intervenções e exemplos específicos do trabalho deles que do meu, visto que sempre me inclino, quando se trata de meus próprios casos, a me dedicar a um debate mais extenso do que o contexto permite. Os dois estudos de casos apresentados no Capítulo 8 vieram da minha própria clínica e fornecem muito material sobre os antecedentes dos pacientes.

O Lacan que apresento não é o "Lacan inicial" – isto é, o clínico da década de 1950 –, mas o posterior, de meados ao final dos anos 1960 e da década de 1970. Minha compreensão de sua obra deriva de sete anos de formação profissional em Paris, no instituto fundado por ele pouco antes de sua morte (a École de la Cause Freudienne), de minha análise pessoal e supervisão com discípulos de Lacan, de estudos de pós-graduação na Universidade Paris VIII, Saint-Denis, e de anos de clínica particular, supervisão, estudos e traduções contínuos.

PARTE I

DESEJO E TÉCNICA PSICANALÍTICA

1. O DESEJO NA ANÁLISE

– Quantos psicólogos são necessários para mudar uma lâmpada?
– Só um, mas a lâmpada precisa realmente querer mudar!

Assim dizia a piada nas décadas de 1970 e 1980. E não era tão desinformada quanto poderia parecer, a princípio, já que muitos psicólogos acreditam que nem toda a terapia do mundo pode ter serventia se o paciente não *quiser sinceramente mudar*. Se Woody Allen passou vinte anos em terapia, sem dúvida foi porque, "no fundo", não queria realmente mudar. E se a psicoterapia logrou tão pouco sucesso foi porque a vontade de mudar da maioria das pessoas simplesmente não foi forte o bastante, não foi fervorosa o bastante. Com isso, depositou-se o ônus nos pacientes.

A abordagem de Lacan difere radicalmente disso. É claro que o paciente não quer *realmente* mudar! Se surgiram sintomas, se o paciente se empenha num comportamento sintomático, é porque uma grande quantidade de energia ficou presa nesses sintomas. O paciente investiu muito na manutenção das coisas do jeito que estão porque extrai dos sintomas aquilo a que Freud se referia como uma "satisfação substituta", e não se pode induzi-lo facilmente a abrir mão dela (*SE* XVI, p.365-71). Ainda que, de início, o paciente afirme querer livrar-se de seus sintomas, ele (ou ela) está empenhado, em última instância, em não desestabilizar as coisas.

Em termos muito simples, essa é uma característica essencial dos sintomas: eles proporcionam algum tipo de satisfação, mesmo que ela possa não ser óbvia para observadores de fora, ou até para o indivíduo sobrecarregado de sintomas (*SE* XVI, p.365-6). Em algum nível, o indivíduo se compraz com seus sintomas.[1] Aliás, dito de modo geral, essa é a única maneira que ele conhece de obter prazer. Então, por que alguém se esforçaria, sinceramente, para abrir mão de sua única satisfação na vida?

Da perspectiva freudiana/lacaniana, fica claro que o terapeuta não pode confiar em algum tipo de "vontade de melhorar" por parte do paciente – em algum tipo de "autêntico desejo de mudança". Isso não existe.[2] Na verdade, é comum os pacientes procurarem a terapia por já não terem qualquer vontade de viver, ou de fazer coisa alguma, ou por intuírem que sua libido está sufocada e murchando. Em suma, seu desejo está morrendo. Então, como ela poderia servir de mola mestra da mudança?

Se há na terapia um desejo que funciona como força motora, este é o do analista, não o do paciente. Muitos terapeutas com quem trabalhei, tanto em formação quanto já experientes, acham impróprio expressar qualquer *desejo* a seus pacientes. Nem sequer telefonam para aqueles que faltam a sessões marcadas,[3] ou que param completamente de comparecer à terapia. "Parar é um direito do paciente", dizem, e se um paciente não quer comparecer "quem sou *eu* para lhe dizer o que fazer?" Na verdade, muitos terapeutas simplesmente se sentem magoados e rejeitados quando os pacientes faltam a uma sessão ou param por completo de aparecer, e se inclinam a dizer consigo mesmos: "Já vai tarde!" Ou então julgam-se insatisfatórios e acreditam haver feito algo errado.

O que esses terapeutas não percebem é que o desejo do paciente de prosseguir na terapia *deve* diminuir ou desaparecer totalmente, em certas ocasiões – caso contrário, os conflitos essenciais ligados a seus sintomas não estariam sendo afetados. É verdade que o paciente tem o direito legal de parar de comparecer, e é verdade que o terapeuta pode ter feito alguma besteira que levou o paciente a abandonar a terapia, mas, *na maioria dos casos, o paciente fica à procura de uma desculpa para ir embora*, e de modo geral quase qualquer desculpa serve. Os pacientes tendem a faltar a sessões ou até a interromper a terapia quando intuem que estão sendo solicitados a abrir mão de alguma coisa, ou a fazer um sacrifício que não estão dispostos a fazer.

É o desejo do analista, e não o enfraquecido desejo dos analisandos, que lhes permite prosseguir. Até expressões muito sutis do desejo do analista podem bastar para manter alguns pacientes na terapia quando eles não têm nenhuma vontade pessoal de continuar. O "até amanhã" do analista pode bastar para trazer alguns deles de volta, mesmo que acreditem não ter mais nada a dizer e se sintam empacados. Apesar de acharem um absurdo comparecer e pensarem que devem estar chateando o analista, o pedido deste para que voltem e continuem a retornar pode sustentá-los e permitir que se desloquem pelo atoleiro da estase libidinal e da estagnação associativa.

A maioria dos pacientes requer expressões muito mais fortes do desejo do analista para superar sua tendência a se retrair e a evitar o sacrifício. Muitas vezes o analista precisa dizer-lhes que *quer* que eles continuem, *quer* que venham em tal ou qual dia, *quer* que venham com mais frequência – duas vezes por semana, em vez de uma, ou cinco em vez de quatro.

Um exemplo da importância do desejo do analista me foi dado por uma amiga francesa que fizera análise com alguém por uns dois anos e queria continuar. Sua analista lhe disse que não poderia fazer mais nada por ela, indicando-lhe desejar que ela parasse de ir às sessões. Isso não apenas perturbou profundamente a paciente, como a desanimou de voltar algum dia a fazer análise. Restou-lhe a impressão de que ninguém poderia fazer nada por ela. É bem possível que fosse verdade que a analista já não podia ajudá-la em nada, mas a abordagem adotada deveria ter sido radicalmente diferente. O próprio fato de a paciente querer continuar significava que ela ainda tinha mais a dizer, que não havia concluído seu trabalho analítico; portanto, a analista deveria ter expressado o desejo de que ela *continuasse* em análise, mas desse continuidade ao tratamento com o dr. Fulano, analista extremamente preparado e experiente.

Ao trabalhar com neuróticos, o terapeuta deve *sempre* expressar o desejo de que os pacientes prossigam, mesmo se achar que eles concluíram seu trabalho. Tais pacientes terminarão o tratamento quando seu próprio desejo de seguir adiante houver se tornado suficientemente forte e decidido. (Quando isso nunca acontece, claro, significa que a terapia está deixando o paciente cada vez mais dependente do terapeuta, e não mais independente – um ponto a ser discutido em capítulos posteriores.[4])

Isso implica, é óbvio, que o analista é um ator desempenhando um papel que não necessariamente transmite os seus "verdadeiros sentimentos". O analista não é "autêntico", não comunica seus sentimentos e reações mais profundos ao paciente, como um ser humano a outro. Pode achar o paciente antipático e aborrecido, mas de que adianta informá-lo disso? É muito possível que o paciente reaja a uma expressão de antipatia do analista abandonando por completo a análise, ou tentando tornar-se agradável e interessante para o analista, censurando certas ideias e sentimentos que julgue capazes de aborrecê-lo, em vez de entrar no verdadeiro trabalho de análise. Trata-se de reações contraproducentes, para dizer o mínimo. O analista deve manter uma postura desejante – desejo de que o paciente fale, sonhe, fantasie, faça associações e interprete –, independentemente de qualquer antipatia que possa nutrir por ele. O analista é convocado a sustentar essa mesma postura, esse mesmo desejo, de orientação estritamente analítica também no caso inverso – isto é, quando se sente atraído ou excitado pelo paciente.[5]

Praticamente todos os filmes que retratam um psiquiatra, psicanalista ou psicólogo, desde *Além da terapia*, de Robert Altman, até *Desejos*, de Phil Joanou (com Kim Basinger e Richard Gere), concentram-se no desejo do terapeuta quando ele transgride os limites da relação terapêutica. O terapeuta contemporâneo é quase sempre retratado como alguém solitário e vulnerável, que se enamora de um paciente e sucumbe à tentação de abusar de seu poder sobre este, dormindo com ele ou ela. Essa percepção do terapeuta nas produções dos meios de comunicação de massa é paralela ao fascínio dos próprios terapeutas contemporâneos por um aspecto da contratransferência: os sentimentos do terapeuta despertados em suas relações com o paciente.

Lacan não nega a existência de sentimentos contratransferenciais: qualquer um que tenha recebido pacientes num contexto de terapia num momento ou noutro já se sentiu atraído ou enraivecido em relação a eles, vendo-os com simpatia ou se frustrando com eles. A originalidade de Lacan está no fato de ele exigir que os analistas deixem esses sentimentos de lado ao interpretarem ou ao praticarem outras formas de intervenção na terapia. Tais sentimentos podem ter valor para os analistas na compreensão deles mesmos em suas análises pessoais, bem como para avaliar se um paciente está tentando situar o analista na sua própria economia libidinal, mas não devem ser demonstrados nem revelados aos analisandos.

A expressão lacaniana "desejo do analista"[6] não se refere aos sentimentos contratransferenciais do profissional, mas a uma espécie de "desejo purificado"[7] que é específico do analista – do analista não como ser humano dotado de sentimentos, mas do analista como função, como papel a ser desempenhado, e que *pode* ser desempenhado por muitos indivíduos extremamente diferentes. O "desejo do analista" é um desejo que se concentra na análise e tão somente na análise. Muitos terapeutas me dizem ter planos para seus pacientes, esperar secretamente (ou nem tão secretamente) que dado paciente se torne isto, outro, aquilo, que uma se separe do marido e outro assente a cabeça e tenha filhos; esses desejos não têm absolutamente nada a ver com o "desejo do analista" formulado por Lacan. O "desejo do analista" não é de que o paciente melhore, que tenha sucesso na vida, que seja feliz, que compreenda a si mesmo, volte a estudar, conquiste o que diz querer ou diga alguma coisa em particular – por exemplo que o porco do sonho representa seu pai, ou que ele mesmo teve alguma coisa a ver com a desgraça que aconteceu na sua família quando ele tinha onze anos. Trata-se de um desejo enigmático, que não diz ao paciente o que o analista quer que ele diga ou faça.[8] Os neuróticos são extremamente ávidos por descobrir o que as outras pessoas querem deles, a fim de poderem realizar ou frustrar esses desejos dos outros.

O "desejo do analista" é uma espécie de desejo puro, que não pousa em nenhum objeto particular, que não mostra ao analisando (a pessoa engajada em se analisar) o que o analista quer dele – embora seja quase inevitável o analisando tentar ler um desejo específico até na mais ínfima intervenção ou interpretação. Uma de minhas analisandas convenceu-se de que eu acreditava que ela era homossexual, por eu a haver incentivado a falar de um ou dois encontros homossexuais que ela mencionara de passagem algumas vezes sem jamais entrar em detalhes. Vários "a-hãs" de minha parte lhe bastaram para concluir que eu queria que ela percebesse que era homossexual, e seu protesto contra meu suposto desejo consistiu em não discutir os tais encontros em momento algum. O "desejo do analista" é um desejo que mantém um equilíbrio muito delicado, enfatizando cada manifestação do inconsciente (mesmo quando ela interrompe algo que o analista está pessoalmente interessado em escutar, mesmo quando ela não parece combinar com o que o analista conseguiu compreender até esse momento), e com isso indicando ao analisando o tipo de trabalho que se espera dele na terapia, sem sugerir que o analista tem uma dada intenção e está tentando levá-lo a dizer ou fazer algo em particular.

Terei muito mais a dizer sobre o desejo do analista nos capítulos que virão, mas já deve estar claro que se trata de um desejo incansável de que o paciente compareça à terapia, ponha em palavras a sua experiência, seus pensamentos, fantasias e sonhos e faça associações a respeito deles. Não é um desejo "pessoal", e não é o tipo de desejo que possa ser mantido por quem quiser, sem que primeiro ele passe pessoalmente por um longo período de análise. Todavia, é o que Lacan considera a força motriz da análise.

Saber e desejo

> Se a percepção da realidade acarreta desprazer, essa percepção – isto é, a verdade – tem de ser sacrificada.
> FREUD, *SE* XXIII, p.237

Assim como os pacientes não chegam à terapia com um "desejo autêntico de mudar", também não chegam com um "desejo autêntico de conhecer a si mesmos". Embora, a princípio, muitos expressem o desejo de saber o que deu errado, o que eles fazem que leva o tiro a sair pela culatra, por que seus relacionamentos sempre desmoronam e assim por diante, existe – como sugere Lacan – um desejo com raízes mais fundas de *não saber* nenhuma dessas coisas. Quando os pacientes ficam prestes a se dar conta do que, exatamente, fizeram ou fazem para sabotar sua vida, é muito comum resistirem a ir adiante e fugirem da terapia. Quando começam a vislumbrar seus motivos mais profundos e acham difícil tragá-los, é comum irem embora. A evitação é uma das tendências neuróticas mais básicas.

Freud falou algumas vezes numa pulsão de saber (*Wissentrieb*),[9] mas Lacan restringe essa pulsão à curiosidade das crianças sobre o sexo ("De onde vêm os bebês?"). Na terapia, diz Lacan, a posição básica do analisando é de uma recusa do conhecimento, de um não querer saber nada (*ne rien vouloir savoir*).[10] O analisando não quer saber nada de seus mecanismos neuróticos, nada sobre por que e de onde vêm seus sintomas. Lacan chega a ponto de classificar a ignorância como uma paixão maior que o amor ou o ódio: a paixão de não saber.[11]

Somente o desejo do analista permite ao analisando superar esse "desejo de nada saber", sustentando-o durante o doloroso processo de formular algum tipo de conhecimento novo. Quando o analisando resiste a saber e o analista não faz valer o seu desejo, é impossível formular um novo saber. Lacan chega a dizer que a única resistência na análise é a do analista,[12] pois a resistência do paciente a saber pode ser superada *se* o analista estiver disposto a intervir. Quando o analista hesita, perdendo a oportunidade de pôr em jogo o seu desejo, a resistência que se mostra crucial na terapia é a dele, não a do analisando. É que a resistência do paciente é tida como um dado desde o princípio, e se presume que ele não queira mudar, nem saber, nem abrir mão de nada. Não há nada a fazer a respeito da resistência estrutural do analisando. Mas há, sim, como veremos, algo que se pode fazer quanto à resistência do analista.

Crise da satisfação

> O que o sujeito reencontra não é o que anima seu movimento de tornar a achar.
> LACAN, Seminário 11, p.99[214]

Se as pessoas realmente não querem mudar nem saber, por que alguém chega a entrar em terapia? O que espera alcançar ao fazer isso?

Na maioria dos casos, as pessoas entram em terapia em momentos de crise, em ocasiões em que seu *modus operandi* habitual desmorona. Se, como diz Freud, os sintomas proporcionam satisfações substitutas, esses substitutos nem sempre funcionam eternamente. Podem entrar em conflito com a sociedade em geral, com a tolerância dos entes queridos, com o temperamento de um patrão ou com as expectativas do próprio indivíduo. Ou então podem se intensificar: a agorafobia de alguém pode se agravar progressivamente, restringindo seus movimentos de maneira cada vez mais completa e tornando a vida insuportável. As pessoas tendem a procurar a terapia quando a satisfação proporcionada por seus sintomas deixa de ser tão grande, ou quando é ameaçada por terceiros, ou quando mingua rapidamente ou é anulada por outros fatores.[13]

"Satisfação", contudo, talvez seja um termo "limpo" ou "arrumado" demais para descrever o tipo de prazer que os sintomas proporcionam. Todos nós conhecemos pessoas que vivem reclamando de falta de prazer na vida, porém nunca buscam a terapia. É que elas obtêm certa satisfação da sua própria insatisfação, bem como das queixas: de culpar os outros por sua falta de satisfação. Do mesmo modo, algumas pessoas extraem enorme prazer de se torturar, de se submeter a experiências dolorosas e assim por diante. Os franceses têm uma ótima palavra para esse tipo de prazer na dor, ou de satisfação na insatisfação: *jouissance* [gozo]. Ela qualifica o tipo de "barato" que alguém pode tirar do castigo, da autopunição, de fazer algo tão prazeroso que chega a doer (como o clímax sexual, por exemplo), ou de fazer algo tão doloroso que se torna prazeroso. A maioria das pessoas nega obter prazer ou satisfação com seus sintomas, porém o observador de fora costuma ser capaz de perceber que elas desfrutam esses sintomas, que "gozam" com eles de um jeito que é por demais indireto, "sujo" ou "sórdido" para ser descrito como prazeroso ou satisfatório.[14] O termo "gozo" capta muito bem a ideia de gozar por qualquer meio necessário, por mais limpo ou sujo que ele seja.[15]

O momento em que alguém procura a terapia, portanto, pode ser entendido como aquele em que ocorre um colapso na maneira favorita ou habitual que essa pessoa tem de obter gozo. Trata-se de uma "crise do gozo". O sintoma que proporcionava o gozo já não funciona, ou se encontra em perigo.

As pessoas que procuram um terapeuta *sem* vivenciarem algum tipo de crise do gozo costumam ser mandadas por familiares, amigos ou patrões. Talvez seus cônjuges estejam numa crise de *gozo*, mas elas não estão. E, falando em termos gerais, seu interesse principal é frustrar o desejo dos cônjuges e elas não estão abertas ao efeito do desejo do analista.

Os que chegam em meio a uma crise do gozo esperam que o terapeuta a resolva, conserte as coisas, faça o sintoma funcionar como funcionava antes. Não pedem para ser livrados do sintoma, e sim de sua recente ineficácia, de sua recente insuficiência. Sua demanda[16] é de que o terapeuta restabeleça sua satisfação no nível anterior.

Em vez disso, o que o terapeuta oferece, no começo, é uma satisfação substituta diferente: o estranho tipo de satisfação que vem da relação transferencial e da decifração do inconsciente. Isso *não é* o que os pacientes pedem – eles não estão pedindo uma substituição. Querem, antes, um kit de remendos para consertar a satisfação anterior.

Essa é, essencialmente, a razão por que a terapia não pode ser caracterizada como um contrato e por que o uso disseminado do termo "cliente" para qualificar os pacientes me parece um equívoco. Ser "cliente" sugere que alguém é consumidor, que sabe exatamente o que está pedindo e o que vai receber – o que, com certeza, *não* se aplica a nenhum tipo de situação real de terapia. A ideia de contrato sugere que as partes entram num acordo como iguais, e que o contrato explicita as obrigações de cada parte de fornecer algo. Na terapia, entretanto, o terapeuta contorna as demandas do paciente, frustra-as, e, em última instância, tenta direcioná-lo para algo que ele nunca pediu. Grande contrato! Embora "cliente" possa ser preferível, em alguns aspectos, a "paciente", que tende a patologizar ou estigmatizar a pessoa em terapia, Lacan propõe um termo diferente: "analisando". O sufixo "*-ndo*" de "analisando" é uma forma de gerúndio, o que implica que é a pessoa em terapia quem faz o trabalho de analisar, não o analista.

O analisando que chega à terapia num momento de crise talvez se disponha a contemporizar, a aceitar a satisfação substituta de decifrar o inconsciente, em troca da satisfação enfraquecida do sintoma. O analisando pode pedir promessas: "Pelo que posso ansiar? O que posso esperar da terapia?" Embora não seja possível ao terapeuta lhe prometer felicidade nem cura, se necessário ele pode estender ao analisando a promessa de uma nova abordagem das coisas, uma nova maneira de lidar com as pessoas, um novo modo de funcionar no mundo. Alguns analistas recusam-se a dar qualquer tipo de resposta a esses pedidos dos analisandos, mas, quando se solicita ao analisando que faça um sacrifício – que abra mão do gozo do sintoma –, o golpe pode ser temporariamente abrandado se algo lhe for oferecido em troca: uma coisa vaga, algo que sem dúvida ficará aquém de suas expectativas, mas que talvez possibilite o primeiro passo.

PORTANTO, talvez não seja necessário que a lâmpada *queira* realmente mudar: talvez baste ela estar queimada ou piscando. Aliado à queda livre do gozo antes proporcionado pelo sintoma, o desejo do analista pode ser suficientemente intrigante para levar a pessoa a se envolver no processo analítico e, quando regularmente aplicado, a mantê-la em análise.[17]

2. Engajando o paciente no processo terapêutico

As "entrevistas preliminares": pedagogia analítica

Poucas das pessoas que procuram um terapeuta têm alguma ideia real, no começo, do que o processo terapêutico envolve. Dependendo de sua formação, suas concepções prévias sobre o que acontece na terapia podem cobrir todo um leque que vai de reclamar da vida a confessar os pecados, de receber conselhos a aprender novos "truques" úteis para lidar com problemas, de ter seus pensamentos perturbadores eliminados a ter restauradas as chamadas lembranças recalcadas. Em termos gerais, as pessoas tendem a pensar que, uma vez em terapia, devem falar do que aconteceu desde a última vez em que estiveram com o terapeuta – em outras palavras, devem contar seu dia ou sua semana, seus sentimentos e pensamentos a respeito de tal ou qual pessoa, e por aí vai. Essas ideias estão presentes na mídia, e, com efeito, há terapeutas que incentivam os pacientes a fazer uma ou todas as coisas citadas.

Mas nada disso tem interesse na psicanálise, e a pergunta que surge é como levar os pacientes de suas ideias corriqueiras do que fazer na terapia até o ponto em que eles realizam um autêntico trabalho analítico. A primeira parte da análise envolve uma espécie de pedagogia explícita e nem tão explícita.

No começo, muitos pacientes veem sua relação com o analista como semelhante a qualquer outra relação. Se acham um artigo interessante no jornal e querem mostrá-lo a alguém, levam-no para o analista, assim como poderiam enviá-lo a um dos pais ou mostrá-lo a um amigo. Se leem um bom livro, assistem a um bom filme, ou o que for, recomendam-no ao analista, ou até o "emprestam" a ele deixando-o em sua escrivaninha. Na cabeça deles, esses atos não têm maior significação, refletindo "um interesse amistoso normal".

Desde o início, entretanto, o analista tem de deixar claro que tudo na relação deles é significativo, e que sua relação não se assemelha a nenhuma outra. O analista não é um amigo que troque histórias ou segredos, que empreste livros ou fitas. Não adianta tentar diverti-lo com histórias ou piadas cativantes, porque ele não se divertirá. E, embora o paciente acredite que certas partes de sua história são as mais importantes, o analista sempre parece estar prestando atenção a outra coisa.

A primeira parte da análise, portanto, é dedicada a estabelecer que *não há reciprocidade entre analista e analisando* ("Você me conta as suas histórias e eu lhe conto as minhas"),[1] tal como costuma existir, pelo menos em certa medida, entre amigos; e que o analista não está interessado em ouvir a maior parte daquilo sobre que o analisando se dispõe a falar. O analista pede que o analisando diga o que lhe vier à cabeça, sem censurar nenhum de seus pensamentos, por mais que eles pareçam absurdos, sem importância, fora de contexto, repugnantes ou ofensivos; e pede que ele preste atenção a coisas a que antes, provavelmente, prestava pouca atenção: sonhos, fantasias, devaneios, pensamentos fugazes, lapsos de linguagem, atos atrapalhados e coisas similares.

Essa é uma exigência muito difícil para a maioria das pessoas, principalmente para as que nunca estiveram em análise. Mas um de meus pacientes, que supostamente estivera em análise por vários anos antes de me procurar, disse-me que seu analista anterior nunca lhe pedira que tentasse recordar seus sonhos e contá-los durante as sessões, muito menos que se empenhasse na técnica especificamente psicanalítica de fazer associações com cada elemento de um sonho ou fantasia. Fazer análise requer um processo de aprendizagem, e o analista não deve se abster de incentivar repetidamente o analisando a prestar atenção a todas as manifestações do inconsciente. Isto é o que eu chamaria de aspecto pedagógico das primeiras etapas da análise.

As "entrevistas preliminares": aspectos clínicos

O termo de Lacan para as primeiras etapas da análise, *entretiens préliminaires*, indica que o analista desempenha nelas um papel ativo. Elas servem a um objetivo específico para o analista, que deve situar o paciente, com bastante rapidez, no que concerne aos critérios de diagnóstico. Muitos terapeutas consideram que diagnosticar não é nada além de colocar em escaninhos, o que, em última instância, não tem nenhuma serventia para o processo terapêutico e só é solicitado para os objetivos geralmente execráveis das empresas de planos de saúde. É verdade que estas às vezes baseiam no diagnóstico os valores concedidos para a terapia, e, assim, os terapeutas que são obrigados a trabalhar com essas companhias têm que aprender a encontrar um equilíbrio entre imperativos distintos, fornecendo a elas um diagnóstico que não estigmatize o paciente para sempre, mas que permita a continuação do tratamento, ao mesmo tempo reservando para si ou para um pequeno grupo de colegas o seu verdadeiro juízo sobre o diagnóstico.

No entanto, o analista não pode tratar psicóticos do mesmo modo que neuróticos, e um diagnóstico geral, sujeito a uma possível revisão e a uma criteriosa corroboração posterior, é importante para o posicionamento adequado do analista na relação analítica com o paciente. Supervisionei muitos terapeutas que durante vários meses se abstinham de fazer qualquer pergunta sobre os pais ou a sexualidade do paciente caso este não tocasse espontaneamente nesses temas. No entanto, se o terapeuta não obtiver logo uma visão bastante global da história do paciente, de sua vida familiar e sexual – nos casos em que não se pode excluir quase de imediato um diagnóstico de perversão ou psicose –, poderá cometer graves erros inadvertidamente (como desencadear um surto psicótico).

Por isso as entrevistas preliminares, nas quais o analista pode fazer perguntas muito específicas, a fim de esclarecer alguns pontos cruciais para a formulação de um diagnóstico preliminar, permitem que ele forme uma visão geral da vida e da estrutura clínica do paciente. Isso não significa que o analista dirija as sessões preliminares, dizendo ao paciente do que falar; como diz Freud, nessas sessões "deixa-se o paciente desincumbir-se de quase toda a fala e não se explica nada além do absolutamente necessário para fazê-lo prosseguir no que está dizendo" (*SE* XII, p.124). Todavia, quando persiste na mente do analista uma dúvida a respeito do diagnóstico, a qual pode ser tamanha que o impeça de tratar esse paciente (por exemplo quando o analista não está familiarizado com o tratamento da psicose, como é examinado no Capítulo 7, ou quando não se sente à vontade com a posição em que tenderá a ser colocado ao se empenhar no tratamento da perversão, conforme discutido no Capítulo 9), as perguntas diretas são apropriadas.

Além disso, as entrevistas preliminares procuram transformar o que talvez seja uma vaga sensação de mal-estar na vida do paciente (depressão, angústia, infelicidade etc.) em sintomas isoláveis.[2] Por exemplo, o paciente pode estar convencido, no início, de que seus problemas são realmente de natureza física, mas se dispor a seguir o conselho de seu médico e entrar em terapia, enquanto o tratamento medicinal começa a surtir efeito. As entrevistas preliminares proporcionam um contexto em que o paciente pode começar a ver seus problemas como psicossomáticos, talvez, e portanto acessíveis à cura pela fala.

Diversos pacientes buscam a terapia com a demanda muito explícita de se livrarem de um ou mais sintomas específicos. Todo terapeuta – com exceção dos behavioristas, que trabalham segundo o modelo cirúrgico da psicoterapia, no qual se considera que o sintoma é um comportamento isolado, passível de ser retirado como um apêndice que supurou – se apercebe de que não se pode eliminar o sintoma de um paciente, por mais isolado que este se afigure a princípio, sem sondar muitos aspectos da vida dessa pessoa. Um tique facial "simples" é um fenômeno psicossomático complexo, e pode não passar da manifestação pública e visível de um "problema maior". Todavia, esse tique só se torna um sintoma psicanalítico propriamente dito depois que o paciente troca (talvez com maior ou menor relutância) a demanda resoluta de eliminação do tique pela satisfação de decifrar o inconsciente – ou seja, depois que o paciente se dispõe a pôr em questão toda a sua vida, e não apenas um cantinho do seu rosto.

Isso pode levar um bom tempo: é bem possível que consuma um ano de encontros cara a cara, antes que se possa dizer que o paciente está realmente engajado no processo analítico. O que esperamos, nas palavras de Jacques-Alain Miller, é que "uma demanda 'autônoma' ... emerja da própria relação"[3] – ou seja, que a demanda de que o sintoma seja extirpado como um tumor dê lugar a uma demanda de análise, e que a relação com o analista, por si só, transforme a vontade do analisando de não saber coisa alguma numa vontade de levar adiante sua análise.

Durante esse período, cuja extensão varia, é comum o analisando sentir necessidade de ser apoiado ou escorado, até certo ponto: as pessoas não estão acostumadas a falar sem que haja um rosto ligado à pessoa a quem se dirigem, e sentem necessidade do contato visual. Na sua mente, o analista, no começo, é uma pessoa como outra qualquer, e só aos poucos é que a "pessoa" do analista cede lugar ao analista como ator, função, ocupante de um lugar, tela em branco ou espelho.[4] Essa transição leva tempo e, por isso, não se pode pôr os pacientes imediatamente no divã,[5] como tendem a fazer vários psiquiatras e analistas. As entrevistas preliminares devem ocorrer face a face, e mesmo as pessoas que já estiveram em análise não devem ser imediatamente colocadas no divã.

As "entrevistas preliminares": as intervenções do analista

Enquanto o paciente vê o analista como outro ser humano igual a ele, as interpretações do analista têm pouco peso, em geral. Podem ser aceitas ou recusadas, mas têm pouco ou nenhum impacto na economia libidinal do paciente. As interpretações rejeitadas pelo paciente (quer acertem na mosca, quer não), se oferecidas em número suficiente, tendem a levá-lo a trocar de analista, ou a deixar por completo a terapia.[6] A interpretação não tem praticamente nenhum efeito benéfico até que o analisando formule uma verdadeira demanda de análise e o analista comece a funcionar como pura função.

Pontuação

Isso não quer dizer que o analista não precise dizer nada durante as entrevistas preliminares; quer dizer, antes, que suas intervenções devem consistir em "pontuações"[7] da fala do paciente, nas quais o analista profere um "Hm!" significativo, ou simplesmente repete uma ou mais das palavras ou sons truncados do paciente. Assim como o sentido de um texto escrito pode comumente ser alterado quando se modifica a pontuação (vírgulas, travessões, pontos), a pontuação que o paciente dá a sua própria fala – enfatizando ("sublinhando") certas palavras, disfarçando rapidamente os erros ou as enunciações engroladas, repetindo o que acha ser importante – pode ser modificada, e o analista sugere, com sua pontuação, que há outra leitura possível, mas sem dizer qual é, nem sequer se ela é clara ou coerente. Ao enfatizar as ambiguidades, os duplos sentidos e os lapsos, o analista não chega propriamente a transmitir a ideia de que sabe o que o paciente "realmente quis dizer", mas insinua que outros sentidos, talvez sentidos reveladores, são possíveis. A pontuação do analista menos aponta ou amarra uma significação particular do que sugere um nível de significados a que o paciente não tem prestado atenção: significados não intencionais, significados inconscientes.

A pontuação das manifestações do inconsciente (repetir um lapso da fala do paciente, por exemplo) pode aborrecer alguns pacientes, no começo, porque tais manifestações são aquilo que aprendemos a corrigir rapidamente na conversa cotidiana, atribuindo-lhes pouco ou nenhum significado. Quando praticada sistematicamente, porém, a pontuação sugere aos pacientes que eles não são senhores em sua própria casa.[8] O resultado tende a ser o despertar da curiosidade sobre o inconsciente – às vezes, de um interesse apaixonado por ele. Muitos pacientes chegam a um estágio em que apontam e analisam seus próprios lapsos e pronúncias engroladas, inclusive aqueles que estavam prestes a fazer mas evitaram por se conterem a tempo.

O interesse do analista por esses lapsos, duplos sentidos e ditos engrolados desperta o interesse do paciente por eles; e, embora o analista, com sua pontuação, não tenha fornecido nenhum sentido específico, o paciente começa a tentar atribuir-lhes significado. Mesmo evitando a interpretação "completa", o analista pode levar o paciente a se engajar no processo de decifrar o inconsciente, ou até a se apaixonar por ele.

Escansão

> Nenhum instrumento ou procedimento médico está garantido contra o mau uso; se uma faca não corta, também não pode ser usada para curar.
> FREUD, *SE* XVI, p.462-3

Outra maneira pela qual o analista pode intervir nos primeiros estágios é interromper a sessão num ponto que lhe parece de particular importância: talvez o paciente esteja negando algo vigorosamente, ou afirmando algo que descobriu, ou contando uma parte reveladora de um sonho, ou talvez tenha acabado de cometer um lapso. Ao interromper a sessão nesse ponto, o analista o acentua de forma não verbal, deixando claro ao paciente que acredita que aquilo é significativo e não deve ser tratado levianamente.

O analista é tudo, menos um ouvinte neutro. Ele deixa muito claro que certos pontos – que praticamente sempre têm a ver com a revelação do desejo inconsciente e do gozo antes não confessado – são cruciais. Dirige a atenção do paciente para eles, recomendando, de maneira mais ou menos direta, que o paciente pondere sobre eles, faça associações e os leve a sério. Os pacientes *não* miram espontaneamente os assuntos mais importantes em termos psicanalíticos; espontaneamente eles os evitam, na maioria dos casos. Mesmo quando reconhecem que a sexualidade deve ser abordada, por exemplo, tendem a evitar associações com os elementos dos sonhos e fantasias que têm maior carga sexual.

A "associação livre" é uma bela coisa (ainda que repleta de paradoxos, num nível mais profundo), porém não raro é uma tarefa e tanto levar o paciente a associar livremente com o material mais importante. *O analista não deve ter medo de frisar o material que ele considera importante.* Não necessariamente excluindo tudo o mais, claro, já que lhe é impossível saber o que está por trás de cada elemento; entretanto, ao frisar o inconsciente, ele manifesta "o desejo do analista" de ouvir sobre *isso*.

Sim, isso! Não como o paciente passou a noite de sábado, indo de boate em boate, ou as teorias dele sobre a poética de Dostoiévski,[9] ou seja lá o que for – assuntos que são, todos eles, o blá-blá-blá do discurso cotidiano que as pessoas praticam com amigos, familiares e colegas, o qual acreditam que devem contar na terapia, ou de qual acabam falando na terapia por não saberem o que mais dizer, ou por terem medo do que poderiam ter para dizer. A interrupção ou "escansão"[10] da sessão é um instrumento com que o analista pode impedir os pacientes de encherem suas sessões de uma conversa vazia. Depois de eles terem dito o que importa, não há necessidade de dar prosseguimento à sessão; e, na verdade, se o analista não "escandir" ou encerrar a sessão nesse ponto, é provável que os pacientes encham linguiça até o fim da "hora" psicanalítica e se esqueçam das coisas importantes que disseram antes. Escandir a sessão numa formulação particularmente marcante do analisando é um modo de manter a atenção concentrada no essencial.

A análise não requer que a pessoa conte toda a sua vida nos mínimos detalhes, ou que conte sobre a semana inteira numa harmonia a quatro vozes, ou que relate cada ideia e impressão passageiras. Esse tipo de abordagem transforma a terapia, automaticamente, num processo infindável, que nem uma vida inteira conseguiria abarcar.[11] Muitos terapeutas, contudo, relutam em interromper seus pacientes, em mudar o assunto no qual eles embarcam de forma espontânea, ou em se manifestar entediados ou exasperados, seja de que maneira for. A exasperação, de qualquer modo, muitas vezes indica que o analista deixou passar a oportunidade de mudar de assunto, de fazer uma pergunta ou de sondar alguma coisa mais a fundo, e depois não consegue encontrar um modo "elegante" de voltar àquele ponto; em outras palavras, ela reflete a frustração do analista por ter perdido a oportunidade de intervir.

Para engajar o paciente no verdadeiro trabalho analítico, o analista não pode ter medo de lhe deixar claro que contar histórias, fazer relatos passo a passo sobre a semana anterior e outras conversas superficiais similares não são a matéria da análise (embora, vez por outra, possam ter serventia analítica, claro). Mais vale o terapeuta *mudar de assunto* do que tentar, obstinadamente, encontrar algo de importância psicológica nos minuciosos detalhes da vida cotidiana do paciente.[12]

Por si só, a eliminação sistemática da fala superficial – do blá-blá-blá do discurso cotidiano[13] – e a acentuação dos pontos importantes bastam para justificar a introdução do que Lacan chamava de "sessão de duração variável". No entanto, quando Lacan começou a variar a duração das sessões que conduzia com seus pacientes, muita gente da ordem estabelecida da psicologia e da psicanálise escandalizou-se e passou a se referir a essa prática, em tom pejorativo, como a "sessão curta", encobrindo com isso o elemento importante: a *variabilidade* da duração das sessões. Há muitos motivos para essa duração variar, algumas das quais discutirei em capítulos posteriores; aqui, eu gostaria apenas de mencionar mais algumas das razões simples para fazê-lo.

É comum as manifestações do inconsciente serem acompanhadas pela *surpresa*: surpresa diante de um lapso de linguagem – como quando o analisando diz exatamente o inverso do que pretendia dizer, ao acrescentar a palavra "não" ou ao inverter "você" e "eu" ou "ele" e "ela" numa frase –, ou surpresa diante de algo que o analisando fez. Um exemplo deste último caso me foi fornecido por uma terapeuta que superviso. Um dos pacientes dela havia detestado conscientemente a madrasta por muitos e muitos anos, mas, ao topar com essa madrasta na rua, pouco depois da morte de seu pai, ficou perplexo ao se descobrir tratando-a com enorme afeição e gentileza. Ele não tinha consciência de que, durante anos, havia transferido para a madrasta a raiva que sentia do pai, e sua reação inesperada foi uma janela pela qual pôde vislumbrar sentimentos e pensamentos de que antes não tivera ciência.

Quando o analista termina subitamente uma sessão, pode acentuar a surpresa que o analisando acabou de expressar, ou introduzir o elemento de surpresa através da escansão, deixando o analisando a se perguntar o que o analista terá ouvido que ele próprio não ouviu, e se indagando que pensamento inconsciente haveria se manifestado. Esse elemento de surpresa é importante para garantir que a análise não vire *rotina*, a ponto de, por exemplo, o analisando comparecer todo dia, relatar seus sonhos e fantasias durante 45 ou cinquenta minutos e voltar para casa sem que nada seja abalado, sem que nada o incomode ou preocupe durante o dia e a noite inteiros. A análise lacaniana procura manter o analisando desprevenido e despreparado, para que qualquer manifestação do inconsciente possa ter pleno impacto.

Quando a norma são sessões de duração fixa, o analisando se acostuma a ter um período previsto de tempo para falar, e considera como preencher esse tempo, qual a melhor maneira de utilizá-lo. É muito comum os analisandos saberem, por exemplo, que o sonho que tiveram na véspera com o analista é o mais importante para sua análise, mas tentarem enquadrar uma porção de outras coisas das quais *querem* falar antes de chegar ao sonho (*se é que* chegam ao sonho). Com isso, tentam minimizar a importância do sonho a seus próprios olhos, minimizar o tempo que é possível dedicar às associações com ele, ou maximizar o tempo que o analista lhes concede. O uso que os analisandos fazem do tempo que lhes é concedido nas sessões é parte de sua estratégia neurótica maior (que envolve a evitação, a neutralização de outras pessoas e assim por diante), e estipular antecipadamente a duração das sessões só faz incentivar sua neurose.

A sessão de duração variável pega o analisando desprevenido, até certo ponto, e pode ser usada de modo a incentivá-lo a ir direto ao que serve. Por si só, a sessão de duração variável não é uma panaceia: alguns analisandos continuam a planejar suas sessões e, propositalmente, falam primeiro das coisas de menor importância, porque, por razões narcísicas, querem que o analista tenha informações sobre eles (por exemplo, "Eu me dei muito bem nas provas",

"Ontem li o seu capítulo sobre a sexualidade feminina"), e guardam o melhor para o final; outros, em especial os obsessivos, planejam as sessões a ponto de saber de antemão exatamente do que querem falar, e fazem da sessão uma apresentação bem ensaiada, na qual não há possibilidade de lapsos e não há tempo nem lugar para a associação livre.

Um autor ilustre que escreve sobre questões lacanianas admite abertamente haver usado justo essa estratégia em sua análise, todos os dias, durante anos; muitas vezes escrevia seus sonhos e decorava um grande estoque deles para as sessões, a fim de que, se o analista o retivesse por mais tempo que de praxe, ele nunca ficasse sem falas bem ensaiadas.[14] Tinha plena ciência da maneira obsessiva com que havia lidado com sua angústia de estar em análise, garantindo que não pudesse ocorrer nada de terapêutico durante as sessões, e se referiu ao que tinha feito como uma "sabotagem" de sua análise. E seu analista era um lacaniano que praticava as sessões de duração variável!

Claramente, portanto, a sessão de duração variável não é uma panaceia, mas pode ser útil para lidar com essas estratégias obsessivas. Consideremos, por exemplo, o caso a seguir.

Um amigo meu estava em análise com um lacaniano e, a certa altura de sua análise, durante mais de uma semana o analista o mandou embora depois de não mais que alguns segundos de sessão. Na época, meu amigo e eu ficamos chocados e consideramos esse tratamento totalmente injusto, impróprio e brutal. Não tenho conhecimento das razões exatas do analista para esse tratamento rigoroso, mas, olhando para trás, parece-me muito provável que esse amigo – um obsessivo que estava habituado à superintelectualização e tinha um senso meio exagerado do seu valor pessoal – viesse proferindo discursos bem construídos sobre temas pretensiosos em suas sessões de análise, e que o analista tenha decidido ser mais do que hora de ele se dar conta de que não havia espaço para isso na análise e aprender a ir direto ao assunto, sem fugir do que importava mediante rodeios acadêmicos.

Na maioria das escolas de psicologia e psicanálise, tal comportamento por parte do analista seria considerado um grave desrespeito à ética profissional – abusivo, inescrupuloso e francamente execrável. Afinal, diriam as pessoas, o analisando não procurou um analista para ser tratado dessa maneira! Mas a análise não é um contrato, e é bem possível que o analisando torça por algo que inconscientemente ele se esforça por rechaçar. O escritor ilustre que mencionei há pouco ainda esperava conseguir algo em sua análise, a despeito de sua estratégia autodestrutiva inconsciente e às vezes nem tão inconsciente assim. O próprio fato de ele haver continuado a ir à análise todos os dias, durante um período tão longo, significou que, em algum nível, ele procurava algo mais, talvez esperando sem esperança que o analista o desmamasse de suas antiquíssimas tendências a se sabotar.

O amigo que teve várias e sucessivas sessões extremamente curtas estava, em certo sentido, *pedindo para isso acontecer*. Não necessariamente de maneira escancarada, e talvez nem sequer verbal. Mas é bem possível que, em algum nível, ele soubesse o que estava fazendo e simplesmente não conseguisse se impedir de fazê-lo. Ele havia procurado um analista em especial (um dos lacanianos mais experientes), com a demanda de fazer formação em análise, e depois se portou como se estivesse numa sala de aula com um professor, discorrendo sobre questões teóricas de extremo interesse dele. Como meu amigo certamente não desconhecia a obra de Freud, ele sabia muito bem que isso não era material de análise; mesmo assim, não conseguia se desapegar de seus hábitos de intelectualização e tentou (a princípio com algum sucesso, ao que parece) cativar o analista no nível da teoria psicanalítica. Seu desafio ao analista foi, de certo modo: "Faça-me parar! Prove-me que não será apanhado no meu jogo!"[15] Nesse sentido, meu amigo *estava* pedindo as interrupções. Continuou voltando para ver o analista, apesar do tratamento aparentemente ríspido, e, por sorte, o remédio não foi forte demais para o paciente. Foi um remédio forte, temos que admitir, mas a partir daí a análise tomou um rumo muito positivo, ao passo que, com um analista que não se dispusesse a intervir de maneira tão franca, ela poderia ter se atolado indefinidamente na especulação acadêmica.

Não se pode julgar nada pelas aparências

> O simples fato de as pessoas lhe pedirem algo não significa que seja isso que elas realmente querem que você lhes dê.
>
> LACAN, Seminário 13, 23 mar 1966

> [O] desejo é o ponto central, o pivô de toda a economia com que lidamos na análise. Se não localizarmos sua função, somos necessariamente levados a só encontrar referências no que é efetivamente simbolizado sob as expressões "realidade", "realidade existente", "contexto social".
>
> LACAN, Seminário 6, p.566[513-4]

Os exemplos que acabei de fornecer apontam para o fato de que aquilo que os analisandos demandam, de forma flagrante ou latente, não deve ser aceito por sua aparência. Eles podem pedir explicitamente para se tornarem analistas – isto é, passarem por uma análise rigorosa –, enquanto seu comportamento sugere que, na verdade, não querem complicar sua situação psíquica. Podem discutir com obstinação certas questões, sempre na esperança secreta de que o analista os interrompa. É frequente suas demandas serem contraditórias e, quando o analista cede a uma delas – digamos, trocar o número de sessões semanais de três para duas –, é como se estivesse julgando a demanda pelas aparências, em vez de discernir, através da demanda óbvia, as suas motivações mais profundas. Talvez o paciente peça para ir a duas sessões semanais apenas porque seu cônjuge não quer que ele ou ela gaste esse dinheiro, e espere, na verdade, que o analista diga não; ou talvez o paciente esteja atravessando uma fase difícil e sinta necessidade de que o analista expresse seu *desejo* de que ele continue a comparecer a três sessões por semana. Enquanto, em um nível, o paciente pede para diminuir as sessões, em outro ele quer que o analista diga não.[16]

Nada na análise pode ser julgado pelas aparências. Talvez essa seja uma postura chocante para alguns, mas, como acabamos de ver no caso das demandas de um paciente, as demandas raramente são tão simples quanto parecem à primeira vista. Aliás, nada do que o paciente diz ou faz pode ser tomado como referente à "realidade pura e simples". Por exemplo, uma paciente diz: "Não posso vir à sessão de terça-feira porque tenho de levar meu filho ao médico." Mas por que ela marcou a consulta do filho nesse horário específico, quando sabia ter um compromisso com seu analista? Não poderia ter encontrado outro? Que importância teve, para ela, encontrar outro horário? Será que ela chegou a pedir um horário diferente, ou terá aceitado o primeiro que lhe foi sugerido? Talvez ela diga que o filho estava muito doente e ela teve de aceitar a primeira hora disponível. Isso *poderia* ser verdade, mas talvez também seja verdade que foi a primeira hora disponível que lhe foi conveniente, por ela poder acomodá-la junto à de um corte de cabelo e à de uma reunião de pais e professores, digamos.

O que importa aqui não é a "realidade" – os "acontecimentos reais" que se chocam com a continuação da terapia pela paciente –, e sim a realidade psíquica: a maneira de a paciente avaliar mentalmente a importância das sessões, comparada à de outras facetas de sua vida, outras coisas que ela quer fazer. Quando um paciente diz "Tive de faltar à minha sessão por tal ou qual motivo", o terapeuta deve ser sempre meio cético a respeito da validade da razão fornecida. "Tive de faltar à sessão porque sofri um acidente de carro" soa como uma desculpa perfeitamente válida, mas talvez o acidente tenha sido na véspera da sessão, o paciente não tenha sofrido nenhum ferimento e o carro tenha continuado a funcionar muito bem. Ou talvez o acidente tenha sido extremamente leve e o paciente pudesse ter chegado à sessão com meros dez minutos de atraso.

O pretexto fornecido nunca pode ser imediatamente tomado pela história completa. As comparações complexas, na mente do paciente, entre o que é mais importante – sua sessão com o terapeuta ou suas outras responsabilidades e/ou prazeres – refletem o que se passa na terapia e o lugar que esta ocupa em sua vida, e podem constituir uma mensagem para o terapeuta: "Eu ponho tudo acima de você!" *Não existem desculpas intrinsecamente "razoáveis"*. Espera-se que o paciente estruture seu dia ou sua semana em torno da terapia, e não o inverso; há emergências que, vez por outra, tornam *impossível* comparecer a um compromisso. Mas elas são de fato raríssimas. Freud e muitos outros analistas mencionam que os analisandos que tendem a faltar alegando estar fisicamente doentes curiosamente param de adoecer e de faltar a tantas delas quando lhes são cobradas as sessões a que faltam (SE XII, p.127).

O analista não deve ser flexível quando se trata de possíveis manifestações da resistência do paciente; não deve ceder.[17] Na cabeça do analista, as sessões do paciente são a coisa mais importante na vida deste; a análise do paciente é a prioridade número um. Para que o analista negocie, ele tem de deixar claro que a sessão precisa ser remarcada, antes ou depois do horário originalmente planejado, mas não pode ser sacrificada. E, se o paciente criar o hábito de remarcar horários, o analista deve deixar claro que não faz sessões a qualquer momento, conforme a solicitação. Um colega meu, que era propenso a dormir até tarde e a perder e remarcar suas sessões das dez horas, recebeu do analista apenas uma alternativa: poderia fazer uma sessão às sete e meia da manhã. Nem é preciso dizer que parou de estar dormindo às dez da manhã.[18]

Não se pode avaliar nada pelas aparências, na análise, porque tudo entre analista e analisando tem, potencialmente, significação psicológica. Mas há outra razão pela qual não se pode aceitar nada pelas aparências.

O sentido nunca é óbvio

> O próprio fundamento do discurso inter-humano é o mal-entendido.
> LACAN, Seminário 3, p.184[192]

À parte o fato de que toda afirmação pode constituir uma negação, o sentido nunca é óbvio. O paciente pode usar uma expressão coloquial vaga, como "Só não estou me sentindo na melhor forma, entende o que eu quero dizer?", mas o analista não tem como saber o que o paciente quer dizer. O sentido é extremamente individual, em certos aspectos, e todos usam as palavras e expressões em sentidos sumamente particulares.[19] O analista não pode concordar em compreender *à mi-mot* [por meias palavras], como dizem os franceses – com a implicação de que o paciente apenas insinuou, sugeriu ou "disse em meias palavras" o que queria dizer. Na fala comum com amigos ou familiares, não raro nos alegramos pelo fato de os outros entenderem o que queremos dizer sem precisarmos entrar em detalhes, ou pelo fato de uma simples palavra ou referência a um acontecimento compartilhado trazer à mente, para eles, uma miríade de sentimentos e significados. Em síntese, nós nos sentimos à vontade com eles porque "eles falam a nossa língua".

Na análise, entretanto, analista e analisando não "falam a mesma língua", embora ambos possam ser falantes nativos de um dado idioma. Suas expressões podem ser muito parecidas, se eles vierem de meios socioeconômicos semelhantes e da mesma região do país, mas, em última instância, eles nunca "falam a mesma língua".

Quando as pessoas usam uma expressão perfeitamente banal, como "baixa autoestima", esta pode significar, em alguns casos, que alguém lhes disse que elas têm baixa autoestima, embora elas não se vejam realmente dessa maneira, mas em outros pode significar que elas ouvem vozes que lhes dizem que elas nunca serão ninguém – sentidos radicalmente diferentes. O analista deve extrair os significados específicos dessas declarações aparentemente transparentes, apesar da irritação ocasional dos pacientes por não obterem aquela reação imediata, do tipo "Sei o que você quer dizer", que costumam receber na conversa com outras pessoas.

O sentido nunca é transparente, e o analista deve agir como quem não compreende, a ponto de se fingir de surdo, se necessário, para levar o paciente a explicitar o que quer dizer quando afirma que "sexo é desagradável", "as mulheres dão medo" ou "tenho medo de aranhas". Como disse certa vez Michel Sylvester, eminente analista lacaniano, o analista não deve ter medo de parecer tapado, lento, abrutalhado e burro para fazer os pacientes fornecerem mais detalhes:[20] "Quer dizer, sexo oral é legal, mas o coito me dá nojo"; "Beijar e dar uns amassos não me assustam, mas nunca entendi por que outros caras ficam tão aflitos para transar com as mulheres"; "São as aranhas de pernas peludas e pretas que me dão calafrios na espinha". O analista que supõe saber o que um paciente quer dizer quando afirma que "sexo é desagradável" talvez se surpreenda ao descobrir, mais tarde, que o paciente (achou que ele, analista) estava se referindo ao sexo entre seus pais.

O sentido é sempre ambíguo

> As palavras, por serem os pontos nodais de numerosas ideias, podem ser consideradas predestinadas à ambiguidade.
> FREUD, SE V, p.340

Um homossexual masculino cujo caso eu estava supervisionando disse a seu terapeuta achar que seu pai estava *"a hundred percent behind me"*.* Sem grande esforço da imaginação, podemos ouvir isso de pelo menos duas maneiras diferentes: o paciente achava que seu pai realmente o apoiava no que ele fazia,[21] ou achava que o pai estava atrás dele num sentido mais espacial – postado atrás dele, situado atrás dele, ou olhando por cima de seu ombro. *A fala, por sua própria natureza, é ambígua.* As palavras têm mais de um sentido, as expressões que usamos podem muitas vezes ser tomadas de várias maneiras diferentes, com sentidos metafóricos. Com efeito, é um exercício interessante tentar indicar uma afirmação que não seja ambígua de nenhum modo, em nenhum sentido ou forma – que não possa, se retirada do contexto ou enunciada com ênfase diferente, ter mais de um significado.[22]

Assim, o importante não é o simples fato de que aquilo que o paciente diz é ambíguo, porque toda fala é ambígua. O importante é sua escolha das palavras. Por que esse paciente não disse que o pai *supported him* [lhe dava apoio, força] 100% em suas decisões, em vez de dizer que ficava 100% *"behind him"*? O paciente dispunha de numerosas maneiras de expressar a mesma ideia,[23] donde parece provável que sua escolha de uma expressão que envolvia a palavra "atrás" seja significativa. Talvez alguma outra ideia o tenha levado a escolher essa expressão, e não uma das demais que lhe estavam disponíveis.

E foi realmente o caso desse homossexual, já que, mais adiante, ele repetiu a expressão, quase palavra por palavra, mas excluiu convenientemente o *"me"*: *"My father was a hundred percent behind."*** Essa formulação equivalia a um autêntico lapso freudiano, que permitiria as seguintes traduções: "Meu pai era

---

* No sentido figurado, a locução *to stand behind* significa, entre outras acepções, "apoiar", "defender", "respaldar", "garantir", "avalizar" alguém ou alguma coisa, "cobrir a retaguarda". No sentido literal e denotativo, *to stand behind* significa "situar-se fisicamente atrás de alguém ou de algo". A frase do paciente se traduziria por "[meu pai] me dava cem por cento de apoio", ou "[meu pai] me dava cem por cento de cobertura" etc. (N.T.)

** Vale lembrar que *behind*, como substantivo da língua inglesa, significa "nádegas", "bunda" etc., e, por sua sinonímia com *ass* nessa acepção, e pelos significados de *ass* como asno, burro etc., favorece as diversas traduções apontadas em seguida pelo autor. (N.T.)

um completo babaca [*ass*]", "Meu pai só se interessava por rabo [*ass*]", "Meu pai só estava interessado em sexo anal" etc. O paciente, como não é de admirar, negou ter pretendido dizer qualquer outra coisa senão que o pai o apoiava em suas decisões, mas *a psicanálise está menos interessada no que ele quis dizer do que no que efetivamente disse.*

"O que eu quis dizer", frase comumente repetida pelos pacientes, refere-se àquilo em que o paciente estava pensando conscientemente (ou gostaria de achar que estava pensando) num dado momento, com isso negando que qualquer outra ideia pudesse ter se formado em sua mente ao mesmo tempo, talvez em outro nível. Muitos pacientes negam com vigor a existência desses outros pensamentos durante um longo tempo de terapia, e de pouco adianta insistir com eles que o fato de terem dito algo diferente do que pretendiam deve significar alguma coisa. Com o tempo, depois de aprenderem a fazer associações com sonhos, lapsos etc., eles podem começar a aceitar a ideia de que vários pensamentos podem lhes ocorrer quase simultaneamente, embora, talvez, em níveis diferentes. Em suma, eles passam a aceitar a existência do inconsciente, a existência de um nível de atividade de pensamento a que não costumam prestar atenção.[24]

Isso não significa que o analista enfatize de forma implacável cada ambiguidade na fala de um novo analisando – o que, de qualquer modo, é flagrantemente impossível –, nem que frise cada lapso de linguagem cometido por ele. A pontuação de ambiguidades e lapsos deve ser introduzida aos poucos, gradualmente, com a maioria dos analisandos, e o analista deve selecionar as ambiguidades que pareçam ter um sentido particular para o analisando. Por exemplo, talvez valha mais a pena pontuar uma metáfora como "enfiar uma coisa goela abaixo [de alguém]", quando usada por um analisando anoréxico ou bulímico, do que quando usada por um obsessivo. Essas pontuações, como todas as outras intervenções, devem ser feitas com sensibilidade e no momento oportuno, em termos daquilo que um dado analisando esteja preparado para ouvir, e devem ter alguma relação com o contexto em que aparecem. No entanto, a fala truncada – na qual o contexto pode ficar bem pouco claro – certamente merece ser enfatizada, porque sua elucidação pode levar a um material novo e particularmente inesperado.

Na psicanálise, portanto, o importante é o que o analisando efetivamente diz, e não o que pretende dizer. Pois o "pretender dizer" refere-se *ao que ele acha, conscientemente, que pretende dizer, ao que tenciona dizer no nível da consciência, ao que tenciona transmitir.* E o que ele *tenciona* transmitir é algo que é compatível com sua visão de si mesmo, com o tipo de pessoa que ele acredita ser (ou gostaria de acreditar que é, ou, pelo menos, dispõe-se a acreditar que é). Assim, "o que ele quer dizer" refere-se a um nível de intencionalidade que ele vê como seu; refere-se a uma intencionalidade que combina com sua autoimagem.

É por isso que Lacan dizia que o sentido é imaginário (Seminário 3, p.65[68]). Com isso não indicava que o sentido não existe, ou que é simplesmente algo que sonhamos na nossa imaginação. Lacan deixava implícito que o sentido está ligado a nossa auto*imagem*, à imagem que temos de quem e do que somos. Numa palavra, o sentido relaciona-se com o "ego" ou o "eu" (duas palavras que uso como sinônimas neste livro), com o que vemos como parte de nós mesmos; portanto, o sentido exclui aquilo que não combina com nossa autoimagem.

Aquilo a que Lacan se referiu como seu "retorno a Freud",[25] na década de 1950, envolveu um retorno à importância do inconsciente, em contraste com a ênfase no ego que tanto predominava na "psicologia do ego" da época, e que hoje continua tão preponderante em muitas escolas de psicologia e psicanálise. Na medida em que o ego é, essencialmente, aquilo que vemos como parte de nós, aquilo a que nos referimos ao dizer "eu", aquilo que combina com nossa autoimagem, o ego exclui tudo que consideramos estranho ou alheio, todos os pensamentos e desejos que escapam sob a forma de equívocos (lapsos de linguagem, atos falhos etc.) pelos quais negamos nossa responsabilidade. Ao privilegiar o que os pacientes efetivamente diziam, e não o que pretendiam dizer, ao frisar as ambiguidades e lapsos que apareciam em suas falas, Lacan, como Freud, deu prioridade ao inconsciente em relação ao ego.

Lacan é famoso por ter prestado enorme atenção à letra. A expressão "a letra da lei" implica enfatizar o que a lei efetivamente enuncia, em contraste com seu sentido ou seu espírito preponderante. "Obedecer à letra da lei" pode significar que se segue literalmente o que está escrito no texto da lei, sem preocupação com o espírito no qual ela foi redigida. Lacan prestava enorme atenção à letra do discurso de seus analisandos: ao que eles de fato diziam, em contraste com o que pretendiam ou tencionavam conscientemente dizer. Ao nunca presumir que compreendia o que eles queriam dizer, ao nunca dar a impressão de que falava a língua deles, ao atentar para as ambiguidades da fala deles e ao que se expressava como que nas entrelinhas, ele deu margem à emergência de novos sentidos, bem como à percepção de seus analisandos de que, na verdade, eles pouco tinham ideia do que diziam, de por que o diziam, ou até de *quem* falava quando abriam a boca.

É quando começam a questionar essas coisas – quando o quê, o porquê e o quem de seus enunciados tornam-se problemáticos para eles – *que os pacientes se engajam verdadeiramente na análise*. É nesse ponto que eles se engajam em algo que vai além da simples demanda de se livrarem de um ou mais sintomas específicos. Tudo passa a ser questionável; o que era mais seguro deixa de ter essa segurança, e eles se tornam receptivos à escuta do inconsciente, a ouvir a outra voz que fala através deles, e a tentar decifrá-la.

O espaço assim aberto é um espaço em que os analisandos já não sabem o que dizem ou mesmo o que buscam, mas depositam sua confiança na capacidade do inconsciente – nas formações (sonhos, fantasias, devaneios, esquecimentos e lapsos) que ele produz no decorrer da análise – para guiá-los. É um espaço de desejo, na medida em que "o desejo é uma pergunta", como diz Lacan,[26] uma indagação. Quando os pacientes começam a se intrigar com o porquê e o para quê de suas palavras, pensamentos e fantasias, quando começam a formular perguntas sobre eles, seu desejo engaja-se na análise.[27]

A demanda é repetitiva por natureza. A demanda insistente e repetitiva de uma cura instantânea, por parte do paciente, dá lugar a algo que se move, que se intriga a cada nova manifestação do inconsciente (ou das "formações do inconsciente"),[28] que se prende a cada novo lapso e o explora; em suma, a demanda do paciente dá lugar ao desejo, desejo que está sempre em movimento, à procura de novos objetos, pousando aqui e ali, mas nunca se mantendo imóvel. Em certo sentido, o paciente troca a demanda pelo desejo – não completamente, claro, uma vez que os pacientes fazem novas demandas ao analista ao longo de toda a análise: demanda de interpretação, de reconhecimento, de aprovação e assim por diante. Mas o paciente mostra-se disposto a abrir mão de certas demandas, e a demanda sempre envolve uma espécie de fixação em algo (razão por que a pessoa pede repetidamente a mesma coisa, aquela coisa da qual acha que não pode prescindir). Assim, o paciente abre mão de certa fixação em prol do desejo, do prazer que vem da metonímia do desejo, implicando o termo "metonímia", aqui, simplesmente que o desejo se desloca de um objeto para outro, que, por si só, o desejo envolve um deslizamento ou movimento constante. O desejo é um fim em si; ele busca apenas mais desejo, não a fixação num objeto específico.[29]

O termo de Lacan para essa mudança – essa troca da demanda pelo desejo, esse abrir mão da fixação em prol do movimento – é "dialetização". O paciente, quando ocorre essa mudança, entra no processo dialético da análise – "dialético" no sentido de que o analisando fica livre para dizer "Bem, sim, eu quero isso; pensando melhor, não o quero realmente; pensando bem, o que eu quero mesmo é...".[30] O paciente já não acha que tem de ser coerente; pode afirmar um desejo numa sessão, contradizê-lo na segunda, reafirmá-lo na terceira, com ligeiras alterações e assim por diante. Há método nessa aparente loucura, mas a lógica dos movimentos do desejo não é a lógica proposicional nem a lógica do senso comum cotidiano (segundo a qual não se pode querer e não querer uma coisa ao mesmo tempo).

O uso lacaniano do termo "dialética" nesse ponto (a "dialética do desejo"[31]) não significa que o desejo siga a versão amplamente ensinada da dialética de Hegel – afirmação, negação e síntese. Significa que *o desejo é posto em movimento, libertado da fixação inerente à demanda*. Esse é um passo importantíssimo, e assinala a verdadeira entrada do analisando em análise. Não pretendo implicar, com isso, que o desejo do paciente seja posto em movimento de uma vez por todas, e que, a partir de então, nunca mais fique preso ou atolado em algum ponto. Ocorre, antes, uma primeira troca: o paciente concorda em aceitar o prazer do desejo em lugar de suas demandas iniciais.

COM ALGUNS PACIENTES, entretanto, o analista jamais consegue provocar qualquer tipo de pergunta; o paciente não se indaga sobre nenhuma das coisas que fez ou disse no passado, e não problematiza nada que diga ou faça em sua relação atual com o analista. Embora continue a comparecer às sessões e a falar com o analista, nunca vê no que diz nada além do que pretendeu dizer. O inconsciente nunca é aceito, o (sentido) imaginário predomina. Isso pode implicar uma de duas coisas. Talvez o paciente seja psicótico, possibilidade a que voltarei no Capítulo 7; ou talvez o analista não tenha criado um espaço em que o desejo possa se manifestar, e por isso precise reconsiderar sua própria posição na terapia. É provável que esta última envolva uma demanda opressiva de que o paciente fale, e a fala, para alguns pacientes, é associada a uma encenação, ao simples dar a outras pessoas o que elas querem ouvir, em contraste com enunciar "os próprios" pensamentos e desejos.

3. A RELAÇÃO ANALÍTICA

Saber e sugestão

O papel em que o analista é colocado por seus analisandos no começo do tratamento depende muito do que estes tiverem ouvido e lido sobre a análise, o que, por sua vez, depende de suas origens socioeconômicas, sua instrução e seu meio cultural. Em linhas gerais, porém, a visão que as pessoas têm dos médicos e terapeutas na sociedade moderna, sobretudo em sociedades de consumo como os Estados Unidos, não é como foi no passado. O respeito pelo médico ou terapeuta que parecia prevalecer em certas épocas em algumas partes do mundo deu lugar a um desrespeito crescente, atestado no campo da medicina pela demanda comumente ouvida de "uma segunda opinião".

Já em 1901, Freud mencionava um colega médico que lhe disse que os turcos da Bósnia e Herzegovina estavam "acostumados a demonstrar grande confiança em seus médicos e grande resignação quanto ao destino. Quando [um médico] tem de lhes informar que não é possível fazer nada por determinado doente, a resposta é: 'O que se há de fazer, senhor? Se ele pudesse ser salvo, sei que o senhor o salvaria'" (*SE* VI, p.3). Freud impressionou-se, sem dúvida, com o contraste entre o respeito dos turcos pelos médicos e o tratamento que ele recebia de seus pacientes na Viena da virada do século XIX para o XX.

Nos Estados Unidos de hoje, as pessoas tendem a demonstrar certo ceticismo em relação ao que seus médicos lhes dizem, e são extremamente céticas quanto aos poderes terapêuticos dos psicoterapeutas.[1] Na imprensa popular, um estudo após outro questiona a utilidade da psicoterapia; terapeutas de escolas diferentes jogam lama uns nos outros para conquistar pacientes; é comum as empresas de planos de saúde considerarem sem valor qualquer terapia que tenha o prefixo "psi"; e os meios de comunicação só retratam terapeutas que se aproveitam dos pacientes e que, para começo de conversa, são mais perturbados que eles. Em suma, *a psicoterapia foi largamente desacreditada nos Estados Unidos e, com frequência, não é nada além de um último recurso.* Muitas vezes, só depois de alguém passar por clínicos gerais, gastrenterologistas, quiropráticos, psiquiatras e acupunturistas – tudo sem o menor resultado – é que ele finalmente entra em contato com um psicoterapeuta.

Para a mentalidade norte-americana, é comum presumir-se que o psicoterapeuta é alguém que não conseguiu enfrentar a faculdade de medicina, que foi reprovado em matemática ou ciências no bacharelado e cuja experiência com a natureza humana pode não ser mais profunda que a dos âncoras dos programas de entrevistas no rádio. Os norte-americanos confiam tão pouco na psicologia ou na psicanálise quanto na astrologia e na quiromancia (talvez confiem até menos, na verdade). É muito comum as pessoas chegarem à terapia sem a menor convicção de que o terapeuta possa ajudá-las e se manifestando francamente céticas quanto ao tipo de saber que o terapeuta professa manejar.

Então, como devemos compreender a famosa afirmação de Lacan de que a força motriz da análise é "o sujeito suposto saber",[2] o que geralmente se considera que implique que o analisando atribui ao analista um vasto conhecimento do sofrimento humano e presume desde o começo que ele terá o saber necessário para fazer diferença? Claro que isso requer uma explicação. Será, simplesmente, que aquilo que funciona na França não funciona nos Estados Unidos?

Hoje, o respeito pelo saber do analista é maior em alguns países, cidades e círculos que em outros. Em Paris, por exemplo, a psicanálise é um tema cotidiano de debate nos meios de comunicação, é introduzida nas aulas de filosofia do curso médio e, de modo geral, é bastante respeitada. Os franceses não parecem acreditar, como creem os norte-americanos, que a biologia está na raiz de tudo, e que um dia a medicina será capaz de eliminar toda a angústia e o sofrimento mentais. Em Paris, na verdade, o psicanalista beneficia-se do fato de que a população em geral tem uma visão quase sempre positiva do campo da psicanálise.

Essa visão pode ser encontrada, em menor escala, em Nova York e Los Angeles, por exemplo, sobretudo nos círculos artísticos e intelectuais. Nesses microcosmos, as pessoas (estando ou não em análise) tendem a supor que os analistas detêm um saber sobre problemas humanos como a angústia, o medo, o estresse e a culpa. E quando, no decorrer da vida, são levadas a consultar um analista, elas tendem a vê-lo imediatamente como alguém que sabe mais do que elas sobre seus sintomas e sua neurose. Em outras palavras, tais pessoas consideram automaticamente que o analista é um "sujeito suposto saber".

Qual é o efeito dessa diferença cultural? Ela simplesmente significa que algumas pessoas (como os parisienses) são *mais receptivas ao efeito da análise* desde o começo. Quando elas atribuem conhecimento e, portanto, poder a um médico, isso significa que são receptivas a toda e qualquer *sugestão* que ele possa fazer. Se pensarmos em Mesmer e Charcot, ficará claro que seus pacientes eram extremamente *sugestionáveis* graças à reputação desses médicos como curandeiros milagrosos. Quando Charcot hipnotizava uma paciente que aparentemente estava impossibilitada de andar havia anos e lhe fazia a sugestão de que agora ela conseguia andar, muitas vezes essa paciente estava *apta e disposta a acreditar nele*. Freud, por outro lado, queixava-se de que, quando praticava a hipnose, raramente conseguia hipnotizar pessoas do modo como sabiam fazer os clínicos das famosas casas de saúde em que as "curas milagrosas" eram eventos do cotidiano, porque os pacientes que o procuravam não tinham a mesma fé em seus poderes. Nos primeiros anos de prática clínica, não houve uma "aura" de cura ao seu redor. Assim, seus pacientes não eram muito sugestionáveis.

Isso mudou com o crescimento da reputação de Freud, mas, como os efeitos da sugestão costumam durar pouco, exigindo que o terapeuta repita inúmeras vezes as mesmas sugestões, a intervalos regulares, Freud aos poucos foi deixando de confiar apenas na sugestão. Se seus pacientes presumissem que ele possuía um vasto conhecimento, e por isso fossem mais receptivos ao efeito do tratamento, tanto melhor; caso contrário, ele poderia prescindir dessa suposição. Em outras palavras, um paciente *pode* ser muito sugestionável e receptivo à influência do analista no começo, e até sentir certo alívio em relação à crescente ansiedade meramente por marcar uma consulta com o analista (ou, em alguns casos, apenas por *pensar* que poderia marcar essa consulta), porém essa melhora se deve ao que é conhecido como "efeito placebo".[3] Em outras palavras, ela não é efeito do tratamento psicanalítico propriamente dito, mas apenas das ideias preconcebidas do paciente.

Em alguns casos, o fato de o paciente colocar o analista na posição de "sujeito suposto saber" pode ser prejudicial, na verdade, ao seu trabalho analítico. Com efeito, o paciente que chega ao analista num estado altamente sugestionável, certo de que o analista é o detentor de todo o saber, tem muito menos probabilidade de se dar conta de que é o paciente que deve empenhar-se no sério trabalho analítico da associação. Tal paciente talvez se incline mais a enunciar em termos sucintos o seu problema, formulado de modo consciente, e a esperar pela solução indubitavelmente brilhante do analista.

O analista pode ter todos os diplomas do mundo e uma reputação que não fique atrás da de ninguém, mas, se não for capaz de ir além da sugestão com o paciente e de engajá-lo no processo analítico, o tratamento se resumirá a nada além da administração de placebos.

O sujeito suposto saber

Se a psicanálise não tem por base a *crença* do analisando no saber e no poder do analista – se ela não é, portanto, uma forma de cura pela fé –, qual é o papel do saber no estabelecimento da relação analítica?

O sujeito que se supõe saber algo de importância na psicanálise é o inconsciente do analisando.[4] Se há uma autoridade a ser respeitada no contexto analítico, trata-se das manifestações do inconsciente nos atos falhos do analisando, em seus erros, suas expressões de surpresa etc.

A "autoridade final" no *setting* analítico, portanto, reside no inconsciente do analisando, não no analista como uma espécie de mestre do saber que apreende de imediato o que o analisando diz e o significado de seus sintomas. O analista, ao enfatizar sistematicamente o inconsciente e, no princípio, ao restringir suas intervenções à pontuação e à escansão, não se apresenta como alguém que já tenha visto aquilo tudo centenas de vezes e que, portanto, compreenda de imediato.[5] Contudo, o *analisando*, que talvez esteja prestando atenção a manifestações do inconsciente pela primeira vez, *tende a ver o analista como representante ou agente de cada uma dessas manifestações*. O analisando não assume tais manifestações, e sim recusa a responsabilidade por elas. A responsabilidade é jogada no analista, e este deve concordar em ocupar o lugar dessas manifestações, dessas incógnitas. Portanto, talvez possamos dizer que não é o inconsciente *do analisando* que é a autoridade suprema, e sim o inconsciente tal como se manifesta *através* do analisando, pois essas manifestações são renegadas por ele como alheias ou estranhas, e não suas.

É por isso que, de uma forma indireta, o analista vem a se associar ao inconsciente do analisando, a suas manifestações incompreensíveis, ao desconhecido, ou *x*, que aparece na fala do analisando. *O sujeito suposto saber – isto é, o inconsciente "dentro" do analisando – é rejeitado pelo analisando e projetado no analista.* O analista deve concordar em ocupar o espaço do inconsciente, ou em ficar no lugar do inconsciente – em tornar presente o inconsciente através de sua própria presença.

A "pessoa" do analista

O analista pode estimular ou desestimular isso. Claro que, na medida em que não se disponha a manter sua personalidade fora da relação analítica (isto é, na medida em que *resista* a ser um ocupante do lugar do inconsciente do analisando, ou um representante do inconsciente do analisando), ele reforçará a suposição da maioria dos novos analisandos de que o analista é uma pessoa mais ou menos igual a eles.

No decorrer das entrevistas preliminares, o analista deve permitir que haja uma mudança na mente do analisando: deve deixar de ser uma outra pessoa e passar a ser uma outra pessoa ("pessoa" riscada [*sous rature*]). Em outras palavras, a "pessoa" do analista deve desaparecer, para que ele ocupe o lugar do inconsciente. Ele deve tornar-se um outro mais abstrato, o outro que parece falar de forma inadvertida nos lapsos e brechas no discurso do analisando. Em suma, deve ocupar o lugar do que Lacan chama de Outro com "O" maiúsculo: aquele que o analisando considera radicalmente alheio, estranho, "não eu".

Essa não é a posição final do analista, como veremos adiante, mas já deixa claro por que os analistas devem manter seus sentimentos pessoais e seus traços de caráter fora da terapia, revelando o mínimo possível deles mesmos, de seus hábitos, preferências e antipatias. Todo traço individualizante do analista atrapalha as projeções do analisando. Quanto menos concreto e nítido o analista parecer aos olhos do analisando, mais fácil será usá-lo como uma tela em branco.[6]

Quando o analista é visto pelo analisando como apenas mais uma pessoa, igual a qualquer outra – isto é, parecido com ele próprio –, o analisando tende a se comparar com ele e, em última instância, a competir com ele. A relação que brota dessa situação é caracterizada por Lacan como predominantemente imaginária. Ao qualificá-la assim Lacan não pretende dizer que a relação não existe; quer dizer que ela é dominada pela autoimagem do analisando e pela imagem que ele faz do analista. O analista é benquisto na medida em que a imagem que o analisando faz dele se pareça com sua autoimagem, e é detestado na medida em que dela difira. Ao *se* comparar, ou comparar seu eu com a imagem que faz do analista, a pergunta principal do analisando é: "Sou melhor ou pior, superior ou inferior?" *As relações imaginárias são dominadas pela rivalidade*, o tipo de rivalidade com que quase todos estamos familiarizados a partir da rivalidade fraterna.

É no nível das relações imaginárias que os analistas interessados em fazer o papel de mestres do saber são questionados, quando não destronados, por seus analisandos, pois tais analistas confundem sua autoridade como representantes do inconsciente com a autoridade associada a dar as ordens.[7] Dito de outra maneira, a autoridade suprema na situação analítica reside, em sua concepção, na "pessoa" do analista, e por isso eles tratam de provar a seus analisandos que sabem mais do que eles, e tentam estabelecer seu poder com base nisso.

O imaginário é o nível em que Lacan situa aquilo a que a maioria dos analistas se refere como "contratransferência". Esse é o nível em que o analista é apanhado no mesmo jogo de se comparar com seus analisandos, avaliando o discurso deles em termos do seu: "Será que eles estão à minha frente ou atrás de mim em sua compreensão do que está acontecendo aqui?", "Eles são submissos em relação a meus desejos?", "Tenho algum controle sobre a situação?", "Por que essa pessoa faz com que eu me sinta tão mal a meu respeito?". Como mencionei no Capítulo 1, a perspectiva de Lacan não é a de que os sentimentos contratransferenciais não existem, mas de que eles se situam no nível imaginário e, por isso, devem ser postos de lado pelo analista. Não devem ser revelados ao analisando, já que isso situaria analista e analisando no mesmo nível, como outros imaginários um para o outro, sendo ambos capazes de ter sentimentos, "grilos" e inseguranças semelhantes.[8] Isso impede que o analisando ponha o analista no papel de Outro.

Muitas vezes, não é fácil para os analisandos aceitar a ideia de que o analista não agirá com eles como todas as outras pessoas com quem interagem. Entretanto, quando o analista mantém coerentemente sua postura, inúmeros fenômenos imaginários tendem a diminuir. Certo paciente assim manifestou sua aceitação relutante desse tipo inusitado de relação, ao dizer a uma terapeuta que superviso: "Então acho que isso significa que você não será uma *mulher* para mim." Até então, ele vinha lhe fazendo propostas, convidando-a para um café, um almoço ou um jantar, agindo como se ela fosse qualquer outra mulher que ele houvesse conhecido em algum lugar e com quem estivesse iniciando um relacionamento. Nesse momento, pareceu finalmente aceitar o fato de que ela era um Outro que não se parecia com nenhum outro.

Relações simbólicas

Numa etapa inicial do trabalho de Lacan, a meta da análise era eliminar a interferência gerada pelo imaginário nas relações simbólicas – em outras palavras, tirar os conflitos imaginários do caminho, a fim de confrontar o analisando com seus problemas com o Outro.

O que são relações simbólicas? Um modo simples de vê-las é compará-las com a relação que se tem com a Lei, com a lei ditada por pais, professores, religião ou pátria. Também podemos pensar nas relações simbólicas como a maneira de as pessoas lidarem com *ideais* nelas inculcados por seus pais, escolas, meios de comunicação, pela língua e pela sociedade em geral, representados por notas, diplomas, símbolos de status e assim por diante. Elas se mostram inibidas em sua busca dos objetos e das realizações que lhes foram recomendados? Buscam-nos de forma compulsiva? Evitam completamente buscá-los, abandonando a tentativa? Buscam-nos apenas indiretamente, na esperança de alcançá-los *sem se empenharem de verdade*, sem realmente se arriscarem?[9] Transgridem furtivamente a lei, na esperança secreta de serem apanhadas? Pensam em se casar e ter filhos (o que é amplamente defendido como o estilo de vida ideal) mas se sentem ansiosas a respeito desse rumo e o adiam indefinidamente? Embarcam numa carreira e visam o sucesso social e financeiro apenas de modo a assegurar o fracasso? Em suma, qual é a postura que adotam com respeito aos objetos ideais designados pelo Outro parental, pelo Outro educacional, pelo Outro social?

As relações simbólicas incluem todos os conflitos associados com aquilo a que é comum nos referirmos, em psicanálise, como "angústia de castração". Muitas vezes, por exemplo, os analisandos não podem buscar diretamente coisas que afirmam querer, porque isso envolveria ceder ao que (acham que) seus pais querem que eles façam. Em sua cabeça, portanto, atingir um dado objetivo equivaleria a satisfazer os desejos dos pais. "Tudo, menos isso!", "Deus me livre!", "Eu nunca daria a eles esse prazer". Preferem passar a vida inteira em oposição às exigências feitas e aos ideais promovidos pelo Outro parental a deixar que qualquer coisa vinda deles sirva a esse Outro.[10] Assim, todo o seu comportamento, em certo sentido, é um protesto: desafia secretamente, ou nem tão secretamente, os desejos do Outro. Em termos conscientes, claro, esses analisandos podem crer que há para sua conduta toda sorte de razões que nada têm a ver com seus pais, nem com uma revolta contra os ideais sociais. Ainda assim, eles se tornam símbolos vivos do protesto.

Em seu trabalho a partir do começo dos anos 1950, Lacan sugeriu que uma das metas da análise é esclarecer e modificar as relações simbólicas do analisando – isto é, a postura do analisando com respeito ao Outro (o Outro parental, a Lei, os ideais sociais etc.). Com duas categorias simples, o imaginário e o simbólico, ele ofereceu um modelo (Figura 3.1) da situação analítica que sugere que as relações simbólicas envolvem o inconsciente (donde a palavra "sujeito" no canto superior esquerdo) e o Outro, enquanto as relações imaginárias envolvem o ego ou a autoimagem do analisando e o ego de outras pessoas como ele ("ego'" no canto superior direito).[11] A análise almeja dissipar progressivamente as relações imaginárias[12] do analisando com seus amigos, colegas e irmãos (relações que tendem a preocupá-lo nas etapas iniciais da análise) mediante o trabalho de associação – conhecido como "elaboração", ou, como costuma dizer Lacan, como "o trabalho da transferência"[13] –, a fim de pôr em foco as relações simbólicas do paciente. Muitas vezes, com efeito, a chave das relações imaginárias do analisando encontra-se no simbólico. A intensa rivalidade de um homem com um irmão, por exemplo, bem pode provir do modo como os pais (o Outro parental) davam a esse irmão um tratamento especial, ou o consideravam mais inteligente ou mais bonito; seu apego homossexual a outro homem de sua idade pode estar relacionado às posições similares dos dois em relação a um Outro simbólico – um professor ou supervisor mais velho, por exemplo.

```
Sujeito                    ego'
         \              /
          \   imaginário
       eixo  \        /
              \      /
       eixo    \    /
          simbólico
          /          \
         /            \
        ego           Outro
```

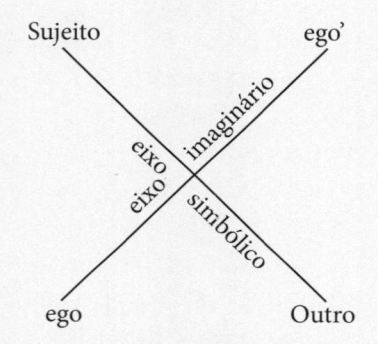

FIGURA 3.1. Esquema L simplificado

Assim, a meta da análise, tal como conceituada por Lacan no início da década de 1950, é penetrar na dimensão imaginária que encobre o simbólico e confrontar as relações do analisando com o Outro. Nessa conceitualização, o imaginário e o simbólico operam em sentidos conflitantes.[14] Enfatizar o simbólico é diminuir a importância do imaginário. No entanto, se o analista se deixar colocar no papel de alguém parecido com o analisando (um outro imaginário, em contraste com o Outro simbólico), o ego do analista é que ficará situado num extremo do eixo imaginário, justapondo-se ao ego do analisando, e a análise ficará empacada em disputas de poder e identificações rivalizantes. Ao cair na armadilha das identificações imaginárias, o analista perde de vista a dimensão simbólica – "a única dimensão que cura", no dizer de Lacan.

O analista como juiz

> Quem é o analista? Aquele que interpreta, tirando proveito da transferência? Aquele que a analisa como resistência? Ou aquele que impõe sua ideia da realidade?[15]
> LACAN, *Escritos*, p.592[598]

Ao evitar cuidadosamente a armadilha de se situar como outro imaginário em relação ao analisando, o analista deve estar ciente de que outras armadilhas o aguardam. Pois o analisando, como todos nós, passou a esperar certas coisas das figuras parentais e de autoridade: aprovação, reprovação, reconhecimento, castigo – numa palavra, *julgamento*.

Não só o analisando espera um julgamento, como pode muito bem exigi-lo! O analista que se esquiva com êxito da armadilha de ser visto como o analisando (e de se comparar com ele) bem pode passar a ser visto como uma espécie de padre a quem o analisando confessa seus pecados, e depois espera a penitência ou o perdão. Nesse caso, o analista pode ser projetado numa posição como que de Deus: a do Outro onisciente que está apto a deliberar sobre todas as questões de normalidade e anormalidade, certo e errado, bom e mau.

À parte o fato de que o analista de modo algum está apto a deliberar sobre essas questões, oferecer tais julgamentos é prejudicial à terapia. Dizer aos analisandos que certas ideias ou fantasias são ruins, por exemplo, ou que certos impulsos ou desejos são anormais tende a levá-los a parar de falar dessas coisas na terapia, apesar de elas persistirem fora do contexto terapêutico. Dizer aos analisandos que outros pensamentos ou fantasias são bons e normais pode surtir o mesmo efeito, pois os impede de expor todas as razões pelas quais eles próprios não consideram tais coisas boas e normais. De início pode ser um alívio gratificante para o analisando ouvir uma autoridade considerar normal o que ele considerara problemático, mas esse efeito salutar de sugestão acaba por impedi-lo de investigar suas próprias apreensões e reservas. E, como a fala é a única alavanca da terapia, assim que um analisando para de falar de alguma coisa o analista não pode ter esperança de acarretar mudança alguma nessa área. Quando os analisandos param de falar de certos aspectos de sua experiência porque o analista os inibiu com juízos positivos ou negativos, a análise nada pode fazer por eles; na verdade, é provável que a retenção de ideias concernentes a um aspecto da vida torne igualmente infrutíferos todos os esforços do terapeuta a respeito de outros aspectos.

Mais problemático ainda é o fato de que, muitas vezes, os analisandos até do mais vigilante dos analistas interpretam um suspiro, uma tosse ou mesmo o silêncio como sinal de reprovação ou censura. Estão tão acostumados a ser julgados pelo Outro parental, acadêmico ou jurídico que suprem o julgamento em sua própria mente, mesmo quando ele não vem do analista, mesmo quando o analista não emite juízo algum, sob nenhuma forma. O julgamento está tão internalizado que é proferido sem que haja necessidade de qualquer ação do analista.

Em outras palavras, o analista não só deve tomar cuidado para não sugerir desaprovação, como tem que estar atento para prevenir ou desfazer a tendência do analisando a lhe atribuir atitudes reprovadoras. Toda vez que o analisando expressa sua impressão de que o analista reprovou alguma coisa, cabe a este transformar isso em tema de interpretação: o analista não aceita nem recusa a projeção, mas a trata como um campo fecundo para associação, elaboração e interpretação. Com isso, é óbvio que sugere que foi o analisando que projetou nele tal atitude (presumindo-se que não a tenha transmitido, consciente ou inconscientemente), e incita o analisando a se perguntar por que projetou *essa atitude específica*. Ao não negar diretamente que teve tal atitude e ao se concentrar, em vez disso, na interpretação, o analista procura não bloquear as futuras projeções do analisando, pois isso dissiparia a transferência, tão essencial para a elaboração de relações conflituosas. Ao contrário, o analista permite que as projeções transferenciais continuem, *interpretando não o fato da transferência* ("você está projetando essa atitude em mim"), *mas seu conteúdo* – aquilo que é transferido ou projetado – e procurando religá-lo a sua fonte ou ponto de origem.[16]

Pela própria natureza de seu trabalho, é comum o analista ser associado, aos olhos do analisando, com os valores da ordem estabelecida: trabalho árduo, sucesso acadêmico, seriedade, capitalismo etc. O fato de o analista se vestir de uma dada maneira, viver numa certa parte da cidade, decorar sua casa ou seu consultório num certo estilo e assinar as revistas específicas encontradas na sala de espera leva o analisando, muitas vezes, a vê-lo como representante de certos valores – valores que o analisando pode rejeitar por completo, tentar em vão abraçar ou buscar com sucesso, embora sentindo-se alienado nessa busca. É óbvio que tais valores estão ligados à "pessoa do analista", ou seja, ao analista como indivíduo, mas é provável que o analisando os atribua a ele inclusive em seu papel de analista. Assim, o analista deve estar vigilante para destacar essas atribuições como interpretáveis – como mais reveladoras sobre o analisando que sobre o analista.

O mesmo se aplica aos juízos positivos que o analisando atribui ao analista. Este não está ali para aprovar a conduta do paciente, mas é muito comum os analisandos procurarem obter a aprovação do analista, tentando adivinhar seus valores e corresponder a eles, adivinhar seu desejo e realizá-lo, transformando-se no que acreditam que o analista quer que eles sejam. Essa não passa de outra estratégia neurótica que, em vez de levar à separação entre o sujeito e o Outro, acarreta uma dependência cada vez maior. Geralmente repete relações anteriores com o Outro parental nas quais o sujeito tentou satisfazer os pais e então secretamente desobedecê-los ou desapontá-los, ou satisfazê-los à custa de si mesmo.

Quando o analista, com ou sem consciência disso, dá ao analisando um sinal de aprovação, o efeito muitas vezes é de pura sugestão: o analisando passa a acreditar que está fazendo as coisas certas ou melhorando, e tenta aprimorar o comportamento aprovado, mas continua dependente da opinião do Outro. Se passar férias com pessoas que não endossem a visão do analista, o analisando, ainda servilmente influenciado pelas opiniões alheias, acaba voltando a questionar tudo. E nesse caso a pergunta passa a ser: "Qual influência é mais forte: a do analista ou a dos amigos?" – o que, em última instância, é a pergunta errada. Os efeitos da sugestão duram apenas enquanto dura a relação com o analista, presumindo-se que este tenha o máximo de influência sobre a vida do analisando.

Uma terapeuta que superviciono ficou meio perplexa com o que lhe pareceu uma melhora milagrosa numa paciente sua, a quem havia indicado que a terapia não tinha a ver com o terapeuta tornar-se amigo do paciente e apoiá-lo, como faria um amigo, mas em tornar o paciente capaz de se sustentar sozinho, por assim dizer. Na sessão seguinte, os pedidos insistentes de apoio da paciente já haviam cessado e, passadas quatro sessões, ela relatou haver encontrado um novo sentido de independência e felicidade. Apesar do valor terapêutico imediato dessa solução para a paciente, pareceu bastante claro que a melhora se devia primordialmente à sugestão, e que a paciente ainda não fizera nenhum progresso duradouro.[17] Tinha vislumbrado uma faceta do que a terapeuta queria dela e se dispusera a fornecer isso, assim subordinando seu próprio desejo ao da terapeuta.

O analista como causa

Ao abdicar do papel de outro imaginário, é muito comum o analista ser posto no papel de juiz pelo analisando, mas também deve abdicar dessa posição.[18] Altamente criterioso em termos daquilo que enfatiza durante as sessões de análise, incentivando o analisando a falar de algumas coisas e não de outras, ele deve, no entanto, abster-se de emitir juízos sobre os atos do analisando no "mundo externo", ou sobre as fantasias e pensamentos dele. Nem outro imaginário nem Outro simbólico, que papel resta para o analista?

Como já mencionei, muitos novos analisandos tendem a rejeitar a responsabilidade por seus lapsos de linguagem e sua fala truncada, jogando no analista a responsabilidade por eles. Como disse uma paciente a seu terapeuta: "É você que está sempre vendo coisas sombrias e sujas em tudo que eu digo!" No princípio, é comum os analisandos não verem num lapso da fala nada além de um simples problema ligado ao controle dos músculos da língua, ou de uma ligeira desatenção. É o analista que atribui um Outro significado a ele.

Com o correr do tempo, entretanto, os próprios analisandos começam a atribuir sentido a esses atos falhos, e o analista, em vez de ocupar o lugar do inconsciente, desse estranho Outro discurso, é visto pelo analisando como sua causa: "Ontem eu tive um sonho, porque sabia que viria aqui hoje de manhã." Nessa afirmação, ouvida com muita frequência na análise, o analista é posto no papel de causa do sonho do analisando: "Eu não teria tido esse sonho, não fosse por você", "O sonho foi para você", "Você estava no meu sonho da noite passada". As formações do inconsciente, como sonhos, fantasias e atos falhos, são produzidas para o analista, para serem contadas ao analista, para dizerem algo ao analista. Nesse sentido, o analista está por trás deles, é a razão de sua produção – é, em suma, sua causa.

Quando o analista é visto como um outro semelhante ao analisando, pode ser considerado como um objeto imaginário para o analisando. (Lacan grafa isso como *a*', sendo "a" a primeira letra de *autre*, a palavra francesa correspondente a "outro". E o escreve em itálico para indicar que ele é imaginário. Em contraste com o *a*', o ego do sujeito é indicado por *a*.) Quando o analista é visto como juiz ou figura parental, pode ser considerado uma espécie de objeto simbólico ou Outro para o analisando (o que é indicado por A, de *Autre*, "Outro"). Quando o analista é visto como causa das formações do inconsciente do analisando, pode ser considerado um objeto "real" para ele (o que é indicado pela expressão "objeto *a*").

DEPOIS QUE O ANALISTA MANOBRA de modo a ser colocado na posição de causa pelo analisando (causa dos sonhos dele e dos desejos que eles realizam – em suma, causa do desejo do analisando), é bem possível que diminuam certas manifestações do amor transferencial do analisando, ou da "transferência positiva" tipicamente associada aos estágios iniciais da análise, dando lugar a algo de coloração bem menos "positiva".[19] O analisando talvez comece a expressar sua impressão de que o analista está "entranhado na sua pele", como algo irritante. Analisandos que no começo pareciam à vontade ou descontraídos em suas sessões (porém de modo algum a maioria deles) podem exibir ou expressar desconforto, tensão e até sinais de estarem se rebelando contra a nova configuração, o novo papel que o analista vai assumindo em sua vida e suas fantasias. O analista vai se tornando importante *demais*, aparece em seus devaneios, em suas fantasias masturbatórias, nas relações com seu outro significativo e assim por diante.

Em geral, essas situações aflitivas não são o que as pessoas esperam quando entram em análise, e na verdade é comum as análises não lacanianas nunca chegarem a esse ponto. Alguns analisandos tendem a interromper o tratamento ao sentirem que o analista está assumindo um papel "intrusivo" em suas vidas, e muitos analistas detestam suscitar, arcar e lidar com tais sentimentos (às vezes chamados de "reação terapêutica negativa"). Na verdade, a própria teoria da terapia adotada por tais analistas considera que esse papel intrusivo é contraproducente. Lacan, ao contrário, considera-o o *ponto arquimediano da análise* – exatamente o ponto em que o analista pode aplicar a alavanca capaz de mover o sintoma. O analista na posição de *causa* do desejo do analisando é, segundo Lacan, *a força motriz da análise*; em outras palavras, essa é a posição que o analista deve ocupar para que a transferência leve a algo além da identificação com o analista como ponto final da análise (identificação que é considerada a meta da análise por alguns psicanalistas).

A "transferência negativa" não é, em absoluto, o sinal essencial indicativo de que o analisando passou a situar o analista como causa do desejo; é apenas uma possível manifestação disso. Todavia, a tentativa que terapeutas de muitas correntes fazem de evitar ou neutralizar de imediato qualquer surgimento da transferência negativa – que, afinal, é apenas o outro lado do amor transferencial (visto que amor e ódio estão intimamente relacionados, através da ambivalência essencial de todos os afetos[20]) – significa que a agressão e a raiva são transformadas em sentimentos impróprios para serem projetados no terapeuta pelo paciente. Desse modo, os pacientes aprendem a não expressá-los na terapia, ou, quando o fazem, o terapeuta aproveita prontamente a oportunidade para assinalar que o paciente está fazendo uma projeção – que a raiva e a agressão *não se dirigem realmente ao terapeuta* –, e com isso esvazia a intensidade do sentimento e os possíveis usos terapêuticos da projeção. Assim, a raiva e a agressão nunca são elaboradas com o terapeuta, mas examinadas "racionalmente".

Consideremos, à guisa de contraste, a caracterização freudiana da análise como uma luta ou uma batalha entre analista e analisando:

> O paciente encara os produtos do despertar de seus impulsos inconscientes como contemporâneos e reais; procura pôr em ato suas paixões, sem a menor consideração pela situação real. A luta [subsequente] entre o médico e o paciente ... é travada de maneira quase exclusiva nos fenômenos transferenciais. É nesse campo que a vitória deve ser conquistada – a vitória cuja expressão é a cura permanente da neurose. Não há como contestar que o controle dos fenômenos transferenciais representa a maior das dificuldades para o analista. Mas não convém esquecer que são precisamente eles que nos prestam o serviço inestimável de tornar imediatos e manifestos os impulsos eróticos ocultos e esquecidos do paciente. Isso porque, no cômputo final, é impossível destruir alguém *in absentia* ou *in effigie*. (SE XII, p.108)

Em outras palavras, somente ao *presentificar* na relação com o analista os conflitos psíquicos – como a agressão contra um dos pais ou o ódio a um parente – é que o paciente pode elaborá-los. Elaborá-los não significa que eles sejam intelectualmente vistos e "processados", mas que o conflito libidinal interno que mantém instaurada uma relação sintomática com alguém precisa ter a possibilidade de se repetir na relação com o analista, e de se desenrolar. Quando a verbalização (a colocação de coisas em palavras) é a única técnica facultada ao analisando, a verdadeira separação do analista e da análise nunca acontece.[21] Deve-se permitir que a projeção chegue a ponto de expor todos os aspectos essenciais de uma relação conflituosa, todas as rememorações e a dinâmica relevantes, e toda a força do afeto positivo/negativo. Convém lembrar que uma das primeiras lições dos *Estudos sobre a histeria*, de Freud e Breuer, foi que verbalizar os acontecimentos traumáticos sem reviver o afeto concomitante deixava intactos os sintomas.[22]

A transferência, vista como *transferência de afeto* (evocado no passado por pessoas e acontecimentos) *para o aqui e agora do contexto analítico*, significa que o analisando deve ficar apto a projetar no analista toda uma série de emoções sentidas em relação a figuras significativas de seu passado e seu presente. Quando o analista tem a preocupação de "ser ele mesmo" ou "ela mesma", ou de ser o "bom pai" ou a "boa mãe", é provável que tente se distanciar imediatamente do papel em que o analisando o coloca, dizendo algo como "*Não* sou seu pai", ou "Você está projetando". A mensagem transmitida por esse tipo de afirmação é "Não me confunda com ele", ou "Projetar não é apropriado". Mas melhor seria o analista não estimular nem desestimular a situação de confusão de identidade que surge por meio da transferência de afetos e deixar a projeção de personas diferentes ocorrer como for o caso – a não ser, claro, que vá tão longe que chegue a pôr em risco a própria continuidade da terapia.

Em vez de interpretar o *fato* da transferência, em vez de assinalar ao analisando que ele está projetando ou transferindo alguma coisa para o analista, este deve voltar a atenção para o *conteúdo* (o conteúdo ideativo e afetivo) da projeção, e tentar fazer com que o analisando ponha *isto* em palavras. Não dissipá-lo ou proibi-lo, nem levar o analisando a se sentir culpado por isso, mas sim a falar disso. Nesse ponto, o analista trabalha – comumente mais perguntando do que interpretando – para restabelecer as ligações entre o conteúdo (pensamento e sentimento) e as pessoas, situações e relações que deram origem a ele, inicialmente.[23] Forneço um exemplo concreto dessa abordagem no caso de obsessão que apresento no Capítulo 8.

4. A INTERPRETAÇÃO: ABRINDO O ESPAÇO DO DESEJO

> O desejo é a própria essência do Homem.
> ESPINOSA, *Ética*

> Em nossa técnica, trata-se de um manejo, de uma interferência, ou até ... de uma retificação do desejo.
> LACAN, Seminário 10, p.286[271]

Demanda *versus* desejo

Como vimos no Capítulo 2, as demandas do analisando nunca podem ser tomadas por seu valor aparente. Quando pede ostensivamente duas sessões por semana em vez de três, uma analisanda pode estar meramente cumprindo uma formalidade imposta por seu marido (preocupado em economizar dinheiro e garantir que ela não mude demais), e não expressando um desejo real seu. Pode estar esperando, com ou sem consciência disso, que o analista discorde com veemência, ou até se recuse a continuar o tratamento se a frequência original não for mantida. Mesmo que ela esteja fazendo essa demanda por conta própria, ainda assim, em certo sentido, talvez espere que o analista recuse o pedido.[1]

Se o analista cede facilmente à solicitação do analisando para diminuir o número de sessões, indica a este que, na sua mente, o pedido foi algo muito simples – a expressão de uma "necessidade real" ou uma "demanda direta" –, e não algo potencialmente muito mais complexo, uma declaração em que pensamentos e desejos rivais desempenharam um papel.[2] Na verdade, o analista tem a possibilidade de interpretar qualquer demanda feita pelo analisando como expressão de uma demanda "simples" ou como expressão de um desejo ou uma concatenação de desejos.

Assim como uma plateia pode transformar em piada a afirmação de um orador, ao rir dela, ou transformar uma piada em afirmação enfadonha, permanecendo com a fisionomia impassível – e tal como a mãe pode transformar todo choro de seu bebê num pedido de alimento, amamentando-o cada vez que ele chora –, também o analista, como ouvinte, pode ler o que o analisando diz como uma demanda ou como a expressão de um desejo. O ouvinte ou o público tem o poder de determinar o que alguém disse. É óbvio que há uma distinção entre o que um orador "quer dizer" ou "pretende dizer" e o que o público ouve. O sentido é determinado pelo público, ou, como diz Lacan, no *locus* (ou lugar) do Outro. Apesar da intenção consciente de comunicar algo muito específico, o significado das palavras do indivíduo é sempre determinado por outras pessoas, pelo Outro.

O pesadelo do político é o modo como a imprensa ou o partido adversário "distorce" suas palavras, transformando-as em algo que ele não pretendeu dizer. Mas essa é a natureza da "comunicação": falamos para expressar algo a outras pessoas, mas *elas* determinam – para nossa desolação, muitas vezes – o sentido do que foi dito, e às vezes baseiam decisões sérias na *sua* interpretação do que dissemos. O poder do ouvinte é considerável.[3]

Também considerável é o poder do analista como ouvinte, e, por "escutar" constantemente as afirmações do analisando como algo diferente de "simples" demandas, ele pode abrir um espaço em que o desejo é vislumbrado, por baixo ou por trás da demanda.[4] De fato, como mencionei no Capítulo 2, uma meta extremamente importante da análise é ir além da constância e da fixação da demanda para a variabilidade e a mobilidade do desejo: "dialetizar" o desejo do analisando. Um dos meios à disposição do analista é escutar desejos potenciais por trás de cada afirmação, de cada pedido e de tudo aquilo que o analisando tenciona apresentar como uma demanda "pura e simples".

Visto que eu mesmo fui analisando durante muitos anos, sei como esse método pode ser enfurecedor, às vezes, mas é a chave para levar os analisandos a sondarem seus próprios motivos de maneira mais aprofundada.[5] Como analisando, pode-se ter a impressão de que o analista é constitucionalmente incapaz de dar nomes aos bois, ou de admitir que existem circunstâncias *reais* (como trabalho, dinheiro e problemas de saúde) que às vezes têm impacto sobre o tratamento. Mas *o analista deve manter-se inflexível em qualquer assunto que cheire a resistência*, e, na verdade, provavelmente a maioria dos analisandos concordaria que, olhando para trás, era comum haver outros motivos por trás do que eles mesmos a princípio acreditavam ser "simples demandas" (de faltar a sessões, comparecer com menos frequência e coisas similares).

Assim, a estratégia de "frustrar as demandas do paciente" é adotada não tanto para "manter os limites da situação analítica", mas para trazer o desejo à tona. Interpretar o pedido feito pelo paciente como uma simples demanda e aceder a ela é sufocar qualquer desejo que possa ter estado à espreita por trás dela, ou mesmo buscado se expressar. Ceder a todas as demandas do paciente pode até, no final, deixá-lo angustiado, porque quando não há falta – quando tudo que se pede é atendido – o desejo fica bloqueado. Não resta nada para desejar.

A interpretação: evidenciar a falta no desejo

> O desejo desaparece sob o domínio do prazer.
> Lacan, *Escritos*, p.773-4[784-6]

> O que efetivamente falta ao homem é aquilo que ele almeja.
> Aristóteles, *Ética a Nicômaco*, 1159b14

O desejo brota da falta. Se alguém recebesse tudo o que fosse pedido, quereria algo mais? Tipicamente, a criança mimada, que sempre recebe o que quer que peça, reclama de tédio. Nas palavras da antiga canção que Marilyn Monroe cantava: "Depois que consegue o que queria, você já não o quer mais." A satisfação sepulta o desejo.[6]

O mesmo faz certo tipo de interpretação. No Capítulo 2, discuti os tipos de intervenção de que o analista dispõe durante as entrevistas preliminares (incluindo a pontuação e a escansão) e sugeri que a interpretação tem pouco ou nenhum efeito útil, na maioria dos casos, antes de se alcançar a fase seguinte. Mas, mesmo nesse momento, *nem todas as interpretações são iguais*.

Na minha experiência, a forma mais comum de interpretação na psicoterapia e na psicanálise contemporâneas pode ser assim caracterizada: o terapeuta diz ao paciente, sem deixar margem para dúvidas, o que acredita ser o significado de um pensamento, sonho, fantasia ou sintoma. Alguns terapeutas esperam o paciente chegar muito perto de fazer a mesma interpretação, com isso assegurando que ele a compreenda mais ou menos de imediato. No entanto, o terapeuta (como ouvinte ou Outro) geralmente fornece um sentido muito específico, e comunica ao paciente que *esse* é o verdadeiro significado.

Entendida dessa maneira, a interpretação é familiar para os pais que acalmam o filho quando ele tem pesadelos interpretando-os para a criança. Esses pais procuram oferecer uma interpretação simples e tranquilizadora, destinada a acalmar o nervosismo da criança e lhe dar algo tangível a que ligá-lo: um programa de televisão visto mais cedo naquele dia, um personagem de um conto de fadas ou algo assim. Os pais que fazem essas interpretações podem saber ou não que, ao prenderem uma associação possível ao sonho, estão bloqueando o caminho de outras (por exemplo, o fato de que o personagem assustador do conto de fadas foi associado, na cabeça da criança, ao seu pai). Mas a preocupação dominante neles é muito prática: acalmar o filho.[7]

A interpretação como fala oracular

> Uma interpretação cujos efeitos são compreensíveis
> não é uma interpretação psicanalítica.
> LACAN, *Cahiers pour l'Analyse* 3 (1966), p.13

Pelo exemplo que forneci, deve estar claro que esse tipo de interpretação tem alcance bastante limitado, servindo apenas a fins imediatos (como permitir que a criança volte depressa a dormir). Segundo Lacan, na situação analítica a interpretação em geral deve servir a um propósito muito diferente. *Em vez de fixar um significado em particular, ela deve procurar sugerir numerosos significados.* Fixar um significado acarreta o que eu chamaria de "ajustamento" no ego do analisando: este aprende que o analista o vê, ou compreende seu sonho, de determinada maneira, e tenta encaixar isso em sua autoimagem. O analisando ajusta suas ideias conscientes de quem e do que ele é de acordo com as ideias do analista.[8]

Aqui o analista desempenha o papel do Outro, do ouvinte que determina o sentido do que o analisando diz. O analista não atribui o papel do Outro ao inconsciente do analisando, mas sim o usurpa. Para adotar uma postura lacaniana, por outro lado, o analista tem que desempenhar o papel do Outro que escuta no pedido do analisando algo diferente de uma simples demanda, e tem de abdicar desse papel quando se trata de interpretar. Dar ao analisando significados claros e pré-digeridos institui um tipo de dependência da qual só se abre mão com enorme dificuldade: o analisando aprende que só precisa pedir uma interpretação para recebê-la, sendo o analista identificado como aquele que sabe (o vaso cheio), enquanto o analisando (o vaso vazio) não sabe nada senão o que o analista comunica.[9] Nada cria uma relação mais pai/filho ou aluno/professor entre analisando e analista do que isso. Nada fomenta maior dependência que isso, infantilizando o analisando desde o começo e transformando a análise num processo parental ou educacional estruturalmente interminável. Nada alimenta as demandas do analisando mais depressa que isso, levando a um círculo vicioso de demanda (do analisando) e resposta (do analista), ação e reação, no qual o analisando acaba dominando por completo o analista. Um sinal típico de que uma análise chegou a essa situação é quando o analista dedica um tempo enorme fora das sessões à tentativa de interpretação do caso, para ter algo a oferecer ao analisando na sessão seguinte. Em vez de dar o significado ao analisando às colheradas, independentemente de quão brilhante e perspicaz seja esse significado, o analista deve despertar a curiosidade do analisando e dar a partida no processo associativo deste. Deve interpretar de tal modo que o analisando tenha de trabalhar muito para tentar discernir o sentido das interpretações do analista.

Isso é feito pelo oferecimento de interpretações que sejam enigmáticas e polivalentes. O analisando tenta decifrá-las no nível consciente, como é inevitável, mas também no nível inconsciente. Tais interpretações *repercutem*: põem o inconsciente para trabalhar. Os processos conscientes de pensamento, que abominam a ambiguidade e os sentidos múltiplos, comprometidos que estão com a convicção de que sempre deve haver *um significado verdadeiro*, logo se frustram e param. O inconsciente, no entanto, é acionado, e as palavras enigmáticas ditas pelo analista encontram o caminho dos sonhos e fantasias produzidos daí para a frente. O "pensamento racional" dá lugar aos processos associativos do desejo inconsciente.

Uma ampla gama de psicanalistas aceita a concepção freudiana de que a interpretação é menos verdadeira ou falsa, correta ou incorreta, do que produtiva ou improdutiva.[10] Mas a produtividade da interpretação está no nível das formações do inconsciente, e não do discurso do ego (o qual testemunhamos em afirmações do tipo "Estive pensando no que você disse ontem e concordo em alguns aspectos, mas..."). O que nos interessa é o que o inconsciente do analisando acha da interpretação – ou seja, o que é visto ou projetado por seu inconsciente quando lhe é concedido o papel de Outro (aqui, o Outro que sabe).

Daí a descrição lacaniana da verdadeira interpretação analítica como "fala oracular".[11] Tal como o oráculo de Delfos, o analista diz algo polivalente o bastante para que tenha repercussão mesmo não sendo compreendido, para que desperte a curiosidade e o desejo de saber por que o analista disse o que disse, e para que convide a novas projeções.

Deixem-me ilustrar a colocação de Lacan com uma interpretação totalmente não oracular, feita por alguém a quem supervisionei em certa época. Ela funciona quase exclusivamente no nível do significado, o nível em que o terapeuta simplesmente fornece o significado da fala do analisando. A paciente era uma moça que gostava de fumar maconha com "um grupo de rapazes". O terapeuta lhe disse que ela estava "usando a maconha como fuga". À parte o fato de que, até esse momento, nada no discurso dela havia sugerido tal interpretação (que mais refletia os preconceitos do terapeuta que a situação da paciente), a afirmação do terapeuta desprezou o nível oral da experiência com drogas e as possíveis conotações sexuais e sociais do grupo de rapazes. Não apenas enfatizou um significado convencional e estereotipado, em contraste com um significado individual, como também fechou o processo de geração de sentido, em vez de abri-lo. É verdade que a palavra "fuga" pode implicar muitas coisas, porém "usar a maconha como fuga" não o faz. A frase sela um sentido particular, que pode ser aceito ou rejeitado, claro, dando origem a um longo processo *consciente* de pensamento (pode ser aceito a contragosto, ou mais tarde, ou ser imediatamente rejeitado mas aceito depois), mas não inspira grande coisa no nível inconsciente. Por isso, não é incrivelmente produtivo e pode até ser contraproducente, pois quanto mais claro o significado atribuído pelo terapeuta, mais fácil para o paciente é identificar o terapeuta com determinada visão, opinião ou teoria e se rebelar contra ela no nível consciente. O terapeuta passa a representar uma perspectiva específica (social, econômica, política, psicanalítica) e, seja o paciente favorável ou contrário a ela, isso impede o progresso da terapia.

A questão não é que o analista nunca deva dizer nada diretamente, para não se deixar apanhar ou responsabilizar por uma dada interpretação psicanalítica. Mas, quando ele sabe relativamente pouco sobre um analisando, deve evitar as formulações inequívocas; quanto mais direta é uma formulação nas fases iniciais do tratamento, maior a probabilidade de que o analista bata na porta errada e de que isso fique claro para o analisando. Quando a formulação é mais ambígua, o analista pode ver como o analisando a recebe – ou seja, o que lê nela.

O momento da interpretação, portanto, é muito importante: ela deve ser totalmente evitada nas entrevistas preliminares, e mantida mais polivalente do que univalente durante grande parte da análise. A interpretação relativamente direta, relativamente inequívoca – se é que deve ter lugar –, fica reservada para a fase de construção da análise, como veremos no contexto de um estudo de caso no Capítulo 8.

A interpretação mencionada acima veio cedo demais no tratamento e articulou algo de que era impossível que a paciente não tivesse consciência, uma vez que o discurso dominante de nossa sociedade atual vê as drogas como fuga. A interpretação deve, ao contrário, procurar surpreender, desviar os cursos de pensamento costumeiros do analisando. Se ela enfatizar elementos sexuais que o paciente pareça ter horror a discutir (por exemplo os prazeres orais, o envolvimento com um grupo de rapazes), deverá, não obstante, não se tornar tão previsível que o analisando sempre saiba de antemão o que o analista vai destacar. Os analisandos, em sua maioria, acabam captando as motivações sexuais repetidamente frisadas pelo analista e começam, eles mesmos, a frisar esses temas sem qualquer ajuda externa. *Mas há sempre algo que os analisandos não compreendem.*

A interpretação bate no real

Uma das observações mais notáveis de Lacan sobre a interpretação é que ela bate no real,[12] e uma das coisas que ele pretende dizer com isso é que ela bate naquilo em torno do qual o analisando gira repetidamente, sem conseguir formulá-lo. Há momentos em que o analista tem a impressão de que o analisando volta reiteradas vezes a alguma coisa, abordando-a por numerosos ângulos, mas sem nunca se dar por satisfeito com o que consegue dizer sobre ela. O real lacaniano, tal como manifesto no discurso do paciente, é aquilo que faz o analisando voltar vez após outra ao mesmo assunto, acontecimento ou pensamento, girar interminavelmente em torno dele e se sentir incapaz de ir adiante. O paciente se detém nisso e se sente entravado, com algo de essencial que permanece não formulado.

Num caso assim, se o analista tiver uma boa ideia do que é aquilo em torno do qual o analisando gira sem parar, ele pode oferecer uma interpretação que tente enunciá-lo: "Sua mãe virou você contra o seu pai" – eis um exemplo de uma interpretação que fiz a uma analisanda (cuja análise é descrita com alguns detalhes no Capítulo 8) que havia ficado com uma raiva crescente da mãe, após passar anos sentindo pena dela como vítima da ira do marido. O amor da analisanda pelo pai, recalcado durante muito tempo, havia entrado em cena um pouco antes, e a raiva da mãe tinha sido o tema central de inúmeras sessões recentes; todavia, os dois temas nunca tinham se ligado, e, embora a analisanda relacionasse sua raiva da mãe a muitos acontecimentos específicos, ela não se sentia satisfeita com suas próprias explicações. A interpretação restabeleceu um elo que faltava na cadeia de seus pensamentos e sentimentos, e poderíamos dizer que "bateu no real", no sentido de ter verbalizado (ou simbolizado) algo que, até então, nunca tinha sido posto em palavras. Esse algo serviu de *causa* da raiva dela, e a raiva não podia ser elaborada sem sua simbolização. Isso não equivale a dizer que a raiva tenha desaparecido subitamente – de modo algum. Mas passou a se concentrar na tentativa da mãe de conseguir realizar com a filha algo que envolvia o pai (isto é, fazer a filha ficar do seu lado contra o marido, com isso afastando a filha do próprio pai), e não mais monopolizou todas as sessões da analisanda.

Seria possível dizer, claro, que simplesmente lhe dei o significado de sua raiva, e que então ela tratou de procurar provar que eu estava certo, ajustando seu ego à minha visão dele. Seria preciso apresentar uma boa dose do material do caso para refutar essa afirmação, e eu a fornecerei no Capítulo 8. Apenas assinalemos aqui que o próprio enunciado da interpretação ("Sua mãe virou você contra o seu pai"), como praticamente qualquer enunciado, foi ambíguo: podia ser tomado no sentido físico de ela ser virada dessa maneira (na cama, digamos), ficando de costas para o pai. E, embora este possa não ser o primeiro significado que vem à mente dos leitores, certamente veio à mente de minha analisanda no intervalo entre as sessões, e levou a diversas associações interessantes com acontecimentos de sua vida (alguns dos quais ela já havia mencionado para mim). O importante é que, apesar de visar muito diretamente algo em torno do qual a analisanda vinha girando, ainda houve algo de oracular até nessa interpretação: ela jogou deliberadamente com dois níveis ao mesmo tempo (figurativo e literal, afetivo e físico).

A interpretação como fala oracular, portanto, não significa que a interpretação não possa ser entendida *de modo algum* pelo analisando; significa, antes, que ela joga com ambiguidades em sua própria formulação. O analista busca propositalmente maneiras provocadoras e evocativas de se expressar, preferindo, por exemplo, formulações que contenham sons que sejam parte de palavras ou nomes que tenham sido importantes no discurso do analisando.

Alguns analisandos tendem a se impacientar quando uma fala oracular lhes é apresentada, mas o analista só prejudica seu próprio objetivo se ceder aos pedidos de explicação. Em vez de instigarem o analisando a ponderar sobre o porquê das intervenções do analista, as explicações alimentam a demanda do paciente, o que só faz levar a novas demandas.

O REAL, tal como o apresentei até aqui, é aquilo que ainda não foi posto em palavras ou formulado. Podemos pensar nele, em certo sentido, como a ligação ou o elo entre dois pensamentos que sucumbiu ao recalcamento, e que precisa ser restabelecido.[13] O real também pode ser pensado como aquilo que Freud chama de trauma – acontecimentos traumáticos (geralmente sexuais ou envolvendo pessoas em quem o sujeito fez um investimento libidinal) que nunca foram discutidos, postos em palavras ou verbalizados. Esse real, segundo Lacan, tem de ser simbolizado através da análise: tem de ser falado, posto em significantes ("significantizado"). Como disse Jacques-Alain Miller, a análise envolve a "drenagem" progressiva do real para o simbólico.[14] Visando ao real, a interpretação ajuda o analisando a pôr em palavras aquilo que levou seu desejo a ficar fixado ou entravado.

5. A DIALÉTICA DO DESEJO

> A subjetivação [é] o momento essencial de toda
> instauração da dialética do desejo.
> LACAN, Seminário 8, p.251[264]

As PESSOAS CHEGAM À ANÁLISE numa multiplicidade de estados. Algumas dizem que não querem mais nada e mal conseguem se arrastar para fora da cama; outras estão tão agitadas por causa de algo que desejam que já não conseguem se concentrar nem dormir à noite. Seja qual for o estado específico, ele é problemático dos pontos de vista do desejo e do gozo.

Em muitos casos, o analista pode entender a situação do novo analisando como sendo de estase libidinal: *seu desejo está fixado ou entravado*. Consideremos, por exemplo, um analisando que repetidamente "fica a fim" de mulheres que recusam suas investidas, manifestam desinteresse por ele ou o abandonam. Ele conhece uma mulher numa festa, sente uma vaga atração por ela e a convida para sair umas duas vezes. Mantém-se meio indiferente, até o dia em que ela diz que não quer mais vê-lo. De repente, o analisando ganha vida: sente um desejo apaixonado por essa mulher e a persegue com insistência. Ela se torna o foco de toda a sua atenção, todo o seu amor, todo o seu desejo. É *a tal*, a única para ele. E, quanto mais ela o rejeita e continua desinteressada, mais o desejo dele floresce.

Antes da recusa, seu desejo fica semiadormecido, mal entra em jogo. A rejeição por parte da mulher não chega a ser o objeto ardentemente buscado *do* seu desejo, mas é o que *desperta* esse desejo, trazendo-o à vida. É a *causa* do desejo dele. Embora, no começo, seu desejo esteja cochilando, o analisando intriga-se com a recusa, ou melhor, é cativado por ela. O que demonstra que não é *ela* (a mulher real, viva, de carne e osso) que o cativa, e sim o fato de que, no momento em que sucumbe aos intermináveis esforços que esse homem faz para reconquistá-la, ela vira "coisa do passado" – não lhe serve para nada. Enquanto concorda em rejeitá-lo (talvez deixando que ele se aproxime mais, apenas para rechaçá-lo no instante seguinte), ela o incendeia, deixa seu amor em chamas. Assim que ela lhe mostra que realmente o deixa se aproximar, o desejo do homem fenece: desaparece a causa do desejo, e o objeto que está à mão passa a não ter a menor serventia para ele.

Talvez nos sintamos tentados a pensar que é o desejo desse homem que o faz sair para encontrar uma mulher, como se seu desejo fosse um dado, uma espécie de força constante em sua vida. Mas a verdade é que ele meramente encontra as mulheres por acaso, envolve-se com elas sem grande convicção e só se apaixona quando uma delas o dispensa ou tenta repeli-lo.

Enquanto ele associa a causa (ser rejeitado por uma mulher) a um objeto (uma mulher específica), parece ao observador externo que seu desejo é incitado pelo objeto – que se correlaciona a determinado objeto, que busca um objeto específico. Mas, assim que essa associação se rompe, assim que se torna impossível para ele imbuir o objeto disponível do traço ou característica que o excita – a rejeição –, vemos que o crucial não é o objeto, a mulher específica com quem ele se envolve, mas o traço ou característica que desperta seu desejo.

O desejo, portanto, é menos *atraído por* um objeto (Desejo → Objeto) do que *despertado por* certa característica, que às vezes pode ser lida num dado objeto de amor: o desejo é empurrado, não puxado (Causa → Desejo). Durante algum tempo, o objeto é visto como "contendo" a causa, como "possuidor" do traço ou aspecto que incita o desejo desse analisando. Num dado momento, porém, a causa é abruptamente subtraída do objeto, e este é prontamente abandonado.[1]

O desejo não tem objeto

> O desejo [é] sempre um desejo de Outra coisa.
> LACAN, Seminário 5, p.13[16]

Embora eu tenha falado de um caso específico, a tese de Lacan é muito mais geral. *O desejo humano, estritamente falando, não tem objeto*. Na verdade, ele não sabe muito bem o que fazer com objetos. Quando você consegue o que quer, não pode mais *querê-lo*, porque já o possui. O desejo desaparece ao atingir seu objeto aparente. No caso do analisando mencionado, quando uma mulher cede a seus reiterados apelos e súplicas (talvez lisonjeada pela ideia de alguém a querê-la tão intensamente), o desejo dele evapora. A satisfação, como mencionei no Capítulo 4, mata o desejo. Obter o que se quer não é a melhor estratégia para manter vivo o desejo.

Com efeito, a histeria e a neurose obsessiva podem ser entendidas como diferentes estratégias para manter vivo o desejo. O obsessivo deseja algo inatingível, daí a realização de seu desejo ser estruturalmente impossível. O histérico, por outro lado, trabalha para manter insatisfeito um certo desejo; Freud se refere a isso como a ânsia de um anseio insatisfeito e Lacan, como o desejo de um desejo insatisfeito.[2] Tanto na histeria quanto na obsessão, criam-se obstáculos a qualquer realização possível do desejo (exceto, claro, nos sonhos, fantasias ou devaneios – a realização de desejo que *estes* encenam não leva ao esvaecimento do desejo).

Portanto, o desejo não busca satisfação; busca, antes, sua própria continuidade e promoção – busca meramente continuar desejando.[3] Seria possível objetar que isso só acontece na neurose, porque os neuróticos não conseguem perseguir seu desejo, em decorrência de inibições, medos, angústia, culpa e repugnância. Mas a afirmação de Lacan é que, mesmo depois de uma "análise bem-sucedida", o desejo busca, essencialmente, sua própria continuação; todavia, graças a uma reconfiguração do sujeito em relação à causa de seu desejo, o desejo já não impede a busca de satisfação pelo sujeito (como veremos mais adiante).[4]

O termo de Lacan para a causa do desejo é "objeto *a*".[5] Podemos nos perguntar por que, se o desejo não tem objeto como tal, e sim uma causa, Lacan continua a usar o termo "objeto". Parece que isso tem a ver, em parte, com a evolução do seu pensamento ao longo do tempo (no começo dos anos 1950, ele era influenciado pela ideia de objeto parcial de Karl Abraham e pela ideia de objeto transicional de D.W. Winnicott), e também com uma tentativa de se antecipar à discussão do que, na teoria psicanalítica, é mais comumente designado pelo nome de "objeto". Isso porque, segundo Lacan, o objeto, tal como estudado em certas formas de psicanálise kleiniana e na teoria das relações objetais, tem apenas uma importância secundária: deixa escapar a causa. O único objeto envolvido no desejo é o "objeto" (se é que ainda podemos nos referir a ele por esse nome) que *causa* o desejo.[6]

A fixação na causa

O objeto *a* pode assumir muitas aparências diferentes. Pode ser um tipo de olhar que alguém nos dirige, o timbre de uma voz, a brancura, a sensação ou o cheiro da pele de alguém, a cor dos olhos, a atitude que alguém manifesta ao falar – a lista prossegue de forma interminável. Seja qual for a causa característica de um indivíduo, ela é altamente específica, e nada é posto em seu lugar com facilidade. O desejo se fixa nessa causa, e unicamente nessa causa.

Quando alguém chega à análise porque um relacionamento vai mal e, apesar disso, agarra-se a ele com todas as forças, em geral é porque o parceiro foi imbuído da causa característica do analisando – é visto como alguém que possui ou contém a causa –, e, por isso, não é possível encontrar desejo em outro lugar. Desistir desse parceiro seria desistir inteiramente do desejo. Quando o indivíduo é obrigado a fazê-lo (digamos, quando o parceiro o isola por completo), é bem possível que o desejo do analisando entre no pântano do limbo libidinal, um mundo das sombras que é desprovido de desejo e no qual o analisando vagueia sem rumo.

É a fixação do analisando nessa causa que leva a uma crise do ou no desejo.[7] O analista tenta mobilizar o desejo do analisando, sacudir a fixação quando o analisando não consegue pensar em outra coisa e dissipar a estase que se instala quando o desejo parece esvaziar-se num ponto sem volta. O analista tenta despertar-lhe a curiosidade sobre cada manifestação do inconsciente, levá-lo a se indagar sobre o porquê e o para quê das decisões de sua vida, de suas escolhas, seus relacionamentos, sua carreira. O desejo é uma pergunta, como observei no Capítulo 2, e, ao fazer o analisando questionar as coisas, o analista o faz querer saber algo, descobrir algo, entender o que o inconsciente está dizendo, o que o analista vê em seus atos falhos, sonhos e fantasias, o que o analista quer dizer quando pontua, escande, interpreta etc. O analista, ao atribuir sentido a todas essas coisas, torna-se a causa das indagações, ponderações, ruminações, sonhos e especulações do analisando – em suma, a causa do desejo do analisando.[8]

Não mais tão fixado naquilo que lhe servia de causa no começo da análise, o analisando começa a tomar a análise e, por extensão, o analista como causa.[9] Com isso se estabelece uma nova fixação, mas esta, como nos diz Freud, é "acessível em todos os pontos a nossa intervenção". A fixação original torna-se uma fixação transferencial, e a neurose preexistente transforma-se numa "neurose de transferência" (SE XII, p.154).

O desejo do Outro como causa

Depois que o analista se coloca com sucesso no lugar da causa do analisando – não sendo para este um outro imaginário (alguém parecido com ele) nem tampouco um Outro simbólico (juiz ou ídolo), porém a causa real do desejo do analisando –, começa o trabalho verdadeiro: o "trabalho da transferência", ou elaboração. O analista se empenha em sacudir e deslocar a fixação do analisando na causa.

Antes que seja possível descrever o processo envolvido nisso, entretanto, devemos compreender mais sobre a causa e o modo pelo qual ela passa a existir.

Em outras palavras, devemos examinar a natureza e o desenvolvimento do desejo humano. Minha discussão aqui será um tanto esquemática, uma vez que escrevi longamente sobre esse assunto em outro texto.[10]

Durante a primeira infância, nossos cuidadores primários são de imensa importância para nós, pois nossa vida está intimamente ligada à deles. Nós lhes fazemos pedidos; eles, por sua vez, pedem que nos comportemos de certas maneiras, e não de outras, e que aprendamos muitas coisas: a falar sua língua (usando palavras, expressões e gramática não criadas por nós) e a regular nossas necessidades de alimentação, calor, excreção etc. de acordo com os horários deles. Essas pessoas são nossa fonte primária de atenção e afeição, e é frequente tentarmos conquistar sua aprovação e seu amor, conformando-nos a seus desejos. Quanto melhor satisfizermos suas demandas, maior será a probabilidade de obtermos sua aprovação. Quanto mais completamente satisfizermos seus anseios, mais amor tenderemos a obter deles.

Mas eles nem sempre nos dizem o que querem. Muitas vezes limitam-se a nos dizer o que *não* querem, e depois nos castigam por nossos erros. Para cair nas suas graças e evitar esse castigo e essa desaprovação, procuramos decifrar suas simpatias, antipatias e anseios: "O que eles querem?", "O que eles querem de mim?".

Mesmo quando eles nos dizem o que querem – "Você vai ser advogado quando crescer, ponto final!" –, a mensagem pode não ser tão transparente quanto parece. À parte o fato de que podemos optar por aquiescer a essas vontades ou por nos rebelarmos contra elas, em sinal de protesto, podemos intuir que, embora nossos pais digam uma coisa (talvez até a peçam), na verdade prefeririam outra: que fôssemos algo que eles sempre quiseram ser mas não conseguiram – ou que *não* sejamos o que eles sempre quiseram ser mas não conseguiram, porque eles se sentiriam ameaçados por isso, preferindo nos ver como fracassos, ou como "gente comum" feito eles.

Em nossa tentativa de decifrar suas vontades, confrontamo-nos com o fato de que as pessoas nem sempre querem dizer o que dizem, querem o que dizem querer, ou desejam aquilo que pedem. A linguagem humana permite que as pessoas digam uma coisa e pensem outra. Um dos pais pode estar apenas enunciando o que o outro quer ardentemente, e intuímos isso, e nos perguntamos o que ele "realmente quer".

O desejo de nossos pais torna-se a mola mestra do nosso: queremos saber o que eles querem para melhor satisfazê-los ou para frustrá-los em seus propósitos, descobrir onde nos enquadramos em suas tramas e planos, e encontrar um nicho para nós em seu desejo. Queremos ser desejados por eles; como diz Lacan, "o desejo do homem é ser desejado pelo Outro" (neste caso, o Outro parental).[11]

É o desejo deles, amiúde bastante opaco ou enigmático, que desperta o nosso: nossa curiosidade, nossa determinação de descobrir certas coisas, de investigar o mundo, de ler e interpretar gestos, ações, tons de voz e conversas que se pretende que fiquem fora do alcance de nossos ouvidos ou além da nossa compreensão. É o desejo deles que nos move, que nos leva a fazer coisas no mundo; ele dá vida ao nosso desejo.

Na tentativa de discernir o desejo deles – ao qual me referirei, daqui por diante, como o desejo do Outro (o desejo do Outro parental)[12] –, descobrimos que certos objetos são cobiçados pelo Outro e aprendemos a querê-los, nós mesmos, moldando nosso desejo no desejo do Outro. Não só queremos que o desejo do Outro se dirija a nós (queremos ser o objeto, a rigor, o objeto mais importante do desejo do Outro), como também passamos a desejar como o Outro – tomamos os desejos do Outro como nossos.[13]

Quando uma mãe, na frente de sua filha pequena, expressa admiração por certo ator por sua autoconfiança excessiva e sua abordagem pragmática das mulheres (o herói de *A megera domada*, de Shakespeare, para tomarmos um exemplo concreto), é provável que a filha incorpore esses atributos à sua imagem do príncipe encantado. Tais atributos, descobertos anos depois durante a análise das fantasias dessa filha, tendem a dar margem a um sentimento de indignação e alienação: "Como pude adotar as fantasias *dela*?", "Que coisa repugnante! Nem as minhas fantasias são realmente minhas!".

Embora a assimilação dos desejos do Outro seja um aspecto inevitável da formação do desejo, ela é vivenciada, mais tarde, como uma intromissão ou violação: o Outro fez isso comigo, pôs isso em mim, me fez ser deste jeito, me fez querer isto e não aquilo. Nem o meu desejo é meu.

O desejo do Outro causa o nosso. O que às vezes consideramos mais pessoal e íntimo revela-se vindo de outro lugar, de uma fonte externa. E não é de uma fonte qualquer: vem justamente dos nossos pais!

A separação do desejo do Outro

Freud diz que a tarefa mais importante durante a adolescência é nos separarmos de nossos pais – uma tarefa que os neuróticos não conseguem realizar.[14] Traduzido em termos lacanianos, isso significa que os neuróticos permanecem presos ao desejo do Outro. O desejo de seus pais continua a funcionar como causa do deles; os desejos de seus pais continuam a funcionar neles como se fossem próprios; o que eles querem continua profundamente dependente do que seus pais queriam. Mesmo quando os neuróticos dedicam todo o seu tempo e energia a fazer exatamente o inverso do que os pais queriam, sua vida continua a ser inteiramente constituída em oposição ao desejo do Outro, e, portanto, continua a depender dele: sem ele, sua vida não tem foco, não tem razão de ser. Para o neurótico, portanto, a tarefa mais importante é separar-se do Outro, do desejo do Outro.

Mas essa nem sempre é a primeira tarefa no começo de uma análise, porque muitas pessoas chegam à análise afirmando ter pouca ou nenhuma ideia do que realmente querem. Manifestam insegurança sobre suas vontades, sobre a legitimidade daquilo que querem e até sobre o querer em geral. Com esses analisandos, a parte inicial da análise envolve um processo de decantação, em que aquilo que eles querem começa a entrar em foco, e um processo de descobrimento, em que vêm à tona quereres esquecidos ou desconhecidos.

Aos poucos, porém, eles percebem que aquilo que querem tem estreita ligação com o que os outros significativos de sua vida querem ou quiseram um dia. Dão-se conta de que são "alienados", de que seus desejos não são seus como haviam pensado; até seus desejos mais secretos revelam, muitas vezes, ter sido de outra pessoa, antes de se tornarem seus, ou parecem fabricados para satisfazer ou apoiar outra pessoa, de cara.

Também a meta de separar o sujeito do desejo do Outro talvez não pareça estar na ordem do dia em outros casos – por exemplo, quando o analisando se queixa, essencialmente, de ser inibido ou tímido. "Eu sei o que quero, mas não sou capaz de ir atrás disso. Toda vez que tento, eu entro em culpa; tenho a sensação de estar traindo alguém, ou de que vai acontecer uma coisa terrível." Nesses casos, tendemos a pensar que os neuróticos simplesmente têm nós em seu desejo, que querem alguma coisa mas são inibidos de buscá-la por um desejo ou uma força conflitante (por exemplo uma proibição que vem dos pais e que eles não se dispõem a transgredir). Na verdade, como diz Freud, todo sintoma provém de pelo menos dois desejos, forças ou impulsos conflitantes: amor e ódio, apetite sexual e inibição, e assim por diante (SE XVI, p.349, 358-9). A análise, nesses casos, pareceria simplesmente envolver um desatamento dos nós do desejo do analisando.

Mas a sujeição, submissão ou subjugação do neurótico ao Outro é muito maior do que essa metáfora ("desatar os nós do desejo") sugere. O desejo do neurótico não é "dele", para começo de conversa, porque nunca foi subjetivado. *A subjetivação é a meta da análise* – a subjetivação da causa, isto é, do desejo do Outro como causa.

A fantasia fundamental

Lacan se refere à fixação do analisando na causa como "fantasia fundamental": a relação fundamental entre o sujeito (não o ego) e sua causa eletiva, o sujeito tal como posicionado em relação à causa. A notação ou fórmula lacaniana para isso é ($ \lozenge\ a$), onde o S atravessado pela barra representa o sujeito dividido em consciente e inconsciente, o a representa a causa do desejo e o losango representa a relação entre os dois.[15]

O que encena a fantasia senão o modo como o sujeito se imagina em relação à causa, ao desejo do Outro como causa? Se, no nível mais profundo, o desejo de uma mulher nasce porque um homem a olha de maneira particularmente impertinente, sua fantasia a retrata sendo olhada dessa maneira; reúne numa mesma cena o olhar e ela própria (sendo provocante, talvez, ou passivamente inerte).[16] Mesmo num caso discutido por Freud, o de uma fantasia consciente ou pré-consciente em que o sujeito parece ausentar-se – a saber, "Estão batendo numa criança" –, podemos reconstruir a fantasia inconsciente que se encontra em ação: "Meu pai está me batendo" (SE XVII, p.179-86), que envolve uma relação entre o sujeito e o suposto desejo do Outro (o de punir).

É óbvio que as pessoas têm muitas fantasias diferentes, algumas das quais são conscientes ou pré-conscientes (podemos tomar consciência delas se lhes prestarmos atenção), enquanto outras são inconscientes, e nossa única forma de acesso a elas é, muitas vezes, a via régia dos sonhos. Lacan sugere que há uma fantasia – uma fantasia inconsciente, para a maioria de nós – que é absolutamente fundamental. Essa ideia se relaciona com a teoria freudiana da "cena primária", uma cena que desempenha papel fundamental na constituição da sexualidade do analisando e de sua vida em geral. A maneira como se reagiu a essa cena (real ou imaginária) na infância colore a totalidade da existência, determinando as relações que são mantidas com pais e amantes, as preferências sexuais e a capacidade de satisfação sexual. (Essa cena é discutida em "Um caso de histeria", no Capítulo 8.)

À medida que o analista assume o papel de causa do desejo do analisando, este transpõe suas fantasias para a análise. O relacionamento com o analista assume as características e o teor da fantasia fundamental do analisando: esta é projetada no aqui e agora, e o analisando espera que o desejo do analista coincida com o desejo do Outro tal como ele sempre o interpretou. Em outras palavras, o analisando entra em sua maneira habitual de ver o mundo dos outros (parentais) e de se relacionar com ele, pressupondo que o desejo do Outro é o mesmo que sempre foi em sua experiência. O analisando começa a pôr em prática a sua postura ou posição costumeira em relação ao desejo do Outro, tentando satisfazê-lo ou frustrá-lo, ser seu objeto ou solapá-lo, conforme o caso.

Ele considera que o analista quer dele a mesma coisa que seus pais queriam, seja sangue, consolação, piedade ou o que for. A ideia que o analisando faz do que o Outro quer é projetada e reprojetada, mas o analista a demole ou abala continuamente, por não estar onde o analisando espera que ele esteja. Ao encarnar o desejo do Outro como causa, ao ficar no seu lugar no contexto analítico, o analista não se conforma às expectativas do analisando a respeito de seu comportamento, suas reações ou suas intervenções. O analisando espera que o analista destaque uma palavra ou colocação específica, ou que encerre a sessão numa dada passagem ou afirmação – porque, a seu ver, é isso que interessa ao analista ou o preocupa –, mas o analista não o faz. Justamente quando o analisando crê que o analista quer saber de todo e qualquer sonho seu ("afinal, o sonho é a via régia para o inconsciente"), o analista muda de tática. A discussão de todas as coisas que o analista passou tantas sessões incentivando (sonhos, fantasias, devaneios, lapsos, sexo, mamãe, papai, família) pode tornar-se rotineira, automática e improdutiva, servindo como defesa mobilizada para lidar com o desejo do Outro: "Se eu der ao Outro o que ele está pedindo, talvez consiga me agarrar ao meu desejo e ao pequeno prazer que ainda consigo extrair dele." O analista tem que estar atento à rotinização da análise e à maneira como a fantasia – a defesa do analisando contra o desejo do Outro – afeta o trabalho que é feito ali.

O analisando recria continuamente sua situação fantasiada em relação ao desejo do Outro, confiante em que seu discurso é de enorme interesse para o analista, ou temeroso de que não seja satisfatório, e negligencia inteiramente a presença do analista na sala, ou escuta atentamente qualquer sinal de vida atrás do divã. Quando o analista contraria as suposições do analisando sobre o que ele quer, quando manifesta interesse em outra coisa que não o que o analisando espera, o desejo do Outro é questionado: não é o que o analisando vinha presumindo que fosse. Aliás, *talvez nunca tenha sido* o que o analisando sempre presumiu que fosse. Talvez seja uma criação ou uma construção sua. Talvez represente uma solução que o analisando forneceu para o enigma do desejo de seus pais.

À guisa de exemplo, consideremos o trabalho de Freud com o "Homem dos Ratos", descrito em detalhe nas famosas *Notas sobre um caso de neurose obsessiva* (*SE* X, p.155-249). Meus comentários aqui serão muito esquemáticos, é óbvio, dado o volume de material fornecido por Freud no estudo do caso, mas um ponto que parece vivamente claro é que todos os problemas do Homem dos Ratos têm íntima relação com seu pai. O desejo de se vingar do pai é central em muitos sintomas que ele descreve, e que vão desde sua crença infantil em que uma menina cuja afeição ele queria despertar o notaria e teria pena dele *caso seu pai morresse* até a ideia "horripilante" de que certa forma de tortura de que ele ouvira falar (na qual ratos entravam no ânus da vítima) *era infligida a seu pai*. Não é exagero concluir que o pai do Homem dos Ratos era a *causa* de sua raiva, seu ressentimento e seu desejo de vingança.

No decorrer de seu trabalho com Freud, o Homem dos Ratos começou sem querer a dar vazão a sua raiva de Freud, cumulando o analista e sua família "das mais grosseiras e sórdidas ofensas"; ao fazê-lo, o paciente se levantava do divã, para distanciar-se de onde Freud se sentava. O próprio Homem dos Ratos acabou concluindo que tinha medo de que Freud batesse nele, como muitas vezes fizera seu pai; esse pai, que tinha um "gênio passional", nem sempre soubera quando parar em sua violência (p.209). Freud tinha sido posto no lugar do pai do Homem dos Ratos e passara a desempenhar o papel de causa das recriminações, das explosões de raiva e do desejo de violenta vingança do analisando. Ao mesmo tempo, o Homem dos Ratos tinha toda a expectativa de que Freud reagisse àquelas expressões de raiva como seu pai fizera, batendo nele.

Vemos aí uma fantasia crucial, se não a própria fantasia fundamental: o Homem dos Ratos praticando uma conduta provocadora, na expectativa de receber um tratamento rude do pai. Assume-se que o pai quer bater no filho – a rigor, talvez, se compraz em bater no filho –, na medida em que parecia ter tido propensão a se deixar levar pelo "calor do momento", sem saber quando parar. O consultório de Freud torna-se o local da encenação da relação do sujeito com o objeto: o despertar provocante, por parte do Homem dos Ratos, do desejo paterno de bater no filho (o que talvez fosse uma das únicas maneiras de ele obter alguma atenção do pai). A fantasia, portanto, é reencenada na situação terapêutica, com Freud desempenhando o papel do pai como causa do desejo do Homem dos Ratos.

Obviamente, Freud não reage a essa encenação da fantasia do analisando como este esperava. Presume que as observações sórdidas feitas pelo Homem dos Ratos sejam dirigidas a seu papel, não a Freud como indivíduo, com suas particularidades, sua dignidade e sua história. Com isso, ele consegue reagir sem expulsar o analisando nem exigir respeito à sua "pessoa", e sem bater fisicamente no Homem dos Ratos, mas interpretando. Dessa maneira, Freud indica que nem sempre o desejo do Outro é bater no Homem dos Ratos, e abre a possibilidade de que este questione sua visão do desejo do Outro: "Talvez não fosse tanto uma questão de meu pai desejar isso, mas de que eu o impelia a isso…" Esse questionamento não é mencionado por Freud, mas foi possibilitado por sua intervenção: tornou-se possível para o Homem dos Ratos questionar seu próprio papel na interpretação das palavras e dos atos de seu pai. Talvez, de fato, sua interpretação fosse interesseira, em algum aspecto; talvez lhe fosse agradável ou conveniente ver as coisas por aquele prisma.[17] Voltarei a essa ideia do envolvimento subjetivo na fantasia fundamental na seção seguinte, e voltarei ao caso do Homem dos Ratos mais adiante, ainda neste capítulo.

Aqui eu gostaria apenas de reiterar a ideia de que a interpretação ou construção que o analisando faz do desejo do Outro só pode ser questionada na medida em que o analista não reaja como o analisando espera e não abra o jogo – não deixe o analisando ler seu desejo. Ao contrário, o analista deve manter uma postura de desejo enigmático.

Assim como o analista não deve ser previsível com relação ao tempo pelo qual manterá o analisando na sessão, também suas intervenções e interpretações não devem se tornar previsíveis. Vez por outra, os analisandos comentam: "Eu sabia que você ia terminar a sessão nesse ponto", ou "Eu sabia que você ia dizer isso" – sinal de que o estilo de prática do analista tornou-se demasiado evidente e de que o elemento surpresa está desaparecendo. O interesse, a curiosidade e o desejo do analista devem ser, para o analisando, difíceis de ler, difíceis de situar, e por isso o analista não deve estar onde o analisando espera que esteja. Caso contrário, a fantasia fundamental nunca poderá ser questionada, abalada e reconfigurada.

A reconfiguração da fantasia fundamental

> A terapia analítica não faz da eliminação dos sintomas a sua tarefa principal.
> Freud, *SE* XVI, p.436

> O analista não pede que o sujeito melhore nem que se torne normal; o analista não solicita nada, não impõe nada. Está ali para que o sujeito possa ganhar acesso à verdade do seu desejo, seu próprio desejo, e não para responder à demanda do Outro.
> ANNY CORDIÉ, *Les cancres n'existent pas* (Paris, Seuil, 1993), p.299

> Toda fala é uma demanda.[18]
> Toda demanda [é uma] petição de amor.
> LACAN, *Escritos*, p.813[828]

Até aqui, venho simplificando as ideias de Lacan em minha apresentação da fantasia fundamental, e agora é preciso levantar alguns outros pontos. Eu falei, por exemplo, como se o desejo do neurótico estivesse plenamente constituído antes da análise. Mas isso não é inteiramente óbvio, visto que, segundo Lacan, o neurótico se acha preso em larga medida num nível que fica aquém do desejo: o nível da demanda.[19]

Lacan formula essa ideia dizendo que, no começo da análise, a fantasia fundamental do neurótico envolve a posição do sujeito em relação à demanda do Outro, e não em relação ao desejo do Outro.[20] O sujeito prefere lidar com a demanda do Outro, de que ele faça coisas, torne-se isto ou aquilo, a lidar com o puro e simples desejar do Outro (veremos um exemplo clínico disso em "Um caso de obsessão", no Capítulo 8). O neurótico prefere até acreditar que o Outro quer alguma coisa verdadeiramente pavorosa – que o Outro lhe pede algo que é muito custoso e desagradável[21] – a permanecer na incerteza do que o Outro quer.

O encontro com o desejo do Outro é gerador de angústia. Para ilustrar esse ponto, Lacan busca um exemplo no comportamento animal – o da fêmea do louva-a-deus, que arranca a cabeça do parceiro macho durante a cópula – e nos pede para imaginarmos a seguinte situação hipotética (a qual, cabe admitir, não é fácil de pôr à prova experimentalmente): você usa uma máscara que o/a faz parecer a fêmea ou o macho do louva-a-deus, mas não sabe qual deles; aproxima-se uma fêmea e o/a deixa extremamente angustiado(a). É bem possível que a angústia sentida por você seja pior se você *não* souber se está disfarçado(a) de macho ou fêmea do que se souber que está disfarçado(a) de macho. (Com efeito, neste último caso, o que você experimenta é o simples *medo* de um destino específico que logo lhe caberá.) Por isso, talvez você prefira *presumir* ou *concluir* que sua morte está próxima, por estar vestido(a) de macho, mesmo não tendo certeza de que isso é verdade. Se tomarmos a fêmea do louva-a-deus como o Outro (o Outro real, não o simbólico),[22] talvez você prefira supor que o Outro está querendo pegá-lo(a) – prefira supor que sabe o que você é para o Outro, que objeto você é no desejo do Outro – a permanecer na incerteza angustiante. Lacan refere-se a esta última forma de ansiedade como angústia (*angoisse*), que é muito mais perturbadora e inquietante do que aguardar a morte certa (levando ao que Freud chama de "angústia realista" – em outras palavras, medo).[23]

Em vez de esperar, angustiado(a), para descobrir o que você é, é bem possível que você prefira chegar a conclusões apressadas (respostas precipitadas) sobre o que o Outro quer em você, com você, de você etc. A natureza desconhecida do desejo do Outro é insuportável; você prefere conferir-lhe um atributo, qualquer atributo, a deixá-la permanecer como um enigma. Prefere amarrá-lo, dar-lhe um nome e pôr fim à sua incerteza angustiante. Uma vez que isso seja nomeado, uma vez que você conclua que é *isso* que o Outro quer – que você saia do caminho e não o atrapalhe, por exemplo –, a angústia cede e você pode tratar de sumir.

Essa chegada a conclusões precipitadas transforma o desejo do Outro – o qual, estritamente falando, não tem objeto – em algo com um objeto muito específico. Em outras palavras, *transforma o desejo do Outro numa demanda* ("Saia do meu caminho!"), uma demanda endereçada ao sujeito que dá nomes. Ao passo que o desejo não tem objeto, a demanda o tem.

A interpretação do desejo do Outro pelo sujeito pega um querer, ansiar ou desejar sem nome e faz dele um desejo concreto, um querer específico – em suma, uma demanda de algo muito preciso. Com essa demanda a criança pode lidar ou negociar: ela causa menos angústia e dá uma orientação à criança. Com efeito, esta acredita que, ao se conformar à demanda – sair do caminho –, ganhará amor e aprovação; somente na medida em que ela não atrapalhar é que o pai ou mãe a amará e aprovará. Se, por outro lado, a criança acredita que o genitor só lhe presta atenção quando ela o atrapalha, é possível que ela adote a estratégia de ficar o máximo possível no caminho, a fim de receber atenção, mesmo que essa atenção só venha sob a forma do castigo.

No contexto clínico, ouvimos neuróticos fazerem toda sorte de afirmações sobre o que os pais queriam deles, e com frequência suas interpretações do querer dos pais discordam marcantemente das interpretações dadas por um irmão gêmeo, uma irmã ou outros irmãos. Diferentes interpretações são feitas por irmãos diferentes e, não raro, até por crianças que parecem ser tratadas de maneira praticamente idêntica. Isso destaca o fato de que o querer dos pais nunca é "conhecido" num sentido absoluto, mas *pode apenas ser interpretado*. Os neuróticos tentam identificar as razões pelas quais seus pais os veem como adoráveis e dignos de atenção, e tentam assumir essas razões como próprias. Numa palavra, passam a se ver como creem que os pais os veem, a valorizar o que acreditam que os pais valorizam e a tentar ser o que creem que os pais querem que eles sejam. Identificam-se com os ideais dos pais e se julgam de acordo com esses ideais.

Em termos freudianos, o interesse do neurótico em discernir as demandas de seus pais relaciona-se com a formação do ideal do eu (*Ichideal*) – os ideais que a pessoa estabelece para si e em relação aos quais mede seu desempenho (em geral, insuficiente). Freud equipara o ideal do eu ao supereu e fala dele como "a primeira e mais importante identificação do indivíduo, sua identificação com os [pais]" (*SE* XIX, p.31).[24]

Como não é de admirar, os neuróticos procuram identificar-se com o analista tal como se identificavam com os pais: tentam ler nas entrelinhas o desejo do analista e discernir demandas, valores e ideais. Quando conseguem discernir o que o analista valoriza ou quer deles, acreditam que podem se tornar dignos de amor e cair nas graças do analista, conformando-se a ele (ou se rebelando contra ele, na esperança, nesse caso, de ganhar atenção de uma outra maneira). Por isso, eles tentam adotar como próprio o ideal do eu do analista e se tornar iguais a ele. Embora a formação do ideal do eu possa ser inevitável no curso do desenvolvimento psíquico da criança (no Capítulo 7, veremos como Lacan a explica em termos de sua revisão de 1960 do estádio do espelho), *a reiterada tentativa dos neuróticos de adotar o ideal do eu do Outro encontra-se no próprio âmago de sua neurose*: eles ficam presos à demanda do Outro. Na análise, querem saber o que o analista quer deles; é bem possível mesmo que peçam ao analista para lhes dizer o que quer que eles façam – qualquer coisa, menos perguntarem a si mesmos o que *eles* querem![25]

Em algumas abordagens da psicanálise, o analisando é incentivado a *se identificar com* o "ego forte" do analista, a fim de respaldar seu próprio "ego fraco". Em outras palavras, o neurótico nunca é desmamado do círculo vicioso da estrutura da demanda. O analista não o confronta com o enigma do desejo do Outro, com o que daria vida ao desejo do próprio analisando; ao contrário, este aprende a se ver pelos olhos do analista e a adotar os valores e ideais dele. Enquanto o analista, seu instituto analítico ou a própria psicanálise continuarem a ser situados na posição do Outro pelo analisando, é possível que se observe certa estabilidade (embora, à maneira neurótica, o analisando possa buscar repetidamente a aprovação e o reconhecimento do analista, do instituto ou de publicações e associações analíticas); entretanto, tão logo surge um novo representante do Outro – quando, por exemplo, o analisando não se identificou inteiramente com o analista, de sorte que ainda é capaz de seguir uma profissão diferente, com um chefe a impressionar, outros profissionais de sucesso a imitar e assim por diante –, o mesmo problema tende a ressurgir: o neurótico tenta discernir o que esse novo Outro quer dele e conformar-se a isso (ou revoltar-se contra isso, mas pelas mesmas razões).

Um foco importante da elaboração lacaniana do conceito de desejo do analista é mostrar como e por que o objetivo da análise *não* deve ser a identificação com o analista, a identificação com a "parte sadia" do ego do analista, ou a identificação com qualquer outra parte do analista. Essa meta leva a uma transferência permanente para o analista, e não ao que Freud chama de "liquidação da transferência", ou àquilo a que Lacan se refere como "queda do sujeito suposto saber" – a situação em que o analisando já não presume que o analista tenha qualquer saber que lhe possa ser útil ou valioso –, ou leva, simplesmente, ao retorno do problema em outro contexto (a busca neurótica de aprovação e reconhecimento do próximo Outro que aparecer).

Fora da análise, os neuróticos pedem que os pais lhes digam o que fazer, que os professores, chefes, cônjuges e qualquer outra pessoa que venha a encarnar o Outro para eles lhes digam o que fazer. Os neuróticos previnem a angústia associada ao desejo do Outro incentivando, seduzindo ou (se tudo o mais falhar) forçando o Outro a fazer demandas – e quanto mais específicas forem essas demandas, melhor. É o que podemos ver, por exemplo, no caso de um analisando que vinha basicamente cuidando de si antes de entrar num relacionamento, mas que, de repente, adotou uma postura de desamparo infantil com sua nova amante, tentando convencê-la de que era preciso que ela lhe dissesse o que fazer; ele a manipulou a tal ponto que ela acabou assumindo realmente o controle e lhe fazendo demandas altamente específicas – listas de tarefas que ele tinha de executar etc.

No caso do marido "capacho", caso talvez mais bem conhecido, muitas vezes é pelo fato de o homem não poder ou não querer lidar com o desejo enigmático da esposa – caracterizado como "volúvel", "fugaz", "incoerente" e "incompreensível" (esses são os adjetivos mais polidos que ele emprega)[26] – que ele pede que ela lhe diga exatamente o que quer (de presente de aniversário, na cama etc.), e depois se refere a ela como mandona. A mulher se irrita por ele nunca parecer capaz de "adivinhar o seu desejo", de reconhecer que ela quer dele algo que reflita o modo como *ele* a vê, o que *ele* quer dela, qual é o *seu* desejo em relação a ela.[27] Esse marido lamenta não poder expressar nenhum desejo próprio na relação (o que fica reservado para sua vida de fantasia, na qual a esposa não desempenha papel algum), mas, na verdade, ele próprio orquestrou esse *modus operandi*, ainda que a despeito de si mesmo.

Incapazes de lidar com o enigma do desejo do Outro, os neuróticos pedem que o Outro lhes faça pedidos específicos; a demanda leva a mais demanda, numa espécie de círculo vicioso. O que o neurótico anseia por não reconhecer é que o desejo é menos algo que se possua do que algo que não se possui. Ele nasce da falta, e ninguém sabe dizer o que realmente quer, posto que o desejo não tem um objeto único.[28] A demanda é uma carência específica, não um *querer* mais vago, mais difuso. É algo que se parece "ter", como uma necessidade, uma necessidade biológica de comer. É a carência do Outro – ou, como diz Lacan, "a falta no Outro", a incompletude do Outro – que o neurótico não consegue aceitar. Uma carência específica é como um bem que se possui; o Outro não parece ficar mais pobre por isso, e sim mais rico. Querer, entretanto, é diferente: sugere algum tipo de falta, incapacidade ou insuficiência.[29] O neurótico foge dela como o diabo da cruz.

Quando o analista se recusa a permitir que seu desejo seja estabelecido, discernido ou denominado pelo analisando, o confronto com o querer do Outro não mais é prevenido, e sim atualizado, trazido para o presente. A melhor representação desse confronto é o término abrupto da sessão analítica, no qual o analisando é colocado cara a cara com o analista, cujo desejo enigmático acaba de pôr um fim inesperado à sessão, escandindo as últimas palavras do analisando.

Nesse ponto, o analisando é colocado frente a frente com o desejar do analista, com a manifestação de um desejo que não é fácil de discernir ou prever, pois, de outro modo, poderia ser lido como uma demanda, mas uma demanda que o analisando pode optar por atender ou recusar, à qual pode ceder parcialmente ou que pode negociar. O analista tem de trilhar um caminho ardiloso, pois, embora deva dirigir o tratamento, trazendo à tona um material inconsciente, sob a forma de sonhos, fantasias e devaneios, o analisando nunca deve estar apto a concluir durante muito tempo "Ah! É disso que ele quer que eu fale!". Toda vez que o analisando se agarra a uma das demandas do analista (por exemplo, falar mais dos sonhos), reconstituindo-se em relação a essa demanda, satisfazendo-a ou frustrando-a de propósito, o analista deve mudar de terreno, para garantir que seu desejo continue a ser uma incógnita.[30] Isso rompe o círculo vicioso da demanda, com o qual o analisando pede para ser livrado de seus sintomas, para ser alimentado de interpretações, para ser curado e – a fim de que isso aconteça – para ser instruído sobre o que fazer, para receber ordens do analista, as quais, quando executadas, façam-no ser amado pelo analista (em última instância, todas as demandas, segundo Lacan, são demandas de amor: peço que você me diga o que tenho de fazer para conquistar seu amor). Romper o círculo força um confronto com o desejo do Outro, desejo este que é muito traumático para o neurótico e está no cerne de sua fixação.

Em certo sentido, portanto, há aí duas etapas do trabalho da transferência: 1) o analista deve contornar as demandas do analisando, a fim de incentivar seu desejo a vir à tona, por mais sufocante que seja isso sob a influência coercitiva do desejo do Outro, o que implica uma transição de $S \lozenge D$ para $S \lozenge a$; e 2) o analista deve acarretar uma reformulação da interpretação que o analisando faz do desejo do Outro e uma mudança em sua posição subjetiva, que se baseia nessa interpretação. Podemos nos referir à primeira etapa como *dialetização* (do desejo) e à segunda como *reconfiguração* (ou travessia da fantasia fundamental). Como veremos no Capítulo 10, elas constituem momentos lógicos cruciais da "subjetivação", mediante a qual o analisando transita de ser o sujeito que demanda (bem como sujeitado à demanda do Outro) para ser o sujeito que deseja (além de estar sujeito ao desejo do Outro), e, mais adiante, para ser o sujeito que goza (e que não mais está sujeito ao Outro).

UMA ANALOGIA FREUDIANA PODE ser útil aqui. Em *Além do princípio do prazer*, Freud formula várias teorias para explicar por que os soldados com traumas de guerra revivem a mesma cena, vez após outra, em seus sonhos (pesadelos), e sugere que a psique revive o trauma para tentar vivenciá-lo de maneira diferente. A repetição da cena traumática é vista, na primeira parte do livro, menos como uma expressão pura da pulsão de morte do que como um esforço da mente para "viver" o acontecimento de outra maneira, desta vez. Uma hipótese formulada por Freud é que tentamos introduzir angústia – angústia como forma de preparação ou prontidão – numa situação em que, de início, ela não existia; ou seja, tentamos modificar retroativamente o modo como vivenciamos aquele acontecimento, tomando certa distância dele, uma distância proporcionada pela angústia.

Essa teoria (tal como a da "ligação", elaborada no mesmo texto) parece ter sido abandonada por Freud ao final do livro, mas é perfeitamente compatível com seu modelo de formação do sintoma por ação adiada: um primeiro evento pode se tornar traumático retroativamente (e levar à formação de um sintoma), graças ao efeito de um segundo evento posterior.[31] Talvez a psique tente, espontaneamente, realizar o contrário: desfazer *retroativamente* os efeitos nefastos de um evento traumático.

Seja como for, a abandonada teoria freudiana de 1920 pode nos servir de analogia do que Lacan propõe aqui. *Ao reatualizar continuamente o encontro do analisando com o desejo do Outro, que deixou em sua esteira a fixação, o analista espera introduzir retroativamente uma certa distância.* Claro que esse processo pode gerar angústia, às vezes, mas uma angústia que é eficaz, segundo inúmeros depoimentos.[32] Efetivamente, para muitos analistas ela é a única abordagem considerada eficaz para ir além do que Freud chamava de "rochedo" da castração.[33]

A castração e a fantasia fundamental

> O que o neurótico não quer, o que ele recusa encarniçadamente até o fim da análise, é sacrificar sua castração ao gozo do Outro, deixando-o servir-se dela.
> LACAN, *Escritos*, p.826[841]

O conceito lacaniano de fantasia fundamental abrange duas facetas complexas da teoria de Freud: sua ênfase inicial na "sobrecarga sexual" que se encontra na origem da neurose (ver Capítulo 8),[34] mas também sua ênfase posterior numa perda do prazer sexual. No decorrer da "educação" da criança, os pais lhe impõem muitos sacrifícios: a gratificação imediata da necessidade de alimentação e excreção é suspensa ou castigada, e o comportamento autoerótico é progressivamente desestimulado (chupar o dedo, tolerado a princípio, acaba desestimulado ou até punido; tocar na genitália em público, embora talvez permitido ao bebê, é proibido para a criança em idade escolar etc.). É à perda da satisfação, seja ela autoerótica ou aloerótica (envolvendo outra pessoa, como a mãe), que Lacan se refere como "castração".

Essa perda é *imposta*, em certo sentido, mas a criança também *adota* uma posição a respeito das demandas parentais referentes a essa perda, pois algumas crianças continuam a chupar o dedo e/ou a tocar na genitália na intimidade, desafiando as demandas dos pais; em outras palavras, recusam-se a abrir mão por completo dessa satisfação. Outras renunciam inteiramente a ela, por uma variedade de razões. Podem fazê-lo, como nos diz Freud, por causa das ameaças muito flagrantes de castração proferidas pelos pais (diversos analisandos meus me convenceram de que essas ameaças ainda acontecem em nossa época, especialmente nos meios das classes baixa e média baixa) – no caso dos meninos, por medo de perder para sempre as sensações prazerosas derivadas dos órgãos genitais (eles abrem mão do prazer autoerótico por medo de perderem todo e qualquer prazer genital) –, ou por medo de perder o amor e a estima dos pais.

Essa perda de satisfação ou de gozo – à qual Lacan se refere como "castração" – é *aceita* pelos neuróticos até certo ponto. Talvez eles não pareçam ter tido grande escolha no assunto, mas sua aceitação constitui a *solução* para um problema apresentado por seus pais, professores e outros representantes da ordem social: "Se eu abrir mão dessa satisfação, poderei conservar outra coisa." Todavia, não é muito fácil separar-se em todos os níveis do gozo assim sacrificado: o sujeito constitui-se como uma postura adotada em relação a essa perda de gozo. O objeto *a* pode ser entendido como o objeto (agora perdido) que proporcionava esse gozo, como uma espécie de resto-lembrete desse gozo perdido.[35]

O prazer abandonado parece ainda mais valioso, agora que foi perdido (ao que parece, não sabíamos que tínhamos algo tão bom). E, como vimos no Capítulo 1, o processo de proibição transforma a "simples" gratificação ou prazer derivado de atos autoeróticos (por exemplo) em gozo, *stricto sensu*. Pois o prazer, quando proibido pelos pais, assume um significado adicional, um significado que envolve os pais e o desejo dos pais. O prazer corporal "ingênuo", "simples", é transformado em gozo – algo muito mais erótico, sujo, travesso e malvado, algo *realmente* excitante –, graças à proibição. A proibição erotiza.

Quanto mais forte a proibição, maior se torna a carga erótica do ato específico que é proibido.

A fantasia fundamental põe em cena a relação entre o sujeito e o objeto perdido que proporcionava essa satisfação, agora proibida.[36] O desejo, tal como expresso e respaldado pela fantasia fundamental, é determinado e condicionado pela satisfação que foi proibida e à qual se renunciou. Vemos aí por que a proibição é tão central para o desejo: ela condiciona o desejo, fixando-o naquilo que é proibido. Como diz Lacan em "Kant com Sade", "a lei e o desejo recalcado são uma única e mesma coisa" (*Escritos*, p.782[794]). Vemos também a relação íntima que há entre desejo e castração como perda de satisfação: eu desejo exatamente aquilo que sacrifiquei.

Neste ponto, usemos mais uma vez o caso freudiano do Homem dos Ratos como exemplo. Revela-se, no decorrer da análise, que esse paciente levou uma grande surra do pai, em idade muito tenra, por ter se envolvido numa espécie de brincadeira sexual (morder) com uma babá que trabalhava para a família, embora a natureza exata desse evento nunca tenha sido determinada com precisão (*SE* X, p.205-8). O Homem dos Ratos parece haver concluído, por essa punição, que seu pai tencionava fazê-lo abrir mão de *todo* contato sexual com *todas* as mulheres, e não apenas desse ou daquele tipo de contato com a babá ou a mãe. Isso é atestado pelo fato de que, desse dia em diante, ele percebe o pai como "uma interferência em [seu] prazer sexual" (p.205). Não consegue expressar espontaneamente sua afeição pelas mulheres da casa como fazia antes da surra; o pai aparece, em todas as suas ideias referentes às mulheres, como um obstáculo a suas relações com elas (p.163, 178-9); a atividade masturbatória parece cessar a partir daí, até a ocasião da morte do pai, quando o Homem dos Ratos tem 21 anos; e, vários anos depois, ao ter sua primeira relação sexual com uma mulher, ele pensa: "Isso é uma maravilha! Pode-se matar o pai por isto!" (p.201).

Um sintoma importantíssimo que o Homem dos Ratos discute – na verdade, faz parte do conjunto maior de sintomas que o leva a procurar a terapia – envolve sua impossibilidade de se decidir a respeito das mulheres por quem se interessa. Sua mãe e seu pai creem que ele deve "fazer um bom casamento", e escolhem para sua futura esposa uma prima em segundo grau cuja família é bem relacionada no mundo empresarial. Aparentemente sem interesse por essa prima, o Homem dos Ratos dedica sua atenção, durante algum tempo, a uma "dama" que seu pai desaprova e que recusa todas as suas propostas. Um dia, estando em manobras com o Exército, ele se descobre diante da opção de retornar a Viena, onde vive sua "dama", ou ir para uma cidade (conhecida como Z- no estudo de caso) onde há duas mulheres que, a seu ver, inclinam-se positivamente em sua direção (a filha do hospedeiro e a mulher da agência dos correios que pagou a taxa do reembolso postal pelos óculos dele).

Aqui a indecisão do Homem dos Ratos é multifacetada, porém um importante fator em ação é o desejo (percebido) de seu pai de que ele se case com "o tipo certo de moça", bem como seu duplo desejo de agradar ao pai e fazer troça dele. Durante a vida inteira o pai desaprovou a moça de Viena – o que é um dos atrativos de ir ao encontro dela em Viena. E o Homem dos Ratos acredita que as duas mulheres de Z-, por serem de classe social inferior à sua, tenderão a ser conquistas sexuais que lhe permitirão contrariar frontalmente a percebida proibição paterna de toda e qualquer satisfação sexual.[37]

Assim, sem querer, o Homem dos Ratos constrói para si uma situação que, em certo sentido, conforma-se de modo preciso à Lei (percebida) de seu pai, à proibição da satisfação sexual do filho com mulheres, pois o Homem dos Ratos vê-se completamente impossibilitado de escolher entre Viena e Z-, e não consegue tomar nenhuma providência concreta, derivando daí, em vez disso, uma "satisfação substituta" de torturar a si mesmo – uma espécie de masturbação mental. Seu desejo gira em torno daquilo que, em sua mente, seu pai *proibiu*.

A prima em segundo grau escolhida para ele não desempenha papel algum nesse sintoma, embora o Homem dos Ratos efetivamente adoeça para não concluir seus estudos, o que era a precondição imposta pelo pai da moça para o casamento (p.198-9). Essa conduta evidencia sua recusa a ceder às demandas do pai – isto é, sua recusa a dar prazer ao pai. Aliás, muitas de suas ideias obsessivas envolvem punir o pai ou matá-lo.

Embora o Homem dos Ratos tenha aberto mão de uma boa parcela de seu prazer diretamente sexual na vida, ele continua tentando encontrar um pouquinho desse prazer aqui e ali. Não consegue achar ânimo para se rebelar abertamente contra os desejos do pai morto, casando-se com alguém com quem possa assegurar-se de tais prazeres,[38] mas estabelece relações clandestinas com uma enfermeira, num sanatório onde supostamente faz hidroterapia, e, vez por outra, com criadas e garçonetes. Continua a tecer fantasias sobre conquistar a estima do pai (por exemplo, ao estudar até tarde da noite, às vezes ele abre a porta da entrada, imaginando que o fantasma do pai chega para vê-lo e o encontra empenhado no trabalho), mas, ao mesmo tempo, tenta afirmar sua própria sexualidade (na mesma fantasia em que o pai o vê estudando, o Homem dos Ratos para diante do espelho e contempla seu pênis ereto (p.204)). Todas essas atividades e fantasias (embora muito mais complicadas e multifacetadas do que sugeri aqui) indicam que ele continua a lamentar ter sacrificado o prazer sexual: de modo algum fez as pazes com sua castração.

Em *Análise terminável e interminável*, Freud sugere que a análise, quando levada tão longe quanto se pode ir com os neuróticos, esbarra no "rochedo da castração", na base além da qual, não raro, a exploração analítica não consegue penetrar. A análise pode nos levar ao ponto da descoberta da castração – do sacrifício da satisfação feito a mando de nossos pais –, porém, muitas vezes, não consegue ir mais adiante.[39]

Reformulemos essa ideia em termos lacanianos: o analisando cedeu certo gozo ao Outro parental, mas parece nunca deixar de lamentá-lo. Permanece preso a essa perda e se recusa (em sua economia psíquica) a permitir que o Outro desfrute aquilo a que o sujeito renunciou, que tire proveito do gozo sacrificado. "Sim, eu abri mão disto, mas Deus me livre de vir a fazer qualquer coisa que você me peça de agora em diante!" O neurótico pode seguir ao pé da letra as demandas dos pais (casar-se, ter filhos, seguir exatamente a escolha de carreira que eles lhe "impuseram à força"), mas nunca permite que os pais saibam disso: "Fiz o que vocês pediram, mas nunca lhes darei a satisfação de saberem disso!" O ressentimento nunca é abandonado. "Meus pais tiraram de mim uma coisa preciosa, mas eu me vinguei direitinho: fiz com que sofressem por isso, passei décadas culpando-os por isso e nunca deixei que se redimissem."

Toda neurose implica essa postura ressentida para com a satisfação do Outro. O neurótico fez o sacrifício (ao contrário do psicótico, como veremos no Capítulo 7), mas tenta arrancar satisfações compensatórias bem embaixo do nariz do Outro. Masturbar-se, furtar, trair, ultrapassar o limite de velocidade, transgredir a lei e sair impune, tudo isso se encontra entre as satisfações ilícitas que o neurótico é capaz de encontrar e que, em sua economia psíquica, representam um retomar do Outro o gozo perdido, ou buscar uma recompensa, compensação ou indenização do Outro para o sujeito pela perda sofrida. As acusações dos neuróticos ao Outro (por exemplo, "Meus pais não me deram amor, reconhecimento e aprovação suficientes") não têm limites. Eles abriram mão do gozo, na esperança de receber a estima do Outro, e obtiveram menos do que aquilo que haviam barganhado.[40] Em termos freudianos, as mulheres nunca param de se ressentir de suas mães por haverem-nas privado de um pênis; o amor e a estima oferecidos à guisa de compensação por essa perda imaginária são considerados insuficientes. Os homens nunca superam sua angústia de castração diante do que percebem como grandes decisões de vida, e sentem que, não importa o que façam, jamais conseguirão satisfazer o pai – as expectativas, exigências, os critérios e ideais do pai. A aprovação concedida pelo pai é vista como algo que sempre foi condicionado à realização, e um homem nunca pode descansar, independentemente de quanto realize.

Segundo Freud e muitos outros analistas, a psicanálise raramente é capaz de levar o analisando além dessa postura. O protesto do neurótico contra a castração, contra o sacrifício feito, costuma ser insuperável, inultrapassável.

Lacan, porém, se permitiria discordar. Sua resposta ao que foi interpretado como o monolítico "rochedo da castração" é a travessia da fantasia, possibilitada pelo confronto com o desejo do analista. As intervenções do analista, inclusive a escansão da sessão, podem levar a uma nova configuração da fantasia fundamental do analisando e, portanto, a uma nova relação com o Outro (postura ou posição adotada com respeito ao Outro) – com o desejo do Outro e o gozo do Outro. A fixação inicial do desejo do analisando é abalada, e seu desejo deixa de servir de substituto ou empecilho para a busca de satisfação.[41]

CONVÉM OBSERVAR QUE a fantasia fundamental é menos algo que exista em si, antes da análise, do que algo construído e reconstruído no curso da análise. Em certo sentido, ela é destilada de toda a rede de fantasias que vêm à luz no decorrer da análise. Pode-se ver, depois que a análise avança o suficiente, que *essa* é a posição ou postura adotada pelo sujeito com respeito à causa que foi responsável por tantas de suas escolhas e atos.

Quando essa posição ou postura vem a ser discernida na análise, não há dúvida de que ela já mudou, em certa medida. O mesmo se aplica ao que Freud chamava de "cena primária". Ela não é propriamente uma cena real, testemunhada pela criança num dado momento do tempo, mas uma construção da criança – talvez baseada em numerosas cenas observadas, entreouvidas e/ou imaginadas –, que é reconstruída mas ao mesmo tempo transformada durante a análise.[42]

A separação do analista

A luta suprema da análise – a de fazer o analisando assumir a responsabilidade por sua castração, em vez de exigir do Outro uma compensação por ela – é travada entre o analisando e o analista, que fica no lugar do Outro (e, ao mesmo tempo, do objeto perdido). O analisando deve ser levado até o ponto de não mais culpar o analista (como objeto ou Outro) por seus problemas, e de não mais buscar compensação ou retribuição. Ao mesmo tempo, confrontado com o desejo constante do analista de que ele continue em análise, o analisando deve chegar a um ponto em que os desejos do analista não tenham poder ou influência sobre ele.

Se de fato é essa a conjunção de forças que age no fim da análise – e Freud e Lacan certamente parecem indicar que sim –, não devemos nos surpreender ao ver a análise terminar numa espécie de luta ou batalha em que a atitude do analisando perante a castração, perante o gozo sacrificado, modifica-se, e em que há finalmente uma renúncia ao objeto perdido. Renuncia-se a ele não tanto por resignação, mas no que Lacan chama de uma "precipitação" – uma inversão repentina das coisas: uma reconfiguração da fantasia fundamental. Esse processo tende mais a ser desorganizado, incômodo e de difícil manejo do que a ser controlado, sereno e composto. Como diz Freud: "No cômputo final, é impossível destruir alguém *in absentia* ou *in effigie*" – e o objeto não é exceção. A separação ocorre no presente, e os riscos são muito reais.

Sempre fico meio intrigado ao ouvir falar de analisandos que terminaram sua análise de maneira pacífica e amistosa, e depois tenho notícia de que se tornaram amigos de seus analistas – como se a escolha do ex-analista como amigo fosse uma escolha indiferente, como se não houvesse no mundo um número suficiente de outras pessoas com quem fazer amizade. A amizade, em si e por si, não está fora de cogitação, presumindo-se que o sujeito tenha superado o estágio de culpar o Outro por seus problemas ou seu destino.[43] Mas sugere que certa demanda em relação ao Outro – uma demanda de reconhecimento e aprovação, em suma, de amor – talvez continue não resolvida. O "término" pacífico raramente parece compatível com *a inversão de posição a respeito da onerosa renúncia exigida para se ir além da castração.*

PARTE II

O DIAGNÓSTICO E A POSIÇÃO DO ANALISTA

6. Uma abordagem lacaniana do diagnóstico

A ABORDAGEM LACANIANA do diagnóstico está fadada a parecer estranha aos que foram educados com base no DSM-III ou no DSM-IV; em certos sentidos, é muito mais simples, porém em outros é mais discriminadora do que aquilo que passa por diagnóstico em grande parte do mundo psicológico e psiquiátrico contemporâneo. Os critérios lacanianos de diagnóstico baseiam-se primordialmente na obra de Freud – em certa *leitura* e *extensão* de ideias encontradas no trabalho freudiano – e no trabalho desenvolvido por um punhado de psiquiatras franceses e alemães (em especial, Emil Kraepelin e Gaëtan Gatian de Clérambault). Em vez de tender a multiplicar ainda mais o número de categorias diagnósticas, a tal ponto que cada novo sintoma ou conjunto de sintomas clinicamente observáveis são considerados constitutivos de um "distúrbio" separado, o esquema diagnóstico de Lacan é incrivelmente simples, incluindo apenas três categorias principais: neurose, psicose e perversão. E, ao contrário das categorias desenvolvidas no DSM-IV, que fornecem pouca orientação concreta ao psicoterapeuta no tocante a como proceder com diferentes categorias de pacientes, os diagnósticos lacanianos encontram aplicação imediata, orientando os objetivos do clínico e indicando a posição que o terapeuta deve adotar na transferência.

No nível mais básico, a teoria lacaniana demonstra que algumas metas e técnicas usadas com os neuróticos são inaplicáveis aos psicóticos. Não só elas são inaplicáveis, como podem até se revelar perigosas, desencadeando um surto psicótico.[1] O diagnóstico, do ponto de vista lacaniano, não é uma simples questão de preencher a papelada rotineira e superficial exigida por instituições e empresas de seguros; ele é crucial para determinar a abordagem geral do terapeuta no tratamento de um paciente individual, para situá-lo corretamente na transferência e para que o terapeuta faça tipos específicos de intervenções.

Isso não quer dizer que os lacanianos são sempre capazes de um diagnóstico preciso imediato. Como sabem muitos clínicos, às vezes é necessário um período bastante longo para que se consiga discernir os mecanismos mais básicos da economia psíquica de uma pessoa. Entretanto, situar o paciente em termos preliminares como mais provavelmente neurótico ou psicótico é muito importante, e a própria *impossibilidade* de o clínico situar um paciente nesse nível deve incliná-lo a agir com cautela nas entrevistas preliminares.

Lacan tenta sistematizar o trabalho de Freud sobre as categorias diagnósticas, ampliando algumas distinções terminológicas freudianas. O próprio Freud separa a neurose da perversão, teorizando que, enquanto o recalcamento (*Verdrängung*) é característico da neurose,[2] o mecanismo primário característico da perversão é o desmentido (*Verleugnung*).[3] Lacan assinala que Freud emprega outro termo – *Verwerfung* – para falar de um mecanismo ainda mais radical (embora não com detalhes teóricos). Esse termo é encontrado em diversos contextos da obra freudiana,[4] e Lacan sugere (sobretudo através de uma leitura rigorosa do artigo freudiano de 1925 intitulado "A negação")[5] que o entendamos como o mecanismo primário que caracteriza a psicose; ele o traduz inicialmente por "rejeição" e, mais tarde, por "foraclusão".[6] Discutirei este termo com alguma minúcia no Capítulo 7. Por ora, basta dizer que Freud o emprega para descrever não uma simples rejeição de uma coisa do ou pelo ego (poderíamos falar dessa maneira do recalcamento), nem a recusa a admitir algo todavia visto e guardado na memória (poderíamos falar do desmentido dessa maneira), mas sim para descrever o ejetar de dentro de si – e não apenas do ego – uma parte da "realidade".

Portanto, as três principais categorias diagnósticas adotadas por Lacan são categorias *estruturais*, baseadas em três mecanismos fundamentalmente distintos, ou no que poderíamos chamar de três formas fundamentalmente diferentes de negação (*Verneinung*):

Categoria	*Mecanismo*
Neurose	Recalcamento
Perversão	Desmentido
Psicose	Foraclusão

Independentemente de aceitarmos esses mecanismos como basicamente diferentes e definidores de três categorias em tudo distintas, deve ficar claro que *o projeto de Lacan, nesse ponto, é de inspiração essencialmente freudiana* e está em direta continuidade com os esforços de Freud para discernir as diferenças mais fundamentais entre as estruturas psíquicas. (No Capítulo 8 examinaremos a tentativa freudiana de distinguir a obsessão da histeria – tentativa que talvez seja mais conhecida pelo leitor.)

Há de ficar imediatamente claro, espero, que a possibilidade de distinguir os pacientes com base nesse mecanismo fundamental – na sua maneira de negar algo – constituiria uma contribuição diagnóstica de enormes proporções. Permitiria ao profissional ir além de avaliar a importância relativa de certas características clínicas, comparando-as com listas de características em manuais como o DSM-IV, e se concentrar, em vez disso, num mecanismo *definidor* – isto é, numa única característica determinante. Isso porque, como Freud costumava dizer, o recalcamento é a *causa* da neurose. Em outras palavras, ele não está simplesmente associado à neurose, mas é constitutivo dela. O indivíduo torna-se neurótico por causa do recalcamento. De modo similar, Lacan propõe um argumento causal: a foraclusão é a causa da psicose. Não está simplesmente associada a ela, mas é constitutiva da psicose.

Uma importante consequência dessa abordagem estrutural é que há três, e apenas três, estruturas principais. (Existem, claro, várias subcategorias. Por exemplo, as subcategorias da neurose são histeria, obsessão e fobia – são essas as três neuroses.) As pessoas descritas na linguagem comum como "normais" não têm uma estrutura própria especial; em geral são neuróticas, falando em termos clínicos – isto é, seu mecanismo básico é o recalcamento. Como dizia o próprio Freud: "Se adotarmos um ponto de vista teórico e desconsiderarmos a questão da quantidade, poderemos muito bem dizer que *todos* somos doentes – isto é, neuróticos –, visto que a precondição para a formação dos sintomas [isto é, o recalcamento] também pode ser observada nas pessoas normais."[7] Obviamente, é concebível que se encontrem outras formas de negação que levem a quatro ou mais estruturas principais, porém, com base nas pesquisas e na teoria atuais, essas três parecem abarcar todo o campo dos fenômenos psicológicos. Por isso, borderline *não constitui uma categoria diagnóstica autêntica na psicanálise lacaniana, visto que não há nenhum mecanismo específico que lhe corresponda*.

Isso não significa que os lacanianos nunca hesitem ao fazer um diagnóstico; por exemplo, podem notar certos traços psicóticos nos pacientes, mesmo não estando convencidos da existência de uma verdadeira estrutura psicótica. Em outras palavras, podem se perguntar se o paciente é neurótico ou de fato psicótico, mas veem essa ambiguidade como resultante de sua própria incapacidade de fazer um diagnóstico convincente. O paciente não está na fronteira entre duas estruturas clínicas: o clínico é que hesita na fronteira em suas ponderações diagnósticas.[8]

Os mecanismos definidores das três estruturas clínicas principais serão detalhadamente analisados nos capítulos que se seguem. Por ora, quero apenas assinalar que, por mais sofisticada que seja a nossa compreensão teórica dessas estruturas, determinar qual mecanismo está em ação, no caso de um paciente individual, ainda é uma questão que exige enorme dose de experiência e habilidade clínicas. A foraclusão, assim como o recalcamento, não é algo que o clínico possa "ver" diretamente, não está disponível à percepção. Ela deve ser inferida do material clínico apresentado aos analistas e no que eles conseguem provocar. Lacan era um clínico de enorme experiência quando deu as aulas de seu Seminário 3, *As psicoses* (tinha 54 anos e trabalhava com psicóticos há pelo menos 25), mas, nesse seminário, atestou como pode ser difícil – mesmo num caso em que a psicose parece mais que provável – trazer à tona a "assinatura" da psicose,[9] o traço que deixa absolutamente claro que o paciente é psicótico.

As belas distinções *teóricas* entre neurose, psicose e perversão não eliminam as dificuldades clínicas que se associam, digamos, à foraclusão, que permite ao analista diagnosticar a psicose com grande dose de confiança. Algumas dessas características clínicas essenciais podem ser manifestadas de imediato por um dado paciente, ao passo que outras podem exigir muitas perguntas e sondagens por parte do clínico. Quanto mais o analista se familiariza com elas, entretanto, mais fácil se torna discerni-las.

7. Psicose

A foraclusão e a função paterna

A foraclusão envolve a rejeição radical de determinado elemento da ordem simbólica (isto é, da linguagem), e não de um elemento qualquer: ela envolve o elemento que, em certo sentido, lastreia ou ancora a ordem simbólica como um todo. Quando esse elemento é foracluído, toda a ordem simbólica é afetada; como já foi assinalado em grande parte da literatura sobre a esquizofrenia, por exemplo, a linguagem funciona de maneira muito diferente na psicose e na neurose. De acordo com Lacan, o elemento foracluído na psicose concerne intimamente ao pai. Lacan se refere a este como "Nome-do-Pai" (como veremos, o francês *Nom-du-Père* é muito mais instrutivo). Para meus objetivos do momento, farei referência à "função do pai" ou "função paterna", uma vez que esses termos abrangem mais ou menos a mesma área. O segundo pode ser ocasionalmente encontrado na obra de Freud, mas foi Lacan quem lhe deu uma formulação rigorosa.[1]

A ausência da função paterna é o critério isolado mais importante a se considerar no diagnóstico de um indivíduo como psicótico, porém de modo algum é imediatamente visível na maioria dos casos. A função paterna não é a função desempenhada pelo pai do indivíduo, independentemente de seu estilo e personalidade particulares, do papel que ele exerce no círculo familiar etc. O pai de carne e osso não preenche a função paterna de modo imediato e automático, nem tampouco a ausência de um pai vivo real garante automaticamente a inexistência da função paterna. Essa função pode ser exercida apesar da morte ou desaparecimento prematuro do pai, em decorrência de uma guerra ou do divórcio; pode ser desempenhada por outro homem que se torne uma "figura paterna" e também de outras maneiras.

A compreensão completa da função paterna requer o conhecimento de grande parte da obra de Lacan sobre a linguagem e a metáfora. Para o nosso propósito aqui, basta dizer que o pai que encarna a função paterna numa família nuclear coloca-se geralmente entre a mãe e o filho, impedindo que a criança seja inteiramente atraída para dentro da mãe e impedindo a mãe de tragar seu filho. Lacan não afirma que *todas* as mães tendem a sufocar ou devorar seus filhos (embora algumas o façam); o que ele diz, antes, é que as crianças "percebem" o desejo da mãe/Outro materno* como perigoso ou ameaçador. Essa "percepção" reflete, em alguns casos, o desejo do filho de que a mãe o tome como a única coisa que importa (o que, em última instância, aniquilaria a criança como ser separado da mãe), e em outros, a reação a uma autêntica tendência, por parte da mãe, a obter com o filho uma espécie de satisfação que ela não conseguiu obter em outros lugares.

Em qualquer dos casos o resultado é o mesmo: o pai mantém a criança a certa distância da mãe, frustrando a tentativa do filho de se tornar ou permanecer eternamente uma coisa só com a mãe, ou proibindo a mãe de obter certas satisfações com o filho, ou ambas as coisas. Dito de outra maneira, o pai protege o filho do *désir de la mère* (que tanto significa o desejo da criança pela mãe quanto o desejo materno) – ou seja, de um perigo potencial. O pai protege a criança da mãe como desejo (como desejante ou desejada), instalando-se como aquele que proíbe, impede, frustra e protege: em síntese, como aquele que dita a lei em casa, dizendo à mãe e ao filho o que é e o que não é permitido.

O pai que descrevi até aqui é uma figura estereotipada, vista com frequência cada vez menor em nossa época (pelo menos de acordo com os sociólogos): o "chefe de família" que é a autoridade em casa, o senhor do castelo que não precisa justificar suas ordens. Ainda que, de modo geral, ele forneça razões para suas ordens, sempre pode acabar com qualquer controvérsia dizendo "Porque *eu* estou mandando".

Estamos familiarizados com essa estratégia retórica, visto que ela é adotada em inúmeros contextos. Num estudo esquerdista sobre política econômica, determinada linha de raciocínio pode ser meramente sugerida, não comprovada, e seguida pelas palavras fatídicas: "Como disse Marx no volume 3 do *Capital*..." Isso é conhecido como o "argumento da autoridade", e é tão preponderante na psicanálise quanto na política, na filosofia e em praticamente todos os outros campos. Em meus escritos, não apelo para "Freud" e "Lacan" como indivíduos vivos, de carne e osso; apelo para seus nomes. Seus nomes conferem o peso da autoridade (apenas, claro, para os que os aceitam como autoridades).

Do mesmo modo, quando um pai diz "Você vai fazer isso porque eu mandei", é comum estar implícita a afirmação: "Eu sou o pai aqui, e o pai sempre deve ser obedecido." Na sociedade ocidental moderna, muitos contestam o princípio de que "o pai sempre deve ser obedecido", mas ele parece ter sido amplamente aceito durante séculos, e ainda é comum recorrer-se a ele. O importante é que, em muitas

---

* O autor usa aqui o neologismo *mOther*, no qual reúne os termos *mother* ("mãe") e *Other* ("Outro"). (N.T.)

famílias, concede-se ao pai uma posição de autoridade, não tanto por ele ser um "verdadeiro senhor" – uma figura verdadeiramente abalizada, brilhante ou inspiradora, que desperta total respeito –, mas simplesmente por ele ser o pai, e por se esperar que assuma as funções associadas (na cabeça de muitas pessoas) ao "pai".

A função paterna é uma *função simbólica*, e pode ser igualmente eficaz quando o pai acha-se temporariamente ausente ou quando está presente. As mães apelam para o pai como juiz e punidor quando dizem aos filhos: "Você vai ser castigado por isso quando o seu pai chegar." Mas elas apelam para o pai como uma função mais abstrata quando pedem ao filho que pense no que o pai faria ou diria se soubesse que a criança fez tal ou qual coisa. Nesses casos, elas apelam para o pai como nome, como uma palavra ou significante associado a certas ideias. Consideremos o caso de uma mulher cujo marido morreu; ela pode mantê-lo vivo na mente dos filhos perguntando-lhes "O que o seu pai acharia disso?", ou afirmando "O seu pai não gostaria nem um pouquinho disso". É principalmente nesses casos que vemos o funcionamento do *pai como parte da fala – isto é, como um elemento no discurso da mãe*. Aqui, a função paterna é exercida pelo nome "pai", na medida em que a mãe se refere a ele como *uma autoridade que está além dela*, um ideal que está além dos seus próprios desejos (embora, em alguns casos, ela possa apelar a ele apenas para respaldar ou dar crédito a seus próprios desejos).

O que se apresentou até hoje como "Nome-do-Pai" nas traduções da obra de Lacan para o inglês é muito mais marcante em francês: *Nom-du-Père*. *Nom* significa "nome" e "substantivo",* e, com essa expressão, Lacan se refere ao nome do pai (por exemplo, Fulano de Tal), ao nome na medida em que ele exerce o papel de pai (por exemplo, no caso da criança cujo pai morreu antes de seu nascimento, o nome do pai tal como pronunciado pela mãe, tal como recebe um lugar no discurso materno, pode exercer uma função paterna), e ao substantivo "pai", tal como figura no discurso da mãe (por exemplo, "Seu pai ficaria muito orgulhoso de você").[2] Lacan também joga com o fato de que, em francês, *nom* tem exatamente a mesma pronúncia de *non*, que significa "não", o que evoca o "'Não!' do pai" – ou seja, a proibição paterna.

Ora, a mãe pode solapar a posição do marido ao dizer constantemente ao filho "Não vamos contar isso a seu pai, não é?", ou "O seu pai não sabe do que está falando!", e ao desobedecer a todas as suas ordens assim que ele vira as costas. Com isso, a função paterna pode nunca se tornar atuante, em casos em que o pai da criança está claramente presente, e pode ser instituída em casos

---

* A mesma carga extra de significado ocorre em português. (N.T.)

em que o pai da criança está ausente desde o nascimento. A presença ou ausência de um pai no quadro clínico de alguém não fornece nenhuma indicação imediata.[3] Explicarei mais plenamente a função paterna e os propósitos a que ela serve após o exame das consequências de seu fracasso.

Consequências do fracasso da função paterna

> Que se passa se uma certa falta se produziu
> na função formadora do pai?
> LACAN, Seminário 3, p.230[238]

Na psicanálise lacaniana, a função paterna é considerada tudo ou nada: ou o pai (como nome, substantivo ou "Não!") *foi* capaz de assumir a função simbólica em questão, ou não foi. Não há meio-termo.[4]

De modo similar, ou a função paterna é atuante numa certa idade, ou nunca o será. A psicanálise lacaniana, embora proponha ajudar o psicótico, não tem como modificar sua estrutura: uma vez psicótico, sempre psicótico. Há alguma discussão, claro, quanto à idade máxima em que a função paterna pode ser instalada – ou seja, a idade além da qual a estrutura psíquica já não pode ser modificada. Parece provável que o trabalho analítico adequadamente orientado com crianças pequenas possa, até certo ponto, acarretar o estabelecimento da função paterna.

No caso dos adultos, entretanto, não há volume de trabalho analítico ou de outra natureza que possa, no dizer de Lacan, alterar uma estrutura psicótica. Esse trabalho pode fazer com que alguns traços psicóticos regridam no quadro clínico do paciente, pode evitar novos episódios psicóticos e permitir que o paciente leve sua vida no mundo, mas não existe "cura" da psicose, no sentido de uma modificação radical da estrutura psíquica (por exemplo transformando o psicótico em neurótico).

Essa abordagem estrutural da psicose também significa que o paciente que tem um "surto psicótico" aos trinta anos sempre teve uma estrutura psicótica – ela simplesmente não tinha sido "desencadeada". Em tese, o paciente pode ter sido diagnosticado como psicótico por um clínico muito antes da ocorrência de um surto óbvio – isto é, muito antes do aparecimento de fenômenos psicóticos evidentes.

As consequências clinicamente observáveis do fracasso da função paterna são muitas e variadas, e o clínico precisa estar atento a elas no estabelecimento do diagnóstico. Começarei pelo fenômeno psicótico mais conhecido, a alucinação, e depois abordarei fenômenos menos conhecidos que podem ser úteis para diagnosticar a psicose não deflagrada – ou seja, os casos em que ainda não ocorreu um surto psicótico.

Alucinação

A alucinação, *em seu sentido mais lato*, não é consequência do fracasso da função paterna. Freud nos diz que a alucinação é a primeira via para a satisfação da criança: quando está com fome, por exemplo, primeiro ela alucina uma experiência anterior de satisfação, em vez de se entregar à atividade motora, como chorar, para despertar a atenção de um dos pais e fazer com que o alimento seja fornecido. A alucinação é uma forma típica de "pensamento" do processo primário e desempenha um papel nos devaneios, fantasias e sonhos. Portanto, está presente em todas as categorias estruturais – neurose, perversão e psicose.

Tomada no sentido mais amplo, portanto, a alucinação *não é* um critério de psicose: sua presença não constitui uma prova definitiva de que o paciente é psicótico, e sua ausência também não constitui prova definitiva de que ele não o seja. Nas palavras de Jacques-Alain Miller, visto que "a alucinação [pode ser encontrada] na histeria e na psicose, [ela] não é, por si só, prova da estrutura. ... Quando se encontra um elemento como a alucinação, ainda é preciso fazer perguntas muito exatas para distinguir as diferentes categorias estruturais."[5]

Mas Lacan nos fornece meios para compreender a alucinação também num sentido mais estrito. E, dada a tendência contemporânea nos Estados Unidos a classificar imediatamente de psicóticas (ou pelo menos fronteiriças) as pessoas que relatam qualquer coisa vagamente semelhante a uma alucinação, e a lhes receitar medicamentos ou interná-las, creio que é importante insistir em que *nem todas as alucinações são iguais*. Parece-me justificável distinguir as alucinações psicóticas – o que chamarei de alucinações autênticas – das vozes e visões corriqueiras relatadas por tantos não psicóticos.[6]

Certa vez, um paciente em terapia com um supervisionando meu disse ter tido a impressão de ver sua ex-mulher parada num corredor. O terapeuta poderia ter acrescentado "alucinações" à sua lista de traços clínicos, e de fato seus outros supervisores tinham feito exatamente isso. Mas o paciente nunca usou o termo "alucinação"; e mesmo que o tivesse utilizado, provavelmente seria pelo fato de um psiquiatra consultado antes tê-lo empregado em sua presença.

Ao sondarmos a natureza subjetiva da experiência, alguns traços distintivos se destacam. Por exemplo, o paciente havia ficado surpreso com essa imagem ou visão e dissera a si mesmo que *sua ex-mulher não poderia ter entrado na casa sem ele notar*, e com isso questionou a realidade não da sua experiência (a imagem ou visão), mas do conteúdo da imagem. Ele havia olhado de relance para duas pessoas sentadas ali perto e, ao olhar novamente para o corredor, a ex-mulher tinha sumido. Em momento algum ele acreditou que a pessoa estivesse *realmente* lá; achou que tinha visto alguma coisa – isto é, acreditou na visão –, mas não confiou *nela*.[7] Não acreditou que aquilo que se havia apresentado fosse real ou tivesse qualquer motivo para ser tomado como real. Em termos superficiais, poderíamos dizer que ele soube distinguir entre a fantasia (a realidade psíquica) e a realidade (a concepção ocidental da realidade social/física que ele havia assimilado ao longo da vida inteira).

Quando a discussão é enunciada em termos de fantasia e realidade, porém, não podemos distinguir com clareza entre neurose e psicose, porque muitos neuróticos são incapazes, em certos momentos, de distinguir a fantasia da (nossa ideia socialmente construída da) realidade. O exemplo mais óbvio seria o do histérico (consideremos os *Estudos sobre a histeria*, de Freud e Breuer) cujas fantasias tornam-se tão semelhantes à vida real que reescrevem o relato histórico que o sujeito faz de seu passado. Neuróticos e psicóticos podem manifestar dificuldade de distinguir a realidade psíquica da realidade socialmente construída. Aliás, seria possível levantar questões importantes sobre a própria validade dessa distinção. Por exemplo, qual das concepções da realidade socialmente construída deve prevalecer: a do paciente ou a do analista? Haverá um divisor claro entre o psíquico e o social?[8]

Deixarei para outra ocasião essas questões epistemológicas, para em vez delas enfatizar a sugestão lacaniana de que a "realidade" não é um conceito tão útil assim para distinguirmos as fantasias das alucinações, ou a neurose da psicose. Um conceito muito mais útil é o de "certeza".[9]

A certeza é característica da psicose, ao passo que a dúvida não o é. O psicótico não necessariamente está convencido da "realidade" daquilo que vê ou ouve, mas do fato de que isso significa alguma coisa, e de que esse significado o envolve. Embora o psicótico possa concordar que aquilo que ele viu ou ouviu não era audível nem visível para os outros (Seminário 3, p.87[93]) – em outras palavras, não fazia parte de uma realidade socialmente compartilhada –, isso pode torná-lo ainda mais especial para ele. "O presidente dos Estados Unidos está tentando entrar em contato *comigo*, pessoalmente, através de ondas cerebrais", "Deus me *escolheu* como seu mensageiro". O sujeito tem certeza quanto à mensagem (o conteúdo do que foi visto ou ouvido) e à identidade do destinatário: ele mesmo. O psicótico expressa que o "verdadeiro" ou "real" para ele, nessa experiência, foram as implicações da mensagem para sua vida: "Estão tentando me pegar", "Eles querem meu cérebro". Não há margem para erro nem interpretação equivocada: o significado da experiência é evidente.

Em contraste, o que domina o quadro clínico no caso da neurose é a dúvida. *A dúvida é a própria marca registrada da neurose.*[10] O neurótico é inseguro: talvez a pessoa estivesse lá, talvez não; talvez as vozes venham de alguma fonte externa, talvez não; talvez o que elas dizem tenha algum significado, talvez não; o significado parece ter algo a ver com a pessoa, mas talvez ela o esteja interpretando mal. O neurótico quer saber: "Eu sou maluco por estar vendo (ouvindo) essas coisas? Isso é normal? Como devo encarar essas experiências?" O neurótico tem certo distanciamento delas; por mais aprisionantes e geradoras de angústia que elas possam ser, quando ocorrem, nunca fica inteiramente claro o que significam, que sentido têm no panorama geral. "Deus falou comigo, mas isso quer dizer que devo ser Seu mensageiro? O que Ele quer de mim?"

O psicótico sabe. Por exemplo: "Deus quer que eu seja sua mulher",[11] "O diabo quer ter relações sexuais comigo", "Os marcianos querem levar meu cérebro para estudá-lo; depois poderão controlar todos os meus pensamentos".

No caso do homem que teve a impressão de ter visto a ex-mulher num corredor, sua "visão" não foi o que chamo de uma alucinação autêntica, e sim algo da ordem de uma fantasia de vigília, ou devaneio. Seu desejo de vê-la era tão forte que ela "apareceu" diante dele. O que se afigurou um toque persecutório em sua suposta alucinação (na visão do paciente a ex-mulher dizia: "Vou te pegar!") parece ter sido indicativo do seu próprio desejo de se vingar dela, transformado no medo de que *ela* fizesse mal a *ele* – o típico mecanismo neurótico do medo que disfarça um desejo.[12] Caso ela tentasse feri-lo, ele se sentiria no direito de revidar (e talvez espancá-la, como tinha feito no passado com outra pessoa, ao ser provocado).

Portanto, creio que é lícito nos referirmos à experiência desse paciente como uma fantasia ou devaneio, e não uma alucinação. Aliás, quando Freud nos diz que às vezes os histéricos alucinam, o que ele parece querer dizer é que os pensamentos e desejos deles tornam-se tão poderosos (tão hipercatéxicos, isto é, tão sumamente investidos de energia ou libido) que os histéricos os "veem" ou "ouvem" como se fossem encenados ou realizados no presente. Eles fantasiam tão intensamente que o acontecimento parece palpável ou real. No entanto, resta em sua mente alguma dúvida sobre os eventos fantasiados. Na verdade, eles acham difícil discernir o que é real e o que não é.

Os obsessivos também alucinam,[13] às vezes, e suas "alucinações" costumam ser de natureza auditiva. Em geral, sua experiência auditiva pode ser entendida em termos da voz do supereu punitivo. Quando alguém afirma ouvir vozes que dizem "Você nunca será ninguém", ou "A culpa é sua – você estraga tudo", ou "Você não merece nada melhor", ou "Você será castigado por isso" etc., não precisamos nos precipitar e concluir por um diagnóstico de paranoia. O supereu punitivo é um fenômeno conhecido e bem documentado, e é comum os pacientes reconhecerem a voz como sendo a do pai e as frases como típicas das coisas que o pai dizia (ou que se acreditava que ele pensasse).

Seria difícil, no espaço de qualquer livro isolado, esgotar a multiplicidade de vozes ouvidas pelos neuróticos, e que dificilmente poderiam ser consideradas patológicas. O que alguns pacientes e não pacientes descrevem, por exemplo, como uma espécie de comentário contínuo que os acompanha na vida cotidiana – "Agora ela vai entrar no restaurante, e agora está sorrindo para a pessoa atrás do balcão..." – pode ser entendido com base no trabalho de Lacan sobre o estádio do espelho:[14] na medida em que o ego é, essencialmente, o eu *visto* por "si mesmo" (como um reflexo no espelho), ou seja, visto como que por outra pessoa, ou visto de fora por outra pessoa, é bem possível que o comentário contínuo seja fornecido sob uma forma de consciência *de si*, ou consciência do próprio eu fazendo coisas no mundo.[15] Um filósofo pode observar seus processos de pensamento como se fossem de outra pessoa, e podemos nos observar na interação com outras pessoas como se esse eu que interage fosse mais alguém. O "mistério da consciência de si", tido por alguns como uma dádiva da evolução, dependente das numerosas interligações do cérebro humano e que logo será reproduzido por computador, é explicado pela natureza do ego (que é idêntico ao "eu", na minha terminologia[16]) como uma visão ou imagem externa do sujeito, que é internalizada ou interposta. O ego, portanto, é um objeto,[17] e a consciência pode adotá-lo como objeto a ser observado, como qualquer outro.[18]

É bem possível que os neuróticos vejam e ouçam toda sorte de coisas – talvez tenham visões e ouçam vozes, tenham sensações táteis e sintam cheiros –, mas não têm autênticas alucinações. Podem fantasiar, ouvir o supereu e outras vozes endopsíquicas etc. Mas a alucinação autêntica requer um sentimento de certeza subjetiva por parte do paciente, a atribuição de uma autoria externa, e está relacionada ao retorno de fora de algo que tinha sido foracluído.

Uma conclusão dessa discussão é que, quando um paciente relata ter alucinações, o clínico nunca deve tomar esse relato pela aparência, mas sim passar algum tempo explorando a natureza da experiência. Nos casos em que não consiga encontrar provas convincentes num ou noutro sentido – ou seja, não possa determinar se a alucinação é ou não autêntica –, *outros* critérios diagnósticos, como os descritos a seguir, devem receber mais peso.

Transtornos da linguagem

> Para que estejamos na psicose, é preciso haver distúrbios da linguagem.
> LACAN, Seminário 3, p.106[113]

> Se o neurótico habita a linguagem, o psicótico
> é habitado, possuído, pela linguagem.
> LACAN, Seminário 3, p.284[292]

Todos nascemos numa linguagem que não foi criada por nós. Se quisermos nos expressar perante aqueles que nos cercam, seremos obrigados a aprender a língua deles – a língua de nossos pais, à qual podemos nos referir aqui como o discurso do Outro –, e nesse processo tal língua nos moldará: ela molda nossos pensamentos, nossas demandas e nossos desejos. Às vezes temos a impressão de não conseguir encontrar palavras para expressar o que queremos dizer, e de que as palavras de que dispomos não são exatas, dizendo demais ou de menos. Contudo, sem essas palavras, o próprio reino do significado não existiria para nós. Lacan se refere a isso como nossa *alienação* na linguagem.[19]

O problema que enfrentamos é como vir a estar na linguagem, como encontrar nela um lugar para nós mesmos e como torná-la nossa no máximo grau possível. Podemos buscar e adotar um vocabulário rejeitado, desdenhado ou reprimido pelos detentores do poder: o filho rebelde pode adotar uma gíria dominada por palavrões, o anarquista, um jargão livre da linguagem do poder, a feminista, um léxico não patriarcal. Podemos nos sentir mais autênticos quando falamos um dialeto subcultural, ou quando usamos um sotaque adquirido. De modo ainda mais radical, podemos rejeitar quase completamente a nossa língua materna, se a associarmos a nossos pais e a um discurso (educacional, religioso, político etc.) que execramos, só nos sentindo à vontade numa língua estrangeira.[20]

O neurótico logra, em maior ou menor grau, passar a existir na linguagem, habitar um subconjunto da linguagem (ninguém jamais pode habitar a totalidade de uma língua que seja tão desenvolvida e variegada quanto são quase todas as línguas naturais). A alienação nunca é completamente superada, porém ao menos uma parte da língua acaba sendo "subjetivada", tornada própria. Embora a linguagem fale *através* de nós, mais do que a maioria quer admitir, embora pareçamos, às vezes, ser pouco mais que transmissores do discurso que nos cerca,[21] e embora às vezes de início nos recusemos a reconhecer o que sai da nossa própria boca (lapsos, fala engrolada etc.), em geral temos a sensação de viver na linguagem e de não sermos simplesmente vividos por ela.

O psicótico, por outro lado, é subjugado pelo fenômeno do discurso como um todo (Seminário 3). Enquanto todos somos habitados pela linguagem como uma espécie de corpo estranho,[22] o psicótico tem a impressão de ser possuído por uma língua que fala como se viesse não de dentro, mas de fora. As ideias que vêm à mente são consideradas como postas ali por uma força ou entidade externa. Embora o Homem dos Ratos recuse a responsabilidade por algumas ideias que lhe ocorrem, ele nunca as atribui a um agente externo a ele, por assim dizer.

A tese de Lacan é que *a relação do psicótico com a linguagem como um todo é diferente da relação do neurótico*. Para compreendermos isso, devemos examinar mais de perto as ordens imaginária e simbólica, tal como Lacan as define, e considerar seus diferentes papéis na neurose e na psicose.

A NÃO REESCRITA DO IMAGINÁRIO PELO SIMBÓLICO

Até hoje, o aspecto mais conhecido da obra lacaniana no mundo de língua inglesa é o "estádio do espelho",[23] conceito que Lacan desenvolveu em 1936. Descrito em termos sucintos, o estádio do espelho corresponde à época em que a vida da criança ainda é extremamente incoordenada, um mero feixe de percepções e sensações sem qualquer unidade. De acordo com Lacan, a imagem especular da criança é a primeira a lhe proporcionar uma imagem de sua unidade e coerência, uma imagem que ultrapassa tudo que já foi alcançado em termos de desenvolvimento. A imagem especular é jubilantemente investida de libido pela criança e internalizada, tornando-se o núcleo, o cerne, a matriz ou o molde do ego infantil. Sucessivas "autoimagens", refletidas para a criança por pais, professores e outras pessoas, cristalizam-se em torno dela. Lacan considera que o estádio do espelho proporciona uma imagem estruturante, que introduz ordem no caos anterior de percepções e sensações. Ele leva ao desenvolvimento de um sentimento do eu, antecipando uma espécie de unidade ou identidade pessoal que ainda está por ser realizada. E é ele que finalmente torna a criança capaz de dizer "eu".

Mais importante que essa primeira descrição do estádio do espelho, porém, é a *reformulação* lacaniana desse conceito, feita em 1960.[24] Nela, Lacan sugere que a imagem especular é internalizada e investida de libido por causa de um gesto de aprovação feito pelo genitor que segura a criança diante do espelho (ou que vê a criança se olhar no espelho). Em outras palavras, *a imagem especular assume toda a sua importância como resultado do reconhecimento, confirmação ou aprovação por parte do pai ou da mãe* – expressos por um meneio da cabeça que já assumiu um significado simbólico, ou por expressões como "Sim, neném, este é você!", comumente enunciadas por pais extasiados, admirados ou simplesmente perplexos. É isso que a torna diferente do poder de certas imagens do reino animal. A fêmea do pombo, por exemplo, precisa ver a imagem de outro pombo (ou de um engodo, ou até uma imagem especular dela mesma) para que suas gônadas amadureçam (*Escritos*, p.95[99]), mas a simples imagem é suficiente para que ocorra um processo significativo em termos de desenvolvimento. Nos seres humanos, tal como nos chimpanzés, a imagem especular pode ter certo interesse em determinada faixa etária, mas só se torna formadora do ego, de uma ideia de si mesmo, ao ser *ratificada* por uma pessoa de importância para a criança.[25]

Lacan associa essa ratificação ao que Freud chama de ideal do eu (*Ichideal*): a criança internaliza os ideais dos pais (as metas que se expressam simbolicamente) e julga a si mesma de acordo com esses ideais. Na verdade, ela internaliza a visão (percebida) que os pais têm dela e passa a se ver como os pais a veem. Seus atos passam a ser vistos como seus pais os veem, e a ser julgados dignos de estima ou de desdém como os pais os julgariam (segundo acredita a criança).

Assim se instaura toda uma nova ordem: ocorre uma reorganização (ou organização inicial) do caos primitivo de percepções e sensações, sentimentos e impressões. O registro imaginário – o das imagens visuais, auditivas, táteis, olfativas e de outras percepções sensoriais de toda sorte, bem como da fantasia – é reestruturado, reescrito ou "substituído" pelo simbólico, pelas palavras e frases usadas pelos pais para expressar sua visão do filho.[26] A nova ordem simbólica ou linguística supera a ordem imaginária anterior, razão pela qual Lacan fala do predomínio e da natureza determinante da linguagem na vida humana. Isso se encontra no cerne de sua crítica a certas formas de teoria das relações objetais,[27] que ele vê como concentradas numa ordem imaginária ou num conjunto imaginário de relações que, na verdade, são substituídos pelo simbólico e inacessíveis à psicanálise, cujo único meio é a fala.

A substituição do imaginário pelo simbólico (a via do "normal" ou do "neurótico comum") leva à eliminação ou pelo menos à subordinação de relações imaginárias, caracterizadas por rivalidade e agressividade (como foi visto no Capítulo 3), a relações simbólicas, dominadas pela preocupação com ideais, figuras de autoridade, lei, desempenho, realização, culpa etc. Essa substituição relaciona-se com a concepção freudiana do complexo de castração, que no caso dos meninos acarreta uma ordenação ou hierarquização das pulsões sob o domínio da zona genital (ou sob a "tirania" dela, para usar o termo de Freud[28]). A sexualidade alegremente polimorfa do menino organiza-se graças à função paterna de introduzir o recalcamento do apego edipiano do menino à mãe. O pai – que é, na obra de Freud, o pai simbólico por excelência, o pai que exige e proíbe – acarreta uma socialização da sexualidade do menino: exige que o menino subordine sua sexualidade a normas culturalmente aceitas (isto é, simbólicas).

Isso ocorre, segundo nos diz Freud, inclusive no caso dos perversos: sua sexualidade polimorfa cede lugar a uma hierarquização das pulsões, mas sob o domínio de outra zona que não a genital – oral, anal, escópica etc. Similarmente, de acordo com os critérios lacanianos, o imaginário do perverso passa por algum tipo de reescrita simbólica – não a mesma da neurose, mas ainda assim uma reescrita, o que é evidenciado pela ordenação ou estruturação do imaginário (ver Capítulo 9).

Na psicose, essa reescrita não ocorre. No nível teórico, podemos dizer que isso se deve ao estabelecimento malsucedido do ideal do eu, ao não funcionamento da metáfora paterna, à não iniciação do complexo de castração e a uma variedade de outras coisas. O importante é que o imaginário continua a predominar na psicose, e que o simbólico, na medida em que chega a ser assimilado, é "imaginarizado": é assimilado *não* como uma ordem radicalmente diferente, que reestrutura a primeira, mas assimilado simplesmente por imitação de outras pessoas.

Na medida em que o ideal do eu serve para ancorar o senso que se tem de si mesmo, para ligá-lo à aprovação ou ao reconhecimento por um Outro parental, sua ausência deixa o indivíduo com uma ideia precária de si, com uma autoimagem passível de murchar ou evaporar em certos momentos cruciais. Rachel Corday, psicótica que fez um vídeo extremamente instrutivo intitulado *Losing the Thread* ([Perdendo o fio da meada], Insight Media, 1993), em que detalha sua experiência direta da psicose, repete numerosas vezes que ela "se perde" durante os surtos psicóticos, e compara seu eu a um balão que sobe até se perder de vista no céu e que ela é incapaz de recapturar. Corday nos diz que, nesses momentos, não consegue mais se relacionar com outras coisas, como se não houvesse um *eu* para estabelecer as relações, como se já não houvesse nenhum centro reconhecível de intencionalidade. "Tudo da realidade se desintegra, inclusive meu corpo", diz ela, detalhando como se torna difícil se deslocar de um ponto a outro sem o "executivo-chefe do seu escritório", aquele homúnculo conhecido como ego, que nos dá o senso de que nosso corpo é um todo organizado que se move harmoniosamente, como uma unidade. Os nervos, músculos e tendões do seu corpo continuam a ter todas as mesmas ligações que antes lhe permitiam executar movimentos complexos, mas o sentimento de eu que levava seu corpo a funcionar como um todo se dissipa.[29]

Rachel Corday nos conta que tende a dizer a si mesma "Contenha-se!" – exatamente como muitos outros pacientes (a exemplo de Gérard Primeau, entrevistado por Lacan em "A lacanian psychosis")[30] que usam as mesmíssimas palavras para descrever sua sensação de que seu eu lhes está escapando. A desintegração do ego nem sempre é tão completa na psicose, e talvez seja mais comum testemunharmos uma confusão entre o eu e o outro, uma dificuldade de determinar quem está falando. Como diz Corday: "Não sei de onde vem a minha voz." As "fronteiras" do ego não são simplesmente flexíveis, como às vezes são descritas na neurose, mas praticamente inexistentes, levando a um perigoso sentimento de que outra pessoa ou força está tentando usurpar o lugar do doente.[31] Sem a ajuda da linguagem, que denomina e delimita – quando sua estrutura é assimilada, e não apenas imitada[32] –, as relações imaginárias prevalecem, como veremos adiante.

A INABILIDADE PARA CRIAR NOVAS METÁFORAS

> Se [Schreber] é com toda a certeza um escritor, não é um poeta.
> [Ele] não nos introduz numa dimensão nova da experiência.
> LACAN, Seminário 3, p.91[96]

Comprova-se que a linguagem não é assimilada pelos psicóticos pelo fato de eles serem incapazes de *criar* metáforas como os neuróticos sabem fazer. É óbvio que *usam* metáforas, já que estas são parte de toda língua natural; e são bem capazes de empregar as metáforas utilizadas pelos que os cercam, as encontradas em suas leituras etc. Entretanto, são incapazes de cunhar novas metáforas.

Ao que parece, portanto, a própria estrutura da linguagem – sujeito, verbo e predicado – não é assimilada do mesmo modo, por exemplo. Pois essa estrutura nos permite substituir um substantivo, como "útero", por outro, como "palco", ou por uma expressão como "palco da atividade menstrual", para criar uma metáfora (um tipo específico de metáfora, conhecida como "metáfora substitutiva").[33] O discurso do psicótico é curiosamente desprovido de metáforas originais, especificamente dos recursos poéticos por meio dos quais a maioria das pessoas consegue criar novos significados. Graças à imitação, o psicótico pode aprender a falar como outras pessoas falam (Seminário 3, p.285[293]), mas a estrutura essencial da linguagem não é integrada da mesma maneira.

O uso metafórico da linguagem não é acessível aos psicóticos, segundo Lacan, em decorrência do fracasso da *metáfora essencial: a metáfora paterna*. Lacan se refere à função paterna como tendo a estrutura de uma metáfora (substitutiva), na qual o termo superior substitui ou cancela o inferior:

$$\frac{\text{Nome-do-Pai}}{\text{Mãe como desejo}}$$

Ou, em termos mais simples:

$$\frac{\text{Pai}}{\text{Mãe}}$$

O pai – como nome, substantivo ou Não! – anula a mãe (como desejante ou desejada), neutraliza, substitui a mãe; falando em linhas gerais, o pai se coloca como nome ou proibição no lugar dela. Assim afirmada, a metáfora paterna tem considerável afinidade com o complexo de castração, tal como descrito por Freud: a criança é forçada a abrir mão de certo gozo, de certa relação com a mãe, em função de uma demanda ou uma ameaça feita pelo pai. Em suma, isso corresponde ao que Freud chama de "recalcamento primário", ou ao que poderíamos denominar "recalcamento inicial".[34]

Suponhamos que a criança tenha sido aceita no mundo de sua mãe ou de seu/sua cuidador(a) primário(a). Muitas vezes isso é uma grande suposição, pois, como vemos em alguns casos extremos de autismo infantil, algumas crianças não recebem lugar algum no mundo materno, não tendo sido desejadas desde o início; apenas suas necessidades biológicas mais ínfimas são atendidas (amiúde nem sequer pelos pais, mas por cuidadores remunerados, indiferentes), e suas tentativas de falar e interagir com os outros são recebidas com gritos e tapas.[35] A Figura 7.1 representa a situação em que a criança *recebe* espaço no mundo da mãe.

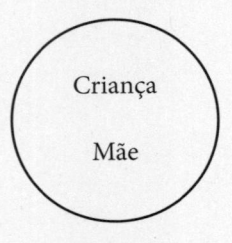

FIGURA 7.1

Tipicamente, numa família nuclear das culturas ocidentais, é o pai que interfere na relação – afora isso, exclusiva – da criança com a mãe.³⁶ O pai é comumente vivenciado pela criança como alguém que lhe impede ou corta o acesso à mãe em vários horários do dia e da noite, e, a rigor, como alguém que impõe limites aos tipos de satisfação que o filho pode obter com a mãe, dizendo, por exemplo, "Você está grande demais para isso – só os bebês é que precisam da mamãe".

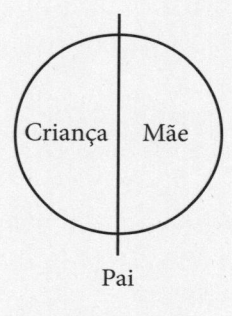

FIGURA 7.2

Aqui, de um modo muito direto, o pai exerce uma função de separação: age como um bloqueio ou uma barreira entre mãe e filho, recusando-se a permitir que a criança seja apenas *uma extensão da mãe* (ver Figura 7.2). Manter o vínculo mãe–filho mais estreito possível pode ser o desejo da criança, da mãe ou de ambas (embora, estritamente falando, só se torne um "desejo" depois de ser obstruído); seja como for, o pai funciona aí como aquilo que separa a criança daquela que é tipicamente a sua fonte primária de satisfações. Portanto, funciona como aquele que proíbe o gozo.

$$\frac{\text{O Não! do pai}}{\text{A mãe como fonte de gozo}}$$

A proibição, como vimos, cria o desejo: só quando algo me é recusado é que vejo pela primeira vez o que quero, o que me falta, o que não posso ter. A proibição imposta pelo pai constitui o desejo de certos prazeres obteníveis com a mãe (o contato com seu corpo, os carinhos dela, o calor do seu abraço, o som da sua voz, seus olhares amorosos etc.), mas esse desejo tem que ser escondido: é inaceitável para o pai, e deve ser tirado da cabeça. Portanto, para filhos e filhas, o recalcamento primário envolve o esquecimento do desejo de obter certas satisfações com a mãe. É comum esse recalcamento ser mais forte nos meninos que nas meninas, porque, tipicamente, o pai faz esforços maiores para separar seu filho (como rival) da mãe; muitas vezes, permite que a filha mantenha uma relação mais estreita com a mãe por um período muito mais longo. Não obstante, são instituídos limites para os tipos de satisfação que a criança pode ter com a mãe (ou a mãe com a criança), e ocorre o recalcamento; comumente, isso se evidencia quando a criança começa a achar repugnantes, nojentos, impróprios etc. os carinhos e abraços maternos, e todos esses são sinais reveladores do recalcamento. Esquematizo o recalcamento colocando o recalcado abaixo da barra:

$$\frac{\text{O Não! do pai}}{\text{A mãe como gozo}}$$

A metáfora paterna envolve ainda um outro momento, sobre o qual teremos ensejo de falar em capítulos posteriores.[37] O que eu gostaria de frisar aqui é em que sentido esse primeiro momento já liga a palavra ao significado (sendo o significado a "matéria" da nossa realidade constituída em termos sociais/linguísticos – isto é, da realidade que compartilhamos, porque falamos dela). Como vimos na Parte I deste livro, o sentido é determinado *a posteriori*, e a relação da criança com a mãe recebe sentido através da proibição do pai; esse significado, poderíamos dizer, é o "sentido primário", e estabelece uma sólida ligação entre uma interdição enunciada com severidade e um anseio indeterminado de intimidade (que é transformado em desejo pela mãe, como resultado da proibição). O sentido primário, o significado fundamental originado pela metáfora paterna, é que meu desejo por minha mãe é errado. Não importa o que eu venha a pensar dele mais tarde – achando, por exemplo, que eu não deveria ter cedido à proibição do meu pai, porque ele nunca me ofereceu nada em troca, nunca me proporcionou satisfações substitutas –, esse primeiro sentido, uma vez estabelecido, é inabalável e não pode ser extirpado.

Todo o resto é passível de interpretação, pode ser posto em discussão. E certamente há margem para mal-entendidos mesmo quando o pai proíbe algo na relação mãe–filho: "Será que é o modo de ela me segurar, é o jeito como a estou abraçando, ou o barulho que estamos fazendo?" A criança não é obrigada a concluir de imediato que são certos tipos de afagos e carícias que o pai impede. Todavia, presumindo-se que o pai tenha sido diligente (ou simplesmente afortunado) o bastante para transmitir à criança o que é proibido, estabelece-se um elo entre a linguagem e o sentido (a realidade como socialmente constituída), entre significante e significado, que nunca se romperá.

É a isso que Lacan se refere como "ponto de capitonê" (*point de capiton*, às vezes também traduzido como "ponto de ancoragem" [*anchoring point*] ou "ponto de matelassê" [*quilting point*]). No vocabulário dos estofadores, ponto de capitonê é um tipo de ponto usado para prender um botão ao tecido e ao estofamento de um sofá ou poltrona, com o qual o botão e o tecido se mantêm unidos não em referência a uma estrutura de madeira ou de aço, mas simplesmente em referência um ao outro. Estritamente falando, não há uma verdadeira ancoragem aí, visto que a âncora sugere uma terra firme inamovível à qual se fixe alguma coisa. O resultado da metáfora paterna é, antes, ligar um significado específico a determinadas palavras (Figura 7.3), sem considerar um referente absoluto (isto é, sem recorrer a uma realidade absoluta mítica que ultrapasse a realidade criada ou recortada do real pela linguagem). A metáfora paterna cria um significado fundador, inabalável.[38]

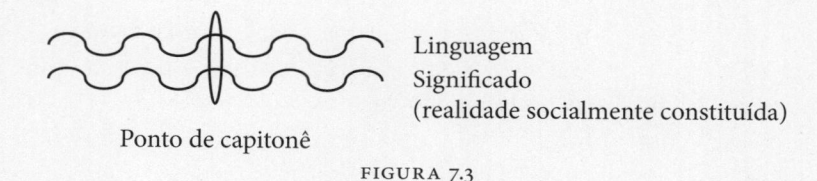

Linguagem
Significado
(realidade socialmente constituída)

Ponto de capitonê

FIGURA 7.3

Quando, posteriormente, todo o resto pode ser questionado, inclusive os porquês desse sentido fundador, é precisamente pelo fato de, antes de mais nada, aquele ponto de capitonê original – uma espécie de nó – ter sido atado. Sem ele, tudo se desarticula. Como disse Rachel Corday, por mais que ela tentasse juntar um sentimento de eu numa ponta, ele "se desatava [constantemente] na outra". Sem esse ponto importantíssimo, o tecido do seu eu se desfazia, e era por isso que tantas vezes ela "perdia o fio da meada".[39]

Frases interrompidas e neologismos

Na psicose, a metáfora paterna não funciona, e a estrutura da linguagem (que permite a possibilidade da substituição metafórica) não é assimilada. Quando a linguagem opera sem essa estrutura, também podem surgir outros transtornos. Por exemplo, comumente as vozes ouvidas pelo psicótico usam orações ou frases interrompidas, que param logo antes de ser enunciado o termo mais importante, e o paciente sente-se obrigado a suprir a parte faltante da frase.

É parte da estrutura da fala que a frase só adquira seu sentido pleno depois de pronunciada a última palavra. Pois cada palavra ou expressão numa frase prepara o terreno para as que virão a seguir e se relaciona com as que a antecedem. Na frase parcial "A coisa mais importante é...", o verbo é determinado como terceira pessoa do singular pelo sujeito, e nos leva a *antecipar*, quando o tomamos em conjunto com o sujeito, uma coisa ou atividade que seja considerada crucial pelo falante (como "...agradar a si mesmo"). A frase pode ser entendida como uma *cadeia*, no sentido de que o verbo está ligado ao sujeito, os adjetivos aos substantivos que eles qualificam, e a formulação da última parte da frase liga-se à estrutura da primeira: todos os elementos são inter-relacionados, portanto. Alguns elementos preparam o terreno para outros, e nenhum elemento é completamente independente: são todos "encadeados" (e é por isso que Lacan usa a expressão "cadeia significante").

Não é possível compreender plenamente o começo isolado de uma frase; seu sentido – ou sentidos – só se torna claro (se é que chega a se tornar claro) no fim dela. Os movimentos antecipatórios e retroativos envolvidos na criação do sentido são retratados no diagrama lacaniano do ponto de capitonê [ponto de basta],[40] e se relacionam com o processo pelo qual um novo sentido é criado por meio da metaforização. Para nossos propósitos aqui, basta dizer que a interrupção de uma frase proferida pela voz ouvida pelo psicótico rompe a cadeia que vinha se formando e expõe seus componentes como unidades ou coisas isoladas, e não como elos.[41] Isso sugere uma perturbação no processo habitual de criação de sentido, e se relaciona com a ideia de que para o psicótico *as palavras são coisas*.

Uma paciente cujo terapeuta supervisiono ilustrou a relação fundamentalmente diferente que o psicótico mantém com a linguagem quando começou a falar de seu medo de que alguém quisesse "despojá-la [*strip her*] de seus bens", e, em seguida, comentou a curiosa ligação entre essa frase e o Strip District (um bairro de feiras em Pittsburgh do qual ela acabara de voltar) e o "New York Strip Steak" ([contrafilé] que ela vira recentemente num cardápio). Ela não se intrigou com os diferentes sentidos da palavra "*strip*" (por exemplo com suas conotações sexuais*), mas apenas com o fato de o termo haver aparecido em sua vida em três contextos diferentes. Suas "associações" não foram com palavras estreitamente relacionadas (como "*stripe*", "*trip*" ou "*tripe*"**) nem com signifi-

---

* Uma das acepções de *strip* é "despir", "tirar a roupa". (N.T.)
** Os termos, semelhantes foneticamente, têm várias acepções diferentes, entre outras: em *stripe*, as de "listra", "riscado" (tecido), "galão" (militar), "raça", "chicotada", "vergão" etc., além de formas verbais; em *trip*, as de "viagem" (inclusive sob efeito de drogas), "passeio", "tropeço", "rasteira", "erro" e muitas outras; em *tripe*, as de "tripa" (dobradinha), "entranhas", "bobagem" e outras mais. (N.T.)

cados diferentes, mas com o simples reaparecimento do mesmo vocábulo como coisa. Essa paciente também viu uma espécie de "ligação cósmica" entre David *Letter*man e um certo Davi que se interessara pelas cartas [*letters*] de são Paulo no Novo Testamento. Um de meus próprios pacientes disse o seguinte sobre a importância das palavras para ele: "Elas são minhas joias da coroa, nas quais ninguém deve urinar." Para ele, *as palavras são coisas em que se pode urinar.*

Muitas vezes já se observou que os psicóticos mostram certa predileção por neologismos. Incapaz de criar novos sentidos usando as mesmas velhas palavras e a metáfora, o psicótico é levado a cunhar novos termos, aos quais atribui uma importância que frequentemente descreve como inefável ou incomunicável. Ao contrário de todos os outros termos que empregamos, os quais podem ser definidos por palavras conhecidas, tais neologismos não podem ser explicados nem definidos. O significado de uma palavra ou expressão comum sempre se refere a outros sentidos, mas o psicótico emprega palavras que não remetem a nenhum outro sentido conhecido ou explicável. Lacan descreve os neologismos como uma das "assinaturas" da psicose (Seminário 3, p.43-4[44-5]).

O predomínio das relações imaginárias

> No princípio era a rivalidade...
> É numa rivalidade fundamental ... que se produz
> a constituição do mundo humano como tal.
> LACAN, Seminário 3, p.51 [52-3]

A distinção lacaniana elementar entre imaginário e simbólico pode servir como poderosa ferramenta clínica na distinção entre psicose e neurose. O neurótico, embora tenda a expor uma multiplicidade de conflitos mais ou menos significativos com amigos e colegas – isto é, com outros semelhantes a ele –, comumente deixa claro ao terapeuta, desde as primeiras sessões, que sua queixa principal é quanto ao Outro simbólico. Isso pode expressar-se através de reclamações sobre pais, figuras de autoridade, expectativas sociais ou problemas de autoestima, todos os quais sugerem um conflito no nível em que o paciente se vê, em termos dos ideais do Outro (ou seja, no nível do seu ideal do eu ou supereu), como insatisfatório, insuficiente, culpado etc.

O psicótico, por outro lado, apresenta as coisas de outra maneira: o conflito parece dar-se com outros da sua idade – rivais, concorrentes ou amores. Eles não estão todos tentando obter a aprovação de uma mesma figura de autoridade; em vez disso, um deles está usurpando o lugar do psicótico.[42]

O conhecido fenômeno da *perseguição* enquadra-se claramente na categoria das relações imaginárias e é o traço predominante na paranoia (uma das psicoses). Como diz Lacan: "É na medida em que [o paciente] não conseguiu ... esse Outro [simbólico, isto é, a linguagem, com sua estrutura subjacente] que ele encontra o outro puramente imaginário. ... esse outro o nega, literalmente o mata" (Seminário 3, p.236[244]). No entanto, Lacan nos lembra que não podemos presumir automaticamente que um paciente seja psicótico pelo simples fato de ele se queixar de que há alguém tentando prejudicá-lo: a queixa pode ser verdadeira, ou pode ser tão extravagante que se revele obviamente falsa, porém não raro isso não é muito fácil de discernir. Nesse contexto, Lacan reitera mais uma vez que, para termos certeza de que o paciente sofre de uma psicose, "é preciso haver distúrbios de linguagem" (Seminário 3, p.106[113]).[43]

A invasão do gozo

Na psicose, assim como o imaginário não é sobrescrito pelo simbólico, as pulsões nunca são hierarquizadas no corpo, exceto por imitação. Em outras palavras, a hierarquia que pode ser aparente não é irrevogável: não representa um sacrifício tão definitivo do gozo quanto a hierarquização por que passa o neurótico durante a socialização, e na qual a libido é canalizada (mais ou menos completamente) do corpo em geral para as zonas erógenas.

Lacan afirma que o corpo, na neurose, é essencialmente morto. É inscrito por significantes; em outras palavras, foi sobrescrito ou codificado pelo simbólico.[44] O corpo como organismo biológico é aquilo que Lacan chama de "o real", e é progressivamente socializado ou "domesticado", a tal ponto que a libido se retira de todas as zonas, com a exceção de um pequeno número delas: as zonas erógenas.[45] Somente nessas zonas o corpo continua vivo, em certo sentido, ou real. Nelas, a libido (ou gozo) é canalizada e contida. Não é o que acontece na psicose: a hierarquia das pulsões que é obtida imaginariamente pode desabar quando a ordem imaginária que a sustenta vacila. O corpo, que em sua maior parte fora libertado do gozo, é subitamente inundado por ele, invadido por ele. E o gozo volta violentamente, diríamos, porque é bem possível que o psicótico o vivencie como um ataque, uma invasão ou um arrombamento.

Portanto, quando o paciente fala, como Schreber,[46] na "voluptuosidade" de seu corpo, no êxtase indescritível ou na "sensação elétrica [que sente] no corpo todo" (como a descreveu um de meus pacientes), ou nas dores agudas e insuportáveis que sente (para as quais não se consegue encontrar nenhuma causa biológica), o terapeuta pode confiar que detectou um provável indicador de psicose. Não se trata de uma prova decisiva, já que os místicos religiosos (que não existem em número esmagador) às vezes relatam experiências similares, mas é uma boa indicação inicial de que a ordem simbólica não conseguiu reescrever o corpo e de que qualquer organização da libido que possa ter ocorrido através do imaginário entrou em colapso.

Falta de controle das pulsões

A neurose costuma caracterizar-se por um amplo controle do eu e do supereu sobre as pulsões. Quando o neurótico pratica atos físicos verdadeiramente agressivos, em geral tem que estar bêbado, ou em algum outro tipo de estado alterado (por exemplo, quando é repetidamente irritado por alguém, ou pressionado até o limite, ou se acha privado de sono ou drogado); só então as repressões da consciência são suficientemente suspensas para que o neurótico exerça uma ação direta. Agir de maneira direta e eficaz, na verdade, é uma das coisas que o neurótico mais tem dificuldade de fazer.[47]

A ausência da função paterna afeta todas as funções simbólicas, de modo que não é de admirar que afete tudo que comumente associamos à moral e à consciência. Isso não quer dizer que o psicótico sempre aja de forma "imoral"; significa, antes, que até a menor provocação pode levá-lo a ter um comportamento gravemente punitivo. O refreamento das pulsões que ocorre durante a "educação", socialização, edipianização e desedipianização do neurótico – amiúde manifesto na sua trabalhosa ponderação das alternativas antes que qualquer tipo de lascívia ou agressão possa ser demonstrado para com terceiros – não ocorre de forma duradoura na psicose. Por isso, o psicótico é mais propenso à ação imediata, e é atormentado por pouca ou nenhuma culpa quando manda alguém para o hospital, mata alguém, estupra alguém ou pratica algum outro ato criminoso. O psicótico pode manifestar vergonha, mas não culpa. A culpa exige o recalcamento: só é possível sentir culpa quando se sabe ter desejado secretamente infligir danos, ou ter se comprazido em fazê-lo. Na psicose, nada é recalcado, de modo que não há segredos guardados de si mesmo.

Feminização

Uma faceta interessante da psicose *nos homens* é a feminização que frequentemente ocorre. Schreber, no curso de seus delírios, começa a se ver como a mulher de Deus. Em alguns outros casos de psicose, vemos uma tendência para o transexualismo, pedidos reiterados de operações de mudança de sexo e atividade homossexual.[48] Freud analisou a psicose de Schreber como indicativa de uma defesa insuficiente contra a homossexualidade, mas Lacan sugere que a feminização de Schreber ocorreu pela própria natureza da psicose.[49]

A psicose não é, de modo algum, o resultado direto da ausência física do pai na família; como eu já disse, o pai é uma função simbólica, e essa função pode ser exercida por outras pessoas da família ou próximas dela, ou até pelo discurso materno. Não há dúvida de que a psicose é mais propensa a resultar da ausência do pai ou de uma figura paterna na infância do paciente – e, para o clínico, é sempre importante ter uma ideia do grau dessa ausência física ou psicológica –, mas ela também pode surgir quando o pai, ou uma figura paterna, está presente.

Lacan sugere que certos pais – em geral homens muito bem-sucedidos em termos sociais – caracterizam-se por uma ambição irrestrita ou um "autoritarismo desenfreado" (Seminário 3, p.230[239]), e estabelecem com os filhos, em particular os filhos varões, uma relação que não é a do pacto simbólico, mas sim de rivalidade e antagonismo. *O imaginário é guerra, o simbólico é paz.* O simbólico – a lei – divide as coisas, proporcionando uma espécie de justiça distributiva: isto é seu, isto é meu. O pai que encarna a lei – *o pai simbólico* – diz: "Sua mãe é minha, mas você pode ter qualquer outra mulher", "Aqui é meu quarto e minha cama, mas você pode ter seu próprio espaço e uma cama só sua". O pai simbólico faz um pacto tácito com o filho: "Esta parte do dia deve ser gasta no trabalho de casa, e o resto é seu, para você fazer o que quiser", "Isto é o que eu o obrigarei a fazer, e o que você fizer afora isso é da sua conta".

Em contraste, o pai irrefreado age com o filho de forma unilateral, castigando-o, por exemplo, sem ouvir as possíveis razões do filho para ter se portado como se portou. Não há limite para suas exigências – não há critérios simbólicos que explicitem e delimitem fronteiras para aquele que exige e aquele a quem é feita a exigência – e, portanto, elas nunca podem ser satisfeitas. O pai é percebido como um monstro, e Lacan sugere que a única relação possível é uma relação imaginária,[50] caracterizada por uma tensão de rivalidade, carregada de erotismo. Nenhuma relação edipiana triangulada pode formar-se, e o filho assume uma postura feminina em relação ao pai monstruoso e dominador – o pai imaginário.[51]

Essa posição feminina pode ficar encoberta durante um longo período, enquanto o homem psicótico se identifica com os irmãos e amigos varões, imitando-os em sua tentativa de agir como homem. Quando ocorre um surto psicótico,[52] as identificações imaginárias ou "muletas imaginárias" (Seminário 3, p.231[240]) do paciente desmoronam, e sua posição essencialmente feminina reemerge ou se impõe a ele. Em outros casos, o psicótico masculino pode afirmar ter se sentido mulher desde a mais tenra infância.[53] Esses psicóticos masculinos são os pacientes com maior probabilidade de pedir operações de mudança de sexo.

A feminização na psicose parece ser indicativa, portanto, não de uma ausência total de um pai real na família da criança, mas da presença (ao menos ocasional) de um pai que estabeleceu apenas uma relação imaginária com seu filho varão, não uma relação simbólica. Curiosamente, o psicótico também pode descrever-se como se estivesse numa relação feminina ou passiva com a própria linguagem, passivamente submetido a ela, invadido por ela ou possuído por ela.[54]

Na obra mais tardia de Lacan, fica claro que a feminização ocorre também por razões mais estruturais, e não precisa necessariamente restringir-se a psicóticos masculinos que tenham tido apenas relações imaginárias com o pai. Não posso apresentar aqui todos os conceitos desenvolvidos por Lacan nos Seminários 18 a 21 a respeito das estruturas masculina e feminina, pois isso nos levaria a entrar demais neste campo, o que já fiz em outro texto.[55] Dito em termos muito sucintos, Lacan sugere que a estrutura masculina relaciona-se com uma espécie de "totalização" acarretada pelo pai simbólico (que impõe limites ao filho varão), ao passo que a estrutura feminina relaciona-se com uma espécie de não totalização (*pas tout* [o não todo]) ou impossibilidade de totalização; quando falta a função paterna na vida do menino, a totalização não ocorre, e o menino adota um certo elemento da estrutura feminina.[56] Entretanto, o "Outro gozo" característico da estrutura feminina comumente se torna, para o psicótico, uma experiência muito duradoura, se não constante (caracterizada como invasiva), ao passo que, para o neurótico de estrutura feminina, essa forma particular de gozo tende a ser mais ocasional e fugaz.

A falta de pergunta

> Estamos certos de que os neuróticos se puseram
> uma questão. Os psicóticos, não é tão certo.
> LACAN, Seminário 3, p.227[236]

No fim do Capítulo 2, mencionei que o terapeuta nem sempre é capaz de discernir algo como uma pergunta que o analisando lhe formule. Mesmo após meses de sessões regulares, alguns analisandos nunca se indagam sobre coisa alguma em voz alta, nunca mencionam intrigar-se ou ter se intrigado, um dia, sobre por que fizeram o que fizeram num dado momento, o que significam seus sonhos, ou por que eles parecem reagir às coisas de uma forma particular. Nada em sua vida suscita perguntas em sua mente, nada parece incompreensível, nenhum motivo é questionado. Não há matéria para o pensamento.

O desejo é uma pergunta, segundo Lacan, e essa situação sugere ou que o analista foi incapaz de criar um espaço em que o desejo pudesse mostrar-se ou nascer, ou que o desejo não existe tal como o conhecemos na neurose. O desejo – o desejo humano, não o tipo de desejo que atribuímos antropomorficamente aos animais ou aos objetos inanimados (por exemplo, "o esquilo quer encontrar as bolotas que enterrou no outono", ou "o sol está tentando sair") – forma-se na linguagem e existe apenas na linguagem. E está suscetível a uma dialética do movimento que é típica da linguagem:

> A coisa que se esquece é que o próprio do comportamento humano é a movência dialética das ações, dos desejos e dos valores, que os faz não somente mudar a todo momento, mas de maneira contínua, e até mesmo passar a valores estritamente opostos … . A possibilidade de recolocar em questão a cada instante o desejo, a afeição, e mesmo a significação mais perseverante de uma atividade humana … é experiência tão comum que se fica estupefato de ver essa dimensão esquecida … .
> (Seminário 3, p.32[34])

No trabalho com neuróticos, estamos acostumados a assistir a uma evolução dos desejos, fantasias, valores e crenças do paciente no decorrer da terapia. É claro que, vez por outra, ficamos desolados com a inércia que encontramos em algumas áreas da vida do neurótico, porém mais comum, talvez, é o neurótico que expressa surpresa diante da facilidade com que conseguiu desfazer-se de identidades e ideias que lhe pareciam muito centrais em sua "personalidade" tão pouco tempo antes. O mais ardoroso defensor do machismo logo reconhece em si mesmo tendências homossexuais, o defensor mais ferrenho dos laços de família logo rompe com os pais, e assim por diante. As identificações do ego desmoronam, outras são formadas, e o desejo ganha a possibilidade de seguir seu curso de maneira cada vez mais completa.

O psicótico, por outro lado, caracteriza-se pela inércia, pela falta de movimento ou dialética em seus pensamentos e interesses. O obsessivo também se queixa de ter as mesmas ideias repetidamente, mas, em geral, ao longo da terapia, ao menos algumas de suas ideias modificam-se com rapidez, enquanto as que têm ligações mais estreitas com o sintoma mudam devagar, se é que o fazem. O psicótico, porém, reitera vez após outra as mesmas frases; a repetição substitui a explicação. A "dialética do desejo" não tem lugar. Não há nenhum desejo propriamente humano nas psicoses. Onde falta a estrutura da linguagem, falta também o desejo. Onde falta o recalcamento – onde a transparência não deu lugar à opacidade, no tocante a meus pensamentos e sentimentos, que resulta do recalcamento –, faltam também o questionamento e a reflexão intrigada: não posso questionar meu passado, minhas motivações nem sequer minhas ideias e sonhos. Eles simplesmente existem.

O tratamento da psicose: análise de um caso

> Os casos mais particulares são aqueles
> cujo valor é o mais universal.
> LACAN, Seminário 6, p.254[232]

Lacan não nos fornece só uma forma radicalmente nova de compreendermos a psicose; ele também nos ajuda a lançar as bases de seu tratamento. Como já mencionei, isso não quer dizer que Lacan acreditasse que podia aliviar ou curar a psicose – em outras palavras, instaurar a função paterna num paciente em quem ela não tivesse sido instaurada. Ele não nos oferece a esperança de dar nome ao desejo da mãe ou ao desejo pela mãe, e de assim constituí-lo como proibido e como algo que exige o recalcamento, com, digamos, vinte anos de atraso.

Quando falta na ordem simbólica um elemento crucial (o Nome-do-Pai), ela não pode ser consertada estruturalmente, ao que saibamos; mas pode ser respaldada ou "suplementada" (para usar o termo lacaniano) por outra ordem. No trabalho inicial de Lacan, é com o imaginário que se conta para tapar o buraco do simbólico. Com efeito, segundo Lacan, é o imaginário – nesse caso, a imitação dos outros à qual o psicótico se dedica – que permite, muitas vezes, que o psicótico chegue aos vinte ou trinta anos sem sofrer um surto ou "episódio". A meta, enunciada em termos superficiais, é devolver o imaginário ao estado estável que o caracterizava antes do surto psicótico.[57]

Não posso fornecer aqui uma análise minuciosa da abordagem lacaniana do tratamento da psicose, pois isso exigiria a introdução de um número muito grande de novos conceitos. Em vez disso, fornecerei um breve relato do caso de um psicótico que foi tratado por dois psicoterapeutas diferentes. O caso ilustra várias afirmações de Lacan sobre a psicose e as possibilidades de seu tratamento.

Ao contrário do estudo freudiano de Schreber, trata-se de um caso bastante contemporâneo, que remonta apenas à década de 1960 e ao começo da de 1970.

Embora não seja um de meus próprios casos, resolvi introduzi-lo aqui porque ele exemplifica diversos pontos destacados neste capítulo, é facilmente acessível em inglês (apesar de não ser muito conhecido, provavelmente) e tem apenas onze páginas. Intitula-se "Casque-de-Bronze ou Itinéraire psychothérapique avec un psychotique" [Elmo-de-Bronze, ou itinerário psicoterápico com um psicótico] e foi escrito por Jean-Claude Schaetzel.[58] O estudo não contém uma profusão de informações biográficas, mas se concentra, em vez delas, no que ocorreu durante o tratamento do paciente.

Schaetzel refere-se a seu paciente francês como "Roger Casque-de-Bronze" – um pseudônimo, mas o sobrenome do paciente de fato significa literalmente "elmo de bronze", na língua eslávica da qual deriva. Como veremos, o sobrenome de Roger, isto é, o nome que lhe foi transmitido por seu pai, é de considerável importância em sua história. No tocante à família de Roger, Schaetzel nos diz que o pai do paciente deixava-se dominar inteiramente pela mãe de sua mulher, a ponto de Roger acreditar que a avó materna era o "pai" da família. Quando a sogra morreu (Roger tinha quatro anos), seu pai tornou-se alcoólatra e deixou que a mulher o dominasse como antes fizera a mãe dela. O pai dedicava toda a sua atenção à irmã de Roger, sete anos mais velha, enquanto a mãe dedicava toda a sua atenção ao filho. Nascido em 1943, Roger não teve qualquer história psiquiátrica conhecida nem dificuldades documentadas durante a infância ou os anos da adolescência. Só como estudante universitário, em meados dos anos 1960, foi que começou a apresentar sinais de perturbação evidente.

Quando menino, Roger fazia com a irmã "brincadeiras sexuais", cuja natureza não fica clara, mas quando estava prestes a ter seu primeiro contato sexual como adulto ficou profundamente desorientado. Uma mulher do seu prédio, cujo marido morrera pouco tempo antes num acidente, convidou-o para visitá-la, com intenções que lhe pareciam francamente sexuais. Ao se aproximar o momento do encontro dos dois, Roger fugiu do edifício, angustiado, e foi procurar um de seus professores na universidade, "para lhe falar do seu estado de profunda confusão" (p.185). Lá, percebendo suas dificuldades, um assistente o orientou para uma assistente social, que por sua vez encaminhou-o a um psicoterapeuta para tratamento.

De importância particular, aqui, são certas coisas que Roger disse e fez no curso da terapia, relacionadas com seu pai e com o sobrenome do pai. "Não há nome para um pai como o meu", disse ele ao terapeuta.[59] Referiu-se ao pai como um "caçador ilegal", um "escroque" que queria o filho no papel de "vigia, para impedir que eles fossem apanhados pela polícia" (p.187) – muito distante do pai que impõe as leis a que ele e o filho devem obedecer! Um evento ocorrido durante a terapia foi indicativo da falta de reconhecimento e atenção paternos em toda a vida de Roger: querendo recomeçar, construir do zero um relacionamento com o pai, Roger lhe pediu que deixasse o passado para trás e lhe disse que "o pai precisa de um filho para viver, assim como o filho precisa de um pai". A resposta dada pelo pai diz tudo: "Prefiro me apegar a um cachorro" [*Je m'attacherais plutôt à un chien*].

A tentativa de Roger de estabelecer uma relação com o pai não difere muito, à primeira vista, da tentativa comuníssima do neurótico de reatar os vínculos com um pai que, a seu ver, não proporcionou elogios, reconhecimento nem amor suficientes. A busca de Roger, entretanto, é mais abrangente, mais vital: repelido pelo pai, ele se convence de que o homem "inescrupuloso" que vive com sua mãe não deve ser seu verdadeiro pai. Vai ao ofício do registro civil examinar sua certidão de nascimento e a certidão de casamento dos pais, para ver com os próprios olhos o nome do homem que as assinou – ou seja, para ter certeza do nome de seu verdadeiro pai. Apesar do que vê, porém, ele continua sem ter certeza de ser filho do homem cujo nome aparece nos documentos, preto no branco, ou certeza de que o nome que ele vê seja, de fato, idêntico ao do canalha que vive com sua mãe; em outras palavras, ele continua inseguro de ser filho desse homem. Sente uma necessidade vital de estabelecer para si uma genealogia paterna, de encontrar uma identidade e um lugar para si como filho de alguém. O neurótico pode desejar que seu pai seja diferente, pode odiar ou desprezar o pai, desejar ter outra pessoa (qualquer outra pessoa) como pai, mas não costuma questionar dessa maneira quem é seu pai.[60]

Vemos aí, num caso muito concreto, que o pai, tal como geralmente o entendemos em nossa sociedade, é uma função simbólica, não uma função biológica (real, física, genética). O pai é alguém que desempenha um papel específico na vida dos filhos, não simplesmente alguém cujo nome aparece num pedaço de papel, por mais oficial que este seja. É óbvio que algum varão forneceu à mãe de Roger o esperma necessário para que ela concebesse o filho, mas este, ainda assim, não se sente filho de homem algum, não sente ter um pai.

Carente de identidade, Roger trata de criar para si "um nome secreto que finalmente lhe permita viver" (p.188). Intui que esse nome pode nascer dele mesmo e de seu terapeuta, e combina as letras de seu prenome com as do sobrenome do terapeuta (combinação que vem a ser um simples anagrama do sobrenome do terapeuta). Roger escreve esse nome num pedaço de papel, que considera sua verdadeira certidão de nascimento (em francês, *acte de naissance* também evoca o ato do nascimento, o fato de nascer), guarda-o num buraco nas fundações da casa de sua família e tapa esse buraco. A alegria que sente nesse dia é indescritível. Somente um sobrenome pode dar vida ao sujeito, pode dar à criança um lugar onde se inserir no mundo simbólico das árvores genealógicas e das linhagens. Roger não tem lugar; o sobrenome que usa, "Elmo-de-Bronze", a seu ver, não pode ser realmente seu, visto que seu suposto pai prefere até um cachorro a ele.

Durante dois anos, Roger comparece mecanicamente às sessões com seu primeiro terapeuta, levando montanhas de textos para ele: escreve meticulosamente seus sonhos, os quais datilografa, decora e recita de cor em suas sessões. (Esse tipo de produção "literária" abundante é uma característica extremamente comum na psicose.) O terapeuta fica com os textos e permite que Roger recite seus sonhos na terapia durante muito tempo, mas, um dia, depois de Roger recitar um sonho em que está numa gaiola de ouro "salpicada de rosas, sendo observado pelo terapeuta" (p.186), este sugere que a descrição talvez seja uma imagem da vida de Roger no presente: talvez ele veja o mundo como se estivesse numa gaiola de ouro em que tudo é cor-de-rosa e ele é admirado por seu médico.

Sem entrar no mérito do fundamento ou falta de fundamento dessa interpretação, primeiro precisamos destacar seu efeito: *ela leva a um surto psicótico*. Ao fornecer uma espécie de interpretação, o terapeuta sugere a Roger que seus sonhos têm um significado do qual ele não tinha conhecimento; até então, Roger via seus sonhos como nada além de bonitas imagens e histórias, as quais achava muito agradáveis. Com essa intervenção, o terapeuta tenta situar-se não no lugar da testemunha, do repositório voluntário dos sonhos, escritos e pensamentos do paciente, mas no lugar do Outro: no lugar ou lócus em que o sentido é determinado.

No trabalho com neuróticos, como vimos em capítulos anteriores, o terapeuta deve situar-se como o Outro que escuta naquilo que o neurótico diz algo que não é o que o neurótico pretendia conscientemente. Pois é dessa maneira que o sentido é problematizado e o analisando começa a se dar conta de que nem sempre sabe o que está dizendo. No caso do neurótico, *esse lugar ou lócus já existe*, e o terapeuta simplesmente manobra de modo a ocupá-lo, se não for imediatamente situado nele pelo neurótico. No caso do psicótico, porém, esse lugar não existe. Por isso, podemos entender que o terapeuta de Roger, com sua intervenção, tentou exercer *um papel simbólico para o qual não havia precedente*. O terapeuta tentou ir além do eixo imaginário, no qual até então tudo fora situado no caso de Roger, e pôr algo em "oposição simbólica" (*Escritos*, p.577[584]) ao imaginário. Numa palavra, tentou triangular, ou introduzir um terceiro "externo" numa relação diádica.[61]

Terapeuta (ego')

eixo imaginário

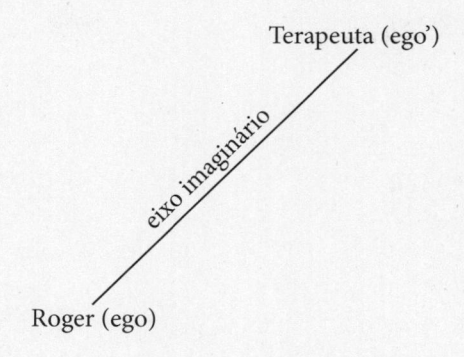

Roger (ego)

FIGURA 7.4. Esquema L (apenas eixo imaginário)

Em termos do Esquema L, introduzido no Capítulo 3, Roger e seu terapeuta situavam-se numa ou noutra ponta do eixo imaginário (Figura 7.4), o único eixo envolvido em sua relação. Mas o terapeuta, sem dúvida por inadvertência, tentou ocupar uma posição em oposição simbólica ao sujeito (conforme o eixo simbólico da Figura 7.5, abaixo), *num caso em que não há sujeito a encontrar*. Em outras palavras, tentou situar-se numa relação simbólica com Roger quando esses lugares, sujeito e Outro, não existiam para o paciente.[62] Em vez de um sujeito capaz de responder ao Outro, o que aparece é um buraco ou um vazio gigantesco. Na ausência de um sujeito do sentido – um sujeito radicado num significado inicial, estabelecido pela metáfora paterna –, Roger começa a atribuir um significado ameaçador a toda sorte de coisas que, antes da interpretação do terapeuta, não tinham tal significação. Um martelo deixado sem querer na sala de espera do terapeuta é subitamente entendido por Roger como implicando que o terapeuta o

Sujeito — ego'

eixo imaginário
eixo simbólico

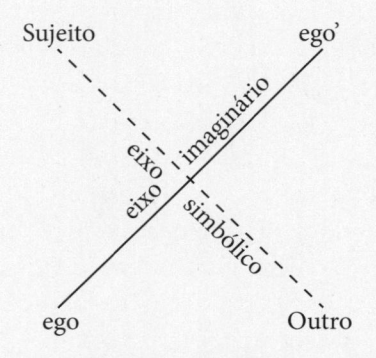

ego — Outro

FIGURA 7.5. Esquema L (eixos imaginário e simbólico)

vê como alguém que "está batendo pino".⁶³ Uma pergunta na capa de uma revista na sala de espera do terapeuta – "Os estudantes estão loucos?" (anunciando um artigo sobre a insatisfação entre estudantes universitários) – leva Roger a crer que a pergunta é diretamente dirigida a ele e que o visa especificamente. Em outras palavras, começam a se apresentar a Roger interpretações das quais ele tem absoluta convicção; em suma, ele começa a ter delírios.

Convém termos em mente aqui que, apesar de Roger aparentemente vir tentando erigir esse terapeuta em figura paterna, ao se batizar com um anagrama do nome dele, disse a Schaetzel (o segundo terapeuta) que seu primeiro terapeuta fora "como uma mãe para mim". Certa vez, até tentara deixar uma fotografia da mãe no consultório do primeiro terapeuta, para que ele pudesse guardá-la e, quem sabe, entendesse a deixa de que deveria tentar ser igual a ela. Roger esforçou-se por criar para si uma nova genealogia, uma genealogia que lhe fornecesse um espaço ou um lugar no mundo, um papel numa linhagem específica, mas não adotou o terapeuta como pai simbólico; ao contrário, tomou-o como uma espécie de figura materna de apoio. A presença do terapeuta se manteve tranquilizadora para Roger até o terapeuta tentar se tornar algo mais semelhante a um pai simbólico, tentar "[situar-se] na posição terceira em alguma relação que tenha por base o par imaginário *a-a'* [ego/alter-ego]" (*Escritos*, p.577[584]). Lacan refere-se a esse pai como *Un-père*, "Um-pai".⁶⁴ Esse papel envolve não só um homem mais velho qualquer, porém um homem que tenta intervir numa relação diádica (em geral, mãe/filho) e estabelecer uma relação autenticamente simbólica com o psicótico.

É o encontro com o Um-pai, com o Pai como pura função simbólica⁶⁵ (o que frequentemente assume a forma de um encontro com uma dada pessoa, homem ou mulher, que desempenha ou tenta desempenhar um papel simbólico), que leva ao desencadeamento da psicose, isto é, ao surto psicótico. Lacan faz disso uma tese muito geral e nos convida a tentar comprová-la, buscando encontros dramáticos com esse Um-pai na origem de *todo* surto psicótico – "quer ele se apresente, para a mulher que acaba de dar à luz, na figura de seu marido, para a penitente que confessa seu erro, na pessoa de seu confessor, para a mocinha enamorada, no encontro com 'o pai do rapaz'" (*Escritos*, p.578[584]). O encontro com o Pai como pura função simbólica também pode ocorrer sem o intermédio de outra pessoa, como quando um homem fica sabendo que vai ser pai ou é chamado a exercer o papel de uma figura paterna social/política/jurídica (Seminário 3, p.344-5[353-4]; neste último caso, Lacan está pensando em Schreber).

Uma das consequências imediatas desse encontro, no caso de Roger, é que ele sai em busca de um novo nome, um novo nome secreto com que se fazer existir. O primeiro nome secreto criado por ele, com base no nome do terapeuta, não foi sólido o bastante para permitir que ele respondesse "Presente!" ao ser convocado à posição de sujeito da ordem simbólica – isto é, sujeito do significante – pela interpretação do terapeuta. Quando ele foi interpelado, chamado a vir a ser como sujeito da linguagem, como sujeito capaz de assumir a responsabilidade pelos sentidos ocultos de seus próprios sonhos, o nome secreto ruiu. Logicamente, portanto, a busca de um novo nome por Roger levou-o a tentar descobrir o nome do analista de seu terapeuta, do pai espiritual ou simbólico de seu próprio terapeuta, mas ele não teve sucesso nessa empreitada. Em seguida, tentou falar com o professor mais ilustre de sua universidade – "o grande nome", em suas palavras[66] –, mas foi-lhe sugerido que continuasse em terapia, agora com um terapeuta de sua escolha.

Roger escolheu seu novo terapeuta, Jean-Claude Schaetzel, por razões basicamente desconhecidas, embora pareça bastante provável que o sobrenome do terapeuta soe bem parecido com um apelido que Roger usava para a irmã que tinha sido tão adorada pelo pai. Antes da primeira sessão, Schaetzel teve a sorte de assistir a uma apresentação do caso de Roger pelo primeiro terapeuta, por isso tinha plena ciência de que Roger era psicótico, propenso a delírios e atribuía enorme importância a sua produção onírico-literária. Schaetzel nunca se recusou a aceitar o trabalho escrito do analisando e sempre permitiu que ele recitasse sonhos durante suas sessões, mas deu precedência, em suas intervenções, a "observações casuais" feitas por Roger antes e depois de se sentar, bem como a comentários aparentemente espontâneos que o paciente tecia sobre seus sonhos e que não estavam incluídos na versão escrita entregue por ele ao terapeuta. Sentindo-se obviamente mais à vontade ao falar com Schaetzel, Roger revelou o seguinte: "As palavras me assustam. Eu sempre quis escrever, mas não conseguia pôr palavras nas coisas. ... Era como se as palavras escorregassem das coisas. ... Por isso, achei que, estudando o dicionário de A a Z e escrevendo as palavras que não conhecia, eu possuiria todas elas e poderia dizer o que quisesse" (p.190-1). É claro que Roger nunca pôde "possuir" todas – isto é, impedi-las de "escorregar das coisas" –, pois não havia para ele um ponto de ancoragem que pudesse algum dia atar as palavras às coisas, ou, mais exatamente, o significante ao significado. Na falta do ponto de capitonê fundamental que liga o nome ou o "Não!" do pai ao desejo da mãe, as palavras e os sentidos, os significantes e significados, ficam condenados a vagar sem destino. Ainda assim, Roger sentia-se um pouco mais seguro quando escrevia as coisas, visto que escrever parecia fixar ou congelar o sentido, até certo ponto (desse modo, as coisas ficavam "gravadas em caracteres", se não na pedra); a fala, sentia ele, era perigosa, porque os significados tornavam-se escorregadios, e ele tinha a sensação de jamais conseguir segurá-los ou amarrá-los.

Schaetzel teve muita paciência com Roger e, ao dedicar atenção a seus comentários mais espontâneos, repetindo em sessões posteriores o que o analisando tinha dito casualmente em sessões anteriores, permitiu que Roger o visse como "alguém com quem [podia] falar" (p.191). Roger parou quase completamente de recitar os sonhos de cor ao sentir que, ao contrário do primeiro terapeuta, Schaetzel não tentaria explodir o significado de sua fala (que já era tênue em sua própria mente), não tentaria evocar ou insinuar significados que Roger não pretendia lhe dar.

Schaetzel fez uma importante intervenção nesses moldes quando Roger lhe contou um sonho cuja figura principal era o "homem do 203". O número "duzentos e três" (*deux cent trois*) tem, na língua francesa, uma pronúncia idêntica à de "dois sem três" (*deux sans trois*). Ciente do problema que o terapeuta anterior havia provocado ao tentar introduzir uma posição terciária, um terceiro na relação diádica entre Roger e ele (um dois), Schaetzel interveio dizendo: "Existem dois sem três", com o que implicou que dois sem três era permitido e que o terapeuta não tentaria desempenhar o papel do Um-pai com Roger, contentando-se em manter com ele uma relação diádica, do tipo mãe/filho. Após um momento de silêncio, Roger disse: "É como com a minha mãe... Sempre fiquei com ela como se não tivesse pai" (p.193).

De fato, Roger não tinha mais que um pai real (biológico) ou imaginário, não um pai simbólico – isto é, um pai que estabeleça a lei, ao dizer "Sua mãe é proibida, eu a encontrei primeiro. Vá procurar sua própria mulher". Houvera dois sem três ao longo de toda a infância de Roger, e agora era tarde demais: tentar introduzir um terceiro, na idade dele, só levaria a delírios e a uma depressão suicida. O Nome-do-Pai assim como a proibição paterna, nunca tinha sido aceito por Roger nem imposto a ele, para começo de conversa, e o Outro como lócus nunca havia surgido. O recalcamento primário nunca tinha ocorrido, de modo que vemos no caso de Roger aquilo a que Lacan se refere como foraclusão do Nome-do-Pai ou do "Não!" do pai. Embora "foraclusão" sugira uma tentativa ativa de recusar ou rejeitar algo, vemos aí, como tantas vezes acontece, uma simples ausência da proibição paterna levando à não inscrição ou não instalação do pai como Outro simbólico. Roger não parece *se recusar* vigorosamente a conceder ao pai um papel simbólico; ao contrário, nunca teve a oportunidade de aceitar ou rejeitar esse papel. Na verdade, tenta em vão substituir o nome do pai por algum outro – pelo nome do terapeuta (sob a forma de um anagrama) ou por um "grande nome", como o nome do professor –, mas nada "cola", por assim dizer, nada consegue fazer o trabalho para o qual não houve precedente. Ele apela para o Nome-do-Pai ou o invoca, mas de nada adianta: não há nada ali para responder. Agora o terapeuta não pode ter esperança de fazer uma triangulação; deve concentrar todos os seus esforços no registro imaginário, que está presente e atuante, para torná-lo tão resistente e sólido quanto possível.

O que significa isso, exatamente, no caso de Roger? Ele diz a Schaetzel que quer "compreender o que [lhe] aconteceu" (p.193). E é precisamente isso que o terapeuta pode ter esperança de conseguir com um psicótico: ajudar o paciente a *construir uma compreensão*, edificar um mundo de significação que permita ao indivíduo viver e encontrar um lugar para si. O significado é imaginário, como vimos no Capítulo 2, e é nesse nível que o psicótico pode engajar-se com sucesso na terapia. Com os neuróticos, o terapeuta tem de trabalhar muito para impedir que eles entendam depressa demais, porque eles veem o que querem ver e compreendem o que lhes agrada compreender. Uma vez que o ego volta a se cristalizar ou a se constituir em torno de cada novo significado, cada nova compreensão, o terapeuta tenta perturbar a atividade demasiadamente rápida e convencional de criação de sentido no neurótico, na esperança de afetar o que é inconsciente, e não o ego. Com o psicótico, porém, o terapeuta deve incentivar essa atividade de criação de sentido, porque o ego é a única coisa com que se pode trabalhar: o terapeuta precisa construir no psicótico um senso de eu que defina quem ele é e qual é seu lugar no mundo.

No caso de Roger, vemos que, embora o paciente sofra com delírios depois que o primeiro terapeuta propõe uma interpretação, sua atividade delirante nunca fomenta uma nova cosmologia ou visão de mundo – como a de Schreber, por exemplo. A atividade delirante, quando lhe é permitido seguir seu curso em vez de ser silenciada por uma intervenção do terapeuta, acaba levando – e é bem possível que esse processo dure anos – à construção do que Lacan chama de "metáfora delirante" (*Escritos*, p.577[584]): um novo ponto de partida com base no qual o psicótico estabelece o significado do mundo e de tudo que existe nele.[67] No caso de Roger, esse novo ponto de partida poderia ser uma genealogia delirante que explicasse, digamos, que ele era realmente filho de Deus (se não a mulher de Deus), explicando como as árvores genealógicas de sua mãe e seu pai estavam fadadas a se juntar e assim por diante. Lacan refere-se a essa nova visão de mundo como metáfora delirante porque, em alguns aspectos, ela faz as vezes da metáfora paterna, permitindo que palavras e significados se liguem de maneira relativamente estável e duradoura. Schreber, por exemplo, passou anos fomentando uma nova cosmologia, sumamente idiossincrática, mas o resultado final foi um mundo estável de significados – significados não compartilhados por muita gente, mas ainda assim significados – no qual um espaço, um papel suportável, ficou reservado a Schreber. Ele conseguiu finalmente encontrar um lugar para si num mundo de sua própria criação. Lacan refere-se a isso como o ponto "terminal" do "processo psicótico" de Schreber (*Escritos*, p.571[577]).

Como veremos no Capítulo 9, a metáfora paterna funciona como um princípio explicativo, explicando o desejo do Outro do qual nascemos (pois, como *sujeitos*, nascemos do desejo de nossos pais, não de seus corpos), explicando por que estamos aqui, por que fomos desejados, até que ponto fomos desejados etc. Na falta desse princípio explicativo, o psicótico tenta – por meio do processo delirante – elaborar um princípio explicativo de sua própria autoria.

Em contraste, a atividade delirante de Roger é detida, em sua maior parte, pelas intervenções de seu terapeuta. Schaetzel dispõe-se a ajudá-lo a construir significados que possam sustentá-lo na vida, sem recriarem o universo inteiro, à maneira de Schreber. Schaetzel não nos diz como é o sistema construído de significados no caso de Roger, pois seu estudo abarca apenas dois anos de trabalho; todavia, ele nos dá uma boa ideia do tipo de trabalho que contempla realizar com o analisando ao longo dos anos seguintes. A discussão da abordagem lacaniana do tratamento da psicose além desse ponto, de qualquer modo, exigiria a introdução de um material teórico muito maior; em particular, exigiria que eu indicasse e justificasse a natureza exata das intervenções defendidas por Lacan como meio de cercear a atividade alucinatória e ajudar o psicótico a construir um novo sistema de significados.

É óbvio que se poderia dizer muito mais sobre Roger. Não falei nada, por exemplo, sobre por que seus problemas parecem haver começado quando se apresentou a possibilidade de ele ter relações sexuais com uma mulher (uma mulher cujo marido cego tinha morrido pouco tempo antes). Estaria essa dificuldade relacionada com suas brincadeiras sexuais infantis com a irmã, isto é, com a menina que era seu único meio de ter acesso ao pai quando estava crescendo? Também não toquei na questão da feminização nesse caso. Parece-me, no entanto, que Schaetzel não fornece material suficiente para fazermos mais do que especular sobre essas questões. O caso ilustra, primordialmente, o que se pretende dizer com foraclusão do Nome-do-Pai, e nos ajuda a compreender a diferença radical do papel do terapeuta quando o tratamento envolve psicóticos, em vez de neuróticos.

Do pai ao pior

Faz algum tempo que sociólogos e historiadores anunciam o declínio da função paterna na sociedade ocidental. Esse anúncio, ao que me parece, deve ser recebido com algumas reservas; afinal, as antigas comédias de Terêncio e Plauto retratam o pai de maneiras que fazem lembrar muito o que vemos ao nosso redor. Todavia, as mudanças na estrutura familiar (como a percentagem crescente de famílias com apenas um dos pais, hoje), bem como as mudanças na ideologia e no discurso concernente aos papéis sexuais, sugerem que a importância do homem na família e de seu papel simbólico de pai é cada vez mais amplamente contestada.

Mais e mais mulheres solteiras decidem ter filhos, rejeitando ostensivamente a importância da triangulação (por exemplo, a introdução de um terceiro termo, um elemento externo, um Outro simbólico na díade mãe/filho, ou a instituição da metáfora paterna); e há cada vez mais casais de lésbicas criando filhos, aparentemente repelindo ou minimizando a importância do pai. Combinando isso com o aumento efetivo das taxas de divórcio e com o consequente aumento do número de filhos criados unicamente pelas mães, e ainda com a crescente atitude antiautoritária dos homens em relação aos filhos (sem dúvida incentivada, ao menos em parte, por certos discursos feministas modernos), a função paterna parece estar em risco de extinção em alguns meios sociais.

Lacan não afirma que a função paterna ou do pai – a instalação de uma figura paterna num papel de autoridade superior ao da mãe – seja o *non plus ultra* da estrutura familiar. Seu discurso não é o dos "valores familiares" que jogou Dan Quayle contra Murphy Brown.* Lacan não afirma que o pai deva ser respaldado em nossa sociedade. Em vez disso, faz um alerta: rejeitar o papel do pai, solapar a atual função simbólica do pai, não levará a nada de bom; é provável que as consequências sejam piores que as da própria função paterna, aumentando a incidência da psicose. Essa era uma das coisas que Lacan tinha em mente quando, em 1971, intitulou O Seminário, livro 19, de *...ou pire* (*...ou pior*), título no qual uma das possíveis palavras elididas seria *père* ("pai"). Se virmos o pai como o menor de dois males, rejeitá-lo será optar pelo pior.

---

* O autor alude a um controvertido episódio da campanha eleitoral norte-americana de 1992, no qual Dan Quayle, vice-presidente dos Estados Unidos, fez um discurso sobre os valores familiares em que repreendeu Murphy Brown – personagem fictícia de uma divorciada de quarenta e poucos anos representada pela atriz Candice Bergen no seriado do mesmo nome exibido pela CBS – por sua decisão de ter um filho fora do casamento. (N.T.)

O questionamento lacaniano dos discursos que incentivam a eliminação da função paterna seria mais ou menos assim: "Pode alguma coisa da ordem da metáfora paterna – que proporciona o vínculo fundamental entre significante e significado, entre linguagem e sentido – ser instaurada sem o pai como função simbólica? Caso contrário, há alguma outra maneira de introduzir um terceiro, isto é, de triangular a relação mãe/filho e prevenir a psicose? Como se pode fazer isso sem contar com a ordem simbólica e com sua capacidade de interceder no imaginário, no mundo da rivalidade e da guerra? Será que um dos sexos não tem que desempenhar o papel do representante simbólico?"

A menos que se encontre alguma outra maneira de chegar ao mesmo efeito – como parece sugerir a obra de Lacan –, as práticas provenientes desses discursos trazem o risco de aumentar a incidência da psicose.[68]

8. Neurose

> A fantasia torna o prazer apropriado ao desejo.
> Lacan, *Escritos*, p.773[785]

Muitas características da neurose já foram descritas neste livro. Com efeito, a abordagem da análise resumida nos primeiros cinco capítulos aplica-se sobretudo aos neuróticos; como mencionei no Capítulo 7, impõe-se uma abordagem diferente no caso dos psicóticos, e (como veremos no Capítulo 9) a abordagem necessária ao caso dos perversos também é distinta, em alguns aspectos.

A neurose, claro, pode ser caracterizada de muitas maneiras. Em contraste com a psicose, ela implica a instalação da função paterna, a assimilação da estrutura essencial da linguagem, a primazia da dúvida em relação à certeza, uma inibição considerável das pulsões, em oposição à sua desinibida colocação em ato,[1] uma tendência a encontrar mais prazer na fantasia do que no contato sexual direto, o mecanismo de recalcamento em contraste com a foraclusão, o retorno do recalcado como que de dentro, sob a forma de lapsos freudianos, atos falhos e sintomas – e a lista continua... Diversamente da perversão, a neurose envolve a predominância da zona genital sobre as outras zonas erógenas, certo grau de incerteza sobre o que excita o indivíduo, considerável dificuldade para buscar isso, mesmo quando se sabe o que é, uma recusa a ser a causa do gozo do Outro, e assim por diante.

Recalcamento

> A primeira coisa a dizer sobre o inconsciente ... é o que Freud diz dele: ele consiste em pensamentos.
> Lacan, *Scilicet* 1 (1968), p.35

> O essencial do recalque ... [n]ão é que o afeto seja suprimido, mas sim deslocado, e fica irreconhecível.
> Lacan, Seminário 17, p.168[152]

O mecanismo fundamental que define a neurose é o recalcamento. O recalcamento é responsável pelo fato de que, enquanto o psicótico pode revelar toda a sua "roupa suja" sem dificuldade visível, expondo abertamente todos os sentimentos e atos escabrosos que qualquer outra pessoa teria vergonha de divulgar, o neurótico esconde essas coisas longe dos olhos, tanto dos dele quanto dos de terceiros. Lacan expressa a situação do psicótico dizendo que o seu inconsciente fica abertamente exposto para quem quiser ver (*à ciel ouvert*).[2] Em certo sentido, na verdade, *não há inconsciente na psicose*, visto que o inconsciente é resultado do recalcamento.[3]

Segundo Freud, o recalcamento, como quer que se descreva sua força motora – seja como retirada da mente, pelo eu ou pelo supereu, de pensamentos ou desejos que não combinem com a visão que se tem de si mesmo ou de seus próprios princípios morais, seja como atração para o "núcleo" do material submetido ao recalcamento primário dos elementos ligados a ele, seja ainda como ambas as coisas –, leva à inscrição ou registro separado de uma percepção ou uma ideia que um dia passou ou chispou pela mente. Portanto ele não implica a total e absoluta obliteração dessa percepção ou pensamento, como poderíamos entender a foraclusão. Como nos diz Freud em seu ensaio "A negação", não pode haver recalcamento sem que a realidade em questão (a percepção de uma cena, por exemplo) já tenha sido aceita ou afirmada em algum nível pela psique.[4] Na psicose, a realidade em questão nunca é afirmada nem admitida – é foracluída, recusada, rejeitada. Na neurose, a realidade é afirmada num sentido muito básico, porém expelida da consciência.

Assim como Freud assemelha o conteúdo manifesto e o conteúdo latente dos sonhos a duas línguas diferentes (*SE* IV, p.277), Lacan sugere que o inconsciente é uma linguagem (Seminário 3, p.20[21]), uma espécie de língua estrangeira que não sabemos ler de imediato. Seguindo as mais rigorosas formulações de Freud em seu artigo "Recalcamento" (que são repetidas muitas vezes em outros textos), Lacan sustenta que *o que é recalcado não é a percepção nem o afeto, mas os pensamentos referentes às percepções*,[5] *os pensamentos a que o afeto está ligado*. Em outras palavras, o inconsciente compõe-se de pensamentos, e os pensamentos só podem se expressar ou formular em palavras – ou seja, em significantes. O afeto e o pensamento costumam estar ligados ou vinculados desde o começo, mas, quando ocorre o recalcamento, eles costumam se separar, e o pensamento pode ser excluído da consciência.

Por isso é comum os clínicos receberem pacientes que se dizem abatidos, deprimidos, ansiosos, tristes ou carregados de culpa mas não sabem por quê. Ou então as razões que eles expõem não parecem minimamente proporcionais à intensidade do afeto de que eles são tomados. É comum o afeto permanecer quando o pensamento ligado a ele é recalcado, e o indivíduo assim perturbado tende espontaneamente a buscar explicações *ad hoc* para esse afeto, na tentativa de entendê-lo de algum modo.[6] O "esquecimento" do pensamento, acompanhado pela persistência do afeto, é especialmente comum na histeria.

Muito comum na neurose obsessiva é a situação em que um pensamento – por exemplo, a lembrança de determinado acontecimento infantil – é perfeitamente acessível à consciência, porém não evoca nenhum afeto. O obsessivo recorda o acontecimento mas não sua reação ou emoção na ocasião. Em tais casos, o recalcamento age essencialmente pela quebra da ligação entre o pensamento e o afeto que lhe estava originalmente associado. Nessas situações, o analista tem de confiar que o paciente transfira o afeto dissociado para o aqui e agora da relação analítica. Isso não é promovido por sugestões nem por acusações, mas pela postura do analista, que desempenha ao máximo o papel de uma tela em branco e recebe as projeções positivas junto com as negativas.

Freud, por exemplo, em seu trabalho com o Homem dos Ratos, convenceu-se desde cedo de que esse paciente, quando criança, havia nutrido sentimentos de ódio pelo pai, mas nenhum afeto dessa natureza foi evocado por qualquer de suas lembranças infantis. Entretanto, ao encarnar o "Homem sem Qualidades", Freud deixou que o analisando reproduzisse esses sentimentos no cenário analítico e o cobrisse de insultos, no lugar de um substituto extremamente paciente do pai do Homem dos Ratos. Graças a um deslocamento (do pai para o analista), o afeto pôde vir à tona.

O retorno do recalcado

Quando um pensamento é recalcado, ele não permanece adormecido. Liga-se a outros pensamentos correlatos e procura expressar-se sempre que possível, em sonhos, lapsos, atos falhos e sintomas. O recalcado e o retorno do recalcado são uma coisa só, diz-nos Lacan.[7] Em outras palavras, a ideia recalcada é a mesma ideia que se expressa, de maneira disfarçada, no lapso freudiano, no esquecimento de um nome, na quebra "acidental" de um vaso ou seja qual for a forma assumida pelo retorno (por exemplo nojo dos carinhos maternos, revelando o recalcamento do desejo infantil pela mãe). Na verdade, nossa única "prova" da existência do recalcado é seu retorno, sua manifestação sob a forma de perturbações ou interrupções. A existência de um sintoma – o movimento convulsivo de uma parte do rosto, por exemplo – é a única prova do recalcamento de que a psicanálise dispõe ou necessita:[8] o tique pode resultar de pensamentos hostis recalcados ou de um desejo recalcado de ver mais; num caso ou no outro, há um desejo sendo rejeitado ou afastado. "O sintoma neurótico desempenha o papel da língua [*langue*] que permite exprimir o recalque" (Seminário 3, p.72[77]). É uma mensagem para o Outro.

No caso dos sintomas conversivos – isto é, sintomas que se expressam no corpo (e vão desde pequenas dores e mal-estares, apertos no peito, sensações de formigamento, ardência e tonteira até enxaquecas, paralisias, cegueira, mutismo e surdez) –, o meio adotado pelos sintomas é um corpo inscrito pela linguagem, um corpo cheio de inscrições de significantes. A inventora da expressão "cura pela fala", Anna O. (cujo verdadeiro nome era Bertha Pappenheim e que foi tratada por Joseph Breuer),[9] desenvolveu um enrijecimento ocasional do braço direito, pois fora esse o braço que se recusara a proteger seu pai quando ela acreditou (num "sonho acordado") que ele estava sendo ameaçado por uma cobra. Em outras palavras, seu sintoma corporal, físico, "falava" de uma relação dela com o pai e do possível desejo de morte que ela nutria em relação a ele e tinha horror a admitir para si mesma. Anna O. desenvolveu outro sintoma que desafiava todo o saber médico sobre as vias de inervação do corpo: começou a sentir uma dor aguda numa pequena área da coxa – a mesma área, como veio a se revelar, em que o pai costumava apoiar o pé quando a filha cuidava dos problemas podológicos dele.

É lugar-comum dizer que a obsessão se caracteriza pelo retorno do recalcado na mente, enquanto a histeria se caracteriza pelo retorno do recalcado no corpo. Embora seja verdade que o obsessivo tende a ser atormentado por ideias perturbadoras (pensamentos que parecem absurdos, compulsivos ou até persecutórios), e o histérico por queixas físicas que podem modificar-se consideravelmente com o tempo, essa não é uma regra inflexível e não proporciona uma distinção confiável entre obsessão e histeria. Os obsessivos parecem vir sucumbindo cada vez mais a males físicos "relacionados com o estresse" – o que nada mais é do que um jargão médico moderno para designar o psicossomático –, os quais são tão *reveladores* na escolha da parte do corpo afetada quanto já o foram os sintomas psicossomáticos da histeria. Será à toa, por exemplo, que a "somatização" do obsessivo demonstra uma predileção tão marcante pelos tratos digestivo e excretor? (Pense no número dos atuais distúrbios gastrointestinais "relacionados com o estresse", bem como nas novas "síndromes", como a "síndrome do intestino irritável".)

No fim das contas, não são os locais diferentes do retorno do recalcado – nos pensamentos ou no corpo, ambos dominados pela linguagem e, portanto, ambos "*loci* do Outro" – que podem nos ajudar a distinguir a histeria da obsessão.[10] A *predominância* de sintomas conversivos no quadro clínico de um paciente pode sugerir um diagnóstico de histeria, mas continua a ser necessário examinar melhor. As características específicas, como a conversão, raramente são determinantes; assim como as tendências masoquistas, a conversão pode ser encontrada em várias categorias clínicas diferentes.

Posições do sujeito lacaniano

As diferentes "estruturas clínicas" (isto é, categorias diagnósticas) dentro da categoria estrutural mais ampla da neurose – todas as quais são definidas pelo mecanismo do recalcamento – correspondem, segundo Lacan, a diferentes posições do sujeito, não a sintomas diferentes. Psiquiatras, psicanalistas e psicólogos norte-americanos parecem fazer questão de introduzir um número cada vez maior de classificações e categorias diagnósticas na neurose (se é que reconhecem a categoria mais ampla das neuroses) – "transtorno depressivo", "transtorno bipolar", "transtorno do pânico", "hiperatividade", "estados hipnoides", "distimias", "dependência de múltiplas substâncias"[11] –, mas nenhuma de suas categorias faz nada além de rotular um dado sintoma ou conjunto de sintomas que se manifestam num indivíduo num dado momento. Cada uma dessas categorias representa apenas um microssintoma ou um minipadrão na composição psicológica geral da pessoa.

Na visão de Lacan, há estruturas muito mais fundamentais que as das "personalidades propensas ao vício", dos "introvertidos", "extrovertidos", "mulheres que amam demais", "homens que temem a intimidade" e "codependentes". A psicologia e a psiquiatria norte-americanas tendem a lidar apenas com o que é imediatamente percebido pelos olhos, abandonando a ideia de estruturas "mais profundas" com que se iniciou a investigação psicanalítica. Por isso, é frequente sucumbirem à simplicidade banal do pensamento científico da corrente dominante norte-americana: *dividir para dominar* – decompor qualquer padrão em suas menores partes isoláveis, dar novos nomes a essas partes e tentar tratá-las (com remédios, sempre que possível, ou com "técnicas terapêuticas" específicas) como "distúrbios" logicamente separados. Na verdade, as categorias da psicologia popular, em última instância, não são melhores nem piores que as promulgadas pela "ciência médica", uma vez que ambas adotam uma abordagem síndrome por síndrome, sintoma por sintoma.

Uma mulher anoréxica pode ser legitimamente categorizada como alguém que tem um "distúrbio alimentar", mas disso nós já sabemos no instante em que nos dizem que ela é anoréxica. Entretanto, se for diagnosticada como histérica poderemos começar a situar o papel de seu "distúrbio alimentar" no contexto mais amplo de sua estrutura psíquica. Isso poderá nos permitir ver, por exemplo, que o mesmo papel desempenhado por sua anorexia na adolescência tinha sido desempenhado pelos vômitos quando ela era criança, por furtos em lojas no começo da casa dos vinte anos e pela alta tensão e o alto volume de seu trabalho de corretora de valores em anos posteriores.

Na psicanálise lacaniana, as subcategorias diagnósticas da neurose também são categorias estruturais; não se baseiam num conjunto particular de sintomas, porque os mesmos sintomas podem ser encontrados em tipos de pessoas extremamente diferentes.

As principais estruturas diagnósticas e subcategorias da neurose acham-se esquematicamente representadas a seguir:

Categorias principais	Neurose	Psicose	Perversão
Subcategorias	Histeria Obsessão Fobia		

A pergunta passa a ser, portanto: como são definidas essas "estruturas mais profundas" na neurose?

Histeria e neurose obsessiva

Em seus primeiros trabalhos, Freud fez várias tentativas de definir a obsessão e a histeria com base nas maneiras bastante específicas de as pessoas reagirem às experiências sexuais primeiras (primárias); uma das definições mais notáveis que ele propõe é que os obsessivos reagem com culpa e aversão, enquanto os histéricos reagem com nojo ou repugnância.[12] Para os clínicos que continuam a ver a sexualidade, em sua acepção freudiana mais ampla,[13] como extremamente importante, a possibilidade de distinguir os pacientes com base numa diferença fundamental em suas posturas sexuais é uma contribuição diagnóstica de enormes proporções. Isso porque, no trabalho clínico na vida real, os indicadores mais superficiais da neurose obsessiva e da histeria (rituais compulsivos, sintomas somáticos etc.) nem sempre se afiguram decisivos: encontramos o que se costuma considerar traços histéricos (por exemplo, conversão ou problemas psicossomáticos) em pessoas que afora isso são obsessivas, em linhas gerais, e encontramos traços obsessivos naquelas que, afora tais traços, parecem predominantemente histéricas. De fato, num caso que supervisionei, uma paciente apresentava tendências anoréxicas (geralmente associadas à histeria) acarretadas por sentimentos de culpa (geralmente associados à obsessão): quanto mais se sentia culpada em relação à mãe, mais severamente ela restringia seu consumo de calorias.[14]

Se os terapeutas tivessem uma "definição verdadeira" da histeria, ficariam aptos, por exemplo, a discernir por trás dos fenômenos compulsivos no quadro clínico de um paciente um mecanismo mais fundamental que de fato regula sua economia psíquica. A definição também lhes permitiria não descartar nem negligenciar traços "desgarrados", característicos de outras estruturas clínicas, mas se situarem na transferência em função dos mecanismos mais básicos dos pacientes.

No fim da década de 1890, um claro objetivo de Freud era fornecer tal definição para a histeria – uma definição única e inequívoca –, mas ele nunca se sentiu apto a isso. Em suas cartas a Fliess,[15] declarou sua intenção de escrever um trabalho definitivo sobre a histeria, que explicaria tudo, mas nunca chegou a fazê-lo. Restaram-nos algumas definições provisórias da histeria e da obsessão, que nem sempre têm coerência interna. Elas continuam a ser extremamente úteis para o clínico, porém a pergunta maior permanece em aberto: por que há duas neuroses principais, a histeria e a obsessão, em vez de, digamos, quatro? Ou seis? Ou sete? (Existem três, na verdade, visto que entre elas incluímos a fobia.[16])

À parte a importância histórica das categorias da histeria e da obsessão no desenvolvimento da psicanálise, e na falta de algum tipo de definição absoluta, é difícil transmitir uma ideia da importância delas a quem já não esteja trabalhando com tais categorias e encarando a experiência clínica a partir delas. Pois praticamente qualquer esquema classificatório pode adquirir certa utilidade e importância para os clínicos, no correr do tempo, à medida que eles começam a ver características comuns entre pacientes de uma mesma categoria. Poderíamos defender a validade maior das categorias psicanalíticas com base no fato de elas serem mais *úteis* do que outras, por darem aos clínicos uma boa ideia de como se orientarem na transferência, de quais são as coisas a que eles devem se manter atentos, e da gama de características que, embora talvez não sejam visíveis de início, tendem a vir à tona no curso da terapia. Poderíamos argumentar – como faço neste capítulo – que as classificações psicanalíticas vão além de outros sistemas diagnósticos, na medida em que ajudam a *orientar* as intervenções do clínico com pacientes distintos.

Mas Lacan nos permite defender ainda mais vigorosamente as categorias psicanalíticas, ao mostrar que elas *podem* ser definidas num nível estrutural profundo. Em sua tentativa de formalizar e ampliar a obra de Freud, tentativa à qual se dedicou por toda a sua vida, Lacan forneceu as bases para uma compreensão estrutural da obsessão e da histeria que o próprio Freud não tinha suprido.

Definições estruturais

> "Tudo para o outro", diz o obsessivo, e é isso mesmo o que ele faz, pois, estando na perpétua vertigem [*vertige*] da destruição do outro, ele nunca faz o bastante para que o outro se mantenha na existência.
>
> LACAN, Seminário 8, p.241[255]

Para captar a distinção lacaniana de maior alcance entre a histeria e a obsessão, devemos voltar à sua concepção da fantasia fundamental, introduzida no Capítulo 5. Em sua formulação mais básica, ela é a relação entre o sujeito e o objeto: ($ ◊ a$). *A estrutura da fantasia fundamental na histeria, entretanto, difere radicalmente da encontrada na obsessão.* Dito da maneira mais simples, a fantasia do obsessivo implica uma relação com um objeto, mas o obsessivo se recusa a reconhecer que esse objeto está relacionado com o Outro. Embora o objeto sempre surja, segundo Lacan, como aquilo que cai ou é perdido quando o sujeito se separa do Outro (ver Figura 8.1), o obsessivo se recusa a reconhecer qualquer afinidade entre o objeto e o Outro.[17]

Para tomar o exemplo freudiano e lacaniano mais simples, o seio da mãe é, a princípio, a fonte primordial de satisfação do bebê (nos bebês amamentados). Na Figura 8.1, podemos situar a criança no círculo esquerdo, a mãe/Outro materno no círculo direito e o seio na interseção dos dois. No começo, o bebê considera o seio não como separado dele, mas como parte integrante "dele mesmo" (não havendo, no princípio, nenhum sentido de "si mesmo", nenhuma ideia de onde termina uma pessoa ou objeto e começa outro); a experiência assume a forma de um *continuum*, não de entidades distintas, separadas. Quando o bebê se conscientiza de si como separado da mãe, entretanto, o seio nunca pode ser "possuído" exatamente do mesmo modo, pois a satisfação inicial que ele trazia estava ligada a um tempo anterior à distinção eu/outro, sujeito/objeto.[18] O bebê não considera que o seio pertença a outra pessoa (aliás, o conceito de pertencimento ou posse ainda é desconhecido), mas, durante o desmame – que é uma forma de separação, dito em termos latos –, o seio é vivenciado como arrancado, perdido. Não é tanto a mãe/Outro materno que a criança perde na separação, e sim o objeto erótico, o objeto que proporcionava tanto prazer.[19] A criança não sofre passivamente essa perda: tenta contrabalançar ou se compensar por ela, de algum modo.

Na fantasia do obsessivo (e aqui me referirei ao obsessivo como "ele", já que a maioria dos obsessivos é do sexo masculino), a separação é superada ou compensada à medida que o sujeito se constitui em relação ao seio, que funciona

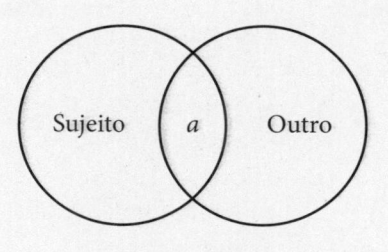

FIGURA 8.1

como causa do seu desejo; a unidade ou inteireza é devolvida ao sujeito pela soma do objeto. Mas o obsessivo se recusa a reconhecer que o seio faz parte ou provém da mãe/Outro materno, ou tem qualquer relação com a mulher real que se torna parceira sexual dele.

Conforme a representação esquemática da Figura 8.2, o obsessivo toma o objeto para si e se recusa a reconhecer a existência do Outro, muito menos o desejo do Outro. A fantasia fundamental do obsessivo pode ser adequadamente formulada, portanto, usando a fórmula geral de Lacan para a fantasia fundamental ($S \Diamond a$), desde que compreendamos que o obsessivo procura neutralizar ou aniquilar o Outro.[20]

Ao contrário, na fantasia da histérica (e vou me referir à histérica como "ela", já que quase todas as histéricas são mulheres), a separação é superada à medida que o sujeito se constitui não em relação ao objeto erótico que "perdeu", mas ao objeto que falta ao Outro. A separação leva a histérica a apreender sua perda em termos da perda da mãe/Outro materno, da queda do objeto que ela fora para a mãe/Outro materno. Ela intui que a mãe não é completa como mãe/Outro materno sem seu filho, e se constitui como o objeto necessário para tornar a mãe/Outro materno inteira ou completa (o objeto que veda ou tapa o desejo da mãe/Outro materno).[21] Se essa relação não for triangulada por meio do Nome-do-Pai, o resultado pode ser a psicose; mas, quando ela é triangulada, a histérica se cons-

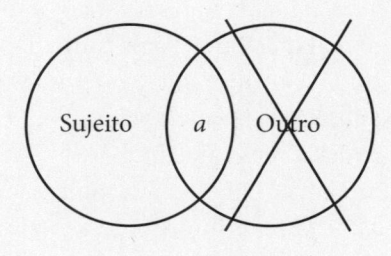

FIGURA 8.2

titui como o objeto que faz o Outro desejar, já que, desde que o Outro deseje, sua posição de objeto está garantida: um espaço lhe é assegurado dentro do Outro.

Em vez de tomar o objeto para si, como na obsessão, a histérica procura adivinhar o desejo do Outro e se tornar o objeto específico que, quando falta, faz o Outro desejar. Ela se constitui, no lado do sujeito da "equação", como objeto *a* (ver Figura 8.3). A fantasia fundamental pode ser vista como uma resposta à separação. Vemos aí que o obsessivo tenta superar ou reverter os efeitos da separação no *sujeito*, ao passo que a histérica tenta superar ou reverter os efeitos da separação no *Outro*.[22]

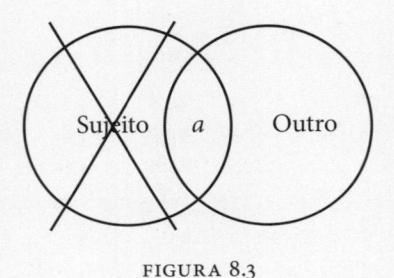

FIGURA 8.3

Ilustrarei mais adiante essas ideias sucintamente esboçadas, mas primeiro observemos que a fantasia fundamental da histérica *não pode* ser adequadamente formulada se usarmos a fórmula lacaniana geral ($\$ \Diamond a$). No espaço à esquerda do $\Diamond$ – o "espaço do sujeito", digamos, ou o espaço em que a posição do sujeito é indicada, ou onde se situa o sujeito – aparece a histérica, identificada com um objeto: o objeto *a*. E o objeto com que ela se relaciona em sua fantasia fundamental – indicado no espaço à direita do $\Diamond$, o "espaço do objeto" – não é o objeto perdido, como na obsessão, mas o Outro como faltoso, que Lacan designa por A (de Outro, *Autre* em francês) atravessado por uma barra, para indicar que ele é dividido ou carente: $\cancel{A}$. Portanto, o objeto ou "parceiro" da histérica não é um outro imaginário, uma pessoa que ela considere igual a ela mesma, nem é um objeto real que lhe sirva de causa do desejo (por exemplo, a voz ou o olhar). Antes, trata-se de um Outro ou senhor simbólico: alguém imbuído de saber e/ou poder, seja ele homem ou mulher. A fantasia fundamental da histérica, portanto, poderia ser grafada ($a \Diamond \cancel{A}$).[23]

Essas fórmulas poderiam ser longamente comentadas, e só aos poucos adquirirão sentido para o leitor. O mais importante a guardar em mente desde já é que, se usarmos os conceitos incisivos (mas complexos) de Lacan – sujeito, objeto e Outro –, *poderemos definir a histeria e a obsessão como posições do sujeito radicalmente diferentes, que implicam relações opostas com o Outro e com o objeto.*

Convém notar que as fórmulas (ou matemas, como Lacan as chama)[24] que forneci para a obsessão e a histeria não são exatamente iguais às que Lacan fornece em diferentes momentos de seu trabalho. As fórmulas oferecidas por ele remontam a 1960 e 1961,[25] e parecem ter sido superadas, até certo ponto, por seu trabalho da década de 1970. Visto que meu propósito aqui não é oferecer um relato histórico do desenvolvimento do trabalho de Lacan, mas um sumário do que me parece ser de maior valor para o psicanalista, deixo propositalmente de fora muitos níveis possíveis de comentário sobre os matemas lacanianos. Não porque sejam desinteressantes, mas simplesmente porque sobrecarregariam minha exposição.[26]

Também cabe notar que as estruturas em questão no presente texto não são "padrões" superficiais que tendemos a detectar numa observação informal (embora, às vezes, eles possam ser extraordinariamente visíveis), ou que tendam a ser relatados nas primeiras sessões de análise. O clínico experiente pode ver sinais reveladores de uma ou outra estrutura após um período curtíssimo, mas, com frequência, são necessárias muitas sessões para se chegar a um diagnóstico confiável.

Ser no pensamento (obsessão) versus ser a causa (histeria)

Lacan vê a indagação fundamental envolvida na neurose como a questão do ser: "O que sou?" Como indiquei no Capítulo 5, essa pergunta se reflete sobretudo na investigação que a criança faz sobre o desejo de seus pais (o Outro): "Por que eles me tiveram? O que querem de mim?" Essas perguntas têm a ver com o lugar da criança no desejo dos pais. Quando ela as formula diretamente aos pais, as respostas raramente são convincentes ("A mamãe e o papai se amavam muito, e aí você chegou..."), e a criança fica a ponderar sobre os porquês e para quês de sua existência, por meio das incoerências no discurso e nos atos dos pais. A resposta é fornecida na fantasia fundamental.

O obsessivo e a histérica batalham com a questão do ser de maneiras diferentes, porque a pergunta é diferentemente modulada na histeria e na obsessão. A pergunta primária da histérica a respeito do ser é "Sou homem ou mulher?", ao passo que a do obsessivo é "Estou vivo ou morto?". O obsessivo só se convence de que é, de que existe, quando está pensando conscientemente.[27] Se ele resvala para a fantasia ou a meditação, ou se para por completo de pensar, como durante o orgasmo, por exemplo, perde qualquer convicção de ser. Sua tentativa de vir a ser ou continuar a ser envolve o sujeito pensante consciente – o ego –, não o sujeito dividido que não tem consciência de alguns de seus próprios pensamentos e desejos. Ele se acredita senhor do seu destino.

Como pensador consciente, o obsessivo ignora de propósito o inconsciente – esse discurso estranho dentro de nós, esse discurso que não controlamos nem podemos controlar, que se aproveita das ambiguidades e significados múltiplos das palavras de nossa língua materna, para nos fazer dizer o oposto do que conscientemente tencionávamos dizer.[28] O obsessivo não consegue suportar a ideia de compartilhar sua boca com essa voz estrangeira, e faz todo o possível para mantê-la baixa ou, pelo menos, fora do alcance dos ouvidos. Age como se ela não existisse, a despeito de todas as provas em contrário. Na sala de aula, o obsessivo é aquele aluno que já de cara se recusa a aceitar a ideia do inconsciente, afirmando que os lapsos de linguagem não têm qualquer significado, que ele tem consciência de todos os seus pensamentos e que não precisa de mais ninguém para ajudá-lo a tomar consciência deles. Quando chega a mudar de ideia, ele o faz de má vontade, e somente quando vê uma perspectiva de permanecer apenas no nível da teoria psicanalítica.

Portanto, o obsessivo se vê como um sujeito inteiro (designado pelo S não atravessado por uma barra), e não como alguém constantemente inseguro do que diz ou do que quer – em outras palavras, não como alguém sujeito à falta. Recusa-se ferozmente a se ver como dependente do Outro e tenta manter uma relação fantasística com uma causa do desejo que não dependa de ninguém – donde sua preferência pela masturbação, na qual não há nenhuma outra pessoa envolvida. O obsessivo é completo em si. Nesse sentido, podemos até retirar a barra do sujeito em sua fantasia e reescrevê-la como (S ◊ a). Daí também sua predileção, quando ele se envolve sexualmente com outras pessoas, por equipará-las todas como "continentes" ou "meios" contingentes do objeto a: todo parceiro é fungível ou intercambiável com qualquer outro.[29] Ele é levado a aniquilar qualquer parceiro efetivo, garantindo que ele ou ela não se torne uma causa eletiva de excitação sexual. Em vez disso, o parceiro humano é frequentemente transformado, em sua cabeça, numa figura materna – um provedor de amor materno e um objeto apropriado de devoção filial. Isso está relacionado com o que Freud chama de "degradação na esfera do amor" (SE XI, p.179s), na qual o obsessivo cria duas classes de mulheres: a santa e a prostituta – a figura materna que pode ser amada e adorada *versus* a mulher excitante que encarna o objeto *a*, que não pode ser transformada num objeto maternal de amor.[30]

A histérica, por outro lado, enfatiza o parceiro ou Outro, transformando-se no objeto do desejo do Outro, a fim de dominá-lo. O Outro é o sujeito desejante na fantasia da histérica – em geral um parceiro (amante ou cônjuge) que deseja quando e como convém à histérica como objeto. Com efeito, a histérica orquestra as coisas de modo a assegurar que o desejo do Outro se mantenha insatisfeito, deixando a ela o papel permanente de objeto. Aqui, o Outro como sujeito desejante não passa de um fantoche: é o Outro cujo desejo é mantido insatisfeito pela histérica, a fim de que esta possa conservar seu papel de objeto desejado, daquilo que falta ao desejo. Veremos que a histérica também se caracteriza por algo mais conhecido, que é seu "desejo de um desejo insatisfeito"; Lacan chega mesmo a definir a postura da histérica dizendo que a histeria se caracteriza por um *desejo insatisfeito* (Seminário 8, p.425[445]).

Desejo insatisfeito (histeria) versus *desejo impossível (obsessão)*

> O princípio [do desejo] encontra-se essencialmente em impossibilidades.
> LACAN, *Escritos*, p.852[866]

Em nítido contraste com a histérica, o obsessivo se caracteriza por um *desejo impossível* (Seminário 8, p.425[445]). Permitam-me tomar aqui um exemplo de Colette Soler que ilustra esplendidamente esse ponto.[31] Um obsessivo conhece uma mulher que exerce enorme atração sobre ele, seduz essa mulher e faz amor com ela regularmente. Mas não consegue se impedir de planejar as ocasiões em que eles farão amor e de pedir a outra mulher que lhe telefone nesses exatos momentos. Ele não deixa o telefone tocar, simplesmente, nem para de fazer amor ao atendê-lo. Ao contrário, atende ao telefone e fala com a pessoa do outro lado *enquanto* faz amor com a namorada. Com isso, sua parceira é anulada ou neutralizada, e ele não tem de se considerar dependente dela ou do desejo dela por ele, em nenhum sentido.[32] O orgasmo costuma levar, ao menos momentaneamente, à cessação do pensamento, a um breve término do pensar;[33] no entanto, como o obsessivo continua a falar ao telefone com essa outra mulher, ele nunca se permite desaparecer como sujeito consciente e pensante, nem mesmo por um segundo.

Poucos obsessivos levam a manutenção do pensamento a esse extremo, mas a anulação ou negação do Outro (aqui, da mulher como Outro do obsessivo) é onipresente na obsessão – embora, como veremos na discussão de um caso mais adiante, isso costume ser muito mais fácil de ver nos atos concretos do obsessivo com uma mulher do que em suas crenças conscientes a respeito de sua relação com ela. Enquanto faz amor, o obsessivo do sexo masculino tende a fantasiar que está com outra pessoa, assim negando a importância daquela que está em sua companhia.[34] *O desejo é impossível na obsessão* porque, quanto mais o obsessivo se aproxima de reconhecer seu desejo (de fazer sexo com alguém, digamos), mais o Outro começa a ter precedência sobre ele, eclipsando-o como sujeito. A presença do Outro ameaça o obsessivo com o que Lacan chama de "afânise" – seu esvanecimento ou desaparecimento como sujeito.[35] Para evitar essa presença, uma estratégia obsessiva extremamente típica é apaixonar-se por alguém que seja total e absolutamente inacessível, ou, como alternativa, estabelecer para os amantes em potencial padrões tão rigorosos que ninguém tenha condição de ficar à altura deles.

Na fantasia da histérica, é o Outro (A) – em geral, o parceiro da histérica (por exemplo, marido ou namorado, no caso de casais heterossexuais) – quem deseja. Assim, à primeira vista, a própria histérica não parece ocupar posição alguma no desejo, sendo um simples objeto do desejo de um homem. Aliás, algumas feministas afirmam que a psicanálise, como a sociedade em geral, não atribui lugar algum às mulheres como sujeitos desejantes – que ela as objetifica. Mas *Lacan está descrevendo, não prescrevendo*: sua primeira afirmação é que a experiência clínica nos ensina que as histéricas *adotam* certa postura como objetos. Se o fazem ou não, em grande parte em decorrência da posição social da mulher, não vem ao caso nesse contexto, já que o objetivo de Lacan não é condenar nem aprovar; ele simplesmente diz que isso é o que os clínicos veem na análise, dia após dia. Certamente ele não diz que a obsessão é melhor que a histeria (é o contrário, no mínimo!). Como afirmei em outro texto, parece-me que o ponto de vista de Lacan a respeito da associação das mulheres com o objeto é muito profundo, envolvendo a própria natureza da ordem simbólica (significantes, linguagem) e seu meio material.[36]

O que deve ser frisado aqui é que a postura da histérica como objeto é apenas um lado da história, pois a histérica também se identifica com seu parceiro masculino e deseja *como se fosse ele*. Em outras palavras, deseja como se estivesse na posição dele, como se fosse um homem. Quando Lacan afirma que "o desejo do homem é o desejo do Outro", uma das coisas que pretende dizer é que adotamos o desejo do Outro como nosso: desejamos como se fôssemos outra pessoa. A histérica deseja como se fosse o Outro – seu parceiro masculino, no caso.

Para ilustrar esse ponto, consideremos o exemplo da mulher do açougueiro – um caso que Freud descreve na *Interpretação dos sonhos* (*SE* IV, p.146-51) e que Lacan toma como paradigma em "A direção do tratamento".[37] A paciente de Freud (que, talvez de modo revelador, ele identifica apenas como "mulher do açougueiro") nota que o marido, apesar de muito apaixonado por ela e aparentemente muito satisfeito com o relacionamento dos dois, em todos os aspectos, anda meio interessado numa mulher que não tem nada a ver com seu tipo (é muito magra, e ele só costuma sentir-se atraído por mulheres mais cheinhas, como sua esposa). No sonho que ela conta a Freud (um sonho de "contradesejo", que ela relata para desmentir a teoria freudiana de que todo sonho realiza um desejo), a paciente se identifica com a mulher magra desejada por seu marido – isto é, coloca-se literalmente no lugar dela. Em outras palavras, detecta um desejo antes não suspeitado em seu marido e tenta tornar-se objeto dele (através da identificação). Isso lhe dá a sensação de ser, de ser alguma coisa – a saber, o objeto que falta ao Outro, o objeto necessário para completar o Outro.

Porém há um elemento adicional: por meio da identificação com o marido, ela própria deseja sua amiga. Visto que "o desejo do homem é o desejo do Outro", o dela torna-se idêntico ao do marido: ela deseja tal como ele, e deseja a mesma coisa que ele. O desejo do marido aponta o caminho para o dela. A "outra", frequentemente mencionada nas discussões sobre a histeria, é uma mulher desejada pelo Outro: todos os complexos "triângulos amorosos" (ver Figura 8.4) criados pela histérica, ou com os quais ela viceja, giram em torno de um homem. A posição da histérica como sujeito desejante é dependente do desejo do Outro; em outras palavras, envolve o desvio por um homem.[38] Aqui, ela deseja como um homem.

Lacan caracteriza a histeria com a ideia "a histérica banca o homem" (Seminário 20, p.79[91]), que pode ser entendida de duas maneiras, ambas intencionais: a histérica faz o homem e a histérica faz o papel do homem [banca o homem]. Ela o faz ser o que ele é, expondo sua falta/desejo; ao mesmo tempo,

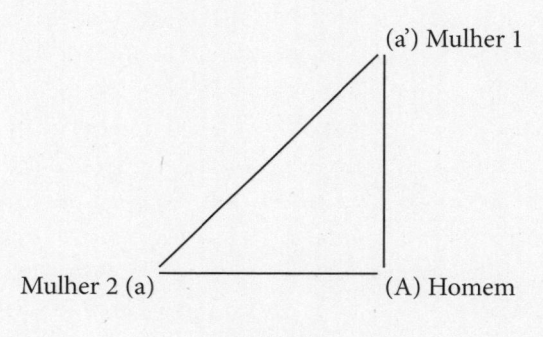

(a') Mulher 1

Mulher 2 (a)   (A) Homem

FIGURA 8.4

usurpa seu lugar, ou faz o papel dele.³⁹ No caso da mulher do açougueiro, vemos que ela se identifica com a amiga, como objeto enigmático do desejo de seu marido, *e* com o marido, no nível do desejo dele pela amiga da esposa. Vemos aí a pertinência da pergunta da histérica: "Sou homem ou mulher?" Identificada com as duas posições – com o enigmático objeto do desejo e com o desejar que parece enigmático, em vista da aparente satisfação do marido –, como pode a histérica situar sua sexualidade?

Não quero dizer que o obsessivo não se indague sobre sua sexualidade, pois, como nos diz Freud nas *Conferências introdutórias sobre psicanálise* (SE XVI, p.307), todo neurótico tem tendências homossexuais, e, como ele nos diz em *O eu e o isso* (SE XIX, cap.3), os filhos sempre se identificam em alguns aspectos com os pais de ambos os sexos (quando os dois estão presentes, claro). Em outras palavras, "Sou homem ou mulher?" é uma pergunta de todos os neuróticos. Porém é mais pungente ou presente na histérica, do mesmo modo que a pergunta "Estou morto ou vivo?" é a mais premente ou invasiva no obsessivo.

Voltemos por um momento ao caso da mulher do açougueiro. Sabemos pela discussão de Freud que ela procura manter insatisfeito certo desejo seu; de fato, diz a Freud em termos inequívocos que adora caviar, mas que pede ao marido que não o compre para ela e o "provoca" por causa disso. Em outras palavras, ela se compraz simplesmente em poder querer o caviar e em se privar dele. (O prazer derivado da autoprivação é significativo na histeria e nunca se deve subestimá-lo, dado o seu importante papel na anorexia.)⁴⁰ Ela tem plena ciência de ter um desejo (isto é, não se trata de um desejo inconsciente) de um desejo insatisfeito. Lacan dá a isso o nome de desejo (pré-consciente) de um desejo insatisfeito.

Ao mesmo tempo, para sustentar sua posição com respeito ao desejo do marido, a mulher do açougueiro tem de manter vivo o desejo dele, continuar a provocá-lo e excitá-lo, sem lhe permitir que tenha muita satisfação – porque a satisfação esmaga o desejo. No dizer de Lacan, "o desejo só se mantém [na pessoa que encarna o Outro para a histérica] pela insatisfação que [a histérica] lhe dá ao se furtar a ele como objeto" (*Escritos*, p.824).⁴¹ Pensemos na manobra dela a respeito do caviar: como diz ao marido que gostaria de comer um sanduíche de caviar por dia, ela o incita a desejar comprar-lhe o caviar necessário. Mas, em seguida, ela lhe diz que não quer que o marido gaste todo esse dinheiro com ela ("é avarenta com essa despesa"). Primeiro desperta um desejo no marido (uma vontade de dar), depois pede que ele não o satisfaça! Na verdade, ela o provoca dia após dia com isso, lembrando-lhe sua vontade de dar, lembrando-lhe a falta que forjou nele.

A mulher do açougueiro *detecta* no marido, afora isso muito satisfeito, um desejo de outra mulher, da amiga dela, mas também é capaz de *criar* esse desejo, se achar que é necessário. A histérica encontra um modo, justamente quando o marido parece estar mais satisfeito, de provocar nele o desejo de alguma outra coisa, ou até de outra pessoa. No caso da mulher do açougueiro, há outra mulher ao alcance da mão, por assim dizer; em outros casos, porém, a histérica parece buscar deliberadamente (embora, em geral, isso não pareça ter uma intenção consciente) outra mulher com quem possa envolver ou enredar o parceiro, num *circuito de desejo* que é triangular.[42]

A postura do neurótico a respeito do gozo do Outro

Ao orquestrar o circuito, a histérica se torna senhora do desejo do Outro – *causa do desejo dele* –, mas ao mesmo tempo procura não ser a pessoa com quem ele satisfaz seu desejo. Para Lacan, assim como para Freud, a histérica é alguém que acha desagradável a satisfação sexual do Outro e tenta não ser o objeto com o qual o Outro goza. Recusa-se a ser *a causa do seu gozo*. Quer ser a causa do desejo dele, mas não do gozo.[43] Isso não significa que ela se recuse a praticar todas as atividades sexuais com um homem (embora isso aconteça, às vezes); ao praticá-las, ao contrário, ela se inclina a imaginar que há outra mulher na cama com ele, que ela é outra pessoa ou está em outro lugar, ou que ele é um homem diferente. Em sua cabeça, ela não é a causa do gozo do parceiro – outra pessoa o é, porque, pelo menos em pensamento, *ela não está ali*.

Agora, tenha a bondade de imaginar o obsessivo e a histérica juntos na cama: o obsessivo se recusa a se desvanecer como sujeito pensante, ao deparar com uma mulher que encarna o Outro para ele, e pensa em outra mulher, ou até fala com outra mulher enquanto faz amor (reduz o Outro ao objeto *a* que vê nela e quer dela).[44] A histérica se recusa a ser causa da satisfação sexual de seu parceiro masculino, preferindo manter insatisfeito o desejo dele, e imagina que outra mulher que não ela se encontra na cama. Isso pode servir como uma ótima ilustração da tão repetida afirmação lacaniana: "Não existe relação sexual." O obsessivo relaciona-se com seu objeto *a*, neutralizando a mulher que está presente, e a histérica mantém vivo o seu desejo estando mentalmente em outro lugar durante o sexo. Com certeza, essa não é uma "relação", no sentido costumeiro da palavra!ced

A distinção entre desejo e gozo é de suprema importância aqui. Vimos que a mulher histérica frequentemente requer um triângulo que envolva o homem para manter vivo o seu desejo, e que prefere excluir a satisfação sexual desse circuito; entretanto, pode encontrar enorme satisfação sexual com mulheres (o Outro sexo para homens e mulheres, no dizer de Lacan), na masturbação, na alimentação, no uso de drogas ou álcool ou em outras atividades. A incapacidade da histérica de encontrar satisfação sexual e desejo num mesmo relacionamento pode ser *estrutural*, não acidental, e o analista não deve, de forma alguma, tomar como objetivo levar a paciente a um ponto em que as duas coisas possam coincidir.[46]

Lacan criticou muitas vezes a psicanálise norte-americana por ela crer que a análise pode e deve orientar os pacientes para satisfações "heterossexuais genitais normais",[47] bem como por tentar promover uma fusão entre o objeto de amor e o objeto sexual do paciente; censurou-a por ver a neurose do paciente como algo que consistiria, precisamente, na incapacidade de encontrar amor e excitação sexual num mesmo parceiro. Em contraste, Lacan sugere que amor, desejo e gozo são níveis estruturalmente diferentes, e que, como o analista orienta o tratamento para o *eros* maior do analisando, e não para aquilo que acredita ser bom para este (Seminário 8, p.18[19]), o problema não está na incapacidade do analisando de encontrar amor, desejo e excitação sexual num mesmo lugar, mas no fato de ele desistir da busca do desejo e da excitação sexual, digamos, em prol de um ideal como "o amor perfeito".

É comum os neuróticos ficarem tão preocupados com o que as pessoas à sua volta consideram "normal" que o obsessivo, por exemplo, pode tentar tirar da cabeça toda e qualquer fantasia que não envolva sua mulher e depois se perguntar por que sua libido murchou e morreu, enquanto a histérica pode sacrificar a satisfação que experimentou com mulheres em certas ocasiões porque isso não se encaixa em suas ideias do que deve ser um relacionamento amoroso com um homem, e depois se pergunta por que sua vida parece tão vazia e restrita. O analista não deve adotar nenhuma ideia preestabelecida do que é bom ou mau para o analisando, mas apenas estimular a dialetização do desejo do analisando e fomentar a separação entre o analisando e o desejo do Outro.

Voltando à postura da histérica a respeito do gozo (o fato de ela se recusar a ser causa do gozo do Outro), observe-se que o mesmo se aplica ao obsessivo. Sua sexualidade é essencialmente masturbatória, sendo o Outro aniquilado; sua estratégia, como a da histérica, pode ser caracterizada como uma espécie de "Nada de gozo para o Outro!". Enquanto o perverso, segundo Lacan, dedica-se (pelo menos na fantasia) a ser o objeto com que o Outro goza, o lema do neurótico é "O Outro jamais gozará comigo!".[48] Portanto, a neurose pode ser entendida, em parte, como uma estratégia referente ao gozo – acima de tudo, ao gozo do Outro.⁴⁹ Tanto a histérica quanto o obsessivo recusam-se a ser a causa do gozo do Outro.

Ironicamente, no entanto, Lacan sugere que a fantasia fundamental do neurótico "assume a função transcendental de assegurar o gozo do Outro".⁵⁰ A posição do sujeito pode muito bem ser de recusa, mas a fantasia fundamental forma-se, mesmo assim, em resposta ao gozo do Outro "que me é transmitido por essa cadeia [a fantasia fundamental pode ser qualificada de cadeia ou elo] na Lei" – ou seja, em resposta ao pai simbólico ou supereu. Desejamos de acordo com a lei: é a proibição que erotiza e leva à construção da fantasia. Mas há uma espécie de *limiar* na própria fantasia, um ponto além do qual ela se transforma em horror; esse limiar é conhecido pela maioria de nós, através de sonhos em que parecemos estar buscando justamente o que é mais prazeroso e, de repente, aquilo que desejamos com mais ardor torna-se algo totalmente diferente, algo absolutamente horrível. A pureza do desejo descamba na direção de uma espécie de *gozo obsceno*.

Não posso entrar na complexa dialética que está em ação aqui, mas ela se relaciona com a tese lacaniana (discutida em "Kant com Sade", por exemplo) de que a severidade do supereu – embora amiúde reduzida à voz internalizada da consciência moral – é, na verdade, um veículo do gozo: as vozes do supereu do obsessivo podem mandá-lo fazer certas coisas que lhe são estranhamente excitantes, só de pensar nelas. Aliás, Lacan formula o imperativo essencial emitido pelo supereu como "*Jouis!*" ["Goza!"] – uma ordem que manda o sujeito gozar, obter satisfação. No caso do Homem dos Ratos, por exemplo, praticamente todas as *ordens* que ele diz a Freud ouvir consistem numa ordem para que ele faça aquilo que, em certo nível, quer fazer: ser vingativo, agressivo etc. Estranhamente – e até certo ponto, sem dúvida, contrariando nossa intuição – o supereu ordena que satisfaçamos nossas pulsões satisfazendo-o, ao próprio supereu, aquele Outro sádico que existe em nós. É óbvio que, ao mesmo tempo, nós "nos" satisfazemos em algum sentido, se bem que com certeza não seja no nível do ego ou do eu que achamos isso satisfatório. Quando obedecemos a esses comandos do supereu, é como se obtivéssemos um gozo *para o Outro*, não para "nós mesmos".⁵¹

Em certo sentido, o obsessivo que vive para a "posteridade", e não para hoje, transfere todo o gozo para o Outro – isto é (se for escritor), para todo o conjunto de leitores futuros que apreciarão seus escritos e lhe darão vida, muito depois da sua morte. O obsessivo vive postumamente, sacrificando tudo (todas as satisfações do aqui e agora) em prol do seu nome – para fazer seu nome continuar vivo. O nome – por ser o Nome-do-Pai, o nome transmitido pelo pai – é, em certo sentido, o Outro que passa adiante a lei e cujo gozo é garantido pela acumulação de publicações, títulos, dinheiro, posses, prêmios etc. por parte do obsessivo. Esta é apenas uma ilustração de como o neurótico, ao mesmo tempo em que se posiciona de modo a não ser a causa do gozo do Outro, sacrifica inadvertidamente o gozo ao Outro, ainda assim. Sempre que nos forçamos a nos conformarmos a nossos ideais, à custa de nossa satisfação, garantimos o gozo do Outro. No caso de histeria examinado adiante, veremos uma das formas que isso pode assumir.

Seria possível acrescentar mil detalhes para complementar este breve esboço: praticamente todos os grandes conceitos da psicanálise – transferência, compulsão, formação de sintomas, pulsões etc. – podem ser proveitosamente examinados em termos do divisor histeria-obsessão. Como esta é uma introdução, e uma introdução clínica, em particular, aqui discutirei a histeria e a obsessão apenas em termos de um destes conceitos principais: a transferência.

Obsessão e histeria em análise

O obsessivo tenta neutralizar o Outro. Quanto mais obsessivo é, menos tende a procurar a análise. Pois entrar em análise é convocar a ajuda de outra pessoa, de alguém geralmente considerado possuidor de conhecimentos especializados – em suma, um Outro simbólico. O obsessivo é aquele que, depois de assistir a semanas de aulas sobre a teoria e a prática freudianas, continua a dizer: "Ainda acho que as pessoas deveriam poder cuidar sozinhas dos seus problemas." Em termos intelectuais, ele pode vir a aceitar a existência do inconsciente, mas não a ideia de que ele é inacessível sem a ajuda de outra pessoa. Ele se dá conta de ter problemas, mas só se engaja na "autoanálise", mantendo um diário, anotando seus sonhos etc.

Nas situações mais próprias da vida cotidiana, o obsessivo se recusa a ser ajudado por outras pessoas: "*Eu mesmo* posso fazer isso", ou "Por que eu haveria de chamar um especialista, se eu mesmo posso instalar esse aquecedor?". O obsessivo perfeito é o "self-made man" nos moldes de Ayn Rand, que acredita não dever nada a ninguém e ter feito fama e fortuna num contexto completamente anistórico, independentemente de qualquer sistema econômico específico, de qualquer governo, indústria ou pessoas. De maneira mais típica, o obsessivo leva sua vida rebelando-se contra um ou todos os desejos de seus pais, porém nega qualquer relação entre aquilo que faz e o que os pais queriam que ele fizesse ou fosse. Sua vida inteira pode ser um protesto contra os ideais do Outro, mas é provável que ele descreva o que faz em termos autônomos: "Faço isso porque acredito em x, y e z", e não "Meus pais tentaram me obrigar a fazer p, e é por isso que faço q".

A independência do Outro, veementemente expressa pelo obsessivo, faz dele um sujeito improvável para análise. Falando em termos gerais, só quando acontece algo muito específico (em termos analíticos) é que ele entra realmente em análise. Muitos obsessivos comparecem a algumas sessões, pedindo um tipo pequeno de ajuda, ou por terem sido empurrados para a terapia por seus outros significativos, mas não ficam. Os que ficam, de modo geral, tiveram um contato inesperado com o desejo do Outro, um encontro com a falta do Outro que gerou angústia (talvez durante anos, depois de acontecer) e abalou o mundo do obsessivo. Pode ser o encontro do Homem dos Ratos com o "capitão cruel" (SE X, p.166-9), que não mede as palavras a respeito de seu desejo de infligir castigos aos outros; ou pode ser o súbito reconhecimento, pelo obsessivo, de que um de seus pais envolveu-se num caso amoroso passional logo depois da morte do outro cônjuge. O obsessivo se abala com tais manifestações do desejo do Outro, e não consegue mais anular ou neutralizar o Outro com sucesso, nem sua dependência do Outro.

Esse tipo de encontro costuma estar na origem do pedido do obsessivo de iniciar uma análise, e resulta no que parece ser uma certa abertura ou atenção para com o Outro. Dito de maneira diferente, esse encontro deixa o obsessivo um pouco mais parecido com a histérica, que está sempre atenta às vontades do Outro. O obsessivo se "histericiza", para usar o termo de Lacan – abre-se para o Outro.

O problema é que a "histericização" é frágil e dura pouco; é comum o obsessivo voltar muito depressa a se fechar para o Outro e a negar qualquer tipo de dependência. Para que a análise tenha algum efeito nele, o analista deve fomentar a histericização; colocado no papel de Outro pelo analisando, deve fazer valer seu desejo (no tocante a tudo que é analítico, conforme enumerado nos Capítulos 1-5), a fim de impedir a inevitável "obsessivização" ou fechamento do obsessivo.[52]

Portanto, a primeira e contínua "manobra" exigida do analista é garantir que o obsessivo se confronte regularmente com o desejo do analista. Os analistas que trabalham com obsessivos estão bem familiarizados com a tendência desses pacientes a falar ininterruptamente, a fazer associações e interpretar tudo sozinhos, sem prestar atenção às pontuações nem às interpretações do analista. Muitas vezes, na verdade, o analista tem que fazer um esforço considerável para impedir que o obsessivo passe direto por cima de suas intervenções: esse tipo de analisando dá ao analista a impressão de que ele está se intrometendo, atrapalhando o que o analisando quer dizer. O obsessivo prefere que o analista permaneça calado ou se faça de morto, se não estiver efetivamente morto. Todo som produzido pelo analista – ao se mexer na poltrona, até mesmo ao respirar – é demais, lembrando ao obsessivo a presença dele, a qual ele preferiria esquecer.

Muitos analistas reagem bancando o morto, permanecendo calados e tentando não se intrometer na cadeia das associações intermináveis do paciente, mas só mediante a intromissão e lembrando ao obsessivo a presença do Outro e do desejo do Outro é que se mantém a histericização. O analista não deve se conformar à fantasia do obsessivo, na qual o Outro é empalidecido ou anulado, e sim tentar frustrar as tentativas do paciente de repeti-la na análise.

DADO ESTE RETRATO DO OBSESSIVO, poderíamos nos inclinar a crer que a histérica deve ser a analisanda ideal, do ponto de vista do analista. Afinal, ela é extremamente atenta ao desejo do Outro, pois disso deriva seu bem-estar ($a \lozenge A$). Mas, além de esperar do Outro o ser, ela também espera o saber: recorre ao Outro para preencher sua falta de ser (ou querer ser) e sua falta de saber (ou querer saber). É isso que lhe torna fácil pedir ajuda ao analista – ela reconhece sua dependência do Outro –, mas lhe dificulta trabalhar depois que entra em análise. Assim como busca e provoca a falta/o desejo em seu parceiro, se necessário, procurando saber o que ela própria é como objeto do desejo, a histérica também busca o saber sobre si – "O que eu tenho, doutor? Qual é o meu problema?" – e espera receber também isso do analista.

Quando o analista a atende, como muitos fazem, tentando suprir a histérica de conhecimentos a seu respeito, esse saber (que, de qualquer modo, tende a errar o alvo nas etapas iniciais da análise) só é momentaneamente satisfatório para a analisanda. É quase imediatamente questionado, examinado, verificado com minúcia e avaliado pela histérica, que busca a falha no saber do analista, a lacuna ou a falta, pois isso lhe dá o papel da exceção, prova viva de que ela pode suplementar ou complementar o saber do analista. Não raro, os analistas consideram um grande desafio trabalhar com histéricas, tendo a impressão de nunca estarem suficientemente à frente da compreensão que a histérica tem da situação, de nunca possuírem novos conhecimentos suficientes para aplacar o insaciável apetite da histérica. Cedo ou tarde, os analistas que fazem o jogo de alimentar o analisando com conhecimentos descobrem que é a histérica que sempre vence esse jogo: ela se assenhoreia do saber do analista, fazendo-o produzir esse saber o mais depressa possível. Quando o analista logra, através de intervenções e interpretações, fazer a histérica abrir mão de ou "resolver" um sintoma, é provável que ela relate novos sintomas na sessão seguinte.[53] Na sua posição daquela que aponta ou demonstra a falta no saber do Outro, ela se torna uma exceção ou enigma vivo, sempre um passo à frente de qualquer teoria ou técnica conhecida.

A histérica se apodera do saber do analista e, a rigor, também do seu desejo, estipulando os termos da terapia e dizendo ao analista o que ele deve querer da analisanda. Por isso, no trabalho com histéricas, a manobra exigida do analista é virar a mesa. Quando a histérica pede "Fale-me de mim, doutor. O que há comigo?", o analista tem de direcionar a pergunta para ela: "O que *você* quer?"

Essa transição é formulada por Lacan como a passagem do "discurso da histérica" para o "discurso do analista". Aqui, vou meramente reproduzir as fórmulas lacanianas desses discursos e mencionar alguns pontos, visto que as debati longamente em outro texto.[54]

$$\text{Discurso da histérica} \qquad \text{Discurso do analista}$$

$$\frac{\$}{a} \rightarrow \frac{S_1}{S_2} \quad \Rightarrow \quad \frac{a}{S_2} \rightarrow \frac{\$}{S_1}$$

O discurso da histérica é o discurso espontaneamente adotado pela histérica (como sujeito barrado, $\$$): a histérica se dirige (esse endereçamento é designado pela seta →) a um mestre ou senhor (S_1), que no caso é o analista, e tenta fazê-lo produzir saber (S_2).[55] No discurso do analista, a histérica ou o analisando histericizado ($\$$) é posto na posição do trabalhador (a posição superior direita é a da produção ou trabalho), e é o desejo enigmático do analista (a) que constitui o agente que põe em movimento o discurso (a posição superior esquerda é a da ação).

Portanto, enquanto o obsessivo tem que ser histericizado no início e ao longo do curso de sua análise, a histérica deve ser levada a *mudar de discurso* e interromper a espera ou a expectativa de receber o saber do Outro.[56] Logo, as diferentes neuroses requerem posturas diferentes por parte do analista. Quando este confunde uma histérica com um obsessivo, pode atender a um pedido dela (o que nunca é boa ideia, de qualquer modo) – de usar o banheiro do analista, beber água, mudar o horário de uma sessão, ficar de pé em vez de sentar-se, atrasar o pagamento por uma semana, ou seja lá o que for –, e então descobrir que os pedidos da analisanda multiplicam-se por dez, uma demanda levando a uma multidão de outras. Se o analista tenta então suspender por completo o atendimento dos pedidos, ou impõe um limite em algum lugar, na tentativa de fazer cessarem as indulgências anteriores, é provável que seja acusado de incoerência: "Por que não posso fazer x agora, se antes você me deixava fazer isso?", "Você errou quando me deixou fazer isso na primeira vez?".

Esse tipo de comportamento de testagem, bem conhecido pelos analistas, relaciona-se com a tentativa da histérica de sondar o desejo e o saber do analista. A histérica tenta discernir o desejo do Outro para poder posicionar-se de modo a se tornar a sua falta ou a sua causa. Será que vai conseguir dominar o desejo do analista, incitá-lo e depois frustrá-lo? Até que ponto terá de pressioná-lo para que ele externe seu desejo? A histérica precisa dessas expressões para se situar e, quando elas não vêm, provoca-as – ora de maneira sutil, ora sem tanta sutileza.

Quando o analista confunde uma histérica com um obsessivo, também é provável que oriente a analisanda a se deitar no divã cedo demais. Nos Estados Unidos, analistas e psiquiatras tendem a pôr todo o mundo no divã desde o começo, eliminando toda e qualquer distinção entre as entrevistas preliminares e a "análise propriamente dita", entre o vago mal-estar com que é comum os pacientes chegarem à análise e o autêntico intrigar-se com o como e o porquê de certos atos, sintomas e prazeres. Presumindo que o analista tenha apreendido a distinção entre as sessões preliminares e a etapa posterior em que sua "pessoa" (o analista como indivíduo) esmaece aos poucos no panorama de fundo, convém considerar que as sessões cara a cara têm mais importância para a histérica do que para o obsessivo. Sintonizada como é no desejo do Outro, encarnado numa pessoa específica, a histérica não suporta com facilidade falar com uma parede vazia (ou mesmo uma parede com quadros ou diplomas), e precisa sentir o olhar do Outro sobre ela, precisa sentir-se apoiada de algum modo. Ela acha extremamente difícil explorar os mistérios de seus circuitos do desejo sem saber com quem está falando e que efeito têm suas palavras.

O obsessivo, ao contrário, não dá a mínima. Uma vez que, para ele, seria indiferente estar sozinho na sala, e ele preferiria que ninguém encarnasse o Outro, é provável que ache o divã um arranjo mais conveniente que os encontros face a face – aliás, um arranjo conveniente demais, no começo, se considerarmos a importância de mantê-lo histericizado. A presença real do analista na sala deve ser enfatizada desde o princípio, para que o obsessivo seja retirado do seu solipsismo. Uma vez assegurada certa receptividade ao desejo do Outro, ele pode ser encaminhado para o divã, a fim de que o Outro se torne uma tela branca o bastante para servir de suporte a toda e qualquer projeção.

Não estou sugerindo que toda histérica teste abertamente seu analista nem que todo obsessivo barre flagrantemente o analista do lado de fora. Essas são tendências gerais, baseadas nas diferenças de estrutura psíquica, e podem variar *em grau muito significativo* em sua expressão. Mas são tendências que o analista sempre deve ter em mente.

Convém assinalar que, embora eu venha me referindo ao obsessivo como ele e à histérica como ela, *existem* mulheres obsessivas e homens histéricos. Eles confundem com frequência a psiquiatria moderna, que tende a incluí-los numa categoria genérica do século XXI chamada "borderline". (Como mencionei no Capítulo 6, Lacan rejeita sumariamente essa categoria como um simples levantar as mãos e dizer: "Não sei o que estou vendo.") Com base na minha experiência, eu sugeriria que uns tantos homossexuais e heterossexuais do sexo masculino podem ser vistos como histéricos, e Freud descreve algumas mulheres que ele parece considerar obsessivas (*Conferências introdutórias sobre psicanálise*, cap.17). As complicações que podem surgir desse tipo de entrecruzamento de categorias típicas são ainda mais agravadas pela distinção lacaniana entre estrutura masculina e estrutura feminina, estruturas estas que, segundo Lacan, não correspondem nem à biologia nem diretamente à obsessão e à histeria, embora haja muitas superposições (Seminário 20).

Contudo, em vez de introduzir mais teoria,[57] fornecerei agora uma ilustração aprofundada da massa de trabalhos teóricos que foi resumida neste capítulo. Apresentarei dois de meus próprios casos, um de neurose obsessiva e outro de histeria, primeiro oferecendo um pouco do material geral do caso e, em seguida, um comentário detalhado. Nenhum dos dois casos é exemplar em si, mas em ambos foi particularmente fácil proteger a identidade dos pacientes.

Um caso de obsessão

Durante cerca de um ano, recebi um homem em terapia analítica com a frequência inicial de duas sessões semanais, depois três e, no final, quatro sessões por semana. O paciente era de outro país, e sua terapia – que, a meu ver, nunca foi além do estágio das entrevistas preliminares – chegou a um término prematuro quando ele voltou para sua terra natal. O material surgido no decorrer desse tratamento relativamente curto foi abundante, mas não tão copioso que me impossibilite de dar ao leitor uma ideia razoável do quadro clínico em algumas páginas. Os nomes e alguns detalhes biográficos foram alterados, para proteger a identidade do paciente.

Ele, que chamarei de Robert, tinha trinta anos e trabalhava como especialista em solucionar problemas na área de equipamentos de alta tecnologia. Fazia algum tempo que pensava em procurar uma terapia, o que finalmente se decidiu a fazer num momento de crise que envolveu diversos fatores, dentre os quais o mais destacado era que a empresa que criara com um amigo estava afundando – em função, achava ele, de suas próprias deficiências e de sua inércia. Ele havia renunciado ao cargo de codiretor justamente no dia em que foi me consultar pela primeira vez; havia aceitado a ideia de que, dali em diante, teria que trabalhar como subordinado de seu amigo e, em suas próprias palavras, estava "finalmente recebendo o que merecia". De acordo com Robert, ele havia passeado pela vida, sem nunca se comprometer com coisa alguma e sem jamais trabalhar realmente em nada; era uma "farsa", um "farsante" que tinha sido apanhado, uma pessoa que tinha vivido "de carona" e agora estava endividada até o pescoço. Sempre conseguira "enrolar todo mundo", mas agora estava sendo "repreendido, chamado a dar explicações" pelo amigo.

Apesar de inicialmente abalado por essa experiência, duas semanas depois Robert se descreveu como "alegre" por estar sendo finalmente responsabilizado por seus atos: "Pela primeira vez não vou me safar", gabou-se. "Se o meu salário for cortado, serei forçado a recomeçar do zero, e tudo será mais verdadeiro. Vai ser pelo meu próprio esforço, e não por sorte." Robert torcia para que não aparecesse ninguém para catar os cacos – ou seja, para ajudá-lo a sair dos apuros –, e para finalmente ser obrigado a fazer alguma coisa por si. Seus pais tentariam interferir, ele temia, mas não queria que o "tirassem do aperto". Quando o acaso não realizou sua fantasia (ninguém reduziu seu salário nem o forçou a recomeçar), Robert considerou outras maneiras de provocar o destino. Com medo de pedir ao chefe para se ausentar do trabalho, por exemplo, esperou até faltarem dois dias para sua viagem marcada (e paga) a outro continente para pedir férias, na esperança de que o pedido levasse a um confronto e ele fosse despedido.

Robert disse que sua incapacidade de trabalhar vinha de longa data. "Assim que alguma coisa é ao menos formulada em termos que envolvam *esforço*, já é tarde demais." Tentar era expor-se à possibilidade – na verdade, praticamente à certeza – do fracasso. Quando alguém já lhe dava "mastigado" o que ele precisava saber, tudo bem; caso contrário, ele simplesmente fingia ir adiante. O que já sabia sobre o seu ramo de atividade era "banal e chato"; o que ainda não sabia era "impossível": "Isso eu nunca vou saber, nunca vou descobrir como é."

No princípio, ele pediu que eu o ajudasse a parar de procrastinar e a meter a cara no trabalho; queria que eu lhe desse pequenos projetos em que trabalhar, projetos que, após um mês de sessões, descreveu como "lavar a louça, limpar a casa, arrumar minha escrivaninha" e assim por diante. Queria que eu o mandasse fazer essas coisas, para ele ser responsável perante alguém e ter que informar sobre suas realizações. Naturalmente não lhe dei nenhuma dessas atribuições e, em vez delas, pedi que me dissesse o que se passava na sua cabeça e contasse seus sonhos, fantasias e devaneios. Dois meses depois, Robert me disse que se sentiria um "autômato" se tivesse apenas listas de coisas para fazer e as seguisse até o fim – não teria sua "liberdade".

Ele sugeriu que essa incapacidade de agir também era um problema antigo. Quando se apaixonava por uma garota, nos tempos de estudante, não conseguia se dispor a dizer isso a ela; na verdade, era comum esperar que as mulheres iniciassem a conversa e o contato íntimo com ele. Nunca tinha certeza de que uma mulher era "a mulher certa" e, numa associação com um sonho – no qual estava com uma prostituta e outras duas olhavam, e talvez participassem –, disse-me que era "como se uma não bastasse". Havia um "número infindável de possibilidades" (coisa que ele dizia sobre as mulheres e a vida em geral), e Robert não conseguia escolher entre elas, por sentir que, se escolhesse, estaria perdendo alguma coisa. "Não consigo me dedicar a uma atividade sem pensar em outras que poderia estar exercendo." Expressou também a "necessidade de considerar todas as ramificações antes de agir", o que era flagrantemente impossível e levava à sua inércia. Era-lhe "muito desagradável" considerar que ele tinha limites. Queria pensar que "posso ter a garota que quiser".[58]

Na época, sua vida amorosa consistia em breves relacionamentos com mulheres que residiam em países diferentes e que o visitavam, ou que ele ia visitar por uma semana, de tempos em tempos. Era comum não haver ninguém em sua vida, mas, com igual frequência, podia haver duas ou três namoradas ocasionais ao mesmo tempo. Embora isso não tenha sido mencionado nas primeiras sessões, sucede que, logo antes de iniciar a terapia, Robert havia começado a ter problemas repetidos para chegar à ereção, e esse era um tormento quase constante para ele em seu relacionamento mais recente, com uma mulher que chamarei de Sandra. Sandra era a melhor amiga de sua irmã, e Robert a considerava o tipo de mulher com quem gostaria de levar uma vida estável. Ocorre que as "parceiras mais adequadas" eram aquelas com quem ele ficava impotente com mais frequência, ao passo que essa dificuldade não surgia quando saía com uma mulher que era "praticamente um lixo".

Depois de passar uma semana com Sandra, Robert disse que ela "já não estava intacta"; ele a "violara"; faltava alguma coisa nela, que já não tinha o que tivera antes. Sandra lhe parecera mais inteira e mais perfeita antes de os dois se envolverem. Era como se ele houvesse tirado alguma coisa dela. Tal como sua ex-namorada da época da faculdade, com quem ele havia passado muito tempo, Sandra se tornara "fácil demais"; já não havia qualquer necessidade de ele ser sedutor, e Robert perdera o interesse pelo sexo. Quando o praticava, sempre tomava um banho antes e pedia que a parceira fizesse o mesmo.

Em dúvida sobre quem amar (sobre quem era "a mulher certa"), Robert comumente se enamorava da "mulher de outro homem" e tecia fantasias com ela. Tais mulheres, apesar de envolvidas com os maiores amigos de Robert, eram consideradas sacrossantas e idealizadas por ele. Como eram inacessíveis, o paciente ficava livre para devanear com elas, sem jamais ter de temer "violá-las" na prática; nos sonhos de Robert, porém, elas sucumbiam ao mesmo destino de Sandra.

Ele contou um sonho em que andava pela rua e via um homem puxando uma moça bêbada, no sentido contrário. A "blusa [dela] estava solta e havia um seio aparecendo"; ele o segurou e acariciou por alguns instantes. Em suas associações com o sonho, disse que normalmente resistiria àquele desejo, mas, como a moça era "a garota de outro cara", isso parecia mais excitante, e, já que ela se achava num estado passivo de embriaguez, seu seio parecia "disponível". Robert tinha intensa antipatia por mulheres ativas ou assertivas, e procurava "possuir" as mulheres, dominá-las e imobilizá-las. Parte de sua atividade sexual típica era "prender uma garota e apertá-la com tanta força que ela não conseguia se mexer". Ele lamentava precisar do conluio da mulher, muitas vezes: precisava que ela entrasse no jogo, pois não tinha força física suficiente para imobilizá-la sem ajuda. O que ele queria era o "controle completo".

Essa preocupação com o controle sempre surgia em relação às mulheres de quem Robert gostava e com quem se importava. Com a mulher que era "praticamente um lixo", por outro lado, não surgia essa necessidade. Apesar de ele ter tido certeza, desde o começo, de que o relacionamento com Sandra não duraria, em função de "sua origem na classe baixa", os dois continuaram a se encontrar durante dois anos, e com ela Robert não sentia nenhum problema notável de controle ou de potência; o relacionamento dos dois, na cabeça do paciente, era "principalmente sexual". Um dia, depois do rompimento, ele topou com essa moça e iniciou uma tentativa de seduzi-la. Mas, quando ela começou a rechaçá-lo, Robert ficou "descontrolado"; disse-me ter se sentido tentado a estuprá-la, apesar de não o ter feito.

Num outro sonho, ele estava "apedrejando uma figura embrulhada numa capa preta e toda encolhida"; parecia ser uma mulher. E, de fato, a primeira que lhe veio à cabeça foi uma mulher idealizada que morava com um de seus amigos. Robert ficou "horrorizado" com a violência do ato de apedrejamento retratado no sonho, e "admirado" por ter se envolvido nele, por ter se juntado aos outros que a estavam apedrejando. No entanto, a expressão do seu rosto, ao falar do sonho, sugeriu haver naquilo algo estranhamente satisfatório para ele.

Apesar de todo o seu discurso sobre relacionamentos com mulheres, a mãe de Robert raras vezes era mencionada; em vez disso, o paciente sempre aludia à sua irmã como o modelo de todas as suas "parceiras adequadas". Descreveu sua relação com a irmã como "quase incestuosa", mas isso parecia dever-se à frequência com que ele fazia amor com a irmã em seus sonhos. Sua mãe foi caracterizada como "dissimulada". Quando ela desaprovava alguma coisa que Robert tivesse feito ou quisesse fazer, não se podia discutir nada; a mãe simplesmente fazia "caras e bocas de desaprovação" – e não havia nada que ele pudesse argumentar, nada sobre o qual os dois pudessem "bater um papo". A mãe queria o "controle total", na opinião de Robert, e a única maneira de "censurá-la" era desobedecer – ou seja, fazer o que tinha querido fazer desde o começo da história.

Seu pai, católico rigoroso, com elevados ideais morais e educativos, era, segundo Robert, muito cheio de censuras em relação a ele, mas nunca lhe dera uma surra nem "ficara realmente zangado" com ele. Robert disse que o pai "guardava tudo dentro de si" e nem sequer entendia a raiva, porque não conseguia senti-la nem expressá-la. Seus pais mantinham "uma conspiração de silêncio" e o admoestavam de formas não verbais.

Robert achava que, em sua incapacidade de se forçar a fazer coisas – estudar, trabalhar, fazer a limpeza etc. –, estava "resistindo a uma espécie de autoridade interna", e que era um "ponto de honra não ceder". Essa luta interna manifestou-se na relação do analisando comigo: ele estava sempre pronto a ouvir um tom de crítica na minha voz, quando não havia nenhuma intenção (pelo menos consciente) de censura da minha parte, e confessou vir tentando me provocar em algum nível, para me fazer repreendê-lo. Achava que, em algumas ocasiões, tinha dormido de propósito até tarde, para chegar atrasado às sessões, o que também lhe dificultava passar no banco para sacar o dinheiro com que me pagar. Muitas vezes, apanhava-se saindo de casa tarde e correndo feito um louco para o meu consultório, aonde chegava atrasado, praticando uma forma de "conduta temerária", como a chamava. Disse perceber que desse jeito estava pedindo para ser castigado, mas extraía prazer disso.

Robert solicitava críticas de muitas fontes, inclusive de colegas de trabalho e amigas, e sua estratégia habitual era provocá-los, admitir rapidamente que estava errado, para "desarmar" a pessoa e "fugir do peso da [sua] raiva acumulada", e depois adotar uma postura confessional que lhe permitia "purgar

[seus] pecados". Inúmeras metáforas militares eram empregadas na descrição dessa estratégia; por exemplo, Robert dizia que a "batalha de vontade contra vontade" despertava nele o "espírito do combatente". Provocar críticas dessa maneira, portanto, era "ameaçador, mas empolgante".

Robert tinha certeza de que eu devia me ressentir dele por ter me pedido, a certa altura, para reduzir meus honorários por suas sessões; sentia-se culpado, como se houvesse "questionado indevidamente a [minha] autoridade", ao opor seu desejo ao meu. Lembrei-lhe que havíamos concordado com um valor menor por ele haver passado para quatro sessões por semana, em vez de três; mesmo assim, era constante ele se lamentar por não ter "aceitado o preço original", pois, se o tivesse feito, "as coisas teriam corrido de maneira mais analítica, mais profissional". Robert tinha a sensação de estar "fracassando na análise", já que ainda não conseguia se forçar a trabalhar, e achava que a culpa era sua. Se as nossas sessões tinham duração variável, devia ser porque ele estava me pagando menos do que deveria. Reiterei que eu terminava as sessões em pontos particularmente importantes e que a duração da sessão não tinha nada a ver com o valor que ele me pagava.

Isso levou a outro nível bem diferente de censuras dirigidas a mim. Eu estava rejeitando seu "lado feminino", e ele tinha certeza de que, se chorasse numa sessão comigo, eu a interromperia no ato e o "despacharia". Robert precisava "pôr o choro todo para fora" e achava que comigo nunca poderia fazê-lo. Com algumas mulheres podia exibir suas fraquezas e chorar, mas sentia que tinha de "manter uma fachada para [mim]", agir "como um homem responsável de trinta anos". Não aceitei nem rejeitei sua ideia de que eu reprovava seu "lado feminino", e tampouco sugeri de imediato que era ele quem não o aceitava de verdade. Em vez disso, perguntei: "Os homens não aprovam o seu lado feminino?" Ele respondeu dizendo que seu pai reprovava qualquer fraqueza, qualquer imperfeição. Em seguida, contou que uma ex-namorada tinha lhe dito achar que ele possuía um "lado masculino" em algum lugar, só que este não aparecia muito.

Quando menino, Robert havia pensado no pai como uma figura poderosa; sempre que alguém mencionava que seu pai estava trabalhando, ele imaginava "um lenhador canadense rolando toras num rio, saltando de uma para outra e mantendo-as longe das margens". Quando adulto, porém, descrevia o pai como "incompetente, impotente e ineficaz", e dizia ser igual a ele em muitos aspectos. Se o pai tivesse sido mais autoritário com ele, achava Robert, ele não seria tão indisciplinado. Se o pai lhe houvesse dado "mais orientação" e dito com mais franqueza no que acreditava, Robert poderia ter se rebelado de maneira mais definitiva. O paciente contou ter sofrido, mas também sentido um prazer secreto, no dia em que sua namorada dos tempos de faculdade tivera uma briga com o pai dele, pois ela fizera seu pai parecer "vulnerável, desprotegido e francamente estúpido".

Nos primeiros meses do tratamento, Robert me descreveu como alguém que era "uma rocha" para ele. Associou-me com uma figura de um sonho: "Um padre com as pernas afastadas, firmemente plantadas no chão, vestindo um hábito marrom e com o vento soprando pela batina; ele se mantinha inflexível, enfrentando a ventania." Portanto, ele me via como uma figura ideal falicamente poderosa, uma autoridade rígida e inflexível, mas, ao mesmo tempo, alguém a quem ele podia confessar seus pecados e de quem podia esperar absolvição. Com o correr do ano, essa sua visão de mim se modificou, e eu me tornei alguém que ele podia provocar e tentar enraivecer de propósito, sem pôr em risco sua análise. Ao se aproximar o dia de seu regresso a seu país de origem, incentivei-o a continuar a terapia quando chegasse lá, e tenho motivos para crer que o tenha feito.

ESTA EXPOSIÇÃO CURTA e obviamente incompleta do caso ilustra muitas características gerais da neurose, além de muitas características específicas da obsessão. Fica bem claro que Robert chegou à terapia numa crise com pelo menos dois componentes:

Primeiro, ele tivera um confronto com alguém que, embora fosse inicialmente um amigo, tinha se tornado uma "figura de autoridade" para ele: seu sócio na empresa. Como observou Robert: "[Era] a aprovação dele que [estava] em questão." Por sua inércia, ele havia provocado uma expressão desse desejo do Outro, e agora o Outro queria que ele renunciasse a seu cargo, corrigisse seus erros e trabalhasse com afinco. Apesar de aborrecida para Robert, essa experiência fora também instigante; ele havia ficado decididamente "exultante" com a ideia de que seria forçado a desistir de alguma coisa, a perder alguma coisa: seu salário. Em sua cabeça, o Outro queria que ele fizesse o sacrifício necessário, queria castrá-lo simbolicamente.[59]

Segundo, ele tivera um encontro com uma "mulher adequada" (Sandra, a melhor amiga de sua irmã, um Outro feminino idealizado), que havia manifestado abertamente seu desejo de ter relações pessoais e sexuais com ele; isso levou à impotência de Robert, constituindo claramente uma espécie de "crise de satisfação".

Um de seus conflitos internos primários girava em torno de um conjunto sumamente desenvolvido de ideais e princípios morais concernentes ao que ele devia fazer e ser – isto é, um supereu ou ideal do eu punitivo –, à altura do qual ele queria ficar, mas sem conseguir usá-lo como base de ação.[60] Muitos obsessivos lutam pela "verdade única", pelo "verdadeiro caminho", pela "mulher certa" e assim por diante, e tão elevados são seus ideais que se tornam irrealizáveis – nenhum esforço humanamente possível parece grandioso o bastante para constituir um passo autêntico em direção ao ideal, e, sendo assim, eles não fazem nada. Os ideais de Robert pareciam menos grandiosos que os expressados por alguns obsessivos, porém a mesma inércia característica resultava de sua postura rebelde em relação a eles. Robert havia internalizado com toda a clareza os ideais e valores morais de seus pais (em outras palavras, o Outro simbólico fora visivelmente instaurado), porém nunca os tornara seus. Tal como os pais, contra quem nunca se dispunha a se rebelar abertamente, Robert dançava em volta dos ideais deles, louvando-os da boca para fora, mas ao mesmo tempo opondo-lhes resistência.

Boa parte da energia do paciente ficava presa nessa "dança", e era isso que tornava a provocação da crítica de terceiros tão "ameaçadora, mas empolgante" para ele. O obsessivo contenta-se em poder externalizar as vozes de exortação e crítica que tem na cabeça, nem que seja por um momento; esse processo lhe dá um inimigo externo em quem se concentrar e *o traz de volta à vida*, por assim dizer: revela seu "espírito de combatente" na "batalha de vontade contra vontade" a que Robert se referiu. Pois o conflito interno do obsessivo é tão absorvente que deixa pouca vitalidade para outras atividades – razão por que ele se sente morto em grande parte do tempo. No caso de Robert, só quando era possível encontrar uma figura externa de autoridade, fosse ela um sócio comercial ou um analista, é que aparecia algum entusiasmo.

As provocações de Robert a pessoas que ele via como figuras de autoridade não devem ser confundidas com a *tentativa de fazer o Outro existir* característica da perversão (como veremos no próximo capítulo). A lei existe com extrema evidência na obsessão, prostrando e oprimindo o sujeito. Robert tinha passado a existir como *uma postura em relação à lei*, o que é precisamente como Lacan definia o sujeito em seu trabalho inicial.[61] As provocações de Robert destinavam-se a lhe dar algum malfeito concreto a que ele pudesse ligar sua culpa sempre presente, uma culpa que decerto remontava a um conflito edipiano que levara ao ódio ao pai (e à mãe também, sem dúvida). A terapia não avançou o suficiente para averiguar as origens dessa culpa, mas ficou claro que, ao provocar o castigo, Robert podia sentir-se culpado por "crimes" específicos praticados de modo mais ou menos intencional, confessar seus pecados e, desse modo, amenizar a culpa, ainda que temporariamente.

A culpa era o afeto dominante na vida de Robert nessa ocasião; em geral, articulava-se em termos de sua incapacidade de fazer o que se esperava que fizesse no trabalho, e de sua incapacidade mais corriqueira de "fazer a cama", "arrumar o quarto" etc.[62] Embora ele se queixasse de que os pais não lhe tinham dado regras e princípios específicos, algo que lhe fosse possível discutir com eles, e de que, em vez disso, haviam recorrido a criticá-lo com gestos e expressões faciais, é evidente que algumas ordens tinham sido formuladas. Aliás, é fácil perceber certo indício de analidade nas coisas que Robert achava que devia fazer, indício que é confirmado por sua caracterização do seu obstáculo na vida: "Um grande pedregulho negro que bloqueia um caminho estreito, com a cor preta reluzindo um pouco, aqui e ali; o pedregulho é arredondado e, por isso, 'rolável'; poderia cair num rio próximo e ser levado pela correnteza." Feita após quase um ano de análise, essa descrição também repercutiu a ideia anterior que ele havia expressado de mim como "uma rocha"; àquela altura, talvez eu estivesse associado a seu obstáculo na vida, à causa incômoda da sua necessidade de algum tipo de evacuação.[63]

No que concerne às relações de Robert com o sexo oposto, ficou bastante óbvio que ele estava preso "na perpétua vertigem da destruição do outro" (Seminário 8, p.241[255]), na constante negação, neutralização ou aniquilação da Mulher como Outro. Ele idealizava algumas mulheres em seu pensamento consciente, mas para violá-las em seus sonhos e reduzi-las a objetos passivos, sem vida e sem desejo, como o seio da moça bêbada que era arrastada pela rua em seu sonho. As mulheres (em suas ideias conscientes) eram puras, sacrossantas e virginais – segundo o modelo de sua irmã (cujo nome começava pela mesma sílaba que um significante importante na sua origem religiosa) – ou "vadias e prostitutas". Essa é a clássica divisão obsessiva,[64] e a maneira de Robert saber que uma mulher era digna de idealização seguia um esquema obsessivo comum: ela precisava ser a mulher de Outro homem. O juízo que ele fazia das mulheres era "toldado pela dúvida", e por isso ele tinha de recorrer a outros homens para saber que mulher amar. Assim como sua mãe provavelmente fora idealizada desde cedo, na medida em que era esposa de Outro (o pai) e, portanto, inacessível, Robert idealizava as mulheres do seu círculo envolvidas com homens que ele considerava fortes e trabalhadores. Uma das mulheres de quem falava sem parar vivia com um escritor de quem ele era amigo e que sabia lhe dizer não quando Robert tentava desviá-lo da atividade de escrever. Um homem assim era uma espécie de figura paterna capaz de estabelecer limites.

Esse tipo de triângulo é um pouco diferente do triângulo da histérica. Tal como se dá com a histérica, o desejo do obsessivo também é o desejo do Outro, mas o Outro, nesse caso, é do mesmo sexo: Robert desejava o mesmo que aquele "homem másculo", e o desejo deste apontava o caminho do seu. Poderíamos até dizer que ele desejava "como se fosse o Outro homem", formulação que encontra uma curiosa confirmação numa fantasia sexual que acompanhava regularmente a atividade masturbatória do paciente: "Eu, ou *alguém como eu*, está penetrando uma mulher com um objeto – um pau ou um consolo. É comum eu ficar olhando enquanto isso acontece. Às vezes é até um aparelho mecânico que faz isso" (grifo meu). O toque voyeurista da fantasia era um contraste marcante com a atividade sexual concreta de Robert, e sugeriu não um diagnóstico diferente, mas a simples presença de "traços perversos" – em outras palavras, traços de perversão que são quase invariavelmente encontrados nas fantasias dos neuróticos.

A fantasia de Robert sugere pelo menos uma dupla posição do sujeito em relação à Outra mulher: Robert tanto é o executante (o penetrador, que, embora sexualmente indeterminado aqui, provavelmente deve ser entendido como uma figura paterna, já que as mulheres dessas fantasias costumavam ser parceiras dessas figuras de autoridade) quanto é um observador ou testemunha. Como executante, ou executor, na verdade, ele penetra uma mulher que parece inteiramente passiva e submissa (morta?) com uma ereção destacável, artificial, um objeto que nunca pode amolecer. Com isso, é poupado da impotência e da castração, e nunca se perde como sujeito presente perante si mesmo: permanece "no controle". (Como veremos daqui a pouco, quando ele se solta, é como mulher.)

Também podemos muito bem ter a impressão de que Robert estabelecia uma relação com a figura paterna por intermédio da mulher, o que sugere uma espécie de tensão homoerótica, alternadamente submissa e rebelde. Ao tecer as fantasias que tecia sobre as mulheres de seus amigos, ele estava como que usurpando um certo gozo, bem embaixo do nariz desses homens. Assim, a excitação da atividade masturbatória derivava, em parte, de sua postura provocadora em relação à figura paterna.

Sem dúvida, há ainda uma outra posição adotada por Robert nessa fantasia: a da mulher penetrada por um homem e observada por outro. Essa interpretação recebe crédito da informação de Robert de que, na fantasia, "quando a mulher goza, em geral eu também gozo". Nesse aspecto, Robert *fait la femme*: desempenha o papel da mulher, submetendo-se à penetração e não tendo nenhum controle visível sobre a situação, que é dirigida como que por controle remoto. O gozo acontece.[65] É independente da vontade da mulher, bem como da vontade dele. Somente na medida em que banca a mulher é que Robert consegue abrir mão do controle e atingir o orgasmo.

Isso parece acrescentar um toque histérico à fantasia e nos faz lembrar a que ponto as fantasias se assemelham aos sonhos: são extremamente complexas e sobredeterminadas, e sua análise não tem um ponto final verificável. A relação feminizada com um homem, entretanto, é um traço muito comum da obsessão; é bastante visível, por exemplo, no Homem dos Ratos, cuja sexualidade estava inextricavelmente ligada à sua relação com o pai. Essas relações feminizadas parecem brotar de um relacionamento pai–filho que nunca pode estar inteiramente livre de elementos imaginários que o libidinizam. Em outras palavras, podemos compreendê-las como ligadas ao pai enquanto aquele que castiga – isto é, ao "gozo obsceno" que parece acompanhar sua enunciação da lei (ver Capítulo 9). Na medida em que sua crítica é dolorosa e irritante, a relação com ele (mesmo depois de internalizada sob a forma do supereu) é erotizada.

É óbvio que muito mais se poderia dizer sobre as fantasias masturbatórias de Robert,[66] mas voltemo-nos agora para seus relacionamentos reais com mulheres. Vimos que ele transformava certas mulheres em figuras maternas, idealizando-as e tornando impossível a satisfação sexual com elas (eram relações com muito jeito de incesto). Isso nem sempre o impedia de desejá-las ardentemente, ao passo que, de outro modo, seu desejo desapareceria graças à satisfação sexual (aquilo a que Freud se refere como a "desvalorização" de um parceiro depois do ato sexual). Só com a mulher que era "praticamente um lixo" é que ele podia seguir seus impulsos sexuais, deixando para trás, em certa medida, o desejo e todos os seus ideais e valores pretensiosos. (O modo pelo qual o desejo, carregado desses ideais, inibe a satisfação das pulsões será examinado em detalhes no Capítulo 10.)

Visto que Robert praticamente nunca falava da mãe (exceto para dizer que ela era "dissimulada" e queria o "controle total" – tal como ele, conforme vimos), pouco se pode dizer sobre a origem de seu desejo e agressão simultâneos em relação às mulheres. Poderíamos especular que Robert era extremamente apegado à mãe quando pequeno e não pôde suportar a distância maior que ela manteve entre os dois após o nascimento da irmã caçula. As exigências maternas de que ele fizesse certas coisas e não outras, e de que agisse com ela de maneira respeitosa, talvez tenham sido aceitáveis para Robert quando ele recebia a atenção mais exclusiva da mãe, mas talvez tenham se tornado injustificáveis e intoleráveis quando ele passou a receber muito menos. Com efeito, é bem possível que ele tenha sentido que a mãe preferia sua irmã menor a ele, e que ela o tenha obrigado a cuidar da caçula "como deve fazer um irmão mais velho carinhoso". Mas nada disso foi corroborado de nenhum modo pelo relato ainda incompleto que Robert fez dos grandes momentos decisivos de sua vida.

O desafio específico que enfrentei no tratamento foi levá-lo a um ponto em que ele formulasse uma pergunta própria – isto é, problematizasse suas próprias motivações para seus atos –, e isso nunca foi inteiramente alcançado. As demandas dele para que eu o "esclarecesse" e lhe dissesse o que devia fazer retornavam periodicamente, e até o fim do nosso trabalho conjunto ele lamentou não ter aprendido a "se forçar" como havia esperado fazer no começo. Nunca atendi a sua demanda de atribuições concretas nem aceitei pela aparência o seu discurso sobre o "término" após seis semanas de terapia; com isso, recusei-lhe o que ele havia solicitado explicitamente, com o objetivo não de frustrá-lo, mas de abrir o espaço do desejo. Quando confrontado com demandas diretas, eu contornava o problema pedindo-lhe que me falasse mais de determinado elemento onírico que ele ainda não havia elucidado, ou de uma fantasia sobre a qual ainda não tinha feito associações, e assim o fazia saber que eu estivera escutando atentamente e levando suas palavras a sério. Sem nunca sugerir que suas demandas eram "impróprias" ou "sem validade", eu lhe oferecia outra coisa em vez do atendimento delas: minha escuta, minha presença e minha fala, esta última sob a forma de pontuações e expressões do meu desejo de que ele continuasse a se analisar comigo.

Quando ele me atribuía ideias severas – como quando acreditou que eu criticaria seu "lado feminino" –, eu evitava me definir como aceitando ou rejeitando algo, e permitia que ele continuasse a projetar em mim sua crítica interna e a se rebelar contra mim; com isso, eu esperava incentivá-lo a reviver certos afetos comigo no ambiente controlado do contexto da terapia, não para que ele "soltasse tudo", mas no intuito de religar pensamento e afeto. As ligações entre pensamento e afeto, como indiquei antes, são comumente desfeitas ou esquecidas na obsessão, e é preciso levar o obsessivo, digamos, a se zangar com o analista por este rejeitar suas fraquezas, e depois levá-lo a ligar isso à atitude severa de seu pai em relação a ele (graças a uma pergunta ou interpretação do analista). O recalcamento, no caso de Robert, consistira pelo menos em parte no rompimento da associação entre sua rebeldia e as repressões precoces do pai, entre seu ódio ao pai e a desaprovação deste (em relação a suas fraquezas e a seu "lado feminino", por exemplo). O trabalho de "destruir o pai", não em efígie mas no relacionamento com o analista, foi iniciado, porém não concluído no decorrer do nosso trabalho conjunto.

O fato de as demandas de Robert terem voltado à tona em momentos diferentes não significou que seu desejo não houvesse aparecido de nenhum modo; sugeriu que era mais fácil para ele (como para todos os neuróticos) lidar com as demandas do Outro do que com o desejo do Outro, uma vez que este, afinal, nunca é explícito e está sempre aberto a interpretação. Dar-lhe tarefas específicas teria equivalido a lhe dizer o que ele precisava fazer para ser digno de amor a meus olhos – permitindo que se esforçasse para se tornar cativante ou um anátema para mim – e o teria poupado de uma pergunta mais angustiante: "O que ele quer de mim?" Se eu não o repreendia seriamente por chegar atrasado e sem dinheiro às sessões, se eu meramente lhe pedia para falar de seus lapsos, em vez de impor punições, devia haver alguma outra coisa que eu buscava, alguma outra coisa que eu queria. Mas ponderar sobre isso era questionar a fantasia fundamental...

Um caso de histeria

Uma francesa de 37 anos esteve em terapia analítica comigo por cerca de três anos e meio, de início com frequência de uma sessão por semana, a qual se elevou para duas sessões semanais, no final. Antes disso, ela estivera em terapia na França por uns dois anos, com alguém que nunca lhe pedira que falasse de suas fantasias nem de seus sonhos, e havia recomeçado a terapia uns seis meses depois de se mudar para os Estados Unidos, para onde seu marido fora transferido pela empresa em que trabalhava. A intensidade de uma análise plenamente desenvolvida só foi alcançada no último ano do nosso trabalho conjunto, e a maioria das sessões foi conduzida face a face. O tratamento, a meu ver, de modo algum estava concluído quando ela deixou os Estados Unidos. Meu relato aqui é bastante seletivo e sofre considerável condensação, na tentativa de dar ao leitor uma ideia razoável do quadro clínico em poucas páginas; muitas questões tiveram de ser inteiramente deixadas de lado. Como no caso anterior, os nomes e detalhes biográficos foram modificados para proteger a identidade da paciente.

Jeanne (como a chamarei) entrou em terapia, inicialmente, por causa de graves problemas conjugais, que haviam culminado em ela ter uma aventura extraconjugal e ideias constantes de divórcio. Ela havia conhecido outro homem através do trabalho – que envolvia o planejamento de palestras, conferências e outros eventos – e achava que as coisas tinham se tornado explosivas em sua vida. Mãe de dois filhos pequenos e trabalhando em horário integral, ela achava que o divórcio não era a melhor solução.

Jeanne parecia ter usado sua primeira terapia como uma muleta com que sustentar seu casamento claudicante. Com efeito, dizia ter "ficado com [o] marido por causa daquele psicólogo barbudo" (o primeiro terapeuta). O mesmo se aplicou a seu trabalho inicial comigo, no qual ela nunca se dispôs a ter mais de uma sessão por semana. Isso parecia permitir-lhe dar vazão à raiva que sentia do marido e articular parte da sua dor, sem nunca chegar realmente a criar complicações. Só depois de dois anos e meio de terapia foi que concordou em fazer duas sessões por semana, apesar de minhas reiteradas solicitações anteriores de que viesse ver-me com mais frequência.

Uma boa parcela da história familiar revelou-se no curso do tratamento de Jeanne. Segunda de quatro irmãs, ela havia crescido nas províncias francesas, onde seus pais viveram sob o mesmo teto até ela chegar aproximadamente aos sete anos (havia certa dúvida quanto à sua idade efetiva na época, entretanto, pois algumas lembranças sugeriam que seus pais só teriam permanecido juntos até ela ter mais ou menos quatro anos). Por volta dessa época, o pai foi à falência, apesar dos empréstimos consideráveis obtidos com a família da mãe. Ele saiu do país abruptamente, sem deixar endereço para a mulher e as filhas, que então eram três. A família foi obrigada a se mudar para a casa dos avós maternos da paciente, e só depois de um ano a mãe conseguiu localizar o marido e entrar em contato com ele.

Depois disso, Jeanne, as irmãs e a mãe ficaram morando na França, praticamente na pobreza e numa insegurança constante. Aos poucos o pai reconstruiu uma empresa no norte da África, porém enviava pouco dinheiro à família, a intervalos extremamente irregulares. Esbanjava dinheiro consigo mesmo – e, como Jeanne se deu conta durante a análise, com as amantes –, mas deixava sua família à míngua. Uma vez por ano, fazia a família passar um mês com ele na África setentrional, durante o verão, mas sempre esperava até o último minuto para informar à mulher e às filhas quando elas poderiam ir.

As lembranças que Jeanne tinha do Norte africano envolviam ser devorada com os olhos e assediada por homens; em suas palavras, um homem chegara até a tentar sequestrar uma de suas irmãs do prédio em que a família morava. Nesse ambiente, o pai continuara a tratar a mulher e as filhas como sempre fizera: com um ciúme violento de qualquer atenção masculina dedicada a elas, extremamente protetor de suas quatro "mulheres", impondo maus-tratos à mãe da paciente quando bêbado, sendo desbocado e mal-humorado. Jeanne retratou o pai como um homem dominador, explosivo e que nunca tinha uma palavra gentil. Intimidava a esposa, mantendo-a à sua mercê em termos financeiros, descarregava nela sua raiva venenosa e era infiel – aliás, quando estava em seu leito de morte, constatou-se que ele tivera até uma amante e uma filha fora do casamento, na França.

Jeanne se considerava a favorita do pai, por ser a melhor das quatro irmãs na escola. Isso lhe forneceu uma das bases para sua identificação com ele, que era uma das únicas pessoas instruídas do seu círculo. Disse ela que o pai nunca havia escondido o fato de que queria ter tido um filho e, durante as sessões, às vezes ela cometia um ato falho ao falar de si quando pequena, dizendo "*quand j'étais petit*" ("quando eu era pequeno"), usando a forma masculina do adjetivo, em vez de "*quand j'étais petite*". Em certo sentido, ela era o filho que o pai nunca tivera. Convém assinalar que apenas uma letra separava seu prenome verdadeiro de um prenome masculino – a mesma letra que ela elidia no lapso entre "*petite*" e "*petit*".

A mãe de Jeanne criticava vigorosamente o marido sempre que ele estava fora (ou seja, durante a maior parte do tempo, depois de Jeanne completar sete anos), tentando fazer com que as filhas o desprezassem. De modo geral, teve êxito, já que era muito comum as filhas tomarem o seu partido e se solidarizarem com ela (o que lançou uma das bases da identificação de Jeanne com a mãe). A mãe reclamava sem parar de que o pai prometia dinheiro mas nunca o mandava, e de que adoraria divorciar-se, não fossem as filhas. No entanto, permitiu que esse relacionamento abusivo com um marido quase sempre ausente tivesse continuidade, engravidou e teve a quarta filha numa das viagens de verão ao norte da África, e continuou com ele muito depois de todas as filhas estarem criadas e irem embora. Tinha consciência do temperamento violento do marido, mas parecia provocá-lo de propósito a falar grosserias e entrar em discussões.

Quando Jeanne estava com cerca de dezessete anos, seu pai voltou para a França em caráter permanente, desarraigou a família, levando-a de uma parte do país para outra, e disse a Jeanne que tomaria as medidas necessárias para lhe garantir "um belo futuro". Durante três semanas, ela esperou que o pai fizesse alguma coisa, enquanto "ele saía para cair na gandaia". Ao que parece, ela começou a se masturbar nessa ocasião (ou pelo menos esse foi o único período em que lembrava de haver se masturbado).

O pai finalmente tomou uma iniciativa e, exercendo forte pressão sobre algumas pessoas, matriculou-a na faculdade de administração que ele próprio havia frequentado. Sabia perfeitamente que a filha preferia a pintura e não tinha o menor interesse em administração, mas insistiu que ela nunca teria sucesso como pintora. Jeanne mudou-se para a cidade onde se situava a faculdade de administração, mas nunca estudou, passando "o primeiro ano inteiro com um namorado". Visitava a família de vez em quando, mas o pai nunca lhe dava o dinheiro que prometia. Por conseguinte, era frequente ela ter problemas com o banco e com seu senhorio, por não poder pagar as contas em dia. Uma vez, quando estava indo a algum lugar com o pai, aos dezoito anos, chegou a ponto de pular do carro em movimento para protestar contra a atitude insensível dele.

O pai fazia cenas terríveis sempre que as filhas adolescentes começavam a namorar alguém. Jeanne recordou uma ocasião memorável, num hotel do norte da África, em que sua irmã mais velha, que ali fora encontrar-se com um rapaz, foi chamada de vagabunda pelo pai na frente de inúmeras pessoas. Ele esbravejava e tinha acessos de cólera, usava uma linguagem extremamente grosseira e humilhava publicamente todas as filhas.

Jeanne disse que, quando adolescente, não tinha interesse pela maioria dos rapazes que se interessavam por ela; o amor deles não valia nada, por ser muito fácil de conquistar, e não a afetava em nada – não despertava seu interesse por eles. Jeanne sentia-se meramente lisonjeada e "gostava de gozar a cara deles". Houve um rapaz que conseguiu inspirar-lhe uma grande paixão por algum tempo, até o dia em que lhe declarou seu amor numa carta. Disse ela que, a partir do momento em que leu a carta, perdeu o interesse pelo rapaz. Mas sentiu uma atração imediata por um homem que chamarei de Bertrand, o primeiro homem da sua idade a tratá-la com mais indiferença, mais insensibilidade. *Isso* a excitou.

Seguiu-se uma luta pela dominação entre ela e Bertrand, num relacionamento tempestuoso que se transformou em casamento. Quando os dois brigavam e ela queria sair de casa, Bertrand bloqueava fisicamente a porta; quando Jeanne ficava com raiva dele e saía da cidade, o marido telefonava para todos os conhecidos até encontrá-la e trazê-la de volta. Segundo Jeanne, ele acabou dando as ordens e, quando o fez, a paixão inicial dela transformou-se em repugnância: ela não mais suportou deixar que o marido a tocasse. Começou a suspeitar dele a respeito de toda sorte de coisas de que seu pai tinha sido culpado, como ser mulherengo e gastar consigo todo o dinheiro da família. Sonhava deixá-lo, porém nunca o fazia, alegando que lhe era "impossível" fazer isso.

Começaram a surgir sintomas físicos, alguns dos quais pareciam ter antecedentes na adolescência, porém muitos pareciam brotar da identificação que Jeanne fazia entre o marido e o pai (o que era ajudado, sem dúvida, pelo fato de os dois homens se darem bem). Ela falava de dores nas costas, dores nos ombros, dores no queixo, dores na língua, dores no peito, dores de garganta e dores de estômago, e passava de gastroenterologistas a quiropráticos e fitoterapeutas, sem o menor proveito.

Desde o começo da terapia de Jeanne comigo, o conflito primário pareceu girar em torno de seu pai e seu marido. No entanto, ela dedicou boa parte das primeiras sessões a relatar rivalidades com a irmã mais velha, a quem na infância ela muitas vezes havia ridicularizado e aparentemente deixado à sombra. As identificações rivalizantes com as irmãs foram basicamente elaboradas em cerca de um ano, ao que parece, e recuaram para o cenário de fundo. O pai/marido passou então a monopolizar seus pensamentos. Em termos de transferência, em momento algum Jeanne pareceu colocar-me no lugar de um outro (uma pessoa) igual a ela, apesar de termos idades muito próximas; na verdade, era como se suas relações imaginárias estivessem mais ou menos confinadas às mulheres. Desde o início, ela pareceu identificar-me como aquele que sabe: o Outro simbólico. Praticamente nada da raiva ou da recriminação que expressou a respeito do pai durante as sessões, ou até a respeito da mãe, mais tarde, refletiu-se em sua atitude transferencial para comigo; apenas alguns elementos ocasionais nos sonhos sugeriram uma possível raiva de mim. Desenvolveu-se uma espécie de dialética do bom pai (eu) e do mau pai (Bertrand) que pouco contribuiu para acelerar nosso avanço.

Um momento decisivo surgiu quando, após dois anos e meio de insistência minha, Jeanne concordou em passar para duas sessões por semana. Sua disposição de fazê-lo foi sobredeterminada, sem dúvida: o marido vinha passando cada vez mais tempo fora, a trabalho, e, segundo Jeanne, era ele quem se opunha a que ela se tratasse comigo (não confiava em psicoterapia e não queria gastar dinheiro com isso); os dois haviam enriquecido um pouco, e é possível que Jeanne tenha achado que poderia esconder do marido, com mais facilidade, esse gasto extra; e, o que talvez fosse mais importante, seus sintomas tinham se tornado mais opressivos. As duas primeiras razões foram corroboradas pelo fato de que, quando o marido finalmente examinou as contas da família, oito meses depois, fez uma grande cena por ela se consultar comigo duas vezes por semana, e Jeanne voltou a uma sessão semanal, sem disposição de desafiá-lo ou desobedecê-lo nesse ponto. Talvez só se houvesse disposto a arriscar a ira dele quando seu sofrimento se revelara mais agudo.

A intensificação de seus problemas foi marcada pelo aparecimento de um novo sintoma: quando o marido se ausentava, havia ocasiões em que ela começava a sentir frio no corpo todo, um frio tão grande que nem mesmo um banho quente conseguia aquecê-la. Foram suas associações com esse sintoma, muito prontamente verbalizadas quando ela retomou a terapia após uma pausa de verão, que interligaram grande parte do material inconsciente despertado ao longo dos anos e evocaram uma espécie de "cena primária".

A sensação de frio experimentada por ela vinha da lembrança de uma cena supostamente presenciada nos seus sete ou oito anos de idade; ela parecia estar revivendo desse modo algo de que, de início, não conseguiu se lembrar.[67] No norte da África, seu quarto (que ela dividia com a irmã mais velha) era contíguo ao dos pais. Havia uma porta entre os dois cômodos, mas estava sempre fechada. Esse seu quarto na África foi palco de muitos sonhos que Jeanne teve durante o tempo de análise, e ficou claro que ela entreouvira muitas brigas dos pais no quarto deles.

Jeanne falava com facilidade das brigas parentais e disse que, muitas vezes, "prendia a respiração, tentava parar de respirar para ouvir", para saber o que estava acontecendo no quarto ao lado. Com frequência, não conseguia dormir "até *aquilo* acabar", e "tinha de ficar muito quieta para ouvir". Em várias ocasiões, a paciente pareceu muito perto de dizer o que era *aquilo*, mas sempre dava uma volta, como se fosse incapaz de dizê-lo. Numa dessas ocasiões, depois de ter contado que ficava escutando as brigas até *aquilo* acabar, acrescentei algumas palavras no sentido de que seus pais acabavam fazendo amor.

Obviamente, essa foi uma construção de minha parte ("construção" no sentido encontrado no artigo de Freud "Construções em análise", *SE* XXIII, p.257-69), uma construção que baseei em anos à escuta do discurso de Jeanne sobre o relacionamento tempestuoso de seus pais. Não posso afirmar com certeza que ela sempre houvesse estado consciente ou pré-consciente das ideias que expressou após essa intervenção, e que simplesmente houvesse relutado em falar delas, pois também é possível que minha intervenção tenha levado a uma reconstrução de cenas infantis que ela nunca havia entendido muito bem.[68] Como quer que fosse, a intervenção levou Jeanne a dizer, quase de imediato, que acreditava ter ouvido os pais conceberem sua irmã caçula, nascida nove meses depois da primeira viagem de verão ao norte da África. Na sessão seguinte, a analisanda me disse que, uma noite, no norte da África, ela fora até o corredor, onde o piso de cerâmica tinha-lhe parecido *frio* sob os pés. A porta do quarto dos pais estava entreaberta, e Jeanne havia espiado o interior e visto o "pai em cima dela [a mãe], com o pênis erecto". Em suas palavras, ela se sentira chocada, horrorizada e enojada.

As sensações noturnas de frio desapareceram depois que ela me contou essa cena, e outro sintoma – aperto ou dor no peito – sumiu quando ela acrescentou outro detalhe: do ângulo de onde havia observado a cena, a impressão tinha sido de que seu "pai estava com o joelho sobre o tronco dela [da mãe]".

Quando ouvia de seu quarto as brigas e as relações sexuais dos pais, Jeanne não apenas tentava parar de respirar (para ouvir melhor), como também ficava tensa ou enrijecida, como que para se proteger dos golpes esperados (verbais e/ou físicos), para se proteger de ser "ferida". Em certo sentido, ela se colocava no lugar da mãe, imaginando que o pai a surrava e fazia amor com ela. Muitas de suas dores nas costas, ombros e pescoço pareciam ter clara relação com esse enrijecimento durante a escuta, mas nosso trabalho conjunto não avançou o bastante para elucidar todo o material necessário para aliviá-las por completo.

Apesar de Jeanne haver dedicado os primeiros anos da terapia a detalhar a conduta atroz de seu pai, só ocasionalmente o papel de sua mãe foi questionado. Nesse período, a mãe foi retratada como vítima, pura e simplesmente – havia cometido um erro ao se casar com um homem daqueles, mas tentara fazer o melhor possível naquela situação, "pelo bem das filhas". Durante o último ano da terapia, entretanto, Jeanne voltou a atenção para os motivos menos óbvios de sua mãe.

A mãe foi então descrita como passiva e autocomplacente, além de alguém que fazia as filhas responderem por todo o serviço doméstico. Era vista como alguém interessado apenas nos próprios amigos e como se tentasse, de propósito, fazer a filha desprezar o pai. Embora essa tentativa tenha obrigado Jeanne a encobrir seus sentimentos mais afetuosos pelo pai e a odiá-lo em determinados aspectos, também a convenceu de que, em certo sentido, seu pai tinha sido vitimado por sua mãe, e, portanto, não tinha sido amado. Jeanne recordou que sua mãe adorava dançar com homens; aliás, a analisanda disse que a mãe gostava "de todos os homens, menos do meu pai". Afirmou que, por sua vez, ela era o oposto diametral disso: "Nunca amei nenhum homem, exceto [meu] pai." Começou a detestar a mãe por tê-la *proibido* de amar o pai, ou, no mínimo, de sentir esse amor, de ter consciência dele e demonstrá-lo.

Ainda assim, Jeanne havia permanecido fiel ao pai, em algum nível, convencida de que ele realmente a amava, embora nunca o houvesse expressado: "Ele nunca soube expressar amor." Em sua vida cotidiana, ela se mantivera fiel a tudo o que o pai dizia: ele lhe dissera que ela nunca seria ninguém, e por isso ela sabotava as coisas, de modo a cumprir as profecias paternas. Por exemplo, em meados da casa dos trinta anos, começou a pintar, desenhar e fazer peças de cerâmica – atividades que não havia praticado desde os tempos da escola secundária –, e era frequente receber elogios por seu talento. Após uma pequena exposição de seu trabalho, ela começou a ter problemas associados com a visão (*la vue*),[69] os quais associou às previsões de seu pai: se não enxergasse bem, ela não poderia pintar, donde nunca poderia vir a ser ninguém. O pai tinha dito que a vida dela seria um desastre, e Jeanne tinha a sensação de que, sem querer, confirmava essa predição. Pois ter sucesso na vida seria traí-lo, não apenas externamente, mas também internamente.

Assim, no decorrer da análise de Jeanne, houve uma inversão quase completa da perspectiva. No princípio, ela via o pai como a causa de todos os seus problemas na vida, ao passo que a solidariedade com a mãe parecia praticamente completa. Mais tarde, ela passou a ver o pai como seu único e verdadeiro amor e a mãe como a vilã. Tratou então de matar a mãe num sonho, e começou a achar que sua própria filha, então com cerca de treze anos, queria vê-la morta. Jeanne deu para culpar a mãe de toda sorte de coisas. Por exemplo, essa mãe deixava as filhas sozinhas em casa na África, ao sair com as amigas, e lhes dizia para "nem respirarem na sua ausência"; criticava as notas das filhas, mas nada fazia para ajudá-las; era "gratuitamente má para as filhas".

Jeanne também se lembrou de que a mãe costumava levar as filhas a um parque, na África setentrional, e ficar absorta na conversa com uma amiga, enquanto as meninas vagavam sem vigilância pelo parque; certa vez, Jeanne e a irmã mais velha tinham sido levadas a um depósito por um guarda do parque, que lhes mostrara o pênis. Jeanne queixava-se de não ter sido protegida pela mãe. (Aliás, passados alguns meses, disse que a única coisa que sua mãe tinha feito pelas filhas fora ficar com seu "marido infernal".) O pai era "loucamente" superprotetor, porém ao menos era protetor.

No curso desse retorno ao pai, Jeanne relatou um sonho em que parecia ter preferido correr perigo, seguindo o pai na subida de uma trilha montanhosa estreita e exposta a ventos fortes, a *"passer par la mer/mère"* – "passar pelo mar/mãe" (*mer*, mar, pronuncia-se exatamente como *mère*, mãe). O pai podia ser perigoso, mas a mãe era pior. Em outro sonho, Jeanne viu seus "dois filhos no mar (*mer/mère*), e veio uma onda grande e os tragou. Mas eles ficaram bem e foram devolvidos à praia". Segundo Jeanne, a onda era seu pai, um tsunami que destroçava tudo à sua frente, inclusive a mãe (*mère*) da analisanda, pois as crianças foram arrastadas para fora do mar e lançadas na praia, onde ficaram seguras. Ele salvou as crianças, e Jeanne pôde tê-las ou teve permissão para conservá-las graças ao pai; nesse sentido, "elas eram dele". Seu pai, portanto, num sentido fantasístico, foi o pai de seus filhos.

Num outro sonho, Jeanne tinha "três filhos novos – meninos, todos de olhos castanhos. No começo, não ficou muito claro se o terceiro era menino, mas no fim parecia que era". Em suas associações com o sonho, "castanho", que de início não havia suscitado nada, lembrou-lhe que, em data recente, ela vira uma fotografia da filha ilegítima do pai, que tinha olhos castanhos, tal como ele. Jeanne disse que os meninos do sonho não podiam ser filhos de seu marido, já que os olhos dele eram azuis...

Portanto, Jeanne havia permanecido eternamente fiel ao pai, apesar de tudo,[70] e suas relações com o marido sugeriam uma fidelidade contínua ao pai. Apesar de ter se conscientizado de que tendia a projetar as falhas paternas no marido, esse continuou a ser um tema dominante na relação do casal. Numa ocasião, quando o marido estava viajando a serviço, ela encontrou algumas faturas de cartões de crédito e se enfureceu ao ver os gastos enormes que ele vinha fazendo. Depois se constatou que eram todas despesas de trabalho, reembolsadas pela empresa, mas Jeanne havia prontamente equiparado o marido (a quem às vezes descrevia como um dedicado pai de família) ao seu pai displicente, sem consideração e esbanjador.

No casamento, Jeanne se via como sua mãe: abandonada (embora não o estivesse), traída (embora isso não lhe estivesse nada claro), e assim por diante. Em suma, identificava mentalmente o marido com o pai e se via no lugar da mãe (ou seja, era mulher de seu pai), embora, ao mesmo tempo, visse a si mesma como filho varão do pai.

A terapia comigo terminou quando seu marido voltou a ser transferido pela empresa e Jeanne retornou com a família para a França. Obtive o nome e o telefone de um analista na cidade francesa para a qual ela se mudou e a incentivei a dar continuidade ao trabalho que havíamos iniciado.

Esta breve exposição da terapia de Jeanne, por mais incompleta que seja, ilustra algumas características importantes da histeria.

Para começar, toda a maneira de Jeanne falar de si e da sua vida envolvia outras pessoas – outros significativos. Seu discurso contrastava nitidamente com o de Robert, que girava quase exclusivamente em torno dele mesmo – um obsessivo envolto em seu próprio mundo e se vendo como uma ilha. O mundo de Jeanne era povoado, e ela se definia em relação às pessoas.

A postura fundamental de Jeanne consistia em completar o Outro: tornar-se o filho que seu pai nunca tivera; tornar-se uma esposa fiel para o pai, já que a mulher dele o traía, preferindo a companhia de todos os outros homens à dele (em especial quando dançava); e até se tornar uma espécie de substituto do marido para sua mãe, quando esta se queixava sem parar, nos primeiros anos depois de o marido deixar o país, de ter sido abandonada e maltratada por ele. Neste último caso, Jeanne tentava "dar à mãe o que [seu] pai não lhe dava", tornar a vida dela tão fácil e feliz quanto possível, fazer muitas das tarefas domésticas, exigir o mínimo possível da mãe e talvez até comer muito pouco para economizar o dinheiro dela. Jeanne procurava detectar o que o Outro significativo de sua vida queria, o que lhe faltava ou o que ele havia perdido, e se transformar nisso.

Sua posição sexual talvez fosse ainda mais complexa que a de Robert, que já era multifacetada. Ela se identificava com a mãe, mas também com o pai.

No casamento, era uma mulher abandonada, maltratada e incompreendida, como a mãe. Em seus muitos sintomas psicossomáticos, colocava-se no lugar da mãe sofrendo abusos do marido e mantendo relações sexuais com ele. Em certo sentido, via-se como a esposa fiel que seu pai nunca tivera, mas, ao mesmo tempo, via-se como o filho que ele nunca tivera (descrevia-se como uma moleca, "*un garçon manqué*"*). Intelectualmente, Jeanne assemelhava-se ao pai, considerava-se decidida e teimosa como ele, e se colocava num papel masculino em certos sonhos e lapsos. Ao contar um sonho, por exemplo, cometeu um lapso de linguagem e disse que "vários homens estavam ficando apaixonados por [ela]", mas, em vez de dizer *amoureux*, disse *amoureuses*, usando a forma feminina do adjetivo. O lapso transformou os homens em mulheres,[71] refletindo, a meu ver, o fato de ela estar se colocando no lugar de um homem como seu pai, o sedutor, aquele "sobre quem choviam mulheres".

A identidade sexual de Jeanne, portanto, baseava-se parcialmente na mãe e parcialmente no pai – falando em linguagem convencional, era em parte feminina, em parte masculina.[72] Sua sexualidade, que permaneceu predominantemente não elucidada, parecia ser dominada pelo nojo, aversão e recusa da satisfação sexual física direta; como adulta, ela disse que quase nunca aceitava as investidas do marido, nunca se masturbava e só tivera uma aventura fugaz. Até o período tempestuoso inicial com o marido, segundo suas descrições, parecia ter se caracterizado pela paixão do desejo, nascido de um jogo (muito sério) de sedução e de uma luta pelo poder, e não da satisfação de algum anseio corporal ou lascívia por parte dela. Aliás, para ela o sexo não parecia ser mais do que uma arma na batalha com Bertrand. A própria ideia de atividade sexual (com um homem) evocava, em seu discurso, todas as metáforas imagináveis do campo da alimentação e da digestão: era "nauseante", "engulhoso", "enojante" etc. Num dado sonho, por exemplo, o marido rejeitava as investidas sexuais *dela*; em suas associações com esse sonho, pareceu que ser rejeitada, e por isso poder continuar a desejar, excitava-a mais do que a sexualidade em si. O sonho, portanto, pareceu realizar seu desejo de um desejo insatisfeito.[73]

Em outro sonho, ela dormiu com um dos amigos do marido, o qual, ao que Jeanne acabara de saber, havia traído sua mulher. Na vida real, ela o achava repulsivo, mas sonhou que "dormia com ele" (no sonho não pareceu haver nenhuma representação do ato sexual em si). No sonho, aparentemente, ela se pusera na posição da amante com quem um homem poderia trair sua mulher,

---

* *Garçon manqué* se traduziria, ao pé da letra, por "menino falho", ou "menino em quem falta algo", para designar a menina travessa e interessada em atividades ditas masculinas. (N.T.)

com quem um homem como o marido dela poderia ser infiel. Jeanne estava interessada em saber por que um homem trairia sua mulher – "Como pode uma outra ser amada?", na formulação dada por Lacan à pergunta da mulher do açougueiro nos *Escritos* (p.626[632]). Ela se colocou no lugar da outra e imaginou o desejo de um homem por ela. Embora não evocasse explicitamente a identificação com o pai (ou, em termos mais gerais, com os homens) em suas associações com esse sonho, é possível que também houvesse um sentido em que ela se viu no amigo de seu marido, e imaginou como seria dormir com a outra (papel que ela própria desempenhou no conteúdo manifesto do sonho).[74] Este é um exemplo daquilo a que me referi, anteriormente, como o complexo "circuito do desejo" da histérica.

Jeanne examinava minuciosamente o desejo do marido, na tentativa de detectar um interesse por outras mulheres. Embora, segundo a analisanda, ele parecesse ter sido fiel ao longo dos quatorze anos de casamento, ela não conseguia se impedir de imaginar que ele estava tendo um caso com alguém toda vez que viajava a trabalho, e vivia à procura de indícios. Não relutava em vasculhar os pertences pessoais, os papéis e os registros do marido, nem em lhe telefonar a qualquer hora nos vários hotéis; com um "medo" consciente de que ele a traísse, mesmo assim Jeanne parecia querer discernir um desejo dele por outra mulher.

Tal desejo, claro, seria sobredeterminado: caso o marido estivesse tendo uma aventura, isso confirmaria o sentimento de Jeanne de ser abandonada, como a mãe, por um homem como seu pai. No entanto, também proporcionaria um novo circuito possível para o desejo dela, passando pela outra mulher. Ao contar um de seus sonhos, Jeanne disse: "O Bertrand tinha uma amante. Eu o flagrei falando com ela por telefone e dizendo 'Eu te amo'. Então eu me disse: 'Agora posso me divorciar, agora tenho a prova necessária. Mas não posso. Ele vai me impedir de ir embora!'" Pelo menos um nível de interpretação do sonho provocou a ideia de que o desejo dele por outra era exasperante mas de algum modo parecia necessário a Jeanne.

As cenas de ciúme feitas por ela com base em suas suspeitas pareciam ter mantido vivo o desejo do marido, em alguns aspectos; a luta passional entre os dois nunca parecia atenuar-se por inteiro. Talvez ela também mantivesse o desejo do marido em ação (não necessariamente de propósito) ao frustrar a maioria das demandas dele – demandas de que ela cuidasse de certas providências familiares na ausência dele (limpeza, organização, pagamento de contas etc.) e demandas de sexo. Jeanne buscava ser a causa do desejo dele, mas se recusava a *satisfazer* esse desejo, recusava-se a ser objeto da satisfação sexual do marido.

O desejo insatisfeito encontra-se em ambos os lados na histeria – na histérica e em seu parceiro. A histérica mantém o parceiro insatisfeito, já que é o desejo do parceiro que tem enorme importância para ela na definição do seu ser. Jeanne parecia intuir que, se deixasse o marido satisfazer seus anseios sexuais com ela, a falta ou o desejo dele desapareceriam, ao menos temporariamente.

No entanto, após três anos de análise, ela disse estar "cansada do [seu] próprio comportamento" – cansada de se recusar a fazer amor com Bertrand e de ser agressiva com ele o tempo todo. Ao que parece, ao negar a si mesma o que queria, ela o fazia, ao menos em parte, por "solidariedade" com a mãe. Pois a mãe de Jeanne lhe dissera, repetidas vezes, que todos os outros casais eram felizes e unidos, menos seu pai e sua mãe. Ao se casar, mas evitar a solidariedade com o marido, Jeanne pareceu identificar-se com a mãe no nível da insatisfação, da falta de satisfação ou da infelicidade.

Um elemento que corroborava sua identificação com a mãe nesse nível era um de seus antigos sintomas psicossomáticos. Jeanne tinha desenvolvido um problema no nervo ciático depois que seu pai tivera um ataque de ciúme quando a esposa recebera flores anônimas de alguém na época do Natal. O pai convenceu-se de que as flores tinham sido mandadas pelo patrão da mãe de Jeanne na empresa, um quiroprático com quem ele achava que sua mulher devia estar tendo um caso (na verdade, as flores tinham sido mandadas por uma tia). Desde então, Jeanne frequentava quiropráticos com frequência, por causa de dores relacionadas com o nervo ciático – problema que sua mãe lhe havia descrito – e de toda uma variedade de outras queixas. Ficava tão "doente" que tinha de entrar em contato com o tipo de homem que sua mãe desejava (segundo seu pai), ainda que esse desejo nunca se houvesse realizado. O quiroprático, em certo sentido, havia passado a representar a ânsia materna insatisfeita de um homem diferente, talvez melhor (o quiroprático também se associou aos acessos de ciúme do pai de Jeanne, perturbadores mas emocionantes, irritantes mas estimulantes).

Ao declarar que estava "cansada do próprio comportamento", porém, Jeanne sugeriu que *não estava satisfeita com o desejo insatisfeito* – em outras palavras, que o desejo não era a história toda. "A mulher não vive só de desejo", pareceu dizer, sugerindo que não estava desinteressada da satisfação em todos os níveis. Em qual nível estava interessada? Enquanto algumas histéricas fazem o jogo do desejo com homens mas satisfazem seus impulsos sexuais com mulheres, nenhuma corrente homossexual jamais se manifestou com clareza no trabalho de Jeanne comigo. No entanto, outra corrente se mostrou quando, depois de assistir ao filme *Proposta indecente*, com Robert Redford, a analisanda teve um sonho que relatou nos seguintes termos: "O Bertrand aceitava fazer uma coisa para ganhar 450 milhões de dólares. Apesar do meu medo de ganhar dinheiro de forma desonesta, acabei concordando." Jeanne comentou que, no filme, um homem concordava em deixar sua mulher dormir com Robert Redford em troca de uma soma considerável. Jeanne disse que não gostava da ideia de ganhar dinheiro de maneira desonesta ("*de manière malhonnête*"), mas sua escolha das palavras sugeriu algo um pouco diferente, já que *malhonnête* também pode ser ouvido como "*male honnête*", um "homem decente".⁷⁵ Talvez houvesse algo num homem "autêntico", como Robert Redford, capaz de fazê-la fechar os olhos para certos escrúpulos (isto é, inibições); mas ela também disse ter a impressão de que "[lhe] seria impossível recusar-se a ajudar o marido por uma soma tão grande".

Em vez de interpretar isso imediatamente como uma espécie de desejo profundo de se tornar prostituta – ou seja, de receber dinheiro em troca do sexo –, devemos ver aí uma característica muito geral da histeria: as inibições que bloqueiam a sexualidade têm de ser superadas por uma força poderosa, muitas vezes pela coerção franca, para que a satisfação sexual seja considerada outra coisa que não repreensível. O gozo sexual desinibido só parece possível quando é forçado ou obrigatório – quando impedi-lo está fora do alcance. Se as fantasias de prostituição surgem com tanta frequência na análise com histéricas, é porque a prostituição é comumente associada, na mentalidade popular, com a miséria extrema e a compulsão – por exemplo, uma mãe abandonada que tem de fazer a vida para alimentar os filhos, ou uma jovem sem instrução, de origem extremamente pobre, mas decente, que é obrigada a vender o corpo por ter de alimentar irmãos mais novos e pais inválidos.⁷⁶ Encontramos um motivo semelhante em ação nas fantasias de estupro, muito comuns entre as histéricas, cuja ideia essencial é de que *a mulher não tem alternativa senão praticar a atividade sexual*.

Isso sugere que o papel desempenhado pelas inibições na histeria é extremamente importante. No caso de Jeanne, vemos que algumas inibições relacionavam-se a sua solidariedade com a mãe. Desfrutar efetivamente do sexo (e não simplesmente extrair gozo de seus sintomas conversivos, associados à atividade sexual materna) seria trair a mãe. A questão da traição, quer envolva o pai ou a mãe, é sempre uma questão de valores, princípios e ideais – em outras palavras, do ideal do eu ou supereu. Embora Jeanne talvez não parecesse ser movida por ideais impossíveis, como era Robert, havia ideais contraditórios muito presentes em sua mente: o que lhe tinham dito que era esperável que uma mulher fizesse; o que ela, como "filho" de seu pai, deveria realizar; e o que ela, como filha de sua mãe, era responsável por oferecer à mãe, e podia esperar receber do casamento, mais tarde.

Freud tende a ver a aversão à sexualidade como praticamente estrutural, ou como um *a priori* da histeria, e a ver o ideal do eu muito mais desenvolvido nos homens que nas mulheres; todavia, talvez façamos melhor em considerar essa aversão como *produto* de um ideal de eu mais tipicamente feminino (típico na cultura ocidental), e em considerar a culpa o produto de um ideal do eu mais tipicamente masculino. Pois a aversão e a culpa parecem ser atitudes relativas à satisfação das pulsões, atitudes que nos são impostas no decorrer da socialização; em outras palavras, são posturas adotadas no nível simbólico (o dos ideais, valores e princípios) – no nível do desejo – com respeito à satisfação das pulsões. Não são, necessariamente, características das pulsões em si.[77] Freud parece ser erroneamente induzido a ver as mulheres como possuidoras de um ideal do eu menos altamente desenvolvido porque sua ideia do que constitui um ideal é sumamente estreita: inclui apenas ideais sociais, econômicos, políticos, intelectuais e artísticos muito largamente aceitos – os tipos de ideais antes inculcados primordialmente nos homens das sociedades ocidentais. Mas um ideal é qualquer tipo de exortação ou injunção que seja universalizável (por exemplo, "A filha deve sempre respeitar a mãe") ou que não o seja (por exemplo, "Seu pai trata todas nós como lixo! Só temos umas às outras, e por isso devemos nos unir"). O peso das exortações particulares, específicas do contexto, pode ser tão grande quanto, se não maior, o peso de alguns juízos de valor mais universalizáveis, como "Hoje em dia é preciso frequentar a universidade, se você espera ser alguém". Uma regra prática útil seria: "Se produz inibições, é um ideal."[78]

Convém ainda assinalar que a diferença estrutural entre a histeria e a obsessão – a superação da separação através da complementação do Outro, na primeira, e através da complementação do sujeito, na segunda – tem por base ideais sociais e sexuais, muitos dos quais não são terrivelmente difíceis de adivinhar. A histeria e a obsessão são "estruturas" que, no contexto social do Ocidente, constituem uma espécie de grande divisor das posições subjetivas, mas não são necessidades universais transcendentais. São estruturas contingentes, baseadas numa forma particular (mas muito difundida) de sociedade.

Passando agora ao tratamento, quero tecer um breve comentário sobre uma intervenção específica que fiz e que antes qualifiquei de "construção". Como eu disse, não posso ter certeza de que Jeanne sempre houvesse estado consciente ou pré-consciente do que disse após essa intervenção, e de que simplesmente houvesse relutado em falar do assunto; minha impressão, de fato, foi de que a intervenção levou a uma reconstrução de cenas do passado que ela nunca havia entendido muito bem. Se assim foi, tal intervenção constituiria um exemplo de interpretação que "bate no real" (como examinado no Capítulo 4). O real é aquilo que ainda não foi simbolizado, ainda não foi posto em palavras; é aquilo que, num certo momento, é indizível (o "impossível de dizer") para o analisando, mas não necessariamente para o analista. Ao dar nome ao que Jeanne tinha visto e ouvido quando pequena, antes (aparentemente) de aprender sobre o sexo, dei início ao processo de neutralizá-lo – isto é, de drenar sua pesada carga afetiva – através da simbolização. Enquanto a coisa se mantivera indizível, deixara Jeanne fixada. Uma vez falada, a fixação começou a ceder.

Na medida em que a interpretação bate no real, *ela menos toca a verdade do que a cria*. É que a verdade só existe na linguagem (é uma propriedade dos enunciados) e, por conseguinte, não há verdade do que ainda não pode ser dito. A verdade é menos "descoberta" ou "revelada" pela interpretação do que criada por ela. Isso não significa que a interpretação esteja livre para inventar como lhe aprouver; a abordagem que adotei com Jeanne, escutando-a atentamente por dois anos e meio, uma vez por semana, antes de arriscar tal interpretação, contrasta nitidamente com as "interpretações selvagens" que hoje são feitas por inúmeros psicólogos e psiquiatras, com base numa conversa de dez minutos ou num punhado de sessões com um paciente. Jeanne tinha feito tudo, menos dizer o que eu disse, girando em torno daquela ideia em diversas sessões, e estava obviamente preparada para ouvi-la.

Consideremos a diferença entre a validade subjetiva dessa construção para Jeanne, atestada pelo material que ela expôs nas sessões seguintes, e o efeito da interpretação feita por um psiquiatra conhecido meu. Um paciente que estava em terapia há dois anos com um psicólogo supervisionado por mim vinha consultando um psiquiatra, a intervalos de alguns meses, no que concernia a sua medicação. Numa dessas ocasiões, mencionou ter se lembrado, subitamente, de haver sofrido abusos sexuais três vezes quando pequeno; o psiquiatra aproveitou a oportunidade para dizer: "Você deve ter gostado." O paciente ficou tão abalado com essa interpretação que quase abandonou por completo a terapia.

Seria possível argumentar que, com base na teoria psicanalítica, o que o psiquiatra disse seja verdadeiro em numerosos casos, já que muitas pessoas gostam dessas experiências sexuais em determinados sentidos, talvez não muito óbvios; mas seu dito ignorou por completo a experiência do indivíduo em questão e teve pouca ou nenhuma validade subjetiva para ele. Se *a interpretação cria a verdade*, o terreno deve estar preparado para ela (como para uma planta, se tivermos a expectativa de que ela crie raízes e cresça): o material circundante deve estar elucidado e a relação com o terapeuta tem de ser sólida. Caso contrário, a interpretação não terá mais que um valor de choque (na melhor das hipóteses). Os enunciados chocantes podem ser apropriados no ensino, às vezes, quando se tem o objetivo de sacudir os estudantes para tirá-los de seus modos de pensar habituais, mas têm pouco lugar na terapia.[79]

Como indiquei no Capítulo 4, o tipo de interpretação que fiz com Jeanne, que não é de natureza "oracular" – não é ambígua, polivalente nem essencialmente evocadora –, deve ficar reservado para uma etapa relativamente avançada da análise, quando o conhecimento que o analista tem do analisando é bastante amplo e o analisando é receptivo ao efeito da interpretação do analista. Tal interpretação fornece um exemplo particularmente claro do que Lacan quer dizer quando afirma que a interpretação é "apofântica" (*Scilicet*, n.4, 1973, p.30). "Apofântico", do grego *apophantikos*, quer dizer "categórico", "declaratório" ou "assertivo". A interpretação, no sentido lacaniano, seja ela de natureza oracular, seja uma construção, não é apresentada sob a forma de uma pergunta nem como sendo possivelmente verdadeira; é declarativamente afirmada pelo analista.

É óbvio que o tratamento de Jeanne estava longe de ter se concluído quando ela regressou à França. Embora houvesse começado a culpar um pouco menos o pai e a mãe por seus problemas, ela de modo algum se havia separado deles; num dado nível, ainda tomava o partido da mãe contra o pai, ao mesmo tempo em que se mantinha fiel ao pai, realizando suas profecias (a de que não seria ninguém, por exemplo). A terapia nunca atingiu a intensidade necessária para "destruir" essas figuras parentais – em outras palavras, destruir o poder de suas proibições e ideais, que levavam às inibições de Jeanne – por meio da transferência. Jeanne continuou avessa à ideia de ficar "dependendo demais" de mim, e não consegui intrigá-la o bastante para superar suas resistências e as do marido. Embora a frequência das sessões tenha finalmente aumentado no último ano, a cena feita por Bertrand ao descobrir que ela estava me vendo duas vezes por semana pôs fim a uma intensidade maior de nosso trabalho conjunto.[80] Jeanne achou que não podia opor-se ao marido nesse ponto.

Jeanne tinha começado a vislumbrar em que sentido fizera escolhas e adotara posturas perante seus pais – ainda que, no começo, sua posição parecesse ter sido simplesmente jogada em cima dela –, mas ainda não pudera afirmar que o tinha feito pelo que havia desejado na época. Portanto, a subjetivação – o processo de fazer surgir o sujeito onde o Outro era considerado o responsável – não fora inteiramente alcançada. Embora, em alguns aspectos, ela houvesse se afastado dos ideais paternos – por exemplo, no último ano da terapia, tinha reavivado sua paixão pela arte, sufocada fazia muito e vigorosamente reprovada por seu pai –, ainda achava que, mesmo assim, o pai continuava a interferir em sua busca de reconhecimento como artista. Os valores dele continuavam a inibi-la: Jeanne ainda não havia nascido como sujeito no lugar dos valores paternos, os quais não haviam sido destruídos nem se tornado os valores dela. A analisanda se mantinha no limbo, suspensa entre rejeitar os ideais do pai e se castigar por rejeitá-los.

Antes da análise, o amor de Jeanne pelo pai tinha sido recalcado, e esse recalque se evidenciava no ódio extremo que ela expressava ininterruptamente por ele. Seu ódio – como a teoria analítica nos levaria a esperar – era diretamente proporcional à importância que o pai tinha para ela, ao amor que a filha lhe dedicava. O ódio representava o *retorno do recalcado* numa forma disfarçada – nesse caso, sob a forma de uma simples inversão, surgindo o ódio no lugar do amor. Similarmente, antes da análise, sua raiva recalcada da mãe manifestava-se (em outras palavras, retornava) sob a forma de uma confiança exagerada na santidade e perfeição maternas. Embora esses recalcamentos tenham se desfeito no curso da análise, o desejo edipiano recalcado de tomar o lugar da mãe, como objeto maltratado e sexualmente amado pelo pai – um desejo que alimentava a maioria dos seus sintomas somáticos (pois nestes ela se colocava no lugar da mãe) –, permaneceu quase não abordado, tocado apenas em alguns sonhos (por exemplo o da baleia de tromba grande). A fantasia fundamental de Jeanne parecia consistir em ser o objeto maltratado e amado por um homem como seu pai. Embora essa fantasia tenha sido vislumbrada no decorrer da análise, ficou longe de ser reconfigurada ou atravessada.

Considerações etiológicas

Os dois estudos de caso precedentes ofereceram ilustrações concretas de muitas facetas da neurose examinadas neste capítulo, e espero que tenham dado aos leitores uma ideia mais clara de como podem ser a obsessão e a histeria "modernas" em casos individuais. Não existe caso "puro" de obsessão, livre de aspectos histéricos ou perversos, assim como não há casos de histeria "pura". Cada um confirma certas coisas que já aprendemos sobre a neurose e, se formos receptivos a ouvir o que ainda não é explicável num sistema teórico em particular, cada um também nos ensinará coisas novas. O caso de Robert destacou algo que pode revelar-se de valor geral – a importância da mulher do Outro homem –, e a história de Jeanne lançou luz sobre o porquê e o para quê de sua repugnância, talvez sugerindo algo sobre as origens da repugnância e da culpa, em primeiro lugar. Como diz Lacan, "os casos mais particulares são aqueles cujo valor é o mais universal" (Seminário 6, p.254[232]).

A tabela seguinte resume aquilo a que me referi, até aqui, como as "características definidoras" da histeria e da neurose obsessiva:

	Histeria	Neurose obsessiva
Pergunta	"Sou homem ou mulher?"	"Estou vivo ou morto?"
Estado do desejo	Insatisfeito	Impossível
Postura perante a sexualidade	Repugnância	Culpa
Zona primária afetada	Oral	Anal
Estratégia quanto ao ser	Ser a causa do desejo do Outro	Ser no pensamento
Estratégia para superar a separação	Completar o Outro	Completar o sujeito
Fantasia fundamental	$(a \diamond \mathbb{A})$	$(S \diamond a)$

Deve ficar bem claro que essas "características definidoras" não são de natureza etiológica; não procurei responder aqui a *por que* alguém se torna histérico ou obsessivo (exceto entre parênteses, em meus comentários sobre os casos anteriores), e restringi minha atenção ao *o quê* da histeria e da obsessão. Procurei usar as distinções mais amplas de Lacan para indicar o que são a histeria e a neurose obsessiva e em que elas diferem entre si.

Freud estava claramente em busca de definições etiológicas numa fase inicial de seu trabalho. Nas cartas a Fliess, ele sugere a hipótese de que a obsessão é *causada* por uma experiência sexual precoce que resulta num excesso de prazer (e num subsequente sentimento de culpa, que leva, por sua vez, a um comportamento de evitação – culpa e evitação estas que depois são entendidas como efeitos retroativos de uma segunda experiência, na qual a pessoa aprende o significado social/sexual do primeiro evento). Freud estava procurando explicar *por que* uma dada pessoa se tornava obsessiva, e suas primeiras "definições" dizem respeito a "causas primárias". Todavia, mesmo no caso das explicações causais freudianas, é sempre possível perguntar por quê: "Por que uma pessoa experimenta prazer demais e outra, prazer de menos?" Explicar isso dizendo que a primeira estava imbuída de um desejo excessivo por seu "sedutor" ou "sedutora", enquanto a segunda tinha pouquíssimo desejo ou sentia nojo dele(a), apenas nos permite repetir a pergunta a uma distância um pouco maior: "Por que um desejo excessivo?[81] Por que desejo demais, num caso, e desejo insuficiente, no outro?"

O que parece mais importante nas caracterizações de Freud é o fato de que os clínicos realmente recebem pacientes cuja sexualidade é dominada pela culpa, num caso, e pela repugnância, em outro. Não é que a culpa jamais apareça ao lado da repugnância, mas, no panorama clínico geral, uma ou a outra tende a predominar.

Lacan não compartilha a preocupação de Freud com causas primárias e, em vez delas, dedica sua atenção a processos lógicos. Como o recalcamento é o principal mecanismo na neurose, ele deve levar a resultados diferentes nos diferentes casos. Se o recalcamento significa que o sujeito se divide em consciente e inconsciente (isto é, ego e sujeito) num dado momento – não necessariamente definível em termos cronométricos –, a cisão deve ocorrer de modo um tanto diverso na histeria e na obsessão (o obsessivo e a histérica ficam "alienados" de maneiras distintas). Uma vez que os significantes é que são recalcados, a cisão diferenciada implica que a histérica e o obsessivo têm relações diferentes com a linguagem e relações diferentes com o saber.

Mas essas considerações não nos dizem *por que* o recalcamento ou cisão assume uma forma na histeria e outra na neurose obsessiva, ou por que uma pessoa se torna histérica e outra, obsessiva. Elas não esclarecem (como tentei fazer com minha explicação sociopsicológica, numa nota anterior) por que uma pessoa passa a negar o Outro e uma segunda pessoa não o faz. Freud, com seu célebre dito de que "a anatomia é o destino", parece sugerir que tudo depende de se possuir um pênis ou não; se a pessoa o tem, não pode *sê-lo* (isto é, ser o objeto fálico do desejo para o Outro); se não o tem, pode encarná-lo para o Outro. Lacan repete essas formulações freudianas em seus primeiros trabalhos (por exemplo, "Intervenção sobre a transferência", de 1951), mas problematiza essa esquematização nos textos posteriores. Suas discussões mais tardias – girando em torno do fato de que, na cultura ocidental, não existe significante da Mulher, ao passo que o falo é o significante do Homem – levam-nos mais longe na *dialética* entre anatomia e linguagem, na qual a biologia não tem a última palavra. Não posso entrar nesse debate agora, porém, pois ele nos levaria a questões complexas sobre a natureza da linguagem, para as quais não preparei o terreno aqui.[82]

Outra questão que vai além do alcance deste capítulo concerne às possíveis causas sociais de duas estruturas tão amplamente distintas quanto a histeria e a obsessão. De modo algum sugeri aqui que essas estruturas correspondam a como as coisas devem ser. Lacan, desconfio, não consideraria universais essas estruturas, mas as veria, antes, como dependentes de certa organização tipicamente ocidental da sociedade, na qual o falo é o significante predominante do desejo. A despeito de todos os esforços para modificar os papéis de homens e mulheres, enquanto o falo continuar a ser o significante do desejo é improvável que essas estruturas diferentes desapareçam. Se olharmos apenas para os diferentes tipos de ideais em ação na histeria e na neurose obsessiva e para as diferentes maneiras de eles serem inculcados num contexto familiar específico (como fiz em meu comentário sobre as inibições de Jeanne nos assuntos sexuais), deixaremos sem resposta as questões sociais mais amplas que Lacan também tenta abordar.

Fobia

> O motor e a razão da fobia não são, como acreditam aqueles que só têm a palavra "medo" na boca, um perigo genital, nem mesmo narcísico. Muito precisamente – ao sabor de certos desenvolvimentos privilegiados da posição do sujeito com relação ao grande Outro, como é o caso na relação do Pequeno Hans com sua mãe – o que o sujeito teme encontrar é uma espécie de desejo, que seria de natureza a fazer voltar, antecipadamente, ao nada toda criação significante, todo o sistema significante.
>
> LACAN, Seminário 8, p.305-6[323]

Antes de passarmos à perversão, devemos dizer algumas palavras sobre a fobia. Embora às vezes Lacan a considere uma categoria diagnóstica separada, ela representa, de acordo com ele, "a forma mais *radical* da neurose" (Seminário 8, p.425[445]), no sentido de que é uma resposta a um problema do estabelecimento da metáfora paterna. Em outras palavras, a fobia menos está "entre" a histeria e a obsessão ou uma terceira estrutura independente do que é, em certo sentido, anterior às outras neuroses.[83] Enquanto a histeria e a obsessão pressupõem a instauração da metáfora paterna (e portanto dos recalcamentos primário e secundário), o fóbico só é capaz de instalar a metáfora paterna cancelando a mãe com algo diferente do "Não!" do pai, ou do Nome-do-Pai.

A separação entre a criança e a mãe torna-se extremamente difícil na fobia, em decorrência da relativa fraqueza do pai ou da figura paterna – isto é, da função paterna. Lacan mostra, por exemplo, que no famoso caso freudiano do "Pequeno Hans" (*SE* X, p.1-149), a recusa do pai de Hans a separá-lo da mãe leva a um aumento da angústia do menino; a angústia de Hans relaciona-se claramente com sua mãe e com os desejos que ele lhe atribui (tragamento, incorporação e assim por diante). O desenvolvimento da fobia de Hans coincide com uma redução abrupta da angústia, que fica temporariamente contida quando o menino toma o significante "cavalo" como uma espécie de substituto paterno (um substituto do pai, do Nome-do-Pai ou do "Não!" do pai na metáfora paterna; ver Seminário 4).[84]

A fobia pode ser vista, portanto, como uma estratégia que o indivíduo adota para *respaldar* um elemento crucial do Outro (sendo esse elemento o Nome-do-Pai), que, apesar de não faltar por completo, tem um status precário. A fobia não pode ser situada na "fronteira" entre a psicose e a neurose, porque é *um respaldo bem-sucedido*: ela instaura com sucesso a metáfora paterna. Permite que opere o "recalcamento comum" – ou seja, o recalcamento secundário e o retorno do recalcado. Não tem, ao que parece, um conjunto completo de características próprias definidoras, como as fornecidas na tabela precedente para resumir os traços essenciais da histeria e da neurose obsessiva.

Em vez disso, a fobia parece ter uma estreita relação com a histeria, dado que a histérica se constitui, inicialmente, como um objeto adequado para suprir a falta na mãe/Outro materno. Através da triangulação (da intervenção do Nome-do-Pai), a histérica torna-se capaz de ir além da sua constituição como objeto imaginário do desejo da mãe/Outro materno, para se constituir como "objeto simbólico" do desejo do Outro (em geral, o pai).[85] O fóbico, embora de início seja um objeto imaginário da mãe/Outro materno, tem de dar respaldo ao Nome-do-Pai. Como veremos, isso sugere algumas afinidades entre a fobia e a perversão, apesar de devermos ter em mente que o respaldo dado pelo fóbico é bem-sucedido, proporcionando uma espécie de permanência que as tentativas de respaldo do perverso são incapazes de proporcionar.[86]

9. Perversão

> O desejo é uma defesa, proibição de ultrapassar um limite no gozo.
> LACAN, *Escritos,* p.825[839]

A MAIORIA DOS CLÍNICOS não recebe muitos pacientes que possam ser classificados com exatidão como perversos, falando em termos psicanalíticos. Alguns analistas norte-americanos contemporâneos parecem acreditar que são frequentes os perversos em terapia, mas, quando avaliada em termos dos critérios lacanianos que venho apresentando neste livro, a vasta maioria das pessoas comumente chamadas de perversas na verdade são neuróticos e psicóticos.[1] A psiquiatria moderna, por sua vez, em nada ampliou nosso entendimento da perversão. Fazendo o que Freud nos diz que ela faz melhor – dar novos "nomes a [comportamentos] diferentes, porém sem dizer mais nada a respeito deles" (*SE* XVI, p.260) –, a psiquiatria simplesmente forneceu uma panóplia de termos novos para descrever os objetos singulares que excitam as pessoas: pedofilia, frotteurismo, travestismo, e assim por diante.[2]

Lacan, em contraste, consegue ajudar-nos a compreender melhor a natureza da perversão, com suas distinções cruciais entre o imaginário, o simbólico e o real, bem como entre o desejo e o gozo. Se a neurose pode ser entendida como um conjunto de estratégias por meio das quais as pessoas protestam contra o sacrifício "definitivo" do gozo – a castração –, que lhes é imposto pelos pais (na tentativa de recuperar uma porção módica de gozo, disfarçadamente), e passam a desejar de acordo com a lei, *a perversão envolve a tentativa de respaldar a lei para que possam ser estabelecidos limites para o gozo* (para o que Lacan chama de "vontade de gozo"). Enquanto vemos na psicose uma profunda e completa ausência da lei, e na neurose uma instauração definitiva da lei (superável apenas na fantasia), o sujeito, na perversão, luta para dar vida à lei – em síntese, para fazer o Outro existir. Como de praxe, o trabalho de Lacan brota, nesse ponto, do trabalho de Freud, e por isso começarei minha discussão da perversão, neste texto, tomando algumas das distinções freudianas.

O cerne da sexualidade humana

Se partirmos da afirmação inicial de Freud de que é perversa qualquer atividade sexual praticada para outra finalidade que não a reprodução, teremos de aceitar o fato de que a vasta maioria dos comportamentos sexuais humanos é perversa. Na verdade, a perversão encontra-se bem no cerne da sexualidade humana, já que todos iniciamos a vida como "perversos polimorfos" – isto é, seres que buscam o prazer e nada sabem sobre propósitos superiores nem sobre objetos ou orifícios apropriados – e continuamos pela vida afora a buscar o prazer pelo prazer, em outras formas que não as exigidas pela reprodução da espécie.

Se partirmos da ideia de que a atividade sexual "normal" é orientada para uma "pessoa total", um parceiro ou parceira desejado por seu "eu", e não por qualquer atributo particular que possam ter ou encarnar, deveremos, mais uma vez, aceitar o fato de que a vasta maioria da conduta sexual humana é perversa. Como vimos no último capítulo, o obsessivo reduz seu parceiro ao objeto *a*, neutralizando a Outridade/Alteridade dele, e a histérica não chega propriamente a desejar seu parceiro, mas deseja *através* do parceiro e anseia por ser o objeto que lhe falta. O parceiro sexual não é considerado "um fim em si" – no sentido kantiano de algo buscado por si só, e não por algum outro objetivo "egoísta", como atingir o prazer, sentir-se amado(a) ou coisas similares –, mas buscado por *possuir* alguma coisa (nem que seja apenas uma falta geradora de desejo) que faz algo por nós. Na verdade, como diz Lacan, o objeto *a* tem em si algo de intrinsecamente fetichista.[3] Como também vimos no último capítulo, o objeto que desperta amor em nós não é, necessariamente, igual ao objeto que desperta o desejo ou que pode nos levar ao gozo.

Se partirmos de uma ou ambas essas ideias (ou de outras de natureza similar), seremos levados, de forma inelutável, a classificar de perversa praticamente toda a sexualidade humana. Dada a maneira como os termos "pervertido", "perverso" e "perversão" são usados por certas pessoas para estigmatizar aqueles cuja sexualidade parece diferente da sua, sem dúvida parecerá politicamente conveniente, para alguns leitores, simplesmente afirmar que *toda a sexualidade humana é de natureza essencialmente perversa*, e deixar o assunto nesse pé. Com efeito, os psicanalistas lacanianos veem a natureza perversa da sexualidade como um dado, como algo a ser presumido como um fato – em outras palavras, como "normal".

O que interessa aos analistas lacanianos, entretanto, é um mecanismo específico de negação – o "desmentido" (a *Verleugnung* de Freud) – que é característico de pouquíssimas pessoas consideradas perversas na mentalidade popular e entre a maioria dos psicólogos contemporâneos: um mecanismo que pode ser claramente distinguido do recalcamento (ou, pelo menos, é o que espero mostrar neste capítulo). É a prova do funcionamento desse mecanismo – não esta ou aquela conduta sexual por si só – que leva o analista a diagnosticar alguém como perverso. Na psicanálise, portanto, a "perversão" não é um termo depreciativo, usado para estigmatizar pessoas por praticarem comportamentos sexuais diferentes da "norma". Designa, antes, uma estrutura clínica altamente específica, com traços que a distinguem nitidamente da neurose e da psicose. O analista pode concordar que todo desejo humano é essencialmente perverso ou fetichista por natureza, mas, ainda assim, sustenta uma importante distinção teórica e clínica entre a estrutura neurótica, digamos, e a estrutura perversa. Na psicanálise, a perversão não deve ser vista como um estigma, e sim como uma categoria estrutural.

Desmentido

Em diversos textos diferentes, Freud descreve um processo ao qual se refere como *Verleugnung*, termo traduzido em inglês por "*disavowal*", embora, sob muitos aspectos, o termo inglês "*denial*" seja mais próximo do alemão* (aliás, os franceses preferiram o termo *déni*, cujo significado e uso aproximam-se mais de *denial* ["desmentido"].[4] Freud desenvolve essa ideia para dar conta de uma atitude curiosa detectada em alguns meninos que, ao se confrontarem com a genitália de uma menina, negam que ela não tenha pênis e afirmam estar vendo um pênis, de fato. O Pequeno Hans, por exemplo, ao ver sua irmã de sete dias de nascida no banho, diz: "O pipi dela ainda é muito pequeno. Quando ela crescer, ele vai ficar maior, sim."[5]

Freud formula a ideia dizendo que, nesses casos, a percepção ou a visão da genitália feminina é desmentida. Ele nota que, em alguns pacientes mais velhos do sexo masculino, constata-se uma atitude dupla a respeito do fato de as mulheres não terem pênis: eles desmentem a percepção, mantendo a crença no que Freud chama de "falo materno", mas desenvolvem sintomas que parecem

---

* O *disavowal* do inglês liga-se mais à ideia de "renegação", "repúdio", "recusa" a admitir a associação com algo ou a responsabilidade por algo; é também a retratação de uma afirmação ou ato anterior; já *denial* aproxima-se mais da ideia de "contradição", "denegação", "desabonação", "recusa" a reconhecer a veracidade de alguma coisa externa – uma alegação, uma afirmação, uma realidade –, a aceitar ou acreditar em algo. Os dois termos, porém, admitem também a acepção de *desmentido*. (N.T.)

indicar que, ainda assim, essa percepção é registrada em algum nível. Não é como se a lembrança de uma percepção específica fosse simplesmente "escotomizada",[6] ou de algum modo extirpada da mente masculina (como poderíamos pensar na foraclusão, em termos muito frouxos); sabemos que ela continua *lá*, porque surte efeitos – gera sintomas –, porém é negada, apesar disso. Em seu artigo "A cisão do eu no processo de defesa", Freud menciona dois exemplos de tais sintomas: o medo, num homem, de que seu pai o castigue (pela masturbação contínua) e "uma susceptibilidade angustiada a que qualquer de seus dedos mínimos dos pés seja tocado" (SE XXIII, p.277-8).

Descrito dessa maneira, o desmentido parece muito semelhante ao recalcamento: a expulsão de uma lembrança da consciência e o retorno dessa lembrança sob a forma de sintomas. A princípio, de fato, Freud tenta conceber uma distinção mais clara entre recalcamento e desmentido, propondo que o que se recalca é o afeto, ao passo que a ideia ou pensamento relacionados a ele são desmentidos (SE XXI, p.153). Todavia, essa primeira tentativa contradiz a afirmação freudiana mais rigorosa, e amiúde repetida, de que somente uma ideia ou pensamento podem ser recalcados. Na neurose, um afeto e o pensamento relacionado a ele (seu "representante ideativo", como Strachey traduz o termo freudiano *Vorstellungsrepräsentanz*)[7] ficam dissociados; por exemplo, a ideia que representa um impulso sexual que o eu ou o supereu consideram incompatível ou inaceitável é recalcada, enquanto o afeto associado a ela fica livre para se deslocar. Na descrição fornecida por Freud em "A cisão do eu", o desmentido e o recalcamento parecem fundir-se num mesmo processo.

Num artigo de 1938, Freud faz uma segunda tentativa de distinguir os dois, dizendo que, no recalcamento, um dos impulsos sexuais do paciente ("uma demanda pulsional vinda do mundo interno") desaparece, ao passo que, no desmentido, o que desaparece é "uma parte do mundo externo real" (SE XXIII, p.204). Enunciando isso com mais rigor: no recalcamento, a *ideia* associada a uma das pulsões[8] do paciente é excluída da mente (e o quantum de libido ou afeto associado a essa pulsão fica livre para vagar a esmo, ou para ser deslocado), enquanto no desmentido uma percepção do "mundo externo real" é excluída da mente.

Isso, porém, só faz piorar a situação, porque a "parte do mundo externo real" em questão, no dizer de Freud, é a "falta do pênis".[9] Convém deixar claro que, estritamente falando, nunca se *vê* ou se *percebe* a falta de coisa alguma: vê-se o que está presente para ser visto, não o que está ausente. A *falta* do pênis (ou de qualquer outra coisa, aliás) não é uma questão de percepção: não existe falta no nível perceptivo – nele, o mundo é pleno.[10] *Só se "vê" nada quando se está à espera de algo em particular* e se nota mentalmente sua ausência. Exceto num cômodo totalmente escuro, sempre se vê alguma coisa; há sempre fótons atingindo os bastões e cones dos olhos. "Nada" só existe no nível do pensamento.

Portanto, o que está envolvido aqui não é a percepção em si – como diz Freud, não é como se houvesse um escotoma ou ponto negro na retina impedindo o fetichista de ver o que há para ser visto, impedindo-o de receber certos fótons –, mas um pensamento relacionado com determinada percepção. Ver não é acreditar.

A distinção freudiana de 1938 entre o recalcamento como relacionado com o mundo interno e o desmentido como relacionado com o mundo externo faz lembrar a distinção de 1924 entre "angústia neurótica" e "angústia realista". A angústia neurótica provém de um perigo interno – isto é, de um impulso no paciente que é considerado impróprio por seu próprio eu ou supereu –, ao passo que a angústia realista (à qual Freud também se refere como "medo") provém de um perigo externo real (*SE* XXII, p.81-9). Todavia, na medida em que o desmentido envolve claramente um *pensamento* ligado a uma percepção – isto é, algo geralmente considerado *interno* ao sujeito, parte de sua realidade *psíquica* –, e não apenas uma percepção,[11] a distinção interno *versus* externo cai por terra.[12] Tanto o recalcamento quanto o desmentido envolvem pensamentos, não percepções.

Depois de criticarmos a divisão freudiana entre interno e externo, observemos também que a visão freudiana do desmentido como um ato de excluir da mente uma percepção do "mundo externo *real*", assim como sua definição da angústia realista como algo proveniente de um "perigo externo *real*", baseia-se numa crença ingênua na realidade objetiva. Admitamos, a bem da argumentação, que determinado "perigo" seja externo – digamos, a presença visível e audível de um urso-pardo nas imediações do acampamento de alguém nas montanhas. O que podemos dizer sobre a suposta "realidade" do perigo? O campista tarimbado pode acreditar (com base na longa experiência) que o urso só está interessado na comida, cuidadosamente pendurada nas árvores a cem metros de distância, ao passo que o novato pode acreditar que os ursos são vingativos e tendem a atacar os seres humanos sem provocação. Mas o campista tarimbado pode revelar-se equivocado em uma a cada cem vezes. Nesse caso, devemos dizer que a angústia aparentemente neurótica do campista inexperiente é na verdade realista?

Desloquemos o exemplo para a cidade de Nova York. Vamos supor que saibamos que uma em cada cem mulheres que caminham por determinado beco é estuprada. Será que a maioria de nós não dirá que o medo que uma mulher sente de andar por ali é realista, e não neurótico? Quem pode dizer o que é um "perigo real"? É o analista quem decide se o "perigo externo" é real ou não – em outras palavras, se constitui ou não um perigo? O apelo à realidade é sempre problemático. "Realista *versus* irrealista" e "angústia real *versus* angústia neurótica" são distinções de valor duvidoso, na melhor das hipóteses, e se tornam ainda mais duvidosas quando aliadas à distinção espúria entre interno e externo.

Havendo examinado a suprema importância da realidade psíquica e a constituição social/linguística da realidade, comparada a algum tipo de visão objetivista da realidade, reformularei a distinção freudiana nos seguintes termos: no recalcamento, o pensamento associado a uma das pulsões do paciente é excluído da mente, ao passo que, no desmentido, um pensamento ou complexo de pensamentos – relacionados com uma percepção da genitália feminina, com a suposta ameaça de castração paterna (enunciada para manter o menino afastado da mãe e para impedi-lo de se masturbar) – são excluídos da mente.

Uma primeira simbolização

Uma das coisas importantes a ressaltar aqui é que, se o que é excluído da mente é um pensamento, é porque ao menos ocorreu uma primeira simbolização: na perversão, alguma coisa relacionada com o pai e sua vontade de separar o filho da mãe é simbolizada e, por isso, em contraste com a psicose, ocorre uma aceitação ou admissão (*Bejahung*) inicial do pai como separador simbólico. Baseando nossa teorização nas observações clínicas de Freud sobre os pacientes perversos que ele tratou, podemos afirmar que o pai foi simbolizado, pelo menos até certo ponto, por causa dos sintomas ligados à castração que se formaram.[13] Mas essa simbolização não é tão completa quanto a alcançada na neurose.

Visto que minha meta aqui não é fornecer uma crítica exaustiva das definições freudianas inconclusivas acerca do desmentido como mecanismo claramente distinto do recalcamento, indicarei primeiro aquilo a que penso que *podemos* considerar que o desmentido se refere, no contexto do pensamento de Lacan (embora, ao que eu saiba, Lacan nunca o tenha formulado como vou fazer), e então tentarei traduzir algumas discussões de Freud em termos lacanianos – isto é, em termos do Outro e do sacrifício do gozo. Minha afirmação aqui é que o desmentido é um mecanismo que *pode* ser claramente distinguido do recalcamento, embora não da maneira pela qual Freud tenta fazê-lo.

Assim como a foraclusão e o recalcamento primário, *o desmentido diz respeito ao pai*: ao desejo do pai, ao Nome-do-Pai e à lei do pai. *Todos os três mecanismos que constituem as três categorias psicanalíticas essenciais – neurose, psicose e perversão – concernem à função paterna* (tipicamente exercida pelo pai da criança, na nossa sociedade). Nem de longe esse aspecto é tão claro na obra de Freud quanto na de Lacan, e por isso Lacan pode ser visto como quem sistematizou o trabalho de Freud quanto a esse aspecto.[14]

Como vimos no Capítulo 7, enquanto Freud afirma que a paranoia (uma das psicoses) resulta de uma defesa contra anseios homossexuais (*SE* XVI, p.308), Lacan diz que a homossexualidade não é irrelevante para a compreensão da psicose, mas é, antes, uma *consequência* da foraclusão do Nome-do-Pai. A defesa contra a homossexualidade revela-se um *subproduto* da foraclusão, não a causa da psicose. Similarmente, a ideia freudiana de que o objeto fetiche relaciona-se, na mente do fetichista, com o chamado falo materno, não é irrelevante, do ponto de vista lacaniano, mas é compreensível, antes, em termos do pai, de seu desejo e sua lei. A crença no falo materno sugere, como veremos, que a falta materna geradora de desejo não foi cancelada nem nomeada pelo pai, como ocorre na neurose.[15] Em outras palavras, Lacan não considera irrelevante a observação de Freud, mas a inclui num arcabouço teórico mais amplo.

Da perspectiva lacaniana, a aparente contradição inerente ao desmentido, a meu ver, pode ser descrita da seguinte maneira: "Sei muito bem que meu pai não me forçou a abrir mão da minha mãe e do gozo que extraio da presença dela (real e/ou imaginada na fantasia), não exigiu 'a libra de carne',[16] mas vou encenar essa exação ou essa imposição forçada com alguém que ocupe o lugar dele; farei essa pessoa pronunciar a lei." Essa formulação particular aplica-se melhor ao masoquista do que ao sádico ou ao fetichista, como veremos, mas basta para indicar que *o desmentido implica certa encenação ou faz de conta a respeito da função paterna*.

Recusando o sacrifício

A ideia de sacrifício ou exação decerto não está ausente do trabalho freudiano sobre a perversão, e um dos lugares em que a vemos com mais clareza é nas discussões de Freud sobre a "divisão do ego". Uma cisão do eu ocorre na perversão, e não na neurose, postula Freud. Na neurose, os pensamentos contraditórios situam-se em níveis diferentes, em instâncias diferentes. Por exemplo, "Quero dormir com minha cunhada" é recalcado e persiste no inconsciente, enquanto a ideia "*Não quero* dormir com minha cunhada" é a que se torna consciente.[17] Na perversão, por outro lado, o próprio ego se divide (*SE* XXIII, p.204), e as ideias contraditórias – a mulher tem e não tem pênis – são mantidas lado a lado na mesma instância.[18] Freud se refere a isso como um "afastamento [parcial] da realidade" (*SE* XXIII, p.277) por parte do ego, procedimento que preferiríamos reservar para a psicose. Mas a descrição que ele fornece do caso em que baseia sua ideia de cisão (*SE* XXIII, p.276-8) pouco difere dos casos de recalcamento; é que, no primeiro, o recalcado retorna sob a forma de dois sintomas (o medo que o homem tem de que o pai o castigue pela masturbação contínua e "uma susceptibilidade angustiada a que qualquer de seus dedos mínimos dos pés seja tocado"). A formação de sintomas requer, como diz Freud (*SE* XVI, p.358-9), duas instâncias diferentes em desacordo – o ego e o id, ou o consciente e o inconsciente –, e aí não parecemos ter mais nem menos do que as condições da neurose: a cisão do "eu" (*Ich*) em consciente e inconsciente, em decorrência do recalcamento.

No entanto, olhemos mais de perto esse suposto caso de cisão para ver onde entra a renúncia ("renúncia instintiva", conforme a tradução da *Standard Edition*, embora se trate de renunciar à satisfação proporcionada pelas pulsões). Um menino, cedo "apresentado à genitália feminina, por ter sido seduzido por uma menina mais velha", compraz-se em tocar sua própria genitália depois que se rompem as relações com a menina mais velha. Um dia, a babá o apanha nesse ato e lhe diz que seu pai vai "cortar" aquilo fora, se ele não parar. Freud nos diz: "O resultado geral do medo da castração, o resultado que passa pelo normal [neurótico], é que, seja imediatamente, seja após uma luta considerável, o menino cede à ameaça e obedece à proibição, no todo ou ao menos em parte (isto é, não mais tocando os órgãos genitais com a mão). Em outras palavras, ele desiste, no todo ou em parte, da satisfação da pulsão" (*SE* XXIII, p.277). O menino em questão, porém, continuou a se masturbar, como se não tivesse sido proferida ameaça alguma. Recusou-se a abrir mão desse gozo *em nome do pai*. A babá lhe pediu que desistisse dele pelo bem do pai (caso contrário, o pai o castraria, diz-nos Freud), porque o pai não o aprovaria, mas o menino se recusou a fazer isso.

Confrontados com a possível perda do gozo, o perverso e o obsessivo reagem de maneiras diferentes, sugere Freud. O obsessivo se submete à perda, ainda que com relutância, sem entusiasmo, e mesmo que nunca pare de tentar obter parte desse gozo, mais tarde.[19] Ele desiste desse gozo na esperança de ganhar estima, reconhecimento e aprovação – um equivalente simbólico. Perde uma coisa para ganhar outra; diríamos que é induzido a abrir mão de seu apego narcisista (imaginário) a seu pênis – ao qual Lacan se refere como o falo imaginário, φ, o pênis narcisisticamente investido – e do prazer autoerótico que ele lhe dá para conquistar alguma coisa no nível social, simbólico. Ele abre mão de φ por Φ, o falo como significante, como significante socialmente reconhecido do valor e do desejo. Como diz Lacan a respeito de Hans, o menino, em certo sentido, deve entregar seu pênis pequenino para receber outro, maior e melhor, do pai (Seminário 4). Muitas vezes, este acaba não sendo considerado maior e melhor. Com frequência, é considerado totalmente insuficiente, e o menino pode achar que foi tratado com injustiça e se ressentir eternamente do pai por causa disso. Ainda assim, algum prazer autoerótico é cedido, abandonado ou entregue pelo obsessivo.[20]

O perverso, por outro lado, não entrega esse prazer, não cede esse prazer ao Outro. Freud insiste repetidas vezes em que o perverso *se recusa* a abrir mão do seu prazer – isto é, do prazer masturbatório relacionado (em suas fantasias) com a mãe ou a substituta materna.[21] Por que um menino cede e outro se recusa? Nesse ponto, às vezes Freud apela para fatores constitucionais a fim de explicar essa recusa: talvez as pulsões do perverso sejam mais fortes que as do neurótico e não possam ser subjugadas e amansadas como as deste.[22] Mas parece que são possíveis algumas explicações diferentes. Consideremos.

O trabalho clínico e a observação cotidiana mostram que, não raro, as mães sentem-se insatisfeitas com os maridos e buscam satisfação na vida em suas relações com os filhos. Também está clinicamente atestado que as mães têm tendência a adotar como seu complemento abrangente na vida os filhos varões, mais do que as filhas, e só nos resta supor que isso se deva ao sexo da criança (e aos significados sociais do sexo, claro).[23] Ora, o interesse da mãe pelo pênis do filho sempre contribui para a localização do gozo no órgão sexual masculino, e, nos casos em que a mãe atribui um enorme valor ao pênis do filho, este pode apegar-se extremamente a ele, em termos narcísicos, e toda a sua relação erótica com a mãe passa a girar em torno do pênis. Muitas vezes, um filho nessas condições resiste energicamente a qualquer tipo de demanda percebida de ficar longe da mãe, e essa luta tende a centrar-se em seu pênis, mesmo que não se faça a este nenhuma ameaça direta (embora tais ameaças diretas continuem a ser feitas até hoje, com mais frequência do que muitos supõem).[24]

Uma vez que não é comum as mães tomarem as filhas na mesma medida como sua complementação, buscarem nelas uma satisfação tão intensa na vida, ou manifestarem grande interesse pelos órgãos genitais delas, raras vezes a relação mãe–filha é erotizada no mesmo grau,[25] o gozo não costuma ser simbolicamente localizado nas mulheres da mesma forma, e a luta com o pai em torno da separação da mãe geralmente não chega a um ponto culminante do mesmo modo, nem se concentra num órgão específico.[26] É comum o pai ter mais facilidade de instaurar a separação entre a filha e a mãe (embora possa não achar tão importante fazê-lo, por não se sentir competindo com a filha como compete com o filho); no entanto, o resultado tende a ser uma histeria com traços de perversão, quando o pai não é incisivo, ou uma psicose, quando ele se recusa de todo a intervir.

Isso explica, em parte, eu só usar pronomes masculinos ao falar da perversão. Em termos psicanalíticos, a perversão é quase um diagnóstico exclusivamente masculino. Na verdade, Lacan chega a ponto de dizer que "o masoquismo feminino é uma fantasia masculina",[27] e qualifica o lesbianismo não de perversão, mas de "*hetero*ssexualidade": amor pelo Outro sexo – ou seja, por mulheres. A homossexualidade – *hommosexualité*, como a soletra Lacan, incluindo os dois emes de *homme*, "homem" – é, em suas palavras, o amor por homens (Seminário 20, p.78-9[90-1]).[28] A afirmação lacaniana de que os homens são "o sexo frágil no tocante à perversão" (*Escritos*, 823[838]) decerto nos dá o que pensar e justifica mais explicações do que posso fornecer aqui.[29]

Voltando à questão de por que um menino pode concordar em abrir mão do prazer enquanto outro se recusa a fazer isso, vemos que, nos casos em que há um vínculo muito estreito entre mãe e filho, o pai – para promover a separação – deve ser bastante incisivo em suas ameaças, e/ou muito convincente em suas promessas de estima e reconhecimento. Mas o próprio fato de esse laço estreito ter podido se formar sugere que o pai é incapaz de exercer sua função paterna, ou não se interessa por intervir (talvez satisfeito por ser deixado em paz por sua mulher, agora preocupada com o filho). O pai, apesar de evitar a ferocidade rivalizante dos pais de alguns psicóticos, não se coloca de maneira convincente na posição de separador simbólico (aquele que diz: "Isto é meu e aquilo é seu" – em outras palavras, aquele que dá à criança um espaço simbólico). E, mesmo quando tenta fazê-lo, pode ser solapado pela mãe do menino, que, no momento em que o pai vira as costas, pisca o olho para o filho, deixando-o ciente de que a relação especial entre os dois se manterá secretamente imperturbada.

Diríamos que temos de deslocar nosso foco do tipo de pai cuja existência Freud parece haver *presumido* com frequência – ou seja, o pai que enuncia incisivamente a sua vontade de separar o filho de sua mãe (sendo o perverso o filho que se recusa obstinadamente a isso) – para o pai contemporâneo extremamente comum, que é uma figura muito mais fraca e, não raro, confuso a respeito de seu papel.[30] Em casos em que há um forte vínculo mãe–filho e um pai fraco ou indiferente, a função paterna, ainda que não esteja inteiramente ausente, pode muito bem necessitar de um incentivo. Como mencionei no fim do Capítulo 8, numa fobia infantil como a do Pequeno Hans, surgida por volta dos quatro anos, o objeto que se torna central na fobia (o cavalo, no caso de Hans) serve como *um* Nome-do-Pai que contribui para a separação entre a mãe e o filho. Hans atribui ao cavalo algumas características – sobretudo a raiva – que gostaria que seu pai manifestasse a respeito de seu próprio vínculo especial com a mãe ("Você está com raiva. Eu sei que está. Deve ser verdade!" [SE X, p.83]), mas as quais jamais consegue fazer seu pai admitir. A perversão, tal como a fobia infantil, resulta de um fracasso parcial da função paterna, a qual requer uma suplementação para introduzir a separação. Em vez de enfatizar, como Freud, a recusa do perverso a sacrificar o gozo, bem como sua tentativa de conservar o gozo que extrai da relação com a mãe ou substituto materno (um fetiche, por exemplo), precisamos frisar *a insuficiência da função paterna*.

Embora o desmentido pudesse ser descrito como um mecanismo de defesa, uma defesa contra a demanda paterna de que a criança sacrifique o gozo, podemos vê-lo, em vez disso, tal como a fobia de Hans, não como uma simples evasiva, mas como uma tentativa de escorar a função paterna (expressa na lei do pai) – uma tentativa de fazer o Outro *proferir* a lei, ou de apontar pessoalmente o lugar da lei –, para que possa ocorrer a separação que alivia a angústia. Numa perspectiva lacaniana, a separação da mãe/Outro materno pode ser geradora de angústia, em alguns aspectos (o objeto é perdido ou se evanesce no momento da separação), mas costuma trazer alívio num nível mais profundo – isto é, no nível do ser. Hans, no plano consciente, tem "medo" de que sua mãe vá embora, mas, inconscientemente, gostaria que ela *fosse* embora e o deixasse ter desejos que não a envolvessem. Sua "angústia de separação" reflete o desejo de continuar a "seduzir" a mãe – em outras palavras, a obter certos prazeres com ela –, mas também um desejo simultâneo de que se ponha fim a essa "sedução", a esse gozo, já que este o absorve e o impede de vir a ser como sujeito desejante.[31] Assim, sua "angústia de separação" é indicativa, na verdade, de um desejo de separação – separação da mãe.

O gozo é simplesmente supervalorizado. Não é tão maravilhoso que todos de fato o queiram, sendo o perverso, supostamente, o único que se recusa a abrir mão dele e que consegue sair para buscá-lo.[32] Como vimos em capítulos anteriores, o psicótico sofre em função de uma invasão incontrolável do gozo em seu corpo, e a neurose é uma estratégia em relação ao gozo – acima de tudo, sua evitação. A perversão também é uma estratégia a respeito do gozo: envolve a tentativa de estabelecer limites para ele.

Ser e ter, alienação e separação

> Todo o problema das perversões consiste em conceber como a criança, em sua relação com a mãe, relação esta constituída na análise, não por sua dependência vital [biológica], mas pela dependência do amor dela, isto é, pelo desejo de seu desejo, identifica-se com o objeto imaginário desse desejo.
>
> LACAN, *Escritos*, p.554[561]

> Freud nos revela que é graças ao Nome-do-Pai que o homem não permanece preso ao serviço sexual da mãe.
>
> LACAN, *Escritos*, 852[866]

Um modo de descrever minha tese essencial a respeito da perversão é dizer que *o perverso passou por uma alienação* – em outras palavras, pelo recalcamento primário, por uma cisão em consciente e inconsciente, por uma aceitação ou admissão do Nome-do-Pai que prepara o terreno para o verdadeiro vir a ser do sujeito da linguagem –, *mas não passou pela separação*.[33] Como podemos caracterizar aqui a alienação do perverso? Como nos diz Lacan, chegamos ao mundo nos oferecendo como objetos parciais do desejo do Outro (*Escritos*, p.582[589]), torcendo para sermos o objeto do desejo do Outro, para conquistar o desejo do Outro; e o perverso – cujo pai não tem um desejo muito pronunciado, ao que parece – "identifica-se com o objeto imaginário [do desejo materno], na medida em que a própria mãe o simboliza no falo" (*Escritos*, p.554[561]). Em outras palavras, o objeto imaginário do desejo da mãe, neste caso, é o falo – não como um símbolo passível de ser deslocado, no sentido de que a mãe pode desejar, digamos, todas as aparências do status, todos os objetos socialmente valorizados, ou um marido (ou namorado, ou o que seja) que se assemelhe às imagens socialmente aceitas de "homens de verdade", às vezes "donos" do falo –, e a criança tenta se transformar nele para a mãe. Tenta ser sua possezinha valorizada, seu pequeno pênis substituto, como Freud poderia dizer; e o pai, muitas vezes, não se interessa por interferir (talvez preferindo que o deixem sossegado), ou é ineficaz em suas tentativas de intervenção.

Usando os tipos de esquemas introduzidos no Capítulo 8, podemos representar a situação do perverso como aparece na Figura 9.1. Ao compararmos essa configuração com a da neurose, vemos que a "posição do sujeito", no perverso, não implica algo fora ou além do Outro. Ao contrário, como sujeito, ele desempenha o papel do objeto: o objeto que preenche o vazio da mãe/Outro materno. Uma primeira divisão do Outro ocorreu para o perverso, falando em termos gráficos: o Outro não é inteiro; falta alguma coisa a sua mãe/Outro materno, ela carece de alguma coisa. À pergunta "O que sou?", o perverso responde: "Sou isso", essa alguma coisa que falta a ela. Assim, para ele, não existe uma questão persistente do ser – em outras palavras, não há questão persistente a respeito de sua *raison d'être*.

Aqui, separar o menino da mãe implicaria forçá-lo a parar de *ser o falo*, a fim de poder tê-lo, parar de ser o falo imaginário para obter um falo simbólico (através do reconhecimento e estima do pai, através de canais simbólicos sociais). Se ele *é* o falo da mãe, nunca acederá a uma posição simbólica – a que está associada à castração simbólica. Em vez de se tornar alguém de quem a mãe possa orgulhar-se, ele permanece como alguém com quem ela pode se aninhar, a quem pode afagar e, quem sabe, com quem pode até atingir o clímax sexual. Ele não pode "fazer um nome para si" no mundo, pois essa não é uma estatura simbólica que lhe seja possível buscar.[34] Continua preso no nível de servir como a única coisa que importa para a mãe.

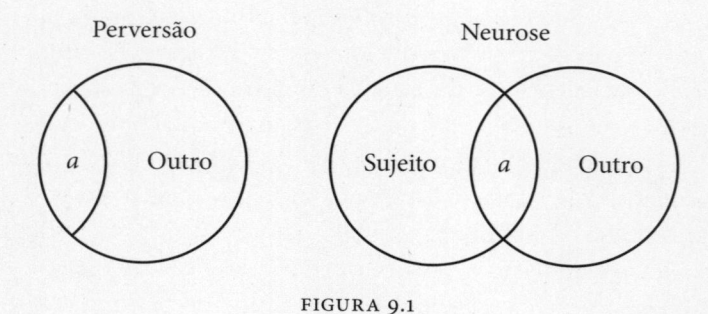

FIGURA 9.1

O recalcamento primário permite que o sujeito passe a existir, mas resta então à criança perguntar: "O que *sou* eu? O que sou para meus pais?" O perverso constitui-se como aquilo que falta à mãe/Outro materno; fazendo-se objeto do desejo dela, constitui-se como seu objeto *a*. Torna-se o que falta a ela (seu pênis/falo) e o que ela quer. Tampona a falta que é dela com ele mesmo. O desejo/falta do Outro, como expliquei longamente no Capítulo 5, é gerador de angústia na medida em que não é nomeado; a solução do perverso para essa angústia é tornar-se o objeto capaz de tamponar o desejo, suprindo o Outro de gozo, do tipo de satisfação que silencia o desejo (ainda que temporariamente).[35]

Isso explica por que é tão difícil fazer um trabalho analítico com perversos: o perverso coloca-se no papel do objeto *a*, na expectativa de desempenhar o papel do objeto capaz de satisfazer (tamponar) o desejo do analista. O analista pode ter muita dificuldade de manobrar a transferência de maneira a se tornar a causa do desejo do analisando perverso, quando este se empenha tanto em ocupar a posição de causa do desejo. O perverso prefere servir de causa da angústia e do desejo do analista a deixar que o analista se torne a causa de suas ruminações. É por isso que é tão difícil fazer um trabalho genuinamente analítico com perversos, levá-los a se intrigar com as formações inconscientes e com o que o analista sublinha nelas, e pôr seu desejo em movimento. Como diz Lacan, o objeto *a* deve ser situado pelo sujeito no Outro – aqui, o Outro como analista –, a fim de que a transferência seja possível (Seminário 10, p.389[366]).[36]

Para articular com mais rigor a posição do perverso, entretanto, convém enfatizar que *o perverso menos lida com o desejo da mãe/Outro materno do que com sua demanda*. Enquanto o desejo/falta que a mãe/Outro materno "tem" não é denominado ou verbalizado em palavras, a criança confronta-se apenas com a demanda materna. Em termos estritos, nem podemos dizer que ela se confronta com a falta ou o desejo maternos, uma vez que a falta não existe fora de um sistema simbólico. A repetidíssima ilustração lacaniana do que constitui a falta é o exemplo do livro que *não está* numa prateleira da biblioteca. Do ponto de vista da percepção, não podemos dizer que o livro está faltando, porque só vemos o que existe, o que está presente, não o que não está. É somente por causa de uma grade simbólica – por exemplo, o sistema decimal de Dewey, ou o sistema de classificação de livros da Biblioteca do Congresso –, a qual fornece ao livro uma designação ou um nome (tal como "BF 173, F23, 1899, v.2"), que podemos dizer que o volume não está em seu lugar, ou que está faltando (lá se encontrando os volumes 1 e 3, com um espaço entre eles). Não se pode pensar em nada como faltando, exceto quando existe um sistema significante em que alguns espaços ou lugares são dispostos ou ordenados. Não podemos pensar na falta de alguma coisa sem a linguagem, sem algum tipo de ordem simbólica.

O que isso implica é que *não podemos nem falar que falta alguma coisa à mãe* (no que concerne a seu filho) *até se* dizer *que ela é carente em algum aspecto* – até ela mesma verbalizar o anseio de algo ou alguém, ou um desejo de algo ou alguém que não seu filho, ou até que outra pessoa (tipicamente, o pai) pronuncie algo sobre o desejo dela (por exemplo, que ela está com inveja de fulano, ou quer um casaco de pele, ou quer ser promovida, ou gostaria que o pai agisse de tal modo, em vez de tal outro), ou sobre os defeitos dela. Não se pode dizer que a criança entenda que sua mãe é carente de algo ou deseja algo até que seu desejo ou sua carência tenham sido enunciados, postos em palavras. Uma vez nomeado esse desejo ou carência, o peso das demandas maternas (suas demandas reais, fisicamente inevitáveis, a respeito das funções corporais do filho, por exemplo) desaparece e se abre um espaço para o desejo – um espaço em que o desejo dela se articula e se move, e no qual o filho pode moldar seu desejo pelo desejo dela.

Até que "ela" seja denominada, não existe falta; a criança fica submersa na mãe/Outro materno como demanda e não pode adotar uma postura própria (um desejo que constitua uma postura em relação ao gozo, uma defesa contra o gozo).[37] Nesse ponto, a criança é confrontada com o que podemos chamar de *falta de falta*. Existe apenas a demanda da mãe/Outro materno; a ela não falta nada "que importe", nada que seja simbolizável para a criança.[38] Uma vez denominada, porém, a "falta real" (a falta na vida da mãe – por exemplo, sua insatisfação com o marido, com a carreira, com toda a sua vida – que ela vem tentando compensar através do filho, embora isso nunca tenha sido dito) é neutralizada, até certo ponto. Como diz Lacan, a palavra é a morte da coisa; a coisa (a "falta real"), uma vez denominada, passa a existir como uma palavra que pode ser ligada a outras, sobre a qual se pode fazer piada e assim por diante. A palavra é muito menos perigosa do que a coisa que ela supostamente significa ou designa, pois de fato aniquila a coisa, drena parte de sua força opressiva.

Uma vez denominado aquilo que falta à mãe/Outro materno, o *objeto* que o filho era para ela não pode mais existir. Isso porque, uma vez articulado em palavras, o desejo não para, mas se desloca, vagando metonimicamente de uma coisa para outra. O desejo é produto da linguagem e não pode se satisfazer com um objeto. A denominação do desejo da mãe/Outro materno força a criança a sair de sua posição de objeto e a impele a buscar a elusiva chave do seu desejo. O que ela quer? Algo inefável, que parece caracterizar a série interminável de coisas sobre as quais seu desejo pousa – aquilo que, na sociedade ocidental, é conhecido como falo. Já não sendo o objeto real (o órgão real) necessário para completá-la, o filho pode partir em busca da posse daquilo que o desejo dela aponta, que conota como desejável, como fálico.

A falta da mãe/Outro materno tem que ser denominada ou simbolizada para que o filho venha a ser um sujeito plenamente desenvolvido. Na perversão, isso não ocorre: não é fornecido nenhum significante capaz de fazer essa falta *passar a existir no nível do pensamento*, aliviando seu peso real. Nem a mãe nem o pai fornecem a articulação necessária à simbolização. Como vemos na obra de Freud, a questão da falta da mãe/Outro materno concentra-se com frequência, na perversão, em torno dos órgãos genitais da mãe/Outro materno, de sua diferença sexual do filho. Mais adiante, ainda neste capítulo, veremos um exemplo detalhado da importância da nomeação (isto é, da denominação), discutida até este ponto em termos bastante abstratos, num caso que gira em torno dos órgãos sexuais da mãe.

Perversão

No Capítulo 7, sugeri que há dois momentos da metáfora paterna. Essa denominação do desejo/falta da mãe/Outro materno é o segundo momento (lógico). Se o primeiro momento da metáfora paterna é a *proibição* paterna do contato prazeroso do filho com a mãe (proibição do gozo), na qual o Nome-do-Pai assume a forma do "Não!" do pai, o segundo momento envolve a simbolização da falta na mãe/Outro materno – isto é, de *sua constituição como falta*, decorrente do fato de ela receber um nome (vemos aí o *Nom-du-Père* como nome fornecido pelo pai, ou o próprio pai como nome do desejo da mãe/Outro materno).

Os dois momentos substitutivos podem ser esquematicamente representados da seguinte maneira:

$$\frac{\text{"Não!" do pai}}{\text{Mãe como gozo}} \qquad \frac{\text{Nome-do-pai}}{\text{Mãe como desejo}}$$

Apenas o segundo momento pode ser considerado autenticamente metafórico, visto ser só ali que a linguagem opera de modo plenamente desenvolvido através da denominação. Esses dois momentos correspondem com exatidão aos dois esquemas fornecidos na Figura 9.1: o primeiro momento leva a uma divisão na mãe/Outro materno, mediante a qual a criança passa a existir como objeto com que o Outro obtém satisfação; ao passo que o segundo leva ao advento de um sujeito desejante (separado do Outro como fonte de gozo). O primeiro corresponde ao que Lacan chama de alienação; o segundo, à separação. O primeiro também pode ser fecundamente associado ao que Freud chama de recalcamento primário e o segundo, ao recalcamento secundário.

Como eu disse antes, minha tese essencial aqui é que, embora o perverso tenha passado pela alienação, não passou pela separação. O psicótico não passou por nenhuma das duas, enquanto o neurótico passou por ambas. Isso pode ser esquematicamente representado da seguinte maneira:

$$\text{Psicose} \quad \underbrace{\frac{\text{"Não!" do pai}}{\text{Mãe como gozo}}}_{\substack{\text{Alienação}}} \quad \text{Perversão} \quad \underbrace{\frac{\text{Nome-do-pai}}{\text{Mãe como desejo}}}_{\substack{\text{Separação}}} \quad \text{Neurose}$$

Recalcamento primário   *Recalcamento secundário*
Proibição do gozo   *Denominação da falta*

φ Φ
Demanda   *Desejo*

Se a psicose pode ser entendida como decorrente da ausência ou da falta da proibição paterna, a perversão pode ser entendida como decorrente da ausência ou da falta da simbolização.[39]

Do gozo à separação

Ao debater a perversão, Freud enfatiza quase sempre a recusa da lei pelo sujeito, sua recusa obstinada a abrir mão da satisfação; portanto, em certo sentido, Freud considera a perversão quase exclusivamente pela perspectiva da satisfação que o perverso continua a obter.[40] Lacan examina a perversão de um modo que poderíamos qualificar como mais classicamente freudiano: a perversão, como qualquer outra atividade, deve ser considerada em termos da satisfação que traz (por mais indireta ou não intuitiva que seja), mas também em termos da função a que serve, em relação à lei e à separação. O sintoma neurótico proporciona ao paciente certa satisfação substituta, mas também é formado *para ligar a angústia*; do mesmo modo, as atividades do perverso servem a uma finalidade, que não é simplesmente a de obter satisfação sexual direta.[41] Muitos neuróticos acham que o perverso deve obter muito mais satisfação na vida do que eles – aliás, muitos analistas caem na mesma armadilha. Isso os impede de ver o que a aparente "vontade de gozo" (no dizer de Lacan) do perverso se destina a fazer, aquilo a cujo serviço ela está e aquilo que encobre.

Se deslocarmos nossa atenção do tipo de pai cuja existência Freud parece muitas vezes haver presumido – isto é, o pai que não tem restrições a instaurar a separação entre mãe e filho (sendo o perverso o filho que se recusa obstinadamente a permitir que isso aconteça) – para o pai contemporâneo extremamente comum – que nunca elaborou seus próprios problemas com a autoridade, não acredita que caiba ao pai exercer autoridade sobre os filhos, acha que as crianças são criaturas racionais, capazes de compreender as explicações dos adultos, prefere deixar sua mulher disciplinar os filhos, quer ser amado e não temido, e (talvez para completar) deixa a mulher solapar sua autoridade –, podemos começar a entender a perversão de uma perspectiva bem diferente.[42]

A perversão e a Lei

Uma das afirmações paradoxais feitas por Lacan a respeito da perversão é que, embora ela possa às vezes apresentar-se como uma atividade de busca irrestrita do gozo, seu objetivo menos evidente é dar existência à Lei: fazer com que exista o Outro como lei (ou o Outro legislador). O objetivo do masoquista, por exemplo, é levar seu parceiro ou testemunha a anunciar uma lei e, talvez, a proferir uma sentença (não raro pela geração de angústia no parceiro). Embora o perverso pareça capaz de obter uma espécie de "satisfação primária" – transcendendo sua própria divisão subjetiva como sujeito da linguagem (que, como o resto de nós, seres falantes, não se espera que possa obter mais que uma ninharia de gozo, pois, como nos diz Lacan, "o gozo está vedado a quem fala como tal" [*Escritos*, p.821[836]]), e descobrindo um tipo de inteireza ou completude com que os neuróticos só podem sonhar ou fantasiar –, a angústia, na verdade, domina a sexualidade do perverso. Suas fantasias inconscientes podem envolver uma espécie de gozo interminável (pensemos nas numerosas situações do marquês de Sade em que o órgão sexual masculino nunca manifesta qualquer limite a sua capacidade de reiniciar a atividade sexual), mas não devemos confundir fantasias conscientes com atividade concreta, e *esta última está fadada a impor limites ao gozo.*[43]

O desejo é sempre uma defesa, uma "proibição de ultrapassar um [certo] limite no gozo" (*Escritos*, p.825[839]), e o desejo do perverso não constitui exceção. Por exemplo, na fantasia, o masoquista parece fazer tudo para o Outro e nada para si. "Que o Outro goze em mim, que me use como achar melhor!", parece dizer. Para além dessa fantasia, entretanto, sua meta é um pouco diferente: para além desse aparente altruísmo – "Nada para mim, tudo para o Outro!" –, existe algo que ele extrai disso. O desejo como defesa aparece na fantasia fundamental do perverso que manifesta sua posição a respeito da lei.

O neurótico deseja em relação à lei: o pai diz que o filho não pode possuir a mãe e, sendo assim, o filho a deseja inconscientemente. O perverso, por outro lado, não deseja em função da lei – isto é, não deseja aquilo que é proibido. Em vez disso, ele *tem de fazer a lei existir*. Lacan brinca com o termo francês *perversion* [perversão], grafando-o como *père-version* [versão do pai], para enfatizar o sentido de que o perverso convoca ou recorre ao pai, na esperança de fazê-lo cumprir a função paterna.

Algumas estruturas da perversão

Para tornar esta discussão mais concreta, voltemo-nos para as perversões individuais. Uma vez que este livro é uma introdução, não uma descrição exaustiva de toda e qualquer estrutura psíquica, examinarei primordialmente o fetichismo, o sadismo e o masoquismo, as perversões que Lacan discute mais longamente (ver "Kant com Sade", nos *Escritos*, e o Seminário 10).

Fetichismo: análise de um caso

> Se o Nome-do-Pai falasse, diria: "Você não é o falo!"
> Jacques-Alain Miller, "Donc", 29 jun 1994

Para ilustrar algumas afirmações que fiz sobre a perversão até aqui neste capítulo, usarei um caso bastante contemporâneo, e não um que remonte à época de Freud. Apesar de não se tratar de um de meus próprios casos, decidi apresentá-lo por ele ser de fácil acesso em inglês (embora não muito conhecido, provavelmente), por ter meras quinze páginas e por ser extremamente provocador. Chama-se "Fetichização de um objeto fóbico" e foi escrito por René Tostain.[44]

Trata-se do caso de um homem que, quando pequeno, teve uma ligação deveras estreita com a mãe, e cujo pai – apesar de morar em casa com a mulher e o filho – ficou apagado, para quase todos os fins e efeitos. A mãe adotou o filho, Jean, como seu complemento na vida, já que o marido nada significava para ela e nada fazia por ela. Jean tornou-se aquilo que lhe faltava e que podia torná-la inteira. No começo, ela cuidava do filho quando este adoecia, mas depois começou a fingir que ele estava doente mesmo quando isso não acontecia (aquecendo manualmente o termômetro para criar a impressão de que ele estava com febre), de sorte que ele parecesse necessitar da atenção de uma mãe dedicada. Um dos traços marcantes nesse caso foi que, pelos tipos de tratamentos médicos a que o submeteu, essa mãe transformou todo o corpo do filho num objeto vermelho, inchado e purulento, corpo que o próprio paciente só pôde descrever, anos depois, como uma espécie de consolo com o qual ela fazia o que bem entendia. Para a mãe, ele *era* o pênis que ela queria; no nível do ser, o menino *era* o objeto real que ela queria, para torná-la completa.[45]

O pai não impunha nenhuma separação entre mãe e filho, claramente não era objeto do desejo de sua mulher, e de modo algum se podia considerar que instaurasse qualquer tipo de triangulação, no começo. A mãe não manifestava desejo de nada além de Jean, e por isso o menino não podia *perguntar-se* o que ela queria: Jean sabia. A mãe queria que ele fosse seu complemento real, vivo. Não havia nada de simbólico na posição que ele ocupava em seu desejo. Por exemplo, ele era filho único, e não o segundo de três filhos a quem ela pudesse dizer que amava de maneira igual; tampouco era o segundo na fila quando o pai fazia algum pedido a sua mulher. Não havia nenhum lugar simbólico para Jean. Ser um objeto é o oposto de ter um lugar simbólico. Assim, algumas precondições importantes da psicose achavam-se presentes no caso desse paciente.

Aos seis anos, porém, Jean teve apendicite, foi levado às pressas para o hospital e despertou com a visão de seu pai segurando o apêndice do filho num vidro e dando um sorriso radiante para o órgão extirpado. Jean nunca mais aceitou participar dos "tratamentos" da mãe, passando a se recusar a *ser* o pênis para ela com todo o seu corpo, com todo o seu ser. A presença do pai à cabeceira da sua cama e a aprovação paterna da retirada do órgão pareceram promover, finalmente, uma espécie de circuncisão deslocada, ou uma perda que simbolizava a castração: uma primeira divisão (ou alienação) entre Jean e a mãe. O pai "barrou" ou "anulou" a mãe nesse momento – no sentido brevemente descrito no Capítulo 7, em minha análise da metáfora paterna –, cobrando o que lhe era devido (o órgão extirpado), e a metáfora paterna se instaurou. Jean não se tornou psicótico.[46]

Entretanto, sua mãe continuou a vê-lo como "meu homenzinho" e o fez saber que seu pênis era insuficiente para lhe dar tudo de que ela precisava: referia-se ao pênis do filho como *ton petit bout*, "o seu pedacinho", ou "sua pontinha", expressão em que o diminutivo sugeria "pequeno demais"; muitas vezes, porém, ela simplesmente o chamava de *ton bout*, "o seu fim". Nunca deixou de buscar algum tipo de satisfação *real* com ele, no entanto, e sempre lhe pedia que a ajudasse a se vestir. Jean intuía que seu pênis estava realmente em jogo ou envolvido nessa relação com a mãe, porque aos seis anos experimentou (o que descreveu vinte anos depois como) uma espécie de prazer repentino e doloroso no pênis, uma espécie de orgasmo, num dia em que a ajudava a se vestir.[47] Jean nunca foi elogiado pela mãe por sua velocidade para aprender palavras novas, ou novas músicas, histórias e assim por diante – em suma, por suas realizações simbólicas como criança. Era valorizado apenas como uma extensão da mãe, uma extensão que proporcionava a ela um prazer narcísico e corporal.

Um dia, Jean entreouviu seu pai referir-se aos órgãos genitais de sua mãe, ou assim lhe pareceu, como o "botão" dela (*bouton*, uma simples inversão das sílabas contidas no termo eufemístico que a mãe dava ao seu pênis, *ton bout*), com isso denominando a diferença física materna pela primeira vez, dando um nome metafórico à "falta" dela. Essa denominação, ao que parece, não foi feita de modo decisivo (talvez pela incerteza do filho quanto à coisa exata a que o pai se referira, ou pelo fato de o termo não ser repetido na presença da mãe etc.), e vemos no fetiche formado por Jean uma tentativa de complementar o ato paterno de denominação: ele passou a abominar os botões (do tipo usado em roupas) quando eram um só, mas a se excitar com fileiras de muitos botões do mesmo tipo – quanto mais, melhor. Não se tratava de um "simples" fetiche com botões, porque ele só se excitava com *fileiras* de botões idênticos, e só se sentia compelido a seguir mulheres que usavam roupas com fileiras de numerosos botões iguais. No decorrer da análise, Jean explicou que, quanto maior o número de botões, mais pesada era a contribuição de seu pai (*la part du père*). Quanto mais botões, menos ele sentia que a falta/desejo de sua mãe/Outro materno era desmedida (*démesuré*), esmagadora.

O nome que o pai parecia haver fornecido (e, como já assinalei, o termo francês *Nom-du-Père* também pode significar o nome dado pelo pai, ou seja, o termo usado pelo pai para designar o desejo da mãe/Outro materno) tornava-se mais poderoso quanto mais numerosos eram os botões, e Jean pôde sentir-se mais seguro e mais separado do que em qualquer outra época. Logo, a perversão (isto é, o fetiche) serviu para multiplicar a força do ato simbólico do pai (ao pôr em palavras a falta da mãe/Outro materno), para complementar ou respaldar a função paterna.[48] O nome dado pelo pai foi um começo, um primeiro passo, mas não foi longe o bastante. Precisava de apoio, precisava de amplificação.[49]

No Capítulo 7, ilustrei a função do Nome-do-Pai na seguinte substituição:

$$\frac{\text{Nome-do-Pai}}{\text{Desejo da mãe}}$$

Uma vez que, nesse caso, o desejo da mãe parece ser o de um pênis anatômico real (o de Jean), podemos reescrever a substituição da seguinte maneira:

$$\frac{\text{"Botão"}}{\text{Pênis real}}$$

Coloquei "botão" entre aspas para enfatizar que a palavra "botão" é que foi atuante aqui, não o objeto material. O pênis real foi substituído por uma palavra; com isso, o órgão real de Jean foi poupado, e a falta de sua mãe recebeu um nome. Ele não precisou entregar seu órgão à mãe/Outro materno nem sofrer angústia por causa da falta em sua relação com ela: a falta materna foi denominada e, com isso, delimitada ("é só um botão").

O problema é que "botão" só podia realizar isso nas situações em que Jean via uma mulher usando uma profusão de botões idênticos, razão por que a separação que o aliviava da angústia (trazida pelo respaldo ao ato paterno de denominação) tinha que ser repetida vez após outra. Nunca era última e definitiva.

Ao que parece, o prazeroso para Jean, nessas situações, era a própria separação fugaz. Por mais estranho que pareça, devemos ter em mente que a separação é parte do que Freud chama de "castração", e que *há uma relação muito íntima entre castração e gozo*. Há uma espécie de gozo no ser separado do seu próprio gozo.[50] Jean, em certo sentido, era repetidamente levado a tentar completar sua castração.

Para falar de Jean em termos de desmentido, poderíamos dizer que seu fetiche sugere uma atitude dupla perante seu pai e o nome de seu pai: "Sei muito bem que meu pai não deu nome, realmente, à falta da minha mãe/Outro materno, mas prefiro encenar a realização dessa denominação." Usando termos um pouco diferentes, poderíamos dizer que Jean fazia o Outro existir – não a mãe/Outro materno, mas o Outro simbólico, doador da lei. O perverso sabe que seu pai não é esse Outro, mas faz esse Outro existir por meio do ato perverso. Depois de servir como aquilo que completa a mãe/Outro materno (como complemento dela), o perverso tenta completar o Outro como lei.

É essa atitude dupla perante o pai – envolvendo o reconhecimento de que ele não denominou nem legislou, mas encenando a denominação ou a enunciação da lei – que constitui a própria definição do termo "desmentido" tal como o emprego aqui.

O "falo materno"

> A falta só é apreensível por intermédio do simbólico.
> LACAN, Seminário 10, p.156[147]

> O falo ... nada é além desse ponto de falta que ele indica no sujeito.[51]
> LACAN, *Escritos*, p.877[892]

O que poderia a teoria freudiana do fetichismo ter a ver com Jean? De acordo com Freud, o fetiche é a representação secreta do falo materno em que o perverso acredita, recusando-se, como se recusa, a aceitar o fato de que sua mãe não tem pênis, porque isso implicaria que ela foi castrada, e, portanto, que ele também poderia sofrer o mesmo destino. É possível presumir que, num ou noutro momento, Jean tenha visto a genitália da mãe, já que ela gostava que o filho a visse e a ajudasse a se vestir. E, com certeza, o fetiche do botão tem uma relação marcante com a palavra que o pai de Jean teria utilizado para designar a genitália materna – uma palavra que revelou incluir as mesmas sílabas do termo empregado pela mãe de Jean para descrever a genitália do filho. Talvez Jean acreditasse que o botão dela era essencialmente equivalente ao seu "fim" [*bout*]. Assim, poderíamos tentar entender da seguinte maneira o seu medo do botão solitário: ela tem seu próprio pênis, não precisa do pênis de Jean, logo não há nenhum lugar para Jean no mundo. Mas, segundo a teoria de Freud, parece que o botão único deveria excitá-lo, visto representar, simultaneamente, o órgão jamais castrado da mãe e o dele mesmo (e, portanto, representar a preservação do seu gozo), ao passo que, na realidade, um botão único o apavorava, enquanto uma fileira de botões idênticos o excitava. Como podemos explicar esses elementos clínicos?

Observe-se que nunca foi feita a Jean uma ameaça de castração, e que nunca lhe pediram (muito menos ordenaram) que ele não se masturbasse. Na verdade, Tostain nos diz que Jean continuou a se masturbar ininterruptamente desde tenra idade. Portanto, falta nesse caso uma faceta importante da teoria freudiana da formação do fetiche: não há conflito entre o apego narcisista do paciente a seu pênis e a ameaça de castração feita por seu pai. Não podemos dizer que a mãe de Jean ameaçasse implicitamente cortar o seu pênis, visto que ela parecia muito contente em simplesmente usá-lo, em empregá-lo a seu "serviço sexual".

Não estou sugerindo que a ideia freudiana do falo materno não tenha importância, visto que muitos de meus analisandos e algumas crianças já me provaram amplamente que acreditam nele, pelo menos em algum nível. O que estou propondo é que essa ideia seja vista no contexto lacaniano mais amplo da denominação da falta ou desejo da mãe. É comum encontrarmos fóbicos e perversos que acreditam que suas mães têm pênis (ou algo nesses moldes), e a razão geral dessa crença é a denominação paterna insuficiente do desejo materno. Nem todo fetichista acredita que sua mãe tem pênis num dado nível enquanto descrê disso em outro nível, mas todo fetiche gira, de fato, em torno da questão da falta materna. Só Lacan nos explica isso *em sua plena generalidade*, por meio da função da denominação – da colocação em palavras.

Sobre o tratamento analítico da perversão

Este breve esboço do caso de Jean ilustra muito da teoria lacaniana da perversão. O caso também levanta a questão premente do tratamento. Parece claro que, apesar de anos de uma psicanálise fecunda, Jean não modificou sua estrutura: continuou perverso. Aliás, como costuma ser verdade, as estruturas parecem inalteráveis a partir de certa idade. No caso de Jean, vemos que um dado acontecimento da vida (sua apendicite aos seis anos) e a reação de seu pai a ele podem ser considerados responsáveis, provavelmente, por ele ter se tornado perverso, e não psicótico. No entanto, chegando à análise aos 26 anos, o paciente tinha pouca esperança de vir a se tornar neurótico: mais uma vez, parece que a função paterna tem de atuar numa certa idade, senão... (*ou pire*).

Isso não quer dizer que Jean não pudesse extrair nada de sua análise; com certeza, grande parte de sua angústia e sofrimento se atenuaram no curso dela. Tostain não nos diz até que ponto, como analista de Jean, conseguiu se tornar a causa do desejo dele, levando-o a adotar uma postura diferente, nem que fosse na relação analítica. Resta-nos apenas presumir que isso tenha ocorrido em alguma medida e que a fantasia fundamental de Jean tenha sido ao menos parcialmente modificada.

Em alguns casos que eu mesmo supervisionei, observei uma mudança gradativa por parte de sujeitos genuinamente perversos, que passaram de posições em que não se engajavam em qualquer tipo de indagação a respeito de seus atos, sentimentos e pensamentos – sua única motivação para frequentarem as sessões pareciam ser mandados judiciais obrigando-os a isso, ou a esperança de irritar o terapeuta –, para posturas de verdadeiro questionamento. Se nunca ocorre uma perda da certeza sobre a fonte de onde vem o gozo, há pelo menos uma redução da certeza quanto aos motivos. Isso é acompanhado por uma renúncia parcial ao papel de objeto *a* do terapeuta.

Masoquismo

> O sujeito perverso ... oferece-se lealmente ... ao gozo do Outro.
> LACAN, Seminário 10, p.62[60]

No material a seguir, não apresentarei os complexos esquemas de quatro termos que Lacan oferece nos *Escritos* sobre o sadismo e o masoquismo, já que muitas explicações adicionais se fariam necessárias.[52] Minhas discussões dessas estruturas clínicas, portanto, devem ser vistas como parciais. Todavia, com o que já foi dito sobre o desejo, o gozo e a lei, algumas características essenciais dessas estruturas podem ser delineadas.

Embora o masoquista talvez pareça dedicar-se a dar prazer a seu parceiro (o parceiro que ocupa o lugar do Outro, nesse caso) sem pedir nada em troca –

em outras palavras, sacrificar-se, tornando-se instrumento do gozo do Outro, sem obter prazer algum para si –, Lacan sugere que isso é apenas uma capa: a fantasia do masoquista dissimula o verdadeiro objetivo de seus atos. Como vimos diversas vezes, a fantasia é, essencialmente, um engodo que oculta o fundamento do sujeito, mascarando o que constitui sua verdadeira "motivação". Embora o masoquista queira acreditar e nos levar a crer que "visa ao gozo do Outro",[53] na verdade ele "visa realmente à angústia do Outro" (Seminário 10, p.207[195]). Por que age assim?

Tal como o fetichista, o masoquista necessita de separação, e sua solução é orquestrar um cenário em que é seu parceiro, agindo como Outro, quem dita a lei – a lei que exige que ele abra mão de certo gozo. O parceiro, entretanto, não se dispõe, necessária e imediatamente, a legislar, dar ordens, fazer decretos etc. num relacionamento; muitas vezes, tem de ser forçado, até certo ponto, levado pela intimidação a estabelecer limites, a expressar sua vontade de que as coisas aconteçam de um jeito e não de outro, de que as coisas não irão mais longe. Muitas vezes, um parceiro tem que ser empurrado até o limite, até um ponto de angústia extrema, para expressar explosivamente a sua vontade, sob a forma de ordens ("Pare!", por exemplo).

"O masoquista tenciona evidenciar ... é que o desejo do Outro produz a lei" (Seminário 10, p.126[120]), e, muitas vezes, primeiro é preciso deixar o Outro extremamente angustiado, para que ele concorde em enunciar a lei. Embora o masoquista pareça exclusivamente dedicado a "dar prazer" ao Outro, este não pode aceitá-lo, a partir de certo ponto: o gozo torna-se insuportável e o parceiro acaba por lhe impor limites. Deixando o Outro angustiado (ao transformar a si mesmo em instrumento do gozo do Outro), o masoquista consegue fazer-se receber ordens (*se faire commander*, formulação da pulsão do masoquista).

Portanto, é o desejo do próprio masoquista que dá as ordens nesse caso: ele *faz* o parceiro, como Outro, ditar a lei. Quando o desejo paterno (de separar o filho) é falto, o masoquista usa seu próprio desejo para forçar um substituto paterno a legislar e cobrar a punição. Finge que é o Outro quem dita a lei, quando é ele mesmo que mexe os pauzinhos. Seu desejo toma o lugar do desejo do Outro como lei, encenando-o ou validando-o, por assim dizer, e lhe dando respaldo.

Essa parece ser a especificidade do desmentido, tal como o vemos em funcionamento no masoquismo. A separação, como parte integrante da castração, não ocorreu, e o próprio sujeito é obrigado a promover sua conclusão. Nunca é completamente bem-sucedido ao fazê-lo e, por isso, tem que reiniciar a encenação uma vez após outra.

Embora se suponha com frequência que o masoquista procura a dor, não é isso o essencial: a dor é um mero sinal de que o Outro concordou em lhe impor uma condição, um limite, um tributo, uma penitência ou uma perda. O castigo pode proporcionar ao masoquista, momentaneamente, uma forma de alívio: é a prova de que existe alguém que lhe pede um sacrifício e cobra a libra de carne. Como disse um de meus analisandos, a propósito de um breve encontro sexual no qual bancou o escravo, "foi como se um grande peso fosse retirado dos meus ombros". O problema é que o *espaço simbólico* em que o masoquista pode vir a ser nunca é fornecido: o parceiro dita a lei ("Você foi um menino muito feio, e agora vai ser castigado", ou "Você sabe que não devia ter feito isso") e exige alguma coisa, mas, em troca, não fornece uma autêntica separação. O masoquista continua a ser um objeto imaginário para o desejo de sua mãe/Outro materno, nunca se tornando alguém dotado de status simbólico, que possa ver-se valorizado por suas realizações sociais ou culturais, ou outras simbolicamente designadas.

Quando todo o resto falha, então nesse ponto o masoquista aceita o pai ou a mãe vociferante, que somente na raiva expressa o desejo de que alguma coisa cesse ou se modifique – o genitor feroz que se compraz em imputar culpa e infligir dor. O masoquista não conhece o pai simbólico, que supostamente impõe limites "pelo bem da criança"; sua experiência lhe ensina que os limites são meras expressões do desejo paterno. Ele não conhece o pai que cede ao filho certo espaço próprio – isto é, o pai do "pacto simbólico", que diz "Isto é meu e aquilo é seu", limitando seu próprio gozo ao mesmo tempo em que limita o do filho. O masoquista conhece apenas o pai cujo próprio gozo é o único limite imposto ao do filho, o pai que critica e limita sem recorrer a princípios, e sim simplesmente "porque é assim que eu quero".

O gozo e a lei moral

> O gozo ... se [confessa] impudentemente em suas próprias palavras.
> LACAN, *Escritos*, p.771[782]

Alguns moralistas e filósofos éticos, como Kant, gostariam que acreditássemos que os princípios morais são "racionais" e objetivos, e que podemos concordar em pautar nossa vida "racionalmente" por eles apenas por serem "verdadeiros". Freud sugere, entretanto, que um princípio não é nada na realidade psíquica de alguém enquanto a ele não se liga um quantum de libido; em outras palavras, um princípio moral, como qualquer outro pensamento (*Vorstellung*), tem de ser *investido* de afeto, para que possa desempenhar um papel na economia psíquica de alguém. E a instância psíquica em que Freud situa os princípios morais é o supereu, que se compraz em criticar o eu – não apenas lhe recordando a lei, mas gozando ao desancá-lo por sua incapacidade de cumprir a lei, e se comprazendo com uma espécie de enunciação malévola da lei. O supereu, como internalização das críticas que recebemos de nossos pais, é um repositório não só dos princípios morais que nossos pais nos transmitem, mas também do tipo de aspereza que sentimos em sua voz quando eles nos passam sermões, nos repreendem e nos castigam. O supereu pode ser feroz em alguns casos, obviamente extraindo grande dose de prazer ao atormentar, desancar e esbordoar o eu, mas o importante aqui é que é impossível – a não ser em tratados filosóficos – estabelecer uma separação entre a afirmação de um princípio moral e a libido ou o gozo ligados à sua enunciação; é impossível divorciar um preceito que nos é ensinado por nossos pais (por exemplo, "Não faça aos outros o que não quer que façam com você") do tom de voz em que ele foi proferido.

A lei moral, ao desempenhar um papel em nossa vida psíquica, *não é* uma proposição, princípio ou afirmação abstrato, de aplicação universal ou quase universal: é uma enunciação, um anúncio, uma proclamação ou um querigma. A lei moral – tenha ela o nome de "voz interior", voz da consciência ou supereu – origina-se nas vozes parentais, mais tipicamente na voz do pai.[54] É vivenciada pelos filhos como *uma expressão do desejo do Outro*. O pai que "dita a lei" para os filhos expressa, anuncia e proclama seu desejo de que as coisas sejam de certa maneira, e não de outra.[55]

A lei moral, portanto, está inextricavelmente associada a expressões do desejo e do gozo do Outro, e o masoquista procura provocar esse gozo em lugar da lei. Como não pode obter a lei simbólica como tal, busca o que de algum modo ele entende associar-se a ela. O desejo ou vontade do Outro é aceito pelo masoquista em lugar da lei, em vez da lei, na ausência da lei. Como menciona Lacan, o marquês de Sade (mais conhecido como sádico, porém nesse caso manifestando tendências decididamente masoquistas) pressiona sua sogra, madame de Montreuil, até ela expressar sua vontade de que ele seja punido. É o desejo ou vontade dela que tem de servir de lei para Sade. Não *a* lei, porém *uma* lei.

O neurótico tende a se afligir quando a enunciação da lei é acompanhada pelo gozo da parte do enunciador. O neurótico intui que houve algum tipo de erro judicial ou abuso de poder quando um juiz tece alguns tipos de comentários ou adota certo tom, ao sentenciar um criminoso: "Se dependesse de mim, sr. Jones, dados os seus crimes hediondos, as suas sentenças seriam cumpridas consecutivamente, e o senhor não poderia nem mesmo pleitear a liberdade condicional antes de completar 140 anos!"[56] Pois, nesse ponto, a "justiça" torna-se vingativa, extrapolando seu papel obrigatório de agir de modo objetivo e desapaixonado. O neurótico apreende implicitamente a ideia e até se apega ao *ideal* do pai simbólico justo, imparcial e desinteressado, que simplesmente aplica as normas que regem igualmente a todos. "O Pai simbólico, como aquele que significa essa Lei, é realmente o Pai morto" (*Escritos*, p.556[563]) – ou seja, o pai que não pode experimentar nenhum gozo, que não pode extrair algum tipo de prazer "perverso" da enunciação da lei.

O perverso parece, em algum nível, estar a par do fato de que há sempre um gozo relacionado com a enunciação da lei moral. O neurótico preferiria não o ver, já que ele lhe parece indecente, obsceno. Supõe-se que a lei simbólica seja livre de invocações dessa espécie. De fato, ao que parece, o perverso aceita as invocações em lugar da própria lei simbólica, impossibilitado que está de obter esta última. O sistema de justiça penal, com seus guardas e carcereiros amiúde cruéis, certamente fornece aos perversos que a ele ficam sujeitos a confirmação de que a conduta vingativa e a crueldade constituem a face oculta da lei.

Mas o encarceramento continua a servir de forma de castigo comumente buscada pelo masoquista, que quer algum tipo de castração simbólica substituta. Como diz Lacan, "o recurso ao imaginário da castração ... pode surgir como uma saída tranquilizadora, salutar, para a angústia do masoquista" (Seminário 10, p.239[227]). O sujeito necessitado da separação recorre e retorna, em busca de alívio, a qualquer castração substituta que possa encontrar.[57]

Sadismo

> O sadismo não é o avesso do masoquismo. ... A passagem de um para outro se faz por uma rotação de um quarto de volta [num esquema de quatro termos], e não por alguma simetria ou inversão.[58]
>
> LACAN, Seminário 10, p.207[196]

Em todos os filmes em que se retrata um sádico, ele faz todo o possível para gerar angústia em outras pessoas. Seu objetivo não é feri-las, simplesmente; muitas vezes, na verdade, isso é apenas uma contingência, um mero subproduto do seu interesse em fazer com que elas antevejam, angustiantemente, uma morte ou um tormento terrível e doloroso. Portanto, a importância da *angústia* da vítima para o sádico é reconhecida pela mentalidade popular, assim como pelo próprio sádico; aliás, em suas fantasias, ele a vê como uma condição absoluta, isto é, absolutamente necessária para que elas proporcionem prazer. Mas, como vimos, o que é crucial nas fantasias não passa de um anteparo.

Isso não significa que o sádico deva estar tentando proporcionar gozo ao Outro, como se poderia supor pela simples inversão de nossa formulação anterior a propósito do masoquista (embora pareça em busca de proporcionar gozo, ele na verdade tenta suscitar angústia). O sadismo e o masoquismo não são meras inversões um do outro. O que é encoberto pelas fantasias do sádico, diz-nos Lacan, é que *ele busca isolar o objeto* a (Seminário 10, p.196).

O que significa isso? Consideremos o vilão de um típico filme B. O que ele faz com o herói ao capturá-lo? Amarra-o de tal modo que, se ele tentar se soltar, sua amada mergulhará num caldeirão de ácido. Com isso, o herói é forçado a contemplar a perda iminente do que lhe é mais precioso: sua causa do desejo, a mulher que encarna para ele o objeto *a*. Em alguns casos, o herói nem está cônscio de que essa mulher é o que existe de mais importante para ele no mundo até vê-la pendurada por um fio sobre o caldeirão fervente: *um objeto se torna o objeto* a *no exato momento em que se é ameaçado de perdê-lo*. O seio torna-se um objeto *a* para o bebê quando o desmame é iniciado, não antes. É quando uma certa vontade começa a separar alguém de um objeto que esse objeto se manifesta como causa do desejo da pessoa.

O objeto *a* passa a existir em decorrência da lei que lhe é aplicada – ou do desejo ou vontade do Outro que se coloca no lugar da lei. De acordo com Freud, a angústia surge como um "sinal" indicativo de perigo.[59] Lacan sugere que o perigo em questão "está ligado ao caráter de cessão do momento constitutivo do objeto *a*" (Seminário 10, p.375[352]). Em outras palavras, o perigo que acarreta angústia é a renúncia iminente do sujeito à satisfação derivada de um objeto (o seio, as fezes e assim por diante). O pai ou mãe, ao fazer demandas, impõe uma lei (do desmame ou do controle esfincteriano, por exemplo) que isola um objeto, cortando-o de seu contexto ou de seus antecedentes, o que cria um primeiro plano e um segundo plano: o seio se constitui como objeto separado no momento em que é proibido.[60] A angústia, diz-nos Lacan, não é como a fantasia, que pode servir de capa ou véu; a angústia nunca engana (*ne trompe pas*); sempre indica que o objeto está prestes a ser perdido. A angústia nunca mente. A meta do sádico, portanto, não é a angústia em si, mas aquilo que ela atesta: o objeto ao qual se aplica a lei.

O pênis do menino pode ser objeto do seu interesse narcísico, mas só ao ser enunciada a lei do pai é que esse pênis é isolado ou engendrado como objeto passível de ser perdido (castrado) – em outras palavras, como um objeto *a*. É a proibição do pai que, no típico cenário edipiano, isola esse objeto: o pênis que o pai ameaça cortar se o sujeito não abrir mão do prazer que extrai dele em sua relação (real ou fantasiosa) com a mãe.[61] O sádico acredita que seria a vontade do Outro simbólico arrancar-lhe esse objeto, tirar o seu gozo, se o Outro realmente existisse. O sádico, para quem a lei não foi atuante, desempenha o papel do Outro no seu cenário, *para fazer o Outro existir*, e procura isolar para sua vítima o objeto a que a lei se aplica. Ao contrário do masoquista, que tem de orquestrar as coisas de tal modo que seu parceiro enuncie a lei, embora seja ele quem mexe os pauzinhos, o sádico desempenha os dois papéis, o de legislador e o de submetido à lei, o daquele que legisla e o daquele a quem é imposta a cobrança ou limite. Para o sádico, a angústia da vítima, por causa do isolamento ou da designação do objeto prestes a ser perdido, é prova da enunciação da lei, prova de que a lei que exige a separação foi proferida. Parece irrelevante se a lei assim enunciada se aplica ao outro ou a ele próprio, visto que, em certo nível, ele se identifica com sua vítima.[62]

Tal como se verificou no caso do masoquista, essa encenação da enunciação da lei pelo sádico não é suficiente para acarretar nenhum tipo de separação duradoura, ou para lhe proporcionar um lugar simbólico. Ele continua a ser um objeto (imaginário ou real) do desejo da mãe/Outro materno, nunca se tornando alguém que possa se ver como valorizado por suas realizações simbólicas. A castração nunca se completa e, também nesse caso, o desmentido concerne à função de castração ou separação exercida pelo pai: "Sei muito bem que ele não exigiu isso de mim, mas…" É a encenação eternamente repetida da castração que leva ao sádico, assim como ao masoquista e ao fetichista, uma espécie de gozo. Não se trata de algum tipo de gozo "perverso-polimorfo" que eles obtenham de todas as zonas do corpo; não se trata de um retorno a alguma espécie de estágio pré-simbólico em que o corpo ainda não tenha sido grafado por significantes. Eles gozam com a encenação da castração.

Perversão e gozo

À primeira vista, a perversão é o oposto diametral da neurose, em matéria de gozo. O neurótico diz: "O Outro não deve gozar comigo!"; já alguns perversos parecem dizer: "Que o Outro goze comigo!", "Que eu me torne o 'instrumento do gozo do Outro!'" (*Escritos*, p.823[838]). No entanto, como vimos, essa não é a história toda; na verdade, é apenas o anteparo. O perverso não diz a si mesmo:

"Vou fazer isso tudo para poder concluir a minha separação, a minha castração; tenho que conseguir fazer o Outro existir e a lei ser pronunciada!" Ao contrário, ele pensa em si de modo bem diferente: como o objeto pronto e disposto a fazer qualquer coisa para dar prazer ao Outro, no masoquismo, como o instrumento da angústia do outro, no sadismo, e assim por diante.

O que, visto de fora, parece uma busca irrefreável e irrestrita de satisfação por parte do próprio perverso é, na verdade, uma espécie de defesa: a tentativa de fazer surgir uma lei que suspenda o seu gozo, que o refreie ou detenha no caminho para o gozo (Seminário 10, p.176[166]). A vontade de gozo (busca de satisfação) do perverso encontra seu limite numa lei de sua própria lavra – uma lei que ele faz o Outro ditar, estipular, ordenar (ainda que, como no caso do sadismo, o próprio sádico desempenhe o papel de Outro e de vítima ao mesmo tempo).[63]

De um modo talvez paradoxal, ele goza com a encenação da própria operação (a castração) que deveria exigir uma perda de gozo. Deriva satisfação de encenar a própria operação que requer que ele se separe da fonte de sua satisfação.

A castração e o Outro

> O que a experiência analítica atesta é que a castração
> ... é o que rege o desejo, no normal e no anormal.
> LACAN, *Escritos*, p.826[841]

> A castração significa que é preciso que o gozo seja recusado, para
> que possa ser atingido na escala invertida da lei do desejo.
> LACAN, *Escritos*, p.827[841]

Vimos que a perversão difere da neurose e da psicose em aspectos importantes. Enquanto o psicótico pode sofrer com o que é vivido como uma invasão de gozo em seu corpo, e o neurótico tenta sobretudo evitar o gozo (mantendo um desejo insatisfeito ou impossível), o perverso goza com a própria tentativa de impor limites a seu gozo. Enquanto na psicose o Outro não existe (já que seu principal ponto de ancoragem, o Nome-do-Pai, não foi instaurado), e na neurose o Outro só existe com um excesso de peso (que o neurótico deseja tirar de suas costas), na perversão é preciso fazer o Outro existir: o perverso tem que encenar a existência do Outro, respaldando o desejo ou vontade dele com os seus.[64]

	Psicose	Neurose	Perversão
O Outro simbólico	Falta, de modo que não existe como tal	Existe de modo não erradicável	Tem de ser levado a existir

O perverso e o psicótico empenham-se numa tentativa de *complementar a função paterna* que dá existência ao Outro simbólico – o perverso, encenando ou validando a enunciação da lei; o psicótico, fomentando uma metáfora delirante. Até algumas fobias nas quais o objeto fóbico é posto no lugar do Nome-do-Pai envolvem uma forma de *complementação da função paterna*. No entanto, a complementação do psicótico visa à alienação, enquanto a do perverso e do fóbico almeja a separação.

Voltemo-nos agora para a mãe/Outro materno, a mãe imaginária ou real. Na psicose, ela nunca é barrada pelo Nome-do-Pai, e o psicótico nunca emerge dela como um sujeito separado; na neurose, ela *é* efetivamente barrada pelo Nome-do-Pai, e o neurótico emerge, sim, como um sujeito separado; na perversão, é preciso fazer o Outro existir, para que a mãe/Outro materno possa ser barrada e o perverso possa emergir como algo diferente de um objeto imaginário do desejo dela.

	Psicose	Neurose	Perversão
A mãe/Outro materno	Nunca barrada	Barrada	Precisa ser barrada

A psicose significa que não houve uma proibição efetiva do gozo da criança em sua relação com a mãe – ou seja, não houve inscrição do "Não!" paterno –, em decorrência da ausência do pai ou de sua incapacidade de se impor como pai simbólico, por um lado, ou da recusa da criança a aceitar essa proibição, por outro (ou de uma combinação das duas coisas). A perversão envolve a impossibilidade de dar nome a alguma coisa que tenha a ver com o desejo da mãe/Outro materno (o pai não parece ser o que ela quer), de dar nome ou simbolizar alguma coisa que tenha a ver com o sexo – com a falta na mãe/Outro materno[65] –, daí resultando que o perverso se vê diante de uma falta de falta que é geradora de angústia. A neurose envolve a impossibilidade de ter prazer, em decorrência de todos os ideais do Outro – ou seja, a impossibilidade de separar-se do Outro como linguagem.

É comum os neuróticos serem muito inseguros a respeito do que querem ou do que os excita, enquanto é comum os perversos terem bastante certeza.

Mesmo quando os neuróticos sabem o que é isso, não raro são sumamente inibidos em sua capacidade de buscá-lo. Os perversos, em contraste, em geral são muito menos inibidos em sua busca. É frequente os neuróticos terem fantasias perversas em que agem de modo muito desinibido, mas isso não os torna perversos, olhando do ponto de vista estrutural.

Em *O sujeito lacaniano*, descrevi três momentos constitutivos da subjetividade – alienação, separação e travessia da fantasia – que nos ajudam a compreender as três principais estruturas clínicas. Esses momentos podem ser esquematizados como três substituições ou metáforas substitutivas.[66]

Alienação	Separação	Travessia da fantasia
$\dfrac{\text{Outro}}{S}$	$\dfrac{\text{objeto } a}{S}$	$\dfrac{S}{\text{objeto } a}$

Na alienação, o Outro domina, pois a criança vem a existir como sujeito da linguagem (a criança, diríamos, é incitada a entrar na linguagem, seduzida a fazer a "escolha forçada" entre o prazer e a linguagem, entre o princípio do prazer e o princípio de realidade); isso não ocorre na psicose. Na separação, o objeto *a* como desejo do Outro toma a dianteira e ganha precedência sobre o sujeito, ou o subjuga; isso não ocorre na perversão, pois o próprio perverso ocupa a posição do objeto *a*, não deixando que o desejo do Outro sirva de causa do seu desejo: ele é o objeto real que tampona o desejo da mãe/Outro materno. Na travessia da fantasia, o sujeito subjetiva a *causa* da sua existência (o desejo do Outro: objeto *a*) e se caracteriza por ser desejante; isso não acontece na neurose.

Nesse sentido, esses três momentos podem ser descritos como uma espécie de progressão:

psicose → alienação → perversão
perversão → separação → neurose
neurose → travessia da fantasia → além da neurose

Dito em termos simples, a diferença entre a perversão e a psicose é a alienação, e a diferença entre a neurose e a perversão é a separação. Sem alienação, há a psicose; a alienação sem separação leva à perversão; e alienação e separação sem a travessia da fantasia levam à neurose. A travessia da fantasia leva o sujeito para além da castração, para além da neurose, para um território basicamente inexplorado.[67]

Em termos esquemáticos, podemos representar a psicose, a perversão e a neurose como na Figura 9.2. Essas representações gráficas nos permitem postular que, entendidos em termos do desejo da mãe/Outro materno, todo o ser e o corpo do psicótico são solicitados a preencher a mãe/Outro materno (o psicótico é tragado por ela); o pênis real do perverso é instado a cumprir a mesma tarefa; e as realizações simbólicas do neurótico são solicitadas, mas nunca bastam para a mesma tarefa: a mãe/Outro materno do neurótico sempre quer outra coisa.

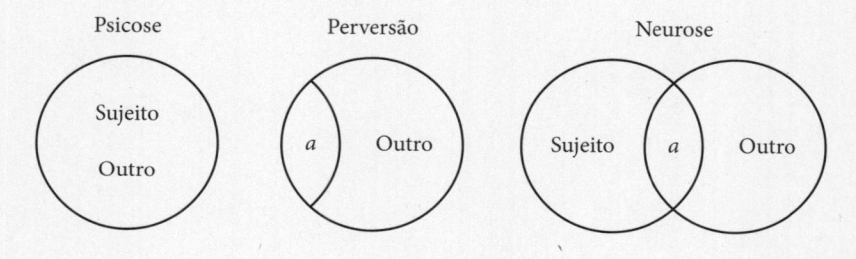

Psicose — Sujeito / Outro

Perversão — *a* — Outro

Neurose — Sujeito — *a* — Outro

Metaconsiderações

> Toda a interrogação freudiana se resume no seguinte: o que é ser um pai?
> LACAN, Seminário 4, p.204[209]

Para muitos leitores, todo esse discurso sobre o Outro, a lei, a ordem simbólica, a estrutura, a linguagem e a denominação pode parecer bastante estranho. O que poderia a patologia, tal como a vemos muito concretamente no contexto clínico, ter a ver com fazer o Outro existir? Os leitores familiarizados com a obra de Freud podem achar que ele pelo menos ficava mais perto dos aspectos clínicos observáveis dos casos, por mais implausíveis que às vezes pareçam suas análises. Mesmo quando as pessoas acham exageradas ou equivocadas as ideias de Freud sobre o falo e a castração, ao menos elas sentem que essas ideias não são tão obscuras – as pessoas têm a impressão de compreender o que Freud pretende e por que foi levado a introduzir ideias que se afastam tão significativamente dos fatos clínicos disponíveis.

No entanto, com essas ideias – e com seus mitos do pai primitivo, que guarda para si todas as mulheres da horda primeva, e dos filhos que se juntam para matar o pai mas então impõem uns aos outros as primeiras leis igualitárias (ver *Totem e tabu* e *O mal-estar na cultura*) –, Freud ultrapassa sua capacidade de fornecer explicações. Criamos mitos para explicar as coisas que não sabemos explicar de outra maneira, e, embora gerações de psicanalistas posteriores a Freud tenham simplesmente encarado seus mitos como grandes voos da imaginação, elas demonstram a necessidade de tais construções para o pensamento freudiano. O pai, a lei, a renúncia à satisfação "autoerótica", tudo isso é absolutamente crucial para o modo freudiano de pensar nos casos individuais e nas categorias diagnósticas, e foi Lacan quem, beneficiando-se de 45 anos de um trabalho na linguística iniciado por Saussure, reformulou os mitos freudianos em termos mais científicos.

Com Lacan, a psicanálise não foi completamente além da fase da cosmologia, do pensamento mitológico; na verdade, a certa altura, Lacan fornece de propósito os seus próprios mitos.[68] Mas seu trabalho sobre as relações entre as palavras e o mundo (os significantes e a "realidade") e sobre os movimentos e deslocamentos na própria linguagem (metáfora e metonímia) fornece a base linguística necessária para se compreender o papel crucial do pai freudiano. A função paterna exercida pelo pai freudiano radica-se na linguística; sua função é simbólica. Seu papel crucial não é dar amor – como a mentalidade popular politicamente correta é tão propensa a afirmar, excluindo todo o resto –, e sim representar, incorporar e denominar algo sobre o desejo da mãe e sobre sua diferença sexual: metaforizá-lo.[69] No exercício da função simbólica, ele não precisa ser o pai biológico, nem sequer ser homem. É a função simbólica em si que é essencial.

A metáfora paterna como princípio explicativo

Entendida como envolvendo dois momentos lógicos distintos e instaurando a ordem simbólica como tal, a metáfora paterna pode ser proveitosamente compreendida como algo que proporciona ao sujeito um "princípio explicativo", uma explicação de por que e para que ele veio ao mundo, uma interpretação da constelação do desejo de seus pais (e, muitas vezes, também do desejo de seus avós) que levou a seu nascimento. Para ilustrar isso, consideremos o caso freudiano do Pequeno Hans (SE X, p.1-149).

O Pequeno Hans não entende automaticamente o papel que o pai desempenha na procriação. Na verdade, seus pais lhe fornecem toda sorte de explicações absurdas sobre a origem dos bebês – explicações que envolvem a cegonha e obscurecem até o papel da mãe –, porém Hans nunca se deixa tapear por completo: vê a barriga da mãe crescer, ouve os gemidos dela no quarto, um dia, e nota o aparecimento de sua irmã Hanna e o simultâneo desaparecimento do barrigão materno. À sua maneira, ele apreende o papel crucial da mãe de trazer filhos ao mundo.

Mas sua mãe certamente não prefere o marido ou Hanna ao filho – mostra-lhe de inúmeras maneiras que ele é seu xodó – e sempre faz as coisas do seu jeito, contornando o desagrado ocasionalmente expresso pelo marido quando ela deixa que Hans fique na cama do casal. Hans está ciente do desagrado paterno (embora não consiga fazer o pai admiti-lo) e sabe *levantar* a questão "O que a mamãe quer?" – ou seja, não é psicótico –, mas não sabe respondê-la com outra coisa senão ele mesmo: "Ela quer a mim." ("Mim", neste caso, é um objeto específico; estritamente falando, estamos lidando com a demanda, não com o desejo.) Hans pergunta repetidamente ao pai que papel este desempenhou no seu nascimento, e quer saber se é filho de sua mãe ou se é também filho do pai (*SE* X, p.92 e 100), e o pai, atrapalhado, atribui todo o poder procriador à mãe do menino (e a Deus, mas Deus, no caso, é declarado como quem concorda com tudo que a mãe quer [*SE* X, p.91]). O pai nunca deixa o menino apreender seu papel na geração de filhos – um papel que não é imediatamente compreensível, que requer explicações e, por conseguinte, a linguagem – nem o lugar que o pai ocuparia no desejo da mãe. Assim, Hans é deixado na crença de que é produto unicamente do desejo de sua mãe, não produto dos desejos conjuntos dos dois genitores, por mais contraditórios e entrelaçados que sejam. Embora ele possa intrigar-se e até perguntar qual a sua razão de ser, a resposta que se apresenta é sempre a mesma: ele nasceu para servir à mãe.

Hans, que nunca tem medo de charretes puxadas por dois cavalos – o que se traduz facilmente em dois genitores, um pai e uma mãe –, mas apenas das puxadas por um cavalo só (*SE* X, p.91), não consegue achar um lugar para o pai, achar alguém ou alguma coisa, fora dele mesmo, que sirva de revezamento no desejo de sua mãe, um objeto do desejo materno que vá além dele. Não há nome para o que ela quer: há apenas Hans como objeto capaz de lhe satisfazer as demandas. Uma primeira barreira foi erguida entre Hans e a mãe, já que o menino sabe que o pai desaprova a estreita relação entre os dois, mas o desejo dela nunca é nomeado e, por conseguinte, nunca vem a existir como tal (em outras palavras, como desejo de outra coisa, de algo que não Hans). O menino sente que todo ele é necessário para manter a mãe satisfeita, e essa é a verdadeira origem de sua angústia. Depois que uma primeira barreira é erigida, o sujeito não fica simplesmente radiante por ser a única fonte de gozo da mãe; esse papel é, a um tempo, prazeroso (o prazer de Hans de "se acarinhar" com a mãe) e ameaçador (pois ele intui que não pode ter vida fora dela). "Hans" é o único nome do desejo materno.[70]

A fobia de Hans é uma tentativa de pôr um outro ser (certo tipo de cavalo) no lugar do pai, entre a mãe e o filho, como é mostrado no esquema a seguir. Trata-se de um ser ao qual ele pode atribuir orgulho e raiva, os sentimentos que ele crê que o pai experimenta ao vê-lo na cama com a mãe (embora o pai negue tais sentimentos, em parte sem dúvida para se conformar à decisão inicial dele e da mulher de criar o menino com o mínimo possível de coerção [SE X, p.6]). O objeto fóbico liga ou reduz durante algum tempo a angústia do filho por ser o único objeto das afeições da mãe

$$\begin{array}{c} \text{Cavalo} \\ \downarrow \\ \text{Mãe} \text{———} \text{Pai} \text{———} \text{Hans} \end{array}$$

(e assume muitos atributos que não posso examinar aqui), mas não fornece uma solução permanente: a fobia se dissipa quando Hans encontra uma nova solução. Contudo, a solução que ele acha não é metafórica, não é uma solução pela qual o desejo/falta materno(a)[71] receba um nome (indicando que ela quer, digamos, status, riqueza, um homem "de verdade", progresso numa carreira ou reconhecimento num campo de artes plásticas ou musical – algo além de Hans, com que Hans tivesse de lidar, talvez tentando ajudá-la a realizar esse objetivo, ou oferecê-lo a ela por meio de suas próprias realizações). Eu diria que se trata de uma solução metonímica, com a qual Hans simplesmente espera ter um filho seu que possa oferecer à mãe, em troca dele mesmo. Para tirar a mãe de suas costas, ele vai seguir o exemplo do pai: dará a ela um filho varão que se interponha entre eles, tal como seu pai teve Hans, que se colocou entre a mãe e o pai.

$$\text{Mãe} \text{———} \text{Hans} \text{———} \text{Pai} \Rightarrow \text{Mãe} \text{———} \text{Criança} \text{———} \text{Hans}$$

Isso leva Hans a criar para si uma genealogia inteiramente nova, recriando a árvore genealógica da família – sua linhagem simbólica – de tal modo que ele se case com a própria mãe e que seu pai se case com a mãe *dele* (a avó paterna de Hans). Visto de fora, isso talvez pareça edipiano, mas não tem nada a ver com a expressão de um desejo edipiano. Ao contrário, ao buscar alguma separação de sua mãe ele é solicitado a dar a ela outro filho a quem se dedicar; essa é a única solução que ele consegue encontrar para criar um espaço próprio. Tal como Jean, Hans continua – ao término de sua pseudoanálise com o pai e com Freud – a ser o "homenzinho" da mãe. Sua esperança – que está longe de ser neurótica – é dar à mãe outro filho a quem ela sufocar.

Sem nunca haver conseguido nomear o desejo materno (nem mesmo falsamente – e todos os nomes, por definirem e delimitarem, falsificam até certo ponto, mas podem ser totalmente eficazes para promover a separação), Hans nunca pode tornar-se alguém capaz de sair em busca de status simbólico, a fim de conquistar os elogios dela e lhe satisfazer o desejo, uma vez que este nunca é nomeado. O menino lida apenas com a demanda da mãe, sua demanda de um objeto específico: ele. Em vez de vislumbrar algo nos interesses maternos que vá além dele próprio, tudo que o menino pode fazer é imaginar-se dando à mãe um objeto substituto, outra criança com quem ela possa se aninhar.

Se Hans tivesse permanecido fóbico, a metáfora paterna teria sido bem escorada ou respaldada: um cavalo zangado teria ocupado o lugar do pai. Entretanto, por também haver assumido alguns atributos maternos, talvez o cavalo nunca tenha se destinado a resolver a questão. O resultado da incapacidade paterna de fornecer qualquer tipo de princípio explicativo que envolvesse a vontade do pai e o papel do pai no desejo da mãe – e da impossibilidade de Freud dar nome à demanda materna e, desse modo, transformá-la num desejo enigmático e passível de ser deslocado – deixou Hans no que pareceria mais apropriado qualificarmos de posição perversa. Aliás, a conclusão de Lacan, ao final do Seminário 4, é que Hans se torna perverso, e não (normalmente) neurótico, como sugere Freud.

PARA O NEURÓTICO, há sempre algum tipo de princípio explicativo: há sempre uma historinha, por mais vaga e confusa que seja, sobre a razão de nossos pais nos terem desejado, ou talvez não nos haverem querido, a princípio, mas terem passado a nos amar. Essa historinha nos diz algo sobre o lugar que ocupamos no desejo deles – não o lugar que ocupamos no Universo como um todo, posto que a ciência parece nos fornecer lugares muito insignificantes nele (como diz Carl Sagan, o Universo contém "bilhões e bilhões de galáxias") –, e esse espaço no desejo deles, por menor que seja, é nosso pé de apoio na vida.

Mas para que somos desejados? Esta é a questão.[72] Quando somos desejados apenas como uma extensão de um dos pais, havendo uma expectativa de que nos dediquemos ao "serviço sexual" desse genitor, surgem problemas. Devemos ser queridos para outra coisa, talvez algo extremamente obscuro: "Só queremos que você seja feliz", "Queremos que você realize algo importante", "Queremos que você nos dê motivos de orgulho". Por mais angustiantes que sejam esses desejos parentais para o neurótico, eles fazem parte, muitas vezes, do preço a ser pago para afastar o "pior".

A metáfora delirante construída por um psicótico serve para compensar justamente a falta de um princípio explicativo dessa ordem. Uma paciente (brevemente mencionada no Capítulo 7) chegou à terapia com a ideia de que um certo David, para quem ela havia trabalhado uma época e que tinha uma predileção por ler as epístolas de são Paulo no Novo Testamento, tinha uma espécie de "conexão cósmica" com David Letterman, o apresentador de programa de entrevistas na televisão. No decorrer de sua terapia, ela estabeleceu toda sorte de novas ligações: segundo ela, o primeiro David era seu meio-irmão, filho ilegítimo do pai dela com a vizinha do lado; ele era capaz de exercer influência sobre todas as áreas da vida da paciente e vinha se tornando mais poderoso cada dia que passava, em função de suas ligações com homens proeminentes, como David Letterman; ele ia disputar a Presidência da República, se Deus quisesse; e ela própria desempenhava um papel na vida desse meio-irmão, como um anjo decaído que, ao que parecia, poderia reerguer-se no curso da ascensão dele.

Suas "conexões" assumiram proporções "cósmicas": na falta de um espaço simbólico em sua família nuclear, no desejo de seus pais, essa paciente tratou de recriar o mundo de modo a se assegurar um papel especial nele, e não está claro onde ela se encaixará, exatamente, no esquema cosmológico das coisas que vem elaborando – não de propósito, mas espontaneamente. O que está claro é que, pouco a pouco, mas de modo seguro, ela vem gerando um princípio explicativo para si mesma; trata-se de um princípio reconhecidamente idiossincrático, como o de Schreber, e é muito improvável que conquiste adeptos num círculo mais amplo (embora isso aconteça, às vezes), mas, se tiver permissão para seguir seu curso, ele deverá lhe proporcionar uma estabilidade muito maior.

Tal como a recriação espontânea que Hans fez da árvore genealógica de sua família, uma nova genealogia que permitisse uma solução para seu dilema, os delírios do psicótico – quando liberados para seguir seu curso – movem-se no sentido de criar um mundo em que lhe seja atribuído um lugar importante, um papel crucial. A cosmologia delirante do psicótico serve para explicar o porquê do seu nascimento e o propósito de sua vida na Terra. Portanto, também ela tenta unir a palavra ao sentido, como a metáfora paterna.

ConsidEremos o caso de um paciente muito jovem que conheço, cuja mãe havia destruído o pai do menino, exigia completa lealdade do filho (sem nunca se cansar de lhe dizer que ele teria dificuldade de arranjar uma esposa, mais tarde, por causa de sua relação especial com a mãe), colocava-o na sua cama todas as noites e nunca revelava seus órgãos genitais ao filho nem dizia nada para corrigir a crença dele de que homens e mulheres tinham o que ele chamava de "bola" (sua designação para o pênis). Para ter esse filho, a mãe havia decidido engravidar sem consultar o pai da criança, um homem com quem ela mal tinha começado a sair. Mais tarde, ela disse ao menino que o pai o havia abandonado porque não o amava (quando, na verdade, ela levara o pai do garoto ao suicídio).

O terapeuta tem algumas opções num caso como esse. Pode esperar e torcer para que a criança *articule* alguma coisa que transforme a presença e as demandas insuportáveis da mãe (a mãe real) numa realidade passível de ser falada e suportada (o desejo nomeado da mãe), mas nesse caso corre o risco de deixar a criança entregue à psicose ou à perversão. Ou pode inventar uma explicação: "Seu pai queria muito um menininho como você e pediu à sua mãe para ter o filho dele. Desde que o seu pai morreu, sua mãe tem estado muito assustada e nervosa, e se agarra a você como uma lembrança do marido que ela perdeu."[73]

Isso não é uma mera construção – é uma mentira calculada. Mas, com essa mentira, se ela for introduzida após o estabelecimento de uma relação sólida entre o terapeuta e a criança, e se não contradisser flagrantemente uma parte muito grande do que a criança tiver ouvido sobre o pai ausente, o terapeuta cria um lugar importante para o pai no mundo materno e, com isso, nomeia o desejo da mãe. Em outras palavras, se o terapeuta conseguir fazer com que esta construção cole (e já vi isso funcionar), ele transformará a demanda da mãe de que o filho lhe dê toda a sua satisfação na vida, com tudo que ele tiver de seu – transformará essa demanda num desejo, um desejo de alguma outra coisa, do pai ou de algo do pai que o menino possa então tentar sondar.

Essa construção contradirá algumas coisas ditas pela mãe, mas a criança procurará entender o que a mãe diz no contexto da construção: "Ela não quer me soltar porque tem saudade do meu pai"; "Ela reclama que ele nos abandonou porque se sente sozinha". As contradições não exterminam a construção ou âncora proporcionada pelo terapeuta, antes servem como ponto a partir do qual tudo o mais é interpretado. Assim, embora o comportamento e a presença da mãe não necessariamente se modifiquem nem um pouco, o terapeuta habilita a criança a *lê-los* de outra maneira. A experiência que a criança tem da mãe é radicalmente transformada por essa construção.

Numa fase posterior da vida, é possível que a criança venha a rejeitar praticamente todas as facetas da construção do terapeuta, passando a acreditar, ao contrário, que os motivos da mãe tinham sido predominantemente maldosos e egoístas, mas *rejeitará a construção do ponto de vista da construção*. Em outras palavras, terá um ponto de apoio que permanecerá inabalável, uma perspectiva a partir da qual poderá lançar dúvidas sobre a exatidão da construção. Antes da construção, a criança não tem um lugar onde se posicionar, não tem chão e, portanto, não tem possibilidade de questionar nem de se intrigar. Depois da construção, ela pode questionar tudo, sem jamais tirar o chão de sob seus pés. Em condições extremas, ela poderá vir a desejar não ter nascido, porém ao menos haverá um lugar em que poderá formular esse desejo! Esse lugar é o sujeito, o sujeito lacaniano.

PARTE III

A TÉCNICA PSICANALÍTICA ALÉM DO DESEJO

10. Do desejo ao gozo

> Só o amor permite ao gozo condescender ao desejo.
> LACAN, Seminário 10, p.209[197]

OS TRÊS CAPÍTULOS PRECEDENTES incluem uma grande quantidade de material teórico, que nos afastou um pouco da orientação clínica que enfatizei na parte inicial deste livro. Agora irei reformular alguns dos principais pontos fortes da abordagem lacaniana na prática, incorporando o trabalho que foi introduzido sobre o desejo, o gozo e a linguagem.

Além do desejo: a fantasia fundamental revisitada

Minha ênfase na importância de "abrir o espaço do desejo" e "pôr em movimento o desejo do analisando" talvez tenha dado a alguns leitores a impressão de que a meta suprema da análise, de acordo com Lacan, é dialetizar o desejo do analisando e libertá-lo das garras mortíferas do desejo do Outro. É verdade, nas primeiras etapas da análise, que a dialetização do desejo do sujeito tem certos efeitos salutares: uma diminuição da fixação e uma redução da angústia ("O desejo é um remédio para a angústia", como diz Lacan no Seminário 8, p.430[451]). E é verdade que, por muitos anos (durante toda a década de 1950 e início da de 1960), o próprio Lacan viu o desejo como a chave da resolução exitosa da análise.[1]

Essa primeira fase do trabalho de Lacan foi marcada pela convicção de que a análise pode chegar a um término bem-sucedido por meio da ordem simbólica, pois o desejo é um fenômeno da linguagem, e não existe desejo humano, estritamente falando, sem a linguagem. Lacan examina longamente a maneira pela qual o desejo se desloca e se move em função da ordem simbólica – isto é, em função da linguagem. Seu famoso ensaio sobre "A carta roubada", de Edgar Allan Poe, detalha como o desejo dos diferentes personagens do conto de Poe é determinado por sua posição numa certa estrutura simbólica ou significante. Ele enfatiza que a vida dos pacientes é determinada por suas "cartas roubadas" – pelos retalhos de conversa de seus pais (isto é, do discurso do Outro), amiúde não destinados aos seus ouvidos, que ficaram indelevelmente gravados em sua memória e selaram seu destino. Os pacientes trazem essas cartas para a análise e os analistas tentam torná-las legíveis para os analisandos, tentam desvendar os determinantes ocultos de seu desejo.[2]

Esse é o Lacan que nos permite compreender como o fetiche de Jean com o botão se forma com base numa ligação puramente linguística ou literal entre *ton bout* (a expressão que a mãe dele usava para designar o pênis do filho) e *bouton* (o termo de seu pai para a genitália materna e o termo francês cotidiano que significa botão). Esse é o Lacan que frisa que a análise deve atentar constantemente para a letra do que dizem seus analisandos, não para o que eles *pretendem dizer*, não para seu sentido intencionado, porque eles não sabem o que dizem: são falados pelos significantes (ou seja, pelo discurso do Outro) que os habitam. Esse é o Lacan que retorna à insistência de Freud na importância da concatenação absurda das letras (aquilo a que Freud se refere como "pontes verbais" [*SE* X, p.213]) na formação dos sintomas; no caso do Homem dos Ratos, por exemplo, Freud nos diz que o "complexo do rato" evolui dos elementos – *Ratten* ("ratos"), *Raten* ("prestações") e *Spielratten* ("jogadores") – que se ligam não por causa de seus significados, mas pelas relações literais entre as próprias palavras (isto é, por elas conterem muitas das mesmas letras). Esse é o Lacan que demonstra a que ponto somos subjugados pelos significantes, pelo discurso dos nossos pais, que determina nosso destino, e o Lacan que declara que, por meio da análise, devemos vir a aceitar que somos mortificados pela linguagem e, portanto, em certo sentido, somos os mortos-vivos (nossos corpos são cobertos pela escrita e somos habitados por uma linguagem que vive através de nós).[3] Devemos subjetivar esse destino mortal, torná-lo nosso; devemos assumir a responsabilidade pelo rolar dos dados no começo do nosso universo – o desejo de nossos pais, que nos trouxe ao mundo –, fazendo-nos existir onde o desejo deles serviu de causa para o nosso.

Esse é o Lacan que formula o processo da análise como um desatamento dos nós no desejo do analisando, não sendo o objetivo da análise "nada mais é que a emergência da manifestação do desejo do sujeito" (Seminário 8, p.234[238]), e que vê o término exitoso da análise como o desenvolvimento de um "desejo decidido" ou de um "desejo determinado": um desejo que não se deixa desanimar pelos obstáculos nem dominar pelo Outro, um desejo antes inconsciente que já não se submete à inibição, o tipo de desejo que – após um período reconhecidamente longo de análise – pode dizer "não" ao pedido do analista de que o analisando volte no dia seguinte para mais análise ainda, o tipo de desejo que já não se importa com o que o Outro quer ou diz.[4]

Esse é o Lacan que formula que o analisando deve aprender a não "abrir mão do seu desejo", a não "ceder quando se trata de seu desejo", a não deixar o desejo do Outro ter precedência sobre o seu (pois, quando cedemos, o resultado é a culpa; ver Seminário 7, p.368[373]). Esse é o período da obra de Lacan em que o desejo é dotado de certo toque utópico: ele *pode* nos levar aonde queremos ir, ou seja, além da neurose.

Do sujeito do desejo ao sujeito do gozo

> O desejo vem do Outro, e o gozo está do lado da Coisa.[5]
> LACAN, *Escritos*, p.853[867]

> [Há] uma certa ligação da acefalia com a transmissão da vida como tal, com a passagem da chama de um indivíduo para outro, numa eternidade significada da espécie, a saber, esse *Gelüst* [anseio] não passa pela cabeça.
> LACAN, Seminário 8, p.254[268]

Na fase posterior da obra de Lacan, não é tanto a ideia geral do que a análise quer alcançar que se modifica, e sim os termos em que esses objetivos se expressam. A meta continua a ser a separação do Outro, para permitir que o sujeito siga seu rumo sem todas as inibições e influências derivadas dos outros concretos que o cercam, ou dos valores e juízos internalizados do Outro.

Lacan passa a ver que o desejo inconsciente não é a força radical e revolucionária que ele um dia acreditou que fosse. O desejo é subserviente à lei! O que a lei proíbe, o desejo busca. Busca apenas a transgressão, e isso o torna inteiramente dependente da lei (ou seja, do Outro) que o faz existir. Por isso, o desejo nunca pode libertar-se completamente do Outro, já que o Outro é responsável pelo próprio ser do desejo. Voltando às figuras que usei em capítulos anteriores para representar a relação do sujeito com o Outro, podemos dizer que o desejo permanece inscrito, à direita, dentro do Outro, enquanto o sujeito é uma Outra coisa (ver Figura 10.1).

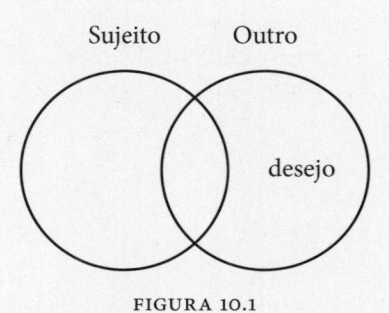

FIGURA 10.1

O que é essa Outra coisa? Se o sujeito já não deve ser conceituado como a pura falta que dá origem ao desejo, como vemos no trabalho inicial de Lacan, o que é, então, o sujeito? Do que podemos falar como algo existente fora do Outro, independente do Outro? Em termos freudianos, trata-se do id [isso], da sede ou lócus das pulsões, pois as pulsões freudianas parecem ser não socializadas, não educadas e não controladas, pelo menos no início.[6] Elas seguem seu curso sem a menor consideração para com o que é apropriado ou aprovado. Nas palavras de Jacques-Alain Miller, a quem devo essa formulação das fases iniciais e posteriores do trabalho de Lacan,

> a pulsão não poderia ser mais indiferente à proibição; nada sabe da proibição e decerto não sonha transgredi-la. A pulsão segue sua inclinação própria e sempre obtém satisfação. O desejo é sobrecarregado por considerações do tipo "Querem que eu faça isto, então não vou fazer", ou "Não é para eu ir por ali, então é por ali que eu quero ir, mas talvez no último segundo eu não consiga mesmo fazer isso". ...
> Durante todo um período de sua elaboração teórica, Lacan tentou respaldar as funções vitais do desejo. Mas, quando distinguiu a pulsão do desejo, houve uma desvalorização do desejo, já que ele enfatizou sobretudo o "não" em que o desejo se baseia. O que então se tornou essencial, ao contrário, foi a pulsão como uma atividade relacionada com o objeto perdido que produz o gozo. ...
> O essencial no desejo é seu impasse. Seu ponto crucial, diz Lacan, encontra-se nas impossibilidades, e podemos dizer que sua ação atinge, essencialmente, um beco sem saída. Isso é mais ou menos o que Lacan diz em sua "Proposição de 9 de outubro de 1967":[7] "Nosso impasse [é] o do sujeito do inconsciente." Poderíamos dizer: nosso impasse é o do sintoma do desejo. O cerne da pulsão não se encontra nas impossibilidades. ... A pulsão nunca chega a um impasse. ("Commentary on Lacan's Text", p.425-6.)

Em suma, podemos dizer que Lacan passa da identificação do sujeito (e, quando diz "sujeito", ele quer dizer *o que é mais essencial*) com o desejo inconsciente para a identificação do sujeito com a pulsão. O que há de mais importante no sujeito humano já não são, a seu ver, os movimentos multifários e metonímicos do desejo, mas a própria satisfação: aqui, o sujeito lacaniano é o sujeito sem cabeça (uma espécie de não sujeito, quando pensado em termos filosóficos ou psicológicos tradicionais – Lacan usa o termo "acéfalo" nesse contexto), que persegue a satisfação. Esse sujeito, antes da análise, é cercado, refreado e silenciado o máximo possível pelo eu/ego e pelo supereu, pelo desejo, na medida em que ele se forma na linguagem com base no discurso do Outro, que transmite os desejos, valores e ideais do Outro. No trabalho anterior de Lacan, o sujeito era, precisamente, a postura defensiva que cercava, refreava e silenciava o clamor das pulsões por satisfação, a postura adotada com respeito a uma experiência opressiva de gozo. Agora, em contraste, com o sujeito visto como pulsão, a meta da análise no trabalho clínico com neuróticos (não com psicóticos nem perversos)[8] é transformar a fantasia do analisando que sustenta seu desejo, porque esse desejo impede que ele busque a satisfação.[9] O analisando deve reconstituir-se não em relação às demandas ou desejos do Outro, mas em relação ao objeto parcial que traz satisfação: o objeto a.

Isso implica que as próprias pulsões sofrem uma espécie de transformação no curso da análise, pois, como vimos nos Capítulos 4 e 5, as pulsões se formam à medida que nossas necessidades são endereçadas aos que nos cercam (em geral, nossos pais) e em função das demandas que nos são feitas por essas pessoas (comer, defecar etc.). É por isso que Lacan, em seu trabalho inicial, fornece um matema da pulsão que inclui o "D" das demandas que fazemos ao Outro e das demandas que o Outro nos faz: ($ \$ \lozenge D $). Em resposta à demanda do Outro de que eu coma, formulo minha demanda de que o Outro me peça para comer.[10] Demanda responde a demanda, demanda se opõe a demanda, num círculo vicioso.

No Seminário 9 (1964), entretanto, a formulação lacaniana da pulsão se modifica: a pulsão gira em torno do objeto e o cerca, isolando-o, em certo sentido (isto é, separando-o). Portanto, a pulsão se correlaciona com o objeto a, não com as demandas do Outro ou com as demandas dirigidas ao Outro. Conceituada dessa maneira, a pulsão continua a se estruturar gramaticalmente (alternando da voz ativa para a voz passiva, do impulso de comer para o impulso de ser comido, da ânsia de bater para a ânsia de ser surrado)[11] – e, como tal, não é totalmente separada do registro simbólico, do Outro como linguagem –, porém não recorre a ninguém, a nenhum Outro, para obter orientação ou permissão. Isso poderia ser entendido como uma mudança na teorização lacaniana da própria pulsão (ou seja, poderíamos supor que em 1964 ele acreditava que a pulsão nunca se relacionava com a demanda do Outro, nem antes nem depois da análise), mas creio que se entende melhor como a transformação pela qual a pulsão passa no decorrer da análise: inicialmente subjugada pelas demandas do Outro, depois pelo desejo do Outro, a pulsão finalmente fica livre para buscar o objeto a.[12]

Note-se que esta cronologia das transformações da pulsão corresponde com precisão a três momentos lógicos de Lacan – alienação, separação e travessia da fantasia –, apresentados no fim do Capítulo 9 sob a forma de três metáforas:

$$\frac{\text{Outro}}{S} \quad \frac{\text{objeto } a}{S} \quad \frac{S}{\text{objeto } a}$$

Se considerarmos que o S designa o *sujeito como pulsão* ou o sujeito como satisfação, veremos que primeiro ele é dominado pelo Outro (que podemos tomar aqui como o Outro enquanto/da demanda, D), depois pelo objeto *a* como desejo do Outro (que é o mesmo que o desejo do sujeito). Só no final é que o sujeito como pulsão se revela, por assim dizer, não em relação ao Outro, mas ao objeto *a*. As três metáforas ou substituições podem então ser escritas assim:

$$\frac{\text{demanda}}{\text{sujeito como pulsão}} \quad \frac{\text{desejo}}{\text{sujeito como pulsão}} \quad \frac{\text{sujeito como pulsão}}{\text{objeto } a}$$

Alternativamente, ou até simultaneamente, poderíamos falar desses três momentos como três status do sujeito: (1) o sujeito como constituído em relação à demanda ou o sujeito como demanda; (2) o sujeito como desejo; e (3) o sujeito como pulsão. É comum o neurótico chegar à análise preso nas demandas do Outro, pedindo (como fez Robert, no caso apresentado no Capítulo 8) que o analista lhe diga o que fazer – isto é, faça demandas; ao se recusar a isso, o analista procura abrir um espaço de desejo em que o desejo do analisando se mostre em sua subserviência ao desejo do Outro; e, ao fazer o papel do objeto *a*, o analista procura questionar a interpretação dada pelo analisando ao desejo do Outro, na fantasia fundamental, e promover sua transformação, de tal modo que ela não mais iniba a busca de satisfação. Poderíamos dizer que o sujeito é essas modalidades diferentes em cada etapa do processo analítico: como demanda, o sujeito fica preso no registro imaginário; como desejo, o sujeito é essencialmente uma postura em relação ao Outro simbólico; e como pulsão, há um "sujeito no real".[13] Nesse sentido, o sujeito teria uma face imaginária, uma face simbólica e uma face real, cada qual predominando num certo ponto do processo analítico, e a meta da análise seria fazer o analisando atravessar esses diferentes momentos até o ponto em que o sujeito como pulsão – ou seja, o sujeito como real – apareça em primeiro plano.

Promovendo o Eros do analisando

> Como um sujeito que atravessou a fantasia radical pode viver a pulsão? Isso é o mais-além da análise e jamais foi abordado.
>
> LACAN, Seminário 11, p.246[264-5]

Ao se referir à meta de "viver a pulsão" [*vivre la pulsion*], Lacan não implica que o sujeito "plenamente analisado" se torne uma espécie de máquina que busca ininterruptamente o prazer, mas sim que o desejo cessa de inibir o sujeito de obter satisfação. Um de meus analisandos expressou muito bem a aflição do neurótico, ao dizer que não conseguia "comprazer-se com seu prazer", implicando que sua satisfação, em certo sentido, era arruinada ou maculada por sentimentos simultâneos de insatisfação ou desprazer. Talvez um modo de afirmar a configuração almejada pela análise seja dizer que *o analisando é finalmente autorizado a ser capaz de se comprazer com seu prazer*.

Lacan sustenta que o neurótico em análise deve ser levado não ao ponto de descartar inteiramente as restrições simbólicas sobre as pulsões, descartando por completo o eu e o supereu, mas ao ponto de *aceitar de uma nova maneira as pulsões e o tipo de satisfação que elas buscam*.[14] Como diz Miller, isso não significa que a satisfação se torne obrigatória ou imposta (o que equivaleria a um retorno ao supereu que manda gozar, satisfazer as pulsões); antes, ela passa a ser possível ou permitida. "Dá-se permissão" a que as pulsões sigam seu caminho, busquem seu próprio curso;[15] o sujeito "permite sua perversão", na medida em que as pulsões sempre buscam uma forma de satisfação que, de um ponto de vista freudiano ou moralista tradicional, é considerada perversa. O que as pulsões buscam não é a sexualidade reprodutora heterossexual genital, mas um objeto parcial que proporcione gozo.

Nesse sentido, podemos preencher os espaços em branco da Figura 10.1 como vemos na Figura 10.2:

Sujeito   Outro

pulsão   *a*   desejo

FIGURA 10.2

Do caráter revolucionário do desejo inconsciente, Lacan olha para outro lugar: o revolucionário, com efeito, nada mais era que um rebelde contra uma lei muito específica e, como tal, profunda e completamente dependente daquilo contra o qual se rebelava. A nova configuração buscada por Lacan envolve uma espécie de "harmonia" (embora se hesite em usar essa palavra ao falar de Lacan) entre o desejo e as pulsões. O desejo aprende a ficar de boca fechada e deixar que o gozo prevaleça.[16]

Em certo sentido, essa evolução da teorização lacaniana não representa uma mudança radical da orientação geral, pois no Seminário 8 (1960-61) Lacan já havia frisado que a análise almeja promover o Eros do analisando.[17] O que podemos dizer é que, de uma visão de Eros em termos de desejo, Lacan passou a vê-lo mais em termos de gozo.

Essa distinção entre desejo e gozo, ou entre o significante (já que o desejo só se articula em significantes) e o gozo, é paralela à importante distinção freudiana entre representação e afeto, vista no Capítulo 8. Aqui, o sujeito da representação pode associar-se ao inconsciente e, portanto, à articulação e ao desenvolvimento do desejo inconsciente – o sujeito do desejo ou sujeito desejante de Lacan –, enquanto o sujeito do afeto, ou sujeito "emotivo", é o sujeito do gozo, ou "sujeito que goza".[18] Isso porque, como logo aprendem os clínicos, onde há afeto há gozo.

Técnica além do desejo

> É na medida em que o desejo do analista, que resta um x, tende para um sentido exatamente contrário à identificação, que a travessia do plano da identificação é possível, pelo intermédio da separação do sujeito .... A experiência do sujeito é assim reconduzida ao plano onde se pode presentificar ... a pulsão.
> LACAN, Seminário 11, p.246[265]

Em seus seminários a partir do início dos anos 1950, Lacan teoriza que o analisando deve elaborar a interferência imaginária em sua relação simbólica com o Outro. Nos seminários do início a meados da década de 1960, Lacan propõe que a própria relação simbólica do analisando – a relação na qual o desejo é mobilizado – deve ser elaborada. Por esta última perspectiva, o sujeito do (ou como) desejo inconsciente tem que ser elaborado, interferindo, como interfere, na relação do analisando com o objeto *a*, e portanto interferindo no sujeito como satisfação (ver Figura 10.3). Aqui, o desejo é uma defesa contra a satisfação, e o sujeito como desejo, portanto, é uma defesa contra o sujeito como pulsão: o primeiro mexe e interfere no gozo do segundo.

```
        sujeito como pulsão         Outro
                    \               /
                     \     eixo    /
                      \  simbólico/
                       \         /
                     eixo       
                     real
                       /         \
                      /           \
                     /             \
        sujeito como desejo       objeto a
```

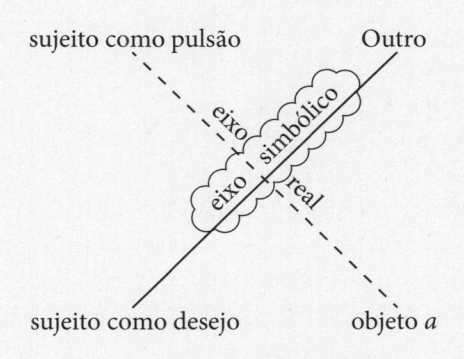

FIGURA 10.3. Esquema L modificado

Quando a análise é teorizada em termos apenas do desejo, o analisando tende a acabar moldando seu desejo pelo do analista, mesmo que não seja isso a que o analista visa deliberadamente. Isso tende a equivaler ao objetivo de certos analistas de fazer o "ego fraco" do paciente identificar-se com o "ego forte" do analista: uma solução via identificação. Mas, depois que Lacan formula a ideia de separação da camisa de força do desejo do Outro, o desejo é visto como associado à linguagem (ao significante), à identificação (que se baseia na linguagem) e à interpretação, ao passo que o gozo fica fora da linguagem, não tem laços com a identificação e requer ferramentas que ultrapassam a interpretação.

Decifrar e interpretar o inconsciente podem transformar-se num processo interminável. Continuam a ser cruciais na conceituação lacaniana mais recente da análise, porém não bastam; não são considerados suficientes para o tipo de transformação buscado por Lacan. A análise não deve, de acordo com ele, ser um processo infinito; ao contrário, deve envolver um movimento concreto, uma mudança da posição subjetiva – o que ele chama de travessia da fantasia fundamental.

Essa mudança de posição é atestada no procedimento institucional conhecido como "passe", procedimento que Lacan desenvolveu no fim da década de 1960 para seu instituto psicanalítico, a Escola Freudiana de Paris, e que ainda é implementado pelo instituto que ele fundou pouco antes de sua morte, a Escola da Causa Freudiana. Lacan decidiu implementar esse procedimento – que envolve levar o analisando a discutir longamente sua análise com outros dois analisandos, os quais, por sua vez, comunicam o que ouviram a um grupo de analistas experientes – para colher informações sobre o que chama de "o além da análise", que nunca foi teorizado nem estudado em nenhum outro contexto. Os analisandos dispostos a dar um testemunho de sua experiência de análise, atravessando o passe, contribuem para uma compreensão maior dos resultados da análise – de como "um sujeito que atravessou a fantasia radical pode viver a pulsão" (Seminário 11, p.246[264]), de como ele ou ela vivencia a pulsão depois que sua fantasia, nos melhores casos, é radicalmente transformada ou eliminada, ou de como e por que a análise não foi capaz de levar o analisando a esse passe, por assim dizer. Nesse sentido, o passe é uma espécie de processo de verificação, um modo de conferir se a aposta de Lacan – a de que os analisandos podem ser levados além da "rocha da castração"[19] – foi confirmada ou não pelo uso das técnicas que ele desenvolveu.[20]

Examinei muitas dessas técnicas ao longo deste livro e dentro em pouco irei analisar outra delas. A maioria foi desenvolvida desde cedo por Lacan – sobretudo as intervenções não verbais conhecidas como pontuação e escansão (a sessão de duração variável) e a intervenção verbal conhecida como "fala oracular". Esta última, obviamente, é uma forma de interpretação, mas visa a algo além dos efeitos de sentido; tal como a sessão de duração variável, ela confronta o analisando com a questão do desejo enigmático do analista (o desejo do Outro) e lhe demonstra continuamente que o desejo do Outro não é o que ele presume. Na medida em que o desejo do Outro desempenha o papel de objeto *a* na fantasia fundamental do analisando, é ao questionar o desejo do Outro que se torna possível levar o analisando ao passo seguinte – da segunda para a terceira metáfora, tais como as tenho apresentado aqui: de uma situação em que o sujeito fica subjugado ao (à sua interpretação do) desejo do Outro para uma situação em que o sujeito como pulsão já não fica subjugado:

$$\frac{\text{desejo do Outro}}{\text{sujeito como pulsão}} \quad \frac{\text{sujeito como pulsão}}{\text{objeto } a}$$

Desnudando o gozo do sujeito

> [O desejo do analista] é expor às claras o gozo do sujeito, ao passo que o desejo do sujeito só é sustentado pelo reconhecimento equivocado da pulsão conhecido como fantasia.
> JACQUES-ALAIN MILLER, "Comentário sobre o texto de Lacan", p.426

Esse passo seguinte requer a constante colocação em jogo do desejo do analista – não só de vez em quando, mas constantemente, ao final de cada sessão, no

"Até amanhã" do analista, e talvez também dentro de cada sessão –, não só para encorajar o analisando a falar do que é importante, mas para lhe "desnudar" o gozo. Quando o terapeuta se concentra no que o analisando quer, nos "desejos mais profundos" do analisando – os quais, como vimos, são respostas ao desejo do Outro (ou até recusas dele) –, permite que ele passe por cima da questão da satisfação. Muitas vezes o analisando fala de atividades que lhe trazem satisfação, mas se apressa a manifestar seu desagrado ou insatisfação com elas. "Só houve uma amante na minha vida com quem eu realmente ficava excitado, mas eu não suportava o que ela fazia para ganhar a vida"; "Fiquei realmente empolgado com o personagem do filme, mas não é aquele tipo de relação que quero para mim". Quando os clínicos se concentram no que o analisando diz que quer e não quer, restringem sem querer sua atenção à defesa – à postura adotada pelo sujeito desejante com respeito ao gozo.

Em vez disso, o terapeuta deve pontuar e enfatizar a excitação, a empolgação, o prazer disfarçado ou sistematicamente não reconhecido/erroneamente reconhecido. Mesmo quando o analisando fica enojado com seu prazer este deve ser destacado – não, claro, de tal modo que o analisando ache que está sendo acusado de gozar de maneira particularmente esquisita, perversa ou enojante. O analista deve frisar os lugares do discurso do analisando em que o gozo se expressa, mas evitar desaprová-lo (e evitar "esclarecer" qualquer impressão equivocada, por parte do analisando, da reprovação do analista). A tendência natural do analisando – "natural" no sentido de que a fantasia nos cega para o gozo – é esquecer ou equivocar-se no reconhecimento da satisfação, descartá-la com uma explicação, ou não se responsabilizar por ela. O analisando não proclama, espontaneamente, "Onde há gozo (onde isso – o id – goza), devo vir a ser como sujeito desse gozo!".[21] De modo algum. Espontaneamente, ele tenta fazer esse gozo passar por alguma outra coisa – angústia, por exemplo. Como nos diz Freud, a angústia é a moeda universal do afeto, no sentido de que qualquer emoção pode converter-se nela. A angústia sinaliza uma emoção – isto é, uma satisfação – que é indesejada ou perturbadora em algum nível.[22]

Quando o analisando diz "Tive uma sensação estranha", o sujeito está relatando um tipo de satisfação não reconhecido. Quando relata estar sofrendo ou em grande tristeza, está em jogo um gozo disfarçado. Há uma espécie de equivalência básica entre o afeto e o gozo (nos termos de Freud, entre o afeto e a libido ou descarga libidinal) – uma equivalência que é sistematicamente reconhecida de modo errôneo, em vista da fantasia,[23] em vista de como gostaríamos de nos ver, e o analista não deve deixar escapar a oportunidade de apontar para a satisfação no que o analisando caracteriza como um afeto "doloroso".

Isso envolve superar a resistência do paciente a ver de onde realmente vem o gozo, a ver o que realmente o excita, e só mediante a superação dessa resistência é que ele pode adotar uma postura diferente – uma posição diferente de sujeito – em relação a esse gozo, em relação às pulsões que trazem satisfação. Só então o analisando pode parar de inibir sua "própria" busca de satisfação no nível do isso/id.

No caso de histeria apresentado no Capítulo 8, Jeanne às vezes manifestava insatisfação com sua falta de satisfação sexual e, em seu sonho ligado ao filme *Proposta indecente*, parecia estar buscando uma razão para superar suas inibições. O objetivo, nesse caso, seria dar voz à pulsão sexual que pudesse estar buscando realizar-se no sonho (não aos estigmas sociais ligados a ela), na esperança de levar a analisanda a afirmar "Eu sou *isso*" – "Eu sou esse impulso, essa ânsia". Se o analista enfatizasse apenas a imagem prostituidora do ato de receber dinheiro pelo sexo, e a "indecência" moral que a cerca, isso equivaleria a sugerir à analisanda que ela era a proibição e sua transgressão – em outras palavras, que ela era desejo e somente desejo (que é ao que Lacan se refere como "analisar a defesa antes da pulsão" (*Escritos*, p.599[605]). O fato de ela reconhecer as pulsões como suas, ao contrário, é o que Lacan chama de subjetivação: o vir a ser do sujeito onde era *isso*, onde eram as pulsões (consideradas como não pertencentes a ela). Subjetivá-las é lhes dar um lugar, talvez uma importância que de outro modo lhes seria recusada. Vê-las como próprias é um passo para permitir que elas se expressem, e isso deve ser combinado com a interpretação progressiva do porquê e para quê das restrições simbólicas impostas à satisfação – no caso de Jeanne, o sentido em que o sexo sempre implicava a *traição* de um de seus pais. A traição era um significado enxertado no sexo pela interpretação dada por Jeanne ao desejo dos pais, e só mediante o questionamento dessa interpretação (o que só foi parcialmente conseguido no decorrer da análise) é que ela poderia vivenciar o sexo de outra maneira.

O paciente chega à análise com uma "crise de satisfação", e os clínicos devem ficar de olho, ao longo de todo o processo analítico, no problema da satisfação. A crise de satisfação do paciente consiste no fato de a satisfação que é obtida estar diminuindo, ou ser considerada "do tipo errado". A questão da satisfação sempre foi preponderante para Freud, e Lacan resume a posição de Freud dizendo que "o sujeito está sempre feliz"[24] em algum aspecto, sempre gozando com alguma coisa, nem que seja com sua própria insatisfação. Nas palavras de Jacques-Alain Miller, ele "está sempre feliz no nível da pulsão, ... tão feliz que repete essa satisfação, mesmo que ela pareça trazer insatisfação" ("Donc", 18 mai 1994). O sujeito está sempre gozando, mesmo enquanto se defende do gozo. Embora Lacan nos diga, a certa altura, que "o gozo é vedado a quem fala" (*Escritos*, p.821[836]), ele se refere, nesse ponto, a uma espécie de prazer "oceânico" imediato, que é anterior à letra, anterior à linguagem, anterior à triangulação,[25] pois todos obtemos certas satisfações, por mais que elas pareçam contrariar a intuição, com nossos sintomas, com as críticas que fazemos a nós mesmos etc. O sujeito do desejo passa a existir como uma postura em relação à satisfação da pulsão, como uma defesa contra ela; esse sujeito se vê no desejo, não no gozo (da pulsão). A abordagem de Lacan, na medida em que se pode caracterizá-la como um "manejo do", uma "interferência no" ou até uma "retificação do" desejo (Seminário 10, p.286[271]), envolve a promoção de uma mudança na relação entre satisfação e desejo – isto é, entre as pulsões e sua inibição, entre o sujeito do gozo e o sujeito do desejo.[26]

Em vez de desatar os nós do desejo do analisando, para que ele possa buscar seu "desejo verdadeiro", devemos desatar os nós do gozo do analisando: os nós que se formam na inter-relação entre desejo e gozo.

Isso não deve ser entendido como implicando que a análise busque, de algum modo, *dominar* o gozo do analisando: "O discurso do analista ... deve se encontrar no polo oposto a toda vontade, pelo menos confessada, de dominar. Disse 'pelo menos confessada' não porque tenha que dissimulá-la, mas porque, afinal, é sempre fácil voltar a escorregar para o discurso da dominação" (Seminário 17, p.79[72]). Assim como o analista deve abdicar do papel em que é frequentemente colocado pela psicologia e psiquiatria contemporâneas – como senhor da realidade, como juiz do que é e do que não é real –, ele deve também abdicar do discurso do senhor, em todas as suas formas. É que esse discurso deixa o analista genuinamente surdo, incapaz de ouvir a coisa seguinte a sair da boca do analisando – justamente a coisa que força o analista a rever sua compreensão não apenas do caso em questão, mas também da "realidade" e de toda a teoria psicanalítica.

Posfácio

NÃO FOI SEM ALGUNS RECEIOS que preparei esta introdução clínica à obra de Lacan. Tomei o "antissistema" lacaniano, como me referi a ele em outro texto,[1] e apresentei seus elementos sistemáticos formais. Peguei uma espécie de "estruturalismo gödeliano" – pois Lacan sustenta a importância da estrutura, ao mesmo tempo em que aponta continuamente para sua necessária incompletude –, uma obra em andamento em constante evolução, cujo autor detonou continuamente as interpretações "ortodoxas" de seu ensino, e o apresentei como um produto acabado: uma doutrina.

É uma iniciativa ousada e talvez temerária, e ao me lançar nela sem dúvida me expus a críticas de todas as frentes. Vão me atacar por ter supersimplificado as coisas, e é verdade. Supersimplifiquei muitas ideias lacanianas, para apresentar as coisas de modo prático, e deixei de lado extensas ressalvas e explicações alternativas fornecidas por Lacan. Mas nem todos se dispõem a investir o tempo necessário para ler os muitos volumes da obra lacaniana sem algum incentivo, sem certo vislumbre do que existe na obra de Lacan que faz com que esse esforço valha a pena. Em geral, presumo que entrever o "banquete" que virá – no meu seminário de pós-graduação, refiro-me a ele como o "*smörgasbord* lacaniano" – abra o apetite e torne mais palatável o desafio intelectual que haverá pela frente. Em outras palavras, presumo que o leitor gostaria de ser instigado ou seduzido a entrar no complexo mundo das enigmáticas formulações de Lacan com certa dose de "prazer antecipado".

Isso leva, inevitavelmente, a uma "compreensão precipitada",[2] e minha advertência aos leitores é apenas esta: não pensem que o livro que vocês acabaram de ler lhes permitirá apreender tudo que Lacan já disse ou escreveu, e estejam preparados para encontrar numerosas passagens da obra dele que restringem, quando não contradizem francamente, o que foi exposto aqui.

No outro extremo do espectro, serei criticado pelos iniciantes por ter tornado sua tarefa exageradamente difícil, por ter introduzido ideias demais (a fantasia fundamental, a alienação, a separação, o desejo, o gozo, a ordem simbólica, o real e assim por diante), depressa demais e de modo muito superficial. De fato, sem dúvida este livro tem certa semelhança com as *Conferências introdutórias sobre psicanálise*, de Freud, começando por uma aparente simplicidade elegante e terminando com formulações densas, que exigem uma assimilação completa de todos os conceitos mencionados. Só posso dizer que o trabalho clínico de Lacan não pode ser compreendido sem alguns conceitos fundamentais de sua teoria, e fiz o melhor que pude para introduzir um pouquinho de teoria de cada vez, a fim de não sobrecarregar os leitores. Apesar disso, tenho consciência de que os últimos capítulos são muito mais densos, falando em termos teóricos, do que os anteriores. Os últimos capítulos podem exigir certa releitura e decifração, e as referências que faço a outros textos devem ser acompanhadas.

Ofereci uma fatia da obra de Lacan, um "corte" que reflete o que eu mesmo consegui colher de seus escritos e que considero mais útil como clínico. Outros clínicos recolhem outras coisas e talvez achem que enfatizei demais certos pontos e não enfatizei outros o bastante. Isso é inevitável no caso de uma obra tão imensa quanto a de Lacan, e tão rica e variada que tem dado origem a centenas de publicações anuais pelo mundo afora.

Espero que fique claro que, ainda que eu não formule a experiência psicanalítica usando termos introduzidos por Lacan em cada um dos períodos de seu trabalho, nunca descarto descuidadamente suas formulações. Parece muito mais fecundo ler Lacan como Lacan leu Freud, adotando, nas palavras de Jacques-Alain Miller, "toda a [sua] teoria, inclusive a lógica interna de sua expressão mutável e, às vezes, contraditória".[3]

> O que se concebe com clareza enuncia-se de maneira obscura.[4]
> PARÓDIA DE BOILEAU

Depois de ler minha versão de Lacan, é bem possível que o(a) leitor(a) se pergunte: "Se era só isso que queria dizer, por que o próprio Lacan não o disse logo de uma vez?" Talvez isso dê ensejo a uma justificada desconfiança da minha leitura ("Como se pode acreditar no Fink, quando é tão difícil confirmar qualquer coisa que ele diga lendo os escritos do próprio Lacan?"), o que só posso acolher de bom grado, desafiando os leitores a verificarem ou restringirem o que eu disse com base em sua própria leitura da obra de Lacan.

Por outro lado, talvez a questão dê origem a uma justificada desconfiança do próprio Lacan: "Se o que ele diz é tão perspicaz, por que é escrito de maneira tão obscura, caramba?" É óbvio que não posso ser responsabilizado pelo estilo de Lacan[5] ou pela natureza ilegível de muitas traduções existentes do seu trabalho, mas a pergunta tem um alcance ainda maior: "Por que tudo é enunciado (mesmo em francês) de maneira tão alusiva, tão ambígua?" Em parte, e esse aspecto foi mencionado por muitas pessoas que escreveram sobre Lacan, ele procura surtir nos leitores certos efeitos diferentes dos efeitos de sentido: procura nos sugerir, nos provocar, nos inquietar – não nos acalentar, mas nos tirar com um solavanco das nossas trilhas conceituais rotineiras. A isso se relaciona seu objetivo de nos fazer trabalhar, de nos lembrar que, de fato, não compreendemos o que supomos compreender (quer se trate dos textos de Freud, que são enganosamente fáceis de acompanhar, quer do discurso de nossos analisandos), e que talvez tenhamos de fazer numerosas tentativas de expressar ou conceituar alguma coisa, e que então nossa interpretação ainda será apenas aproximada: ainda errará o alvo.

As ambiguidades na fala e no texto de Lacan com frequência são muito deliberadas. O lema de Lacan, de espírito inteiramente oposto ao norte-americano, bem poderia ter sido: "Quanto mais ambíguo e polivalente, melhor." Muitos hão de achar essa abordagem impalatável, e um reflexo do esnobismo intelectual francês – o que sem dúvida é verdade, pelo menos em parte. Mas espero ter mostrado que há muito mais nela do que isso.

Nota sobre a documentação na edição brasileira

Acompanhando a edição original deste livro, para as obras de Lacan fornecemos sempre a página da edição francesa e a página da edição brasileira, cuja tradução seguimos. No caso dos seminários inéditos, indicamos a data da lição citada e traduzimos diretamente do inglês – assim como as obras de Freud, que em praticamente todos os casos têm como referência a *Standard Edition of the Complete Psychological Works of Sigmund Freud* (Londres, Hogarth, 1963), aqui abreviada por *SE*, seguida pelos números do volume e das páginas.

Notas

1. O desejo na análise (p.13-20)

1. Ver Slavoj Žižek, *Enjoy Your Symptom! Jacques Lacan in Hollywood and Out* (Nova York, Routledge, 1992).
2. Como diz Freud, no tocante ao lucro secundário que o paciente extrai de seus sintomas, "a intenção do paciente de se livrar de sua queixa não é tão inteira e completamente séria quanto poderia parecer", *SE* VII, p.43-4.
3. O valor de telefonar para pacientes que faltam a sessões é destacado pelo fato de que, ocasionalmente, há pacientes que deixam a terapia em decorrência de "simples" erros de comunicação ou de mal-entendidos (sintomáticos). Certo paciente, um obsessivo de quem tomei conhecimento quando supervisionava sua terapeuta, faltou a uma sessão com ela por estar doente, mas se sentiu em culpa por isso; quando telefonou para o centro em que ela trabalhava, a fim de marcar uma nova sessão, parece haver entendido mal o que a recepcionista lhe disse, e acreditou que a terapeuta se recusava permanentemente a falar com ele – e não que não podia atendê-lo naquele momento. Isso alimentou sua culpa, ele nunca mais voltou a ligar para remarcar um horário e achou que apenas recebia o que merecia. Se a terapeuta não tivesse telefonado repetidas vezes para ele, até conseguir falar pessoalmente, o paciente teria deixado a terapia (talvez para sempre), na suposição de estar recebendo um "castigo justo", em vez de ter uma oportunidade de elaborar seus intensos sentimentos de culpa.
4. A recomendação de que o terapeuta sempre expresse o desejo de que os pacientes neuróticos deem continuidade à terapia pressupõe que ele tenha passado por uma análise extensa, que possua um senso claro de que a terapia está avançando (apesar da possível ideia do paciente de que as coisas andam estagnadas), sem ficar atolada nos bloqueios contratransferenciais do terapeuta (ver Capítulo 3), e que não esteja lidando com um paciente cujo desejo tenha sido fundamentalmente bloqueado a todo momento por seus pais. Como sugiro no Capítulo 2, a análise deve, essencialmente, abrir um espaço de desejo, um espaço em que o paciente possa vir a desejar, e, em certas situações, as expressões específicas do desejo do analista podem ser contraindicadas, sobretudo nas etapas iniciais do tratamento.

Minha recomendação aqui, como todas as outras recomendações feitas neste livro, não é uma regra universal, aplicável a todos os contextos, todos os pacientes, todas as culturas e todos os períodos históricos. Constitui, antes, uma regra prática que deve ser útil para terapeutas já com formação analítica e terapeutas em formação sob uma supervisão de orientação psicanalítica. Como todas as outras técnicas recomendadas nos primeiros cinco capítulos deste livro, ela *não* é aplicável no tratamento da psicose (ver Capítulo 7) e só se aplica com algumas ressalvas no tratamento da perversão (ver Capítulo 9). Ela decorre diretamente da recomendação freudiana de que os terapeutas manifestem "um sério interesse" pelos pacientes (SE XII, p.139) e "[os] persuadam a continuar sua análise" (SE XII, p.130).

5. Presumo aqui que o analista bem formado, com uma boa análise, seja capaz de pôr de lado sua antipatia ou sua atração pelos pacientes, sem permitir que ela interfira no trabalho. Se o analista for incapaz de fazê-lo, minha recomendação, obviamente, é que encaminhe o analisando a outro profissional.
6. Ver, por exemplo, *Escritos*, p.824[839].
7. Cf. a expressão de Freud "purificação psicanalítica" (SE XII, p.116).
8. Como diz Jacques-Alain Miller, "a coisa mais preciosa, a *agalma* [termo referente ao objeto *a*] que faz o paciente continuar a vir, é o ponto de interrogação, isto é, a falta no Outro". Miller, "La sortie d'analyse", *La Lettre Mensuelle de l'ECF*, n.118, abr 1993, p.30.
9. Ver, por exemplo, SE VII, p.194, em que a expressão foi traduzida [para o inglês] por *instinct for knowledge* ["instinto de conhecimento"], e SE X, p.245, onde foi traduzida por *epistemophilic instinct* ["instinto epistemofílico"]. Em termos mais gerais, entretanto, Freud (como Lacan) acredita que "a sede de saber é inseparável da curiosidade sexual" (SE X, p.9).
10. Ver, por exemplo, Seminário 3, p.21[21]. Ver também o Seminário 21, no qual Lacan diz: "*Il n'y a pas le moindre désir de savoir*" ("Não existe o menor desejo de saber"). Praticamente as mesmas palavras foram repetidas, por escrito, na "Introduction à l'édition allemande d'un premier volume des *Écrits*", *Scilicet*, n.5, 1975, p.16 ["Introdução à edição alemã de um primeiro volume dos *Écrits*", in *Outros escritos*, Rio de Janeiro, Zahar, 2003]. Ver também a primeira página do Seminário 20, na qual Lacan qualifica seu próprio trajeto como envolvendo um "*je n'en veux rien savoir*" ("não quero saber de nada disso"), bem como a p.95[112-3] do mesmo seminário.
11. "Introduction à l'édition allemande d'un premier volume des *Écrits*", op.cit., p.16. Como veremos, trata-se de uma vontade de não saber da fonte de satisfação do sujeito – isto é, de não saber com que o sujeito "goza" de verdade, realmente.
12. Ver, por exemplo, Seminário 3, p.60[62]: "A resistência do paciente é sempre a de vocês." Ver também *Escritos*, p.595[601]: "Não há outra resistência à análise senão a do próprio analista."
13. Como diz Colette Soler, "o que é preciso para que um sintoma seja analisável? Proponho o seguinte: ele deve ir perdendo gozo, no sentido em que dizemos que algo está 'perdendo velocidade'". Soller, "Les fins propres de l'Acte analytique", *Actes de l'ECF: L'Acte et la répétition*, 1987, p.19; traduzido para o inglês como "The real aims of the analytic act", *Lacanian Ink*, n.5, 1992, p.57 (tradução modificada).
14. Consideremos as observações de Freud in SE XVI: "O tipo de satisfação trazido pelo sintoma tem muito de estranho. ... É irreconhecível para o sujeito, que, ao contrário, sente a suposta satisfação como um sofrimento e se queixa dela" (p.365-6).
15. Neste livro, emprego o termo francês *jouissance* ["gozo"] de maneira mais ou menos intercambiável com o termo freudiano "satisfação". Para os leitores familiarizados com a distinção estabelecida por Freud entre o princípio do prazer e o princípio de realidade, talvez seja útil indicar que "gozo" e "satisfação" (tal como os emprego

aqui e como Freud e Lacan costumam usá-los) implicam algo diferente da "descarga" imediata de tensão – ou seja, algo diferente do prazer "puro e simples". Envolvem a imposição da "realidade", que interpretarei aqui, essencialmente, como a imposição dos pais de uma criança (começo pela criança para manter as coisas simples, por enquanto) – ou seja, as demandas que eles colocam para a criança de que ela faça isto e não aquilo. *O gozo [jouissance] (ou satisfação), portanto, é um prazer que fica além do princípio do prazer*, porque já implica a existência de outras pessoas, de suas demandas, injunções, desejos e valores – todas as coisas que atam o prazer em nós, inibindo-o e impedindo-o.

Em termos lacanianos, "gozo" significa (como veremos em capítulos posteriores) que a descarga imediata foi refreada por meios simbólicos: pela assimilação ou internalização, por parte da criança, de admoestações, valores, proibições etc. dos pais (isto é, do Outro). Quando a descarga vem, ela já inclui o Outro, em certo sentido. Em alguns casos, a descarga resultante pode ser maior, por envolver a *superação* simultânea de uma proibição; noutros casos, a inclusão do Outro pode levar a um desvio da descarga para campos específicos da vida (essas duas possibilidades não são exaustivas, de modo algum).

Note-se que as fases oral, anal e genital repertoriadas por Freud estão relacionadas com o *interesse dos pais* pelos diferentes órgãos dos filhos e com atos e ameaças proibidores (o que inclui o desmame, o treinamento do controle esfincteriano e a proibição de chupar o dedo e de outras formas de "autogratificação"); em decorrência das preocupações dos pais, o "prazer puro" que a criança extrai, originalmente, de diferentes zonas (em algum momento hipoteticamente inicial) torna-se *aloerótico*. Em outras palavras, começa a incluir esses outros, de forma submissa, desafiadora, amorosa ou o que for. O prazer já não puro que a criança extrai de chupar o dedo passa a envolver uma relação com aqueles que o proíbem, que o reprovam, que zombam dele etc. Torna-se relacional ou social; significa alguma coisa sobre a postura da criança perante seus pais, educadores e outras pessoas. É *essa* transformação que marca a linha divisória entre o prazer e o gozo [*jouissance*].

Permitam-me acrescentar aqui uma palavra sobre a terminologia. *Jouir*, tal como o entendo quando usado por Lacan, sugere não um prazer exclusivamente físico, corporal, porém um "barato" que alguém pode ter ao ser cruel, ao infligir um castigo ou embaraçar alguém, ao viver uma fantasia (independentemente de suas consequências para terceiros), ao receber uma atenção enorme (prazer "narcísico"), ao lecionar, escrever, pintar, compor música, dançar, cantar e assim por diante. Quando falo em tentar determinar com o que um paciente "goza", estou fazendo essencialmente a mesma pergunta formulada por Freud quando ele se concentra na fonte da "satisfação" do paciente (em geral, uma "satisfação substituta" sintomática, segundo Freud).

Em francês, *jouir* quer dizer "gozar" (chegar ao clímax ou orgasmo) e "usufruir", "desfrutar", e *jouir de* significa "comprazer-se/gozar com", "tirar proveito de", "beneficiar-se de" etc. Para uma explicação mais completa do termo, em seus muitos significados coloquiais e jurídicos, ver Fink, *O sujeito lacaniano: entre a linguagem e o gozo* (Princeton, Princeton UP, 1995 [Rio de Janeiro, Zahar, 1998]), caps.7 e 8. Ver

também Seminário 20, *Mais, ainda*. Sobre prazer, desejo e gozo, ver Fink, *Masculine/Feminine: Human Sexuality in the Twenty-First Century* (no prelo, título provisório).
16. Convém assinalar aqui que "demanda" deve ser entendido como um termo técnico implicando que *alguém pede algo a outra pessoa* [a partir mesmo da intensidade que *demande* tem em francês, de pedido e não exigência]. O termo é definido no Capítulo 4.
17. Em seu seminário de 1993-1994 intitulado "Donc" (inédito), Jacques-Alain Miller assinala com argúcia a incapacidade de Freud para empregar seu desejo do analista no trabalho com Dora, e aponta a natureza fria e neutra da resposta de Freud quando Dora lhe diz "Sabe que hoje estou aqui pela última vez?". Freud responde: "Você sabe que é livre para cessar o tratamento a qualquer tempo" (*SE* VII, p.105). Freud não aproveita a oportunidade para expressar seu desejo de que Dora permaneça em análise. Expressá-lo poderia ter influído na convicção hesitante da paciente e, quem sabe, concedido tempo a Freud para modificar a maneira pela qual vinha conduzindo a terapia e fazendo interpretações com Dora; ou talvez não. As razões dadas por Freud para não haver expressado "a importância que tinha para mim a permanência dela" – "deve haver alguns limites para a medida em que se pode usar a influência psicológica, e respeito a vontade e a compreensão do paciente como um desses limites" (p.109) – soam bastante como racionalizações, quando comparadas a suas observações em *SE* XII, em que ele fala de suas tentativas persistentes de "persuadir [seus] pacientes a continuar em análise" (p.130).

O desejo do analista deve entrar em ação desde o início da terapia, e não em momentos isolados, em ocasiões posteriores. Ao apertar a mão do analisando ao término da primeira sessão, o analista expressa seu desejo de ver esse novo analisando na sessão seguinte. As limitações do enquadre analítico – aquilo a que a psicologia norte-americana comumente se refere como "questões de limites" – são estabelecidas não pelo recurso a alguma teoria, norma institucional ou autoridade superior, mas porque é assim que o analista quer que seja. Os terapeutas tendem a reagir a convites dos pacientes para tomar um café ou um drinque dizendo coisas como "Não seria apropriado" ou "Sinto muito, mas não posso", como se isso independesse da sua vontade, ou como se eles obedecessem a um poder superior. Isso, claro, sugere ao paciente que o terapeuta sairia com ele *se pudesse* – isto é, se "os poderes instituídos" o permitissem. Ao mudar de tática, o terapeuta não precisa ser grosseiro, dizendo coisas do tipo "Não, eu não quero", mas certamente pode dizer "Não, eu não convivo socialmente com meus pacientes". Alguns terapeutas mal orientados saem com os pacientes, efetivamente, e é comum os pacientes saberem disso. Apelar para princípios universais, do tipo "Os terapeutas não convivem socialmente com os pacientes", equivale a fazer uma afirmação falsa e a perder uma oportunidade de pôr em ação o desejo do analista.

O desejo do analista também deve ser empregado assim que um paciente se atrasa para uma sessão ou falta a uma sessão, ou mesmo quando telefona para cancelá-la. O analista deve sempre procurar limitar os cancelamentos ao mínimo absoluto, e obrigar o paciente a remarcar as sessões perdidas (muitas vezes, fazê-lo pagar pela sessão a que faltou não basta, pois alguns pacientes preferem pagar a comparecer e falar). Se um paciente não me avisa sobre um cancelamento com 24 horas de antecedência, costumo cobrar a sessão e marcar um novo horário para repor a sessão perdida. O analista tem que usar seu desejo para se opor à resistência do analisando, e não pode aceitar toda e qualquer desculpa para que ele falte às sessões. O analisando deve ser levado a compreender que o analista espera que a análise tenha precedência sobre praticamente qualquer outra coisa na sua vida. Dentro de certos limites, a vida do analisando passa a se organizar em torno da análise, e não o inverso (ver Capítulo 2).

É extremamente importante não permitir que os pacientes cancelem sessões deixando recados em serviços de atendimento, secretárias eletrônicas e outros intermediários, a não ser que o terapeuta retorne a ligação, descubra o como e o porquê do cancelamento e remarque as sessões. Alguns clínicos deixam os pacientes cancelarem por meio de telefonemas para serviços ou secretárias e desestimulam os terapeutas de ligar para esses pacientes a fim de remarcar. Eu, ao contrário, sempre os incentivo a telefonarem para os pacientes – mesmo quando eles estão apenas quinze ou vinte minutos atrasados para a sessão –, a usarem a alavanca do seu desejo para fazer os pacientes comparecerem às sessões e chegarem na hora. Quando um paciente cancela uma sessão e não há outro horário previamente marcado, talvez o terapeuta tenha que lhe telefonar repetidas vezes, para falar pessoalmente com ele, talvez em horários inusitados, para ter certeza de encontrá-lo em casa (de manhã cedo ou tarde da noite, mesmo correndo o risco de acordá-lo). Quando o paciente está resistindo ao processo, como presumimos que deva estar em certos momentos, é possível que o terapeuta tenha de ser muito persistente, para passar por colegas de quarto usados como anteparos, familiares que não transmitem recados, secretárias eletrônicas usadas para triar ligações etc., a fim de falar diretamente com ele. Sabemos que o paciente resistirá à mudança, porque ela implica abrir mão de certas satisfações. É responsabilidade do terapeuta manter o paciente na terapia, mesmo quando é óbvio que, em algum nível, ele não quer estar lá.

Quando o terapeuta adota essa orientação geral, ele pode avaliar se e até que ponto desvia-se dela com determinado paciente. Ao se descobrir sendo mais tolerante com um dado paciente do que com os outros – ou seja, permitindo que a resistência de um paciente dirija a terapia, em vez de se recusar a negociar com ela –, o profissional precisa se perguntar por quê. Quais são as questões contratransferenciais que o estão levando a agir dessa maneira? Ele sente especial pena desse paciente? Acha que a vida dele tem sido particularmente difícil? Até o analista mais bem analisado deve fazer associações e reflexões contínuas sobre seus lapsos, devaneios, sonhos e fantasias, para saber o que o leva a abrir exceções para certos pacientes. Um dos principais objetivos da supervisão, na qual o analista fala sobre casos com outro analista, é garantir que ele enxergue com clareza o seu próprio desejo no trabalho com pacientes específicos e não se iluda sobre o porquê e o para quê de suas intervenções ou de sua incapacidade de intervir. Obviamente, a supervisão também serve para ajudar o analista a apreender coisas que possa ter

Notas

deixado de apreender em determinados casos, porém, muitas vezes, essa própria falha decorre da resistência do analista (ver Capítulo 3).

2. Engajando o paciente no processo terapêutico (p.21-38)

1. Ver a seção intitulada "A pessoa do analista" no Capítulo 3; a reciprocidade é parte das relações imaginárias.
2. De fato, como diz Lacan, é comum vermos uma consolidação, organização ou sistematização dos sintomas nos primeiros estágios da análise; ver Seminário 10, lição de 12 jun 1963. Lacan sugere que essa sistematização ocorre, no trabalho de Freud, com o Homem dos Ratos (*Escritos*, p.596[602]).
3. Jacques-Alain Miller, "La sortie d'analyse", *La Lettre Mensuelle de l'ECF*, n.119, 1993, p.34.
4. Sobre o analista como espelho, ver Seminário 8, p.435[455-6].
5. Ver Lacan, "Geneva Lecture on the symptom", *Analysis*, n.1, 1989, p.10. Talvez valha a pena reiterar aqui que a abordagem da terapia esboçada nos cinco primeiros capítulos deste livro não é aplicável a casos de psicose; sobre o tratamento da psicose, ver Capítulo 7.
6. Ver os comentários de Freud in *SE* XII, p.140-1. A análise freudiana de Dora (*SE* VII) talvez sirva aqui como um bom exemplo: Freud lhe apresenta uma pletora de interpretações que Dora não está disposta a ouvir, especialmente de alguém em quem ela ainda confia muito pouco. O terreno para a interpretação tem que ser cuidadosamente preparado, como que para produzir uma muda. Ver minha discussão sobre a preparação do terreno da interpretação na seção intitulada "Um caso de histeria" (Capítulo 8).
7. Ver o uso que Lacan faz desse termo nos *Escritos*, p.313[314].
8. Ver *SE* XVI, p.285.
9. Ver Lacan, *Escritos*, p.315[316].
10. Do verbo "escandir", como em "escandir versos": dividir uma linha de um poema nas sílabas de sua métrica. Na ideia lacaniana, pontuar ou interromper o discurso do analisando.
11. Esse erro é cometido com a mesma frequência por analistas e pacientes. Lacan observou: "Há quem imagine que seria preciso restaurarmos totalmente o vivido indiferenciado do sujeito. ... A continuidade de tudo que um sujeito viveu desde o seu nascimento ... não nos interessa em absoluto. O que nos interessa são os pontos decisivos da articulação simbólica." (Seminário 3, p.126-7[134]).
12. Isso se aplica igualmente às ocasiões posteriores em que, por exemplo, havendo localizado uma ocorrência de vida ou um sintoma particularmente problemático, o paciente tenta analisá-lo diretamente, até o fim, e se recusa a passar para outro assunto. Em tais casos, o analista confronta-se com o desejo consciente do analisando de compreender e com seu desejo inconsciente de não saber. Se o analista

não for hábil em mudar de assunto e passar para um ponto diferente, mas correlato, deixará o paciente ficar cada vez mais frustrado por não conseguir compreender de imediato, e isso sem dúvida levará a demandas crescentes do analisando para que o analista forneça interpretações. Se estas não vierem, ou se não forem imediatamente apreendidas pelo analisando, é provável que este censure o analista: "Você não está me ajudando!"

Não nos fiamos nas intenções do paciente a respeito daquilo de que se deve falar, e em que ordem. Em vez disso, confiamos no inconsciente: no material novo que ele produz e na ordem em que o produz.

13. Sobre o prazer extraído desse blá-blá-blá, ver Seminário 20, p.53[62].
14. Quanto aos comentários de Freud sobre essas estratégias neuróticas, ver *SE* XII, p.136.
15. Muitos terapeutas, em uma ou outra ocasião, já tiveram pacientes que agem na terapia de modo meio sedutor, e embora em alguns casos agir de forma sedutora possa ser simplesmente o estilo geral do paciente, em outros, com ou sem consciência disso, ele está testando o terapeuta: "Você vai sucumbir aos meus encantos? Vai cair na minha armadilha, como todos os outros? Posso te ludibriar? Você é tão fundamentalmente indigno de confiança quanto todos os demais?" Enquanto tenta seduzir o terapeuta, pedindo-lhe que retribua com amor, e talvez também com intimidade sexual, o paciente fica o tempo todo à espera de que o terapeuta *passe* no teste recusando-se.

Como veremos, Lacan usa os termos "demanda" e "desejo" para formular a diferença entre as demandas do paciente, formuladas em termos verbais ou comportamentais, e aquilo que o paciente quer em outro nível. "Demanda" é aquilo que eu digo querer, ou aquilo que pareço claramente querer pela forma como ajo, mesmo que não necessariamente o queira de verdade. Aliás, eu não saberia o que fazer se o analista efetivamente me desse o amor que peço com tanta insistência!
16. É precisamente por Freud não ter visto isso, no final de seu trabalho com Dora, que poderíamos censurá-lo. A acreditarmos no relato freudiano, Dora teria esbofeteado *Herr* K., aparentemente recusando sua proposta, mas sempre na esperança de que ele retornasse à casa de veraneio, declarasse abertamente o seu amor por ela, se divorciasse da mulher e a desposasse. *Herr* K. não percebeu que poderia haver outro desejo espreitando por trás da demanda explícita de Dora de que ele a deixasse em paz. Freud, do mesmo modo, não percebeu que, por trás da demanda explícita de encerrar a terapia, poderia haver em Dora um apelo, uma solicitação ou um desejo de que ele manifestasse interesse em vê-la continuar o tratamento.
17. A definição freudiana de "resistência" é muito ampla: "Tudo que interrompe o progresso do trabalho analítico é uma resistência" (*SE* V, p.517).
18. Não estou sugerindo que o analista deva solicitar todos os detalhes da desculpa fornecida pelo analisando, a fim de "discuti-los detidamente" ou "interpretá-los". Nunca vi qualquer valor em indicar ao analisando, de algum modo, que ele está pondo outras coisas à frente da terapia. Em vez disso, recomendo manifestar ao analisando, sempre remarcando os horários, que você, analista, não pretende deixar que se percam sessões.
19. Essa é uma das razões pelas quais os analistas devem evitar dar conselhos. Como diz Lacan, "não é simplesmente porque ignoramos demais a vida do sujeito que não

podemos responder-lhe se é melhor casar-se ou não casar-se em tal circunstância, e que seremos, se somos honestos, levados a uma posição de reserva – é porque a própria significação do casamento é para cada um de nós uma questão que permanece aberta" (Seminário 3, p.152[159]).
20. *Demain la psychanalyse* (Paris, Navarin, 1987), p.66.
21. Por si só, essa já é uma formulação ambígua.
22. O positivismo lógico, movimento filosófico que esteve na moda em Viena por volta de 1900 e na Inglaterra e nos Estados Unidos numa fase posterior do século XX, tentou eliminar qualquer ambiguidade da linguagem – isto é, construir uma linguagem filosófica inequívoca. Esse projeto, ao que me parece, estava condenado ao fracasso desde o começo, e foi predominantemente abandonado.
23. Com a ressalva de que as ideias formuladas de maneiras diferentes nunca são mais do que *aproximadamente* iguais.
24. A própria consciência não é um fenômeno unitário.
25. Ver seu artigo "A coisa freudiana, ou Sentido do retorno a Freud em psicanálise", *Escritos*, p.401[402].
26. Com efeito, Lacan sustenta que "a estrutura de uma neurose é essencialmente uma questão" (Seminário 3, p.196[205]), uma pergunta como "Eu sou homem ou sou uma mulher?", na histeria, e "Estou morto ou vivo?", na obsessão (Seminário 3, p.193s[201s]). Ver Capítulo 8 sobre essas perguntas na neurose.
27. Eu diria que, apesar de todos os erros cometidos por Freud em seu trabalho com Dora, esta atingiu, efetivamente, esse estágio de engajamento autêntico na análise. A certa altura, Freud nos diz que, "durante algum tempo, a própria Dora estivera formulando perguntas sobre a ligação entre alguns de seus atos e os motivos que estariam subjacentes a eles. Uma dessas perguntas foi: 'Por que eu não disse nada sobre a cena do lago durante alguns dias, depois que ela aconteceu?' Sua segunda pergunta foi: 'Por que então, de repente, eu a contei a meus pais?'" (*SE* VII, p.95). O problema foi que Freud passou como um trator por cima das perguntas de Dora, obcecado que estava com as suas próprias.
28. O termo "formações do inconsciente" vem do seminário de Lacan que recebeu o mesmo nome (Seminário 5).
29. Para fazer um trocadilho, poderíamos definir "desejo" como *Wanderlust* ["sede" ou "ânsia de viajar"]: *Lust* ["ânsia"] que *wanders* ["vagueia"], ou a obtenção de prazer ao vaguear/indagar [*wandering/wondering*]. Os breves comentários que teço aqui sobre o desejo serão complementados mais adiante, especialmente nos Capítulos 5 e 8.
30. Ver os comentários de Jacques-Alain Miller sobre a "negação dialética" em "An introduction to Lacan's clinical perspectives", in Bruce Fink, Richard Feldstein e Maire Jaanus (orgs.), *Reading Seminars I and II: Lacan's Return to Freud* (Albany, Suny Press, 1996), p.245.
31. Ver o ensaio de Lacan "Subversão do sujeito e dialética do desejo no inconsciente freudiano", *Escritos*, p.793[807].

3. A relação analítica (p.39-53)

1. Esse ceticismo é parte do caráter norte-americano, bem como uma faceta da independência que os americanos expressam ferozmente em todas as questões: não existem peritos e ninguém tem opinião mais valiosa que a da própria pessoa. Isso era bem resumido por alguém que conheci quando era pequeno – um certo dr. Molinoff, que gostava de dizer: "O 'perito' é só um ignorante da cidade vizinha." Apesar de louvável em muitos aspectos, esse espírito tipicamente norte-americano leva a leituras superficiais de pensadores difíceis mas profundos.
2. Ver, por exemplo, Seminário 11, cap.18.
3. Ver, a esse respeito, as observações de Freud in *SE* VII, onde ele nos lembra que, em casos de sugestão, "pode-se dizer que o paciente é curado não pelo método, mas pelo médico" – ou seja, não pela associação livre e pela interpretação, mas meramente pela relação com um terapeuta tido como um grande produtor de curas.
4. Não o ego do paciente: o analista lacaniano atribui pouca ou nenhuma importância às ideias preconcebidas do paciente sobre o porquê de seus sintomas. Na verdade, Lacan restringe o uso técnico do termo "sujeito" ao inconsciente, e aquilo que é contexto é evocado pelo termo "eu" (embora o eu não seja totalmente consciente). Isso não deve ser tomado como se Lacan fizesse do inconsciente uma "instância" completa, no sentido freudiano do termo. Ele começa pela ideia de algo que *é* sabido pelo ego sem que ele se dê conta, de um saber que nos habita e do qual não estamos cientes, e diz que nos inclinamos a lhe atribuir uma espécie de subjetividade. Numa ligeira modificação de sua expressão mais comum, *le sujet-supposé-savoir* ("o sujeito suposto saber"), Lacan sugere que tendemos a supor que existe um sujeito sempre que há um saber: *le sujet-supposé-au-savoir*, o "sujeito (pres)suposto no saber". Com efeito, seria possível sustentar que o saber de que o eu não tem conhecimento (isto é, o saber inconsciente) nunca foi "subjetivado", ou seja, é um saber sem sujeito, e que o objetivo da análise é subjetivá-lo, fazer o sujeito ser onde antes ficava esse saber não subjetivado (ver, no Capítulo 8, as observações sobre o estudo de um caso de histeria; ver também Fink, *O sujeito lacaniano: entre a linguagem e o gozo* (Princeton, Princeton UP, 1995 [Rio de Janeiro, Zahar, 1998]), caps.2 e 5). Como diz Lacan, "o sujeito é apenas suposto" (Seminário 23); *presumimos* que deva existir algum tipo de sujeito sempre que deparamos com um saber, porém isso nada mais é que uma suposição feita por nós. Como mostrará o Capítulo 10, Lacan, em seu trabalho posterior, passa em certo sentido da identificação do sujeito com o inconsciente para a identificação do sujeito com o isso.
5. Na verdade, o analista expressa surpresa, curiosidade e interesse a respeito de afirmações que o paciente (e praticamente qualquer outra pessoa no "mundo externo") talvez considere evidentes.
6. Ver Lacan, "Intervenção sobre a transferência", *Escritos*, p.215[214].
7. Ver os comentários de Lacan nos *Escritos*, p.595[601].
8. Na obra de Lacan, o termo "outro", com inicial minúscula, quase sempre significa alguém com quem se tem uma relação imaginária (alguém parecido com você mesmo,

alguém como você), ao passo que "Outro", com inicial maiúscula, refere-se, em geral, a uma pessoa ou instituição que cumpre uma função simbólica (legislar, proibir, propor ideais e assim por diante), embora comumente designe a mãe, numa função real ou imaginária. A bem da clareza, procuro usar "Outro" para a função simbólica e "mãe/Outro materno" para designar a mãe como real ou imaginária (que não precisa ser a mãe biológica ou sequer uma mulher; ela é o cuidador primário).*

Convém mencionar que há mais um componente extremamente importante do que Lacan chama de "contratransferência", a qual ele define como "a soma dos preconceitos, das paixões, dos embaraços e até mesmo da informação insuficiente do analista" (*Escritos*, p.225[224]). Os preconceitos do analista podem ser teóricos (por exemplo, a crença de que, para atingir a "normalidade", a mulher deve aprender a obter satisfação vaginal na relação sexual com o homem, preconceito que Freud certamente teve, pelo menos em determinada fase de sua carreira), o que impede o analista de ouvir o que o analisando tem a dizer, preocupado que fica com o que acredita que este precisa realizar. Isso é de especial importância, dada a firme convicção, em muitas escolas de psicanálise, psiquiatria e psicologia, de que os terapeutas por algum motivo têm uma apreensão melhor da "realidade" do que seus pacientes. Lacan nos ensina que *a visão de realidade do terapeuta é parte de sua contratransferência*; portanto, a crença do terapeuta de que o paciente está "bloqueando" certos aspectos da realidade e se recusando a "ver as coisas como realmente são" deve ser deixada de lado, posta entre parênteses, para que se possa atentar para a *realidade psíquica* do paciente.

Por melhor que seja a sua formação, o terapeuta não é árbitro ou juiz do que é e do que não é real, do que é possível e do que é impossível. A visão bastante comum de que cabe ao terapeuta levar o paciente a enxergar a realidade é, com toda a clareza, uma colossal visão ideológica, que instaura o terapeuta como *senhor da realidade e do saber* (usualmente destinar-se a legitimar o terapeuta a serviço de algum tipo de função "normalizadora").

Obviamente, é impossível o terapeuta pôr de lado *todas* as concepções teóricas, já que a teoria nos permite ver coisas que de outro modo não veríamos, ainda que nos cegue para outras. O terapeuta deve tentar abrir-se o bastante para escutar o que é novo e não se enquadra em sua perspectiva teórica, e, em seguida, questionar essa perspectiva, abri-la, jogar fora os antolhos e assim por diante. Não podemos ver nada sem a teoria, mas a adesão rigorosa a teorias já digeridas realmente ensurdece o terapeuta. A conclusão óbvia é que a contratransferência é inerradicável, visto que nossas "informações" e teorias serão sempre incompletas e insuficientes.

9. Um cenário muito típico entre estudantes de alto padrão é não estudar nada para uma prova, a fim de dispor de uma desculpa pronta caso se saiam mal. Se esses estudantes "dessem tudo de si" e mesmo assim não obtivessem as notas altas que exigem de si mesmos, teriam de enfrentar o fato de que há certos limites para suas habilidades, o que é algo que eles evitam a qualquer preço.

---

* Ver p.92 do presente livro. (N.T.)

10. Essa é uma forma extremamente simples de traduzir uma frase muito mais complexa encontrada nos *Escritos*: "O que o neurótico não quer, o que ele recusa encarniçadamente até o fim da análise, é sacrificar sua castração [ou seja, sua subjugação ao Outro, ou sua dependência dele] ao gozo do Outro, deixando-o servir-se dela" (p.826[841]). Essa ideia será detalhadamente discutida no Capítulo 8.
11. Esse modelo também é ocasionalmente designado por Esquema Z; pode ser encontrado, por exemplo, nos *Escritos*, p.548[555].
12. Caracterizadas pela identificação (de um ego com outro) e pela rivalidade.
13. O termo de Lacan é *travail du transfert*, expressão que ele preferia a *perlaboration*, a tradução neológica padronizada na França para o *Durcharbeitung* de Freud. Ver, em particular, *Escritos*, p.596[602]; ver também *Escritos*, p.630[636], onde a expressão figura como *travail de transfert*.
14. No trabalho posterior de Lacan, o imaginário e o simbólico são conceitualizados, de modo um pouco diferente, como ordens de igual importância; nessa visão, a questão não é tanto a *dissipação* do imaginário, porém a maneira pela qual ele se liga ao simbólico e ao real. Ver, em particular, o Seminário 22, *RSI*, 1975-1976, e os seminários que se seguiram. Entretanto, as formulações posteriores de Lacan não negam a importância de elaborar as identificações imaginárias na análise e de esclarecer e modificar as relações com o Outro.

Como veremos no Capítulo 10, essa etapa inicial do trabalho de Lacan foi marcada pela crença de que a análise chega a um término bem-sucedido por meio da ordem simbólica (uma mudança na relação com o Outro que envolve a assunção da responsabilidade pela morte ou pelo próprio ser para a morte), ocorrendo a resolução no nível do desejo. No trabalho lacaniano posterior, a análise deve ir além de uma solução simbólica, uma solução que envolva o desejo, para atingir seus objetivos. Ver, a esse respeito, a bela periodização do trabalho de Lacan feita por Jacques-Alain Miller em seu seminário de 1993-1994, "Donc".
15. No contexto da discussão de Lacan nesse ponto, parece bem claro que o analista é a pessoa "que interpreta, tirando proveito da transferência"; a última escolha é severamente criticada nas passagens dos *Escritos* que se seguem à citação.
16. Consideremos, nesse aspecto, a maneira de Freud lidar com o Homem dos Ratos quando este começa a cumular Freud e sua família dos "insultos mais grosseiros e sórdidos" (*SE* X, p.209), expressando sua raiva com veemência e andando de um lado para outro no consultório. Freud não lhe diz "Você está transferindo sua raiva para mim"; sua abordagem parece ser, ao contrário, dizer que "Deve ter acontecido alguma coisa entre você e seu pai no passado". Assim, ele aponta não para a existência da transferência, mas para seu conteúdo ou sua origem. Lacan sugere que os fenômenos transferenciais (por exemplo, demonstrações de amor ou ódio pelo analista) se manifestam quando o movimento dialético da análise hesita ou estagna. O analisando, como é bastante lógico, atribui a culpa pela estase à única outra pessoa presente: o analista. "O que é, então, interpretar a transferência? Nada além de preencher com um engodo o vazio desse ponto morto" (*Escritos*, p.225[225]). Isso não significa que o engodo nunca seja útil, pois, vez por outra, ele pode tornar a pôr o processo em movimento.

17. Na verdade, como diz Freud, "encaramos os sucessos que se instalam muito depressa como obstáculos, e não como um auxílio ao trabalho da análise" (*SE* XVI, p.453).
18. Isso não deve ser entendido como uma implicação de que o analista pare de desempenhar o papel de tela em branco, na qual o analisando pode projetar pensamentos, ódio, amor etc.
19. Como nos diz Freud, a transferência positiva, também conhecida como "amor transferencial", pode servir de forma de resistência tanto quanto a transferência negativa. Ver, em particular, "Observações sobre o amor de transferência", *SE* XII, p.159-71.
20. Como diz Freud, a "presença simultânea [de sentimentos afetuosos e hostis] fornece uma boa imagem da ambivalência afetiva que é dominante na maioria de nossas relações íntimas com outras pessoas" (*SE* XVI, p.443).
21. Outra maneira de dizer isso seria afirmar que há sempre um fator quantitativo envolvido: afeto ou libido.
22. Ver *Estudos sobre a histeria*, especialmente o cap.1, in *SE* II.
23. Assim como não se deve interpretar o fato da transferência, e sim seu conteúdo, deve-se evitar interpretar a "resistência", posto que a transferência é apenas uma manifestação da resistência. A resistência é mais do que uma defesa do ego, é – na visão de Lacan – estrutural e surge porque o real resiste à simbolização; quando a experiência do analisando resiste a ser formulada em palavras, ele se agarra, perscruta ou revida na única outra pessoa presente: o analista. A transferência, portanto, é um produto direto da resistência, da resistência erigida pelo real (por exemplo, o trauma) contra sua simbolização, contra ele ser falado. Que sentido poderia haver, portanto, em *acusar* o analisando de resistir? Claro que o analisando resiste – isso é um dado, uma necessidade estrutural. A interpretação deve visar ao acontecimento ou experiência traumática que resiste à verbalização, e não ao mero fato da resistência. Sobre a resistência e sua "interpretação", ver *Escritos*, p.332-6[334-9]; sobre a simbolização do real, ver o Capítulo 8 do presente livro (discussão de um caso de histeria) e *O sujeito lacaniano*, cap.3.

4. A interpretação: abrindo o espaço do desejo (p.54-61)

1. Ela pode, por exemplo, estar ciente em algum nível de que esse pedido é uma manifestação de sua resistência a ir mais adiante na análise, ou de seu medo de desdobramentos recentes na análise.
2. O analista também pode ser entendido pelo analisando como tendo pouco interesse em vê-lo com mais frequência.
3. O político que tenta consertar as coisas, na esperança de chegar a algum tipo de "comunicação autêntica", ou pelo menos de limpar seu nome, não raro descobre que a imprensa e o público continuam a "interpretar mal" e a "entender mal" suas declarações. É assim que o político aprende a dura verdade que Lacan nos ensina: *a essência da comunicação é a comunicação equivocada*. Nas palavras do próprio Lacan,

"o próprio fundamento do discurso inter-humano é o mal-entendido [*malentendu*]" (Seminário 3, p.184[192]).

4. Convém dizer aqui algumas palavras sobre a distinção lacaniana entre necessidade, demanda e desejo. O "desejo" não é um dado na experiência humana, não é algo que exista desde o nascimento; tampouco a "demanda" o é. Os esforços biologicamente determinados (digamos, pela obtenção do alimento) são designados por Lacan como "necessidades". (Ele não usa esse termo tal como este é usado no discurso popular norte-americano, no qual tudo aquilo que se vê como algo de que não se pode prescindir é chamado de necessidade, e no qual se diz que algo é uma necessidade quando combina com o tipo de imagem que temos de nós mesmos e com a vida que gostaríamos de levar.) Necessitamos do alimento e da excreção; necessitamos de calor e afeição; até certa idade, se formos privados destes últimos, podemos morrer. Quando pequenos, somos incapazes de fornecer a nós mesmos quase tudo de que necessitamos, e precisamos recorrer a terceiros para que atendam a nossas necessidades. Nós os chamamos para que nos ajudem, e fazemos isso através do choro. Fazemos demandas a eles: a demanda é uma necessidade *endereçada* a outra pessoa.

Mas, como a fala do bebê é muito inarticulada, as pessoas têm de interpretar seu choro. Não se pode dizer que o bebê *sabe* o que quer quando chora; o *sentido* desse ato é dado pelos pais ou responsáveis, que procuram dar nome à dor que a criança parece estar expressando (por exemplo, "ela deve estar com fome"). Talvez haja uma espécie de desconforto geral, frio ou dor, mas seu significado é como que imposto pela maneira de isso ser interpretado pelos pais do bebê. Se um genitor reage ao choro do bebê oferecendo alimento, o mal-estar, o frio ou a dor são retroativamente determinados como havendo "significado" fome, como dores de fome. Não se pode dizer que o verdadeiro significado por trás do choro do bebê fosse estar com frio, porque *o sentido é um produto posterior*. Na verdade, reagir constantemente aos gritos do bebê com alimento pode transformar todos os seus incômodos, o frio e as dores em fome. (O sentido é determinado, portanto, não pelo bebê, mas por outras pessoas – ou seja, pelo Outro.) Alguns pais tomam qualquer choro como expressão de uma necessidade biológica, entendendo todas as demandas como baseadas na necessidade pura e simples; com isso, o choro do bebê (uma demanda dirigida a outra pessoa) é reduzido à necessidade.

Outros pais leem o choro do bebê como algo que às vezes manifesta um desejo de outra coisa, de algo menos palpável, menos relacionado com necessidades biológicas imediatas – talvez um desejo de atenção, de ser segurado, de contato humano, de companhia ou de algo ainda mais impreciso, indiscernível. Reduzir a demanda à necessidade é desconhecer óu anular o *apelo ao Outro* que está implícito nela – isto é, o fato de que o sujeito se dirige ao Outro, chama ou apela para o Outro.

Assim como um pai ou uma mãe pode reduzir as demandas do bebê à necessidade, ou abri-las como desejo, o analista pode tomar as demandas do analisando por seu valor aparente e atendê-las (ceder ao pedido de reduzir o número de sessões por semana, por exemplo), ou, em vez disso, ver uma manifestação do desejo por trás delas, com isso trazendo o desejo à luz ou lhe dando vida.

Em certo sentido, *o desejo brota dentro da demanda; pode ser cortado pela raiz* – ou seja, achatado, reduzido à necessidade –, *ou ter permissão para desabrochar.*

5. Certa vez um psicoterapeuta me disse, com evidente tom de triunfo na voz, que uma de suas pacientes, ao terminar a terapia com ele, havia expressado sua gratidão por ele *não ser* lacaniano, pois, se fosse, tudo o que ela dizia teria sido questionado, em vez de ser aceito no sentido em que ela pretendia dizê-lo. Essa história foi uma confirmação adicional da minha impressão de que esse terapeuta praticava uma espécie de psicologia do ego, nada mais, nada menos: aceitava acriticamente, pelas aparências, as afirmações da paciente, que ela pretendia que não refletissem nada além de sua visão conscientemente aceita dela mesma.

6. Se a utopia é um "lugar" em que não falta nada, parece que lá também não haveria desejo, nenhuma razão ou motivo/causa do desejo. Como diz David Byrne, "o paraíso é um lugar onde nunca acontece nada".

No belo estudo de Lacan sobre demanda e desejo, no Seminário 8 (cap.14), ele diz que "o esmagamento da demanda na satisfação não se poderia produzir sem matar o desejo" (p.239[252]). Como veremos, enquanto a satisfação tende a sepultar o desejo, este, por sua vez, tende a inibir a satisfação (satisfação das pulsões, especificamente), sem dúvida para continuar a desejar.

7. Alguns lacanianos usam esse tipo de interpretação com pacientes psicóticos massacrados pelo número e pela vividez de suas ideias e alucinações. O objetivo, nesses casos, é *estabilizar* o paciente, fincar alguns marcos provisórios para ele, estabelecendo significados estáveis. Esse processo, como o processo de geração de sentido em geral, é designado por *capitonnage* ["capitonê"], derivado do modelo lacaniano de criação de sentido: o *point de capiton*, ou "ponto de basta". Capitonê é um modelo de estofamento em que botões são presos no tecido e no acolchoamento usando um tipo de ponto específico; por analogia, no caso da produção do sentido, tenta-se prender um dado significado a uma dada afirmação, ou a palavras específicas, assim sustando a série interminável de sentidos que podemos atribuir a uma afirmação ou um acontecimento, ou detendo a dissociação cada vez maior que o paciente pode manifestar entre as palavras e seus significados. Discutirei esse tipo de interpretação com mais detalhes no Capítulo 7.

8. Obviamente, isso também introduz uma espécie de *espelhamento* entre o analisando e o analista.

9. No *Banquete* de Platão, Agatão manifesta o desejo de ficar perto de Sócrates para que a plenitude do saber deste preencha seu vazio ou sua falta de conhecimento, como no conhecido fenômeno dos "vasos comunicantes". O analista não adota o que é comumente conhecido como método socrático, mas emprega algumas técnicas usadas por Sócrates ao longo do *Banquete*. Ver o longo comentário de Lacan no Seminário 8, *A transferência*.

10. Como diz Lacan, "uma interpretação só pode ser exata se for... uma interpretação" (*Escritos*, p.601[607]).

11. Sobre a natureza oracular da interpretação analítica, ver Seminário 18, lição de 13 jan 1971; *Escritos*, p.106[109] e 588[594]; *Scilicet*, n.4, 1973, p.37; e *Scilicet*, n.5, 1975, p.16.

12. "A interpretação incide sobre a causa do desejo", como diz Lacan em "O aturdito" [in *Outros escritos*, p.473[474]]; a causa do desejo é o objeto *a*, que é real. Jacques-Alain Miller debateu longamente essa ideia em seus seminários inéditos.
13. Isso se relaciona com o trabalho inicial de Freud, nos *Estudos sobre a histeria*, concernentes ao momento em que os vínculos associativos entre uma ideia e outras se rompem, sendo uma ideia dissociada das demais. O vínculo deve ser restabelecido para que a ideia (ou grupo de ideias) dissociada pare de produzir sintomas. Como afirmo em *O sujeito lacaniano*, o sujeito é esse vínculo: o sujeito é aquilo que nasce na ligação entre as diferentes ideias ou pensamentos (representações ou significantes) e desaparece quando a ligação se rompe. Ver minha longa discussão sobre o real e o simbólico no capítulo 3 do mencionado livro.
14. Assim como "a drenagem do Zuider Zee", na formulação de Freud em *SE* XXII, p.80, devo essa formulação ao ensaio "Orientation lacanienne", de Jacques-Alain Miller. O esboço do real lacaniano que forneci até aqui será paulatinamente complementado nos capítulos seguintes. Para uma discussão mais completa, ver Fink, *O sujeito lacaniano: entre a linguagem e o gozo* (Princeton, Princeton UP, 1995 [Rio de Janeiro, Zahar, 1998]), caps.3, 7, 8 e 10. Outro exemplo desse tipo de interpretação e do sentido em que tais interpretações fomentam a construção – isto é, a (re)construção das experiências nunca antes simbolizadas do analisando – é fornecido no Capítulo 8.

5. A dialética do desejo (p.62-84)

1. Em outros casos, o paciente parece fixado num objeto específico, não numa causa. Almeja alguma coisa que não consegue atingir, ou que fica constantemente próxima de atingir, seja um diploma, uma promoção, uma conquista amorosa ou um relacionamento com um outro significativo. Muitas vezes, a demanda feita ao analista, nesses casos, é "Ajude-me a alcançar meu objetivo!". O analisando não se pergunta por que é tão obstinado em sua busca – ou seja, o que torna tão inescapável, tão vital, tão necessária a coisa que ele afirma buscar. Ele prefere desistir de sua vida a abrir mão dessa busca tenaz. O desejo não pode ser desviado para outros objetos ou pessoas.

    Embora o desejo dessa pessoa pareça fixado num objeto particular (por exemplo, um diploma, ou o casamento), ele está fixado, na verdade, naquilo que foi a causa de a pessoa desejar esse objeto, para começo de conversa – em geral, o desejo ou a demanda do Outro.
2. Ver a análise freudiana do sonho da espirituosa mulher do açougueiro em *A interpretação dos sonhos* e os comentários de Lacan em "Subversão do sujeito e dialética do desejo no inconsciente freudiano" e em "A direção do tratamento e os princípios de seu poder", nos *Escritos*. Ver também os excelentes comentários de Colette Soler (baseados, em parte, no seminário inédito de Jacques-Alain Miller de 1988-1989, "Diplôme d'Études Approfondies") em "History and hysteria: the witty butcher's wife", *Newsletter of the Freudian Field*, n.6, 1992, p.16-33; e Soler, "Hysteria and obsession",

in Fink et al. (orgs.), *Reading Seminars I and II* (Albany, Suny Press, 1996), p.257-64. Discuto detalhadamente a histeria e a obsessão no Capítulo 8, adiante.
3. Como veremos, são as pulsões que buscam satisfação, não o desejo.
4. Isso não implica que o sujeito "plenamente analisado" torne-se uma espécie de máquina de busca incessante do prazer; implica, antes, que o desejo para de inibir o sujeito de obter satisfação. Um paciente meu expressou muito bem a aflição do neurótico ao dizer que não conseguia "desfrutar do seu prazer", deixando implícito que, em certo sentido, sua satisfação era destruída ou maculada por sentimentos simultâneos de insatisfação ou desprazer. Talvez um modo de descrever a configuração visada pela análise seja dizer que ela consiste em permitir ao analisando finalmente desfrutar do seu prazer. Sobre esses pontos e outras ideias correlatas, ver o Capítulo 10, adiante.
5. Às vezes ele também é grafado como "objeto (*a*)", "pequeno *a*", "*petit objet a*", "*objet a*", "*petit a*" e assim por diante.
6. O próprio Lacan, inclinado que era a fazer negativas duplas, bem poderia ter dito que "O desejo não é sem objeto" ("*Le désir n'est pas sans objet*"), tal como fez no caso da angústia, mas esse objeto, contudo, seria o objeto entendido como causa.
7. Relacionada, em certos aspectos, com aquilo a que me referi no Capítulo 1 como "crise da satisfação".
8. Como foi mencionado no final do Capítulo 3. Não raro o analista torna-se até a causa das fantasias do analisando, o qual, muitas vezes, menciona que o analista, o nome dele ou os horários das sessões e os assuntos nelas discutidos "vêm" à sua cabeça durante a masturbação.
9. Esse é um aspecto da troca não contratual (mencionada no Capítulo 2) que ocorre na fase inicial da análise: o analisando quer que a fixação funcione como antes; o analista oferece uma nova fixação no lugar dela, uma fixação que implica decifrar o inconsciente e tomar o analista como causa.
10. Ver Fink, *O sujeito lacaniano: entre a linguagem e o gozo* (Princeton, Princeton UP, 1995 [Rio de Janeiro, Zahar, 1998]).
11. A referência aqui é ao dito de Lacan "*Le désir de l'homme, c'est le désir de l'Autre*" ["O desejo do homem é o desejo do Outro". *Escritos*, p.628[634]], que também podemos traduzir por "O desejo do homem é que o Outro o deseje", ou "O homem deseja o desejo do Outro por ele". Como veremos, também pode significar "O desejo do homem é igual ao desejo do Outro". Sobre esse ponto, ver Fink, *O sujeito lacaniano*, op.cit., cap.5.
12. Isso não deve ser entendido como implicando que ambos os pais desejam a mesma coisa, nem sequer que cada um dos pais, isoladamente, tem um desejo específico e inequívoco – em outras palavras, que todos os seus desejos são coerentes, de algum modo.
13. Nesse ponto, parecemos seguir o princípio comumente falacioso de que quanto mais nos parecermos com nossos pais, mais eles nos amarão.
14. Ver os comentários de Freud nas *Conferências introdutórias sobre psicanálise*: "Dessa época [a puberdade] em diante, o indivíduo humano tem que se dedicar à grandiosa tarefa de se separar de seus pais … . Nenhuma solução, entretanto, é encontrada pelos neuróticos" (*SE* XVI, p.337).

15. Segundo Lacan, esse losango designa as seguintes relações: "envolvimento-desenvolvimento-conjunção-disjunção" (*Escritos*, p.634[641]), alienação (∨) e separação (∧), maior que (>), menor que (<) etc. A maneira mais simples de o ler é "em relação a" ou "desejo de". Assim, "$ ◊ a$" significa "o sujeito em relação a seu objeto", ou "o desejo do sujeito por seu objeto". Os termos desta última formulação são extremamente polivalentes; veremos alguns de seus múltiplos significados nos capítulos seguintes.
16. "Tomando-a dessa maneira, o que é a fantasia senão ... *ein Wunsch*, um desejo, um anseio, e até, como todos os anseios, bastante ingênuo?" (Seminário 10, p.61-2[59]).
17. É isso que Lacan tem em mente ao dizer que "sempre se é responsável pela própria posição como sujeito". Ver Lacan, "Science and Truth" (trad. Bruce Fink, *Newsletter of the Freudian Field*, n.3, 1989, p.7 ["A ciência e a verdade", in *Escritos*, Rio de Janeiro, Zahar, 1998]).
18. A citação efetiva que tenho em mente neste ponto é: "Ele me pede... pelo fato de que fala; sua demanda é intransitiva, não implica nenhum objeto" (*Escritos*, p.617[623]). Ver também o Seminário 8, no qual Lacan, falando do analista, afirma que, "a partir do momento em que diz, o sujeito nada mais é que mendicante, ele passa ao registro da demanda" (p.430[451]). O analista vê-se então diante de um desafio: como é possível fazer interpretações sem resvalar para o registro da demanda? Talvez a interpretação oracular permita ao analista falar e, ao mesmo tempo, manter, pelo menos em parte, sua posição de puro desejar.
19. Sobre esse ponto, o leitor deve ir ao Seminário, livro 6, *O desejo e sua interpretação* (1958-1959). Sete aulas foram editadas e publicadas por Jacques-Alain Miller em *Ornicar?*, n.24, 1981, p.7-31; n.25, 1982, p.13-36; e n.26-27, 1983, p.7-44. Ver também Fink, "Reading *Hamlet* with Lacan", in Richard Feldstein e Willy Apollon (orgs.), *Lacan, Politics, Aesthetics* (Albany, Suny Press, 1996), p.181-98.
20. O neurótico confunde "a falta do Outro [isto é, o desejo do Outro] com a demanda [do Outro. Essa demanda do Outro] assume a função do objeto em sua [do neurótico] fantasia" (*Escritos*, p.823[838]). A fantasia fundamental, que Lacan normalmente grafa como ($ ◊ a$) – o que significa o sujeito em relação ao objeto que causa o seu desejo –, é grafada, no caso do neurótico, como ($ ◊ D$): o sujeito em relação à demanda do Outro.
21. De acordo com Lacan, o neurótico acredita que o Outro quer castrá-lo. Também isso é exemplificado no caso de obsessão incluído no Capítulo 8.
22. Ou seja, não o Outro do "pacto simbólico"; ver, a esse respeito, os Capítulos 7 e 9.
23. Seminário 10, p.14s[14s]. Esse exemplo é citado por Colette Soler em seu artigo "Hysteria and obsession", op.cit.
24. Convém notar que Freud nem sempre equipara o ideal de eu ao superego; ver J. Laplanche e J.-B. Pontalis, *The Language of Psychoanalysis* (Nova York, Norton, 1973), p.144-5 [*Vocabulário da psicanálise*, São Paulo, Martins Fontes, 2014].
25. Não pretendo sugerir que o registro do desejo lhes seja profunda e completamente estranho, pois os neuróticos pelo menos entraram na linguagem (ver Capítulos 7 e 8, adiante). Todavia, de modo algum seu desejo é "plenamente desenvolvido"; ver Fink, *O sujeito lacaniano*, op.cit., caps.5 e 6; e Fink, "Reading *Hamlet* with Lacan", op.cit.

26. Ideia expressa no dito do rei francês Francisco I: "*Souvent femme varie, bien fol est qui s'y fie*" ["A tal ponto a mulher varia que louco é quem nela se fia"].
27. Sobre esse ponto, ver o Capítulo 8, adiante, sobre histeria e obsessão.
28. Nas palavras do poeta, desejo é "arder de anseio com uma necessidade sem nome".
29. Essa falta ou insuficiência no Outro pode ser considerada do ponto de vista do desejo, mas também do ponto de vista do saber e do poder. Por exemplo, é comum as crianças afirmarem que seus pais são as pessoas mais fortes, melhores e mais capazes de todas: podem fazer tudo. Na mente das crianças, os pais devem estar aptos a derrotar qualquer um e a cuidar de tudo – é o anseio de que não falte nada nos pais. Obviamente, porém, não é isso que se dá, e o filho intui que a falta que há nos pais tem algo a ver com ele próprio, de algum modo – tem ramificações para ele. Se meus pais não são onipotentes e oniscientes, talvez o que me dizem a meu respeito não seja verdade; talvez eu precise apelar para uma autoridade superior. Talvez eles estejam errados quando me dizem que devo ser advogado, que devo me casar e ter filhos. Como vou saber se o que eles me dizem está certo? Como saber o que realmente devo fazer ou ser?

    A falha no saber dos pais pode levar a criança a buscar e a interrogar pessoas percebidas como autoridades superiores (especialistas, professores, líderes religiosos) e, mais tarde, filosofias e religiões, na esperança de descobrir a justificação última para ser isto e fazer aquilo. O reconhecimento devastador de que todo sistema de crenças não passa de um dentre muitos pode levar a uma crise existencial: o Outro é falho, não existe Deus, não há nenhum ser supremo capaz de me dizer quem sou e o que devo ser. Não há palavra, não há verdade que o Outro possa me dar que me diga o que sou e o que devo ser. Como afirma Lacan, "não há significante no Outro que possa ... responder pelo que sou" [que possa dar conta do que sou ou assumir a responsabilidade pelo que sou] ("*Il n'y a dans l'Autre aucun signifiant qui puisse ... répondre de ce que je suis*"), Ornicar?, n.25, 1982, p.32. Ver minha discussão sobre este ponto em "Reading *Hamlet* with Lacan".
30. O desejo do analista permanece desconhecido, em parte, graças à natureza *não verbal* de algumas de suas intervenções (como a pontuação e a escansão), às quais não é fácil atribuir um nome.
31. Ver um exemplo freudiano detalhado da ação adiada em *SE* I, p.353-6; ver também as numerosas discussões de Lacan sobre a ação adiada nos *Escritos* e em seus seminários (por exemplo, no Seminário 5, *As formações do inconsciente*).
32. Esses depoimentos são pessoais e institucionais. Para testemunhos pessoais, ver os comentários de Colette Soler, Gérard Pommier e outros em Elizabeth Roudinesco, *História da psicanálise na França: A Batalha dos Cem Anos*, vol.II: 1925-1985 (Chicago, University of Chicago Press [Rio de Janeiro, Zahar, 1988]). O testemunho institucional vem do procedimento conhecido como "passe", empregado pela École de la Cause Freudienne, e está documentado em centenas de artigos, literalmente; ver, por exemplo, a coletânea *Comment finissent les analyses* (Paris, Seuil, 1994), p.163-210 [*Como terminam as análises*, Rio de Janeiro, Zahar, 1995].

33. *SE* XXIII, p.252. Lacan traduz o termo freudiano por *roc* ("rochedo") e fala com frequência do suposto "rochedo da castração". Ver, em particular, Seminário 8, p.269[283].
34. Tal como o Freud de uma fase posterior, Lacan enfatiza a fantasia: uma cena imaginária, uma construção. Todavia, outra maneira de entender o que Lacan tem em mente ao falar da "fantasia fundamental" é o que ele chama de "posição do sujeito", "posição subjetiva" ou "posição como sujeito" (*Escritos*, p.856[870]): a fantasia fundamental encena a posição que se adotou com respeito a uma experiência primitiva que foi sexualmente investida e vivida como traumática. Nesse sentido, ela abrange a teoria freudiana anterior do trauma: a criança experimenta uma sexualidade excessiva, um excesso ou sobrecarga de sensações sexuais ou de prazer, e fica revoltada com isso (na histeria) ou, mais tarde, sente-se culpada por isso (na neurose obsessiva). (O termo freudiano *sexual über* foi traduzido em *The Origins of Psychoanalysis*, Nova York, Basic Books, 1954, como "*surplus of sexuality*" [excedente de sexualidade], p.163-4, carta datada de 30 mai 1896; os franceses o traduziram por *excédent de sexualité* ou *excédent sexuel*, ou seja, "excesso de sexualidade" ou "excesso sexual"; ver *La Naissance de la psychanalyse*, Paris, Presses Universitaires de France, 1956.) As sensações sexuais rejeitadas ou contra as quais se erguem defesas constituem, como vimos no Capítulo 1, o tipo de prazer a que Freud se refere como "satisfação" e que Lacan chama de "gozo": um tipo de prazer que vai além do princípio do prazer.

Aí podemos ver que a posição do sujeito é de defesa contra certo tipo de satisfação ou gozo sexual. Essa defesa se reflete na fantasia que encena a realização do desejo do sujeito ou que o respalda. Assim, o desejo passa a existir no lugar da satisfação, como uma defesa contra o gozo. Isso explica por que o desejo, por sua própria natureza, abomina a satisfação – a satisfação real, sexual. O desejo encontra uma espécie de prazer na fantasia – "A fantasia torna o prazer apropriado ao desejo", como diz Lacan (*Escritos*, p.773[785]) –, o tipo de prazer que vem de alucinar, em vez de tomar providências na "vida real" ou na "realidade externa" para obter algo, o tipo de prazer que é regido pelo princípio do prazer.

A primeira tendência do bebê humano, segundo Freud (ver *A interpretação dos sonhos*, cap.7, e "Projeto para uma psicologia científica"), é obter a satisfação imediata da necessidade de alimento através da alucinação (ou seja, da vívida rememoração de uma percepção) do rosto da pessoa que traz a mamadeira com leite e do imaginar-se sugando e engolindo o leite, em vez de esperar uma satisfação adiada, baseada no exercício de uma ação motora no mundo (como chorar), para que uma pessoa real traga uma mamadeira real, fornecendo ao bebê um alimento real. Derivamos certo tipo de prazer simplesmente imaginando a satisfação, um prazer que é muito mais fácil de proporcionar e muito mais confiável do que as formas verdadeiras de satisfação, que envolvem outras pessoas, com todos os riscos, perigos e incertezas implícitos.

De fato, o desejo prefere o prazer da fantasia à satisfação das pulsões. O desejo inibe essa satisfação, controlando as pulsões, uma vez que as pulsões buscam uma espécie de satisfação que é experimentada como opressiva ou exagerada, e por isso é abominada (a satisfação mata o desejo, sufoca-o). Desejo, aqui, equivale a uma defesa. Também o sujeito – o sujeito como desejo, como desejante – pode ser visto como pouco mais que uma defesa: uma defesa contra o gozo.

Como veremos, quando se faz o analisando subjetivar a causa (o desejo do Outro do qual depende seu próprio desejo), seu desejo é radicalmente transformado e deixa de inibir a busca da satisfação/gozo. Com isso, altera-se a relação entre desejo e gozo, na qual o desejo não passa de uma defesa contra o gozo. (Ver, em particular, Lacan, "Do 'Trieb' de Freud e do desejo do psicanalista", *Escritos*, p.851-4[865-8]; e Jacques-Alain Miller, "Commentary on Lacan's text", in Fink et al. (orgs.), *Reading Seminars I and II*, op.cit., p.422-7. Esses pontos serão longamente discutidos no Capítulo 10.)

Em termos freudianos, podemos pensar no sujeito desejante, em certo sentido, como o eu (em parte consciente, em parte inconsciente) que se defende contra o tipo de satisfação que o isso busca com empenho. O eu acha objetável e ameaçadora a busca de satisfação do isso, pois o isso não presta atenção às normas e aos ideais sociais em sua escolha de objetos e orifícios, parceiros e práticas. Enquanto inibe as buscas do isso, entretanto, o eu proporciona satisfações substitutas. Mas a mulher(homem) [*(wo)man*] não pode viver unicamente do desejo.

Essa tradução em termos freudianos permite-nos ver uma mudança no conceito lacaniano de sujeito entre a década de 1950 e o fim dos anos 1960. No trabalho inicial de Lacan, o sujeito é equiparado ao desejo, em geral o desejo inconsciente, e o objetivo da análise é levar o analisando a "parar de ceder de seu desejo" (Seminário 7), a desatar os nós de seu desejo e a constituir um "desejo decidido" (*désir décidé*). Em 1965, porém, o sujeito é mais estreitamente equiparado por Lacan ao isso, à busca "irrefletida" (o termo dele é "acéfala" – literalmente, sem cabeça) da satisfação que é característica das pulsões e frustrada pelas inibições do eu e do supereu. Essa periodização sucinta do trabalho de Lacan, tomada de Jacques-Alain Miller, será ampliada no Capítulo 10.

35. Sobre a relação entre a ideia freudiana do objeto perdido e o objeto *a* de Lacan, ver Fink, *O sujeito lacaniano*, cap.7. Nesse ponto, ao que parece, somos um produto não tanto daquilo que temos ou possuímos, mas daquilo que perdemos.
36. Aqui, o objeto relaciona-se claramente com a satisfação perdida. Em certo sentido, pode-se dizer que ele "contém" o gozo perdido em função do complexo de castração, sendo essa perda de gozo designada por $(-\varphi)$ por Lacan (*Escritos*, p.823-6[837-41]). A fantasia fundamental pode ser escrita da seguinte maneira:

$$\frac{S \lozenge \quad a}{(-\varphi)}$$

Poderíamos dizer muito mais sobre essa formulação. Ver, em particular, Lacan, "Subversão do sujeito e dialética do desejo no inconsciente freudiano" e Seminário 8, *A transferência*, lições XV-XVIII. Ver também o Capítulo 8, adiante.
37. Os parâmetros dessa escolha também reproduziam uma situação que parecia ter sido enfrentada pelo pai do Homem dos Ratos antes do casamento: ele se interessara por uma "moça pobre", mas tinha feito o "tipo certo de casamento", casando-se, em vez dela, com a mãe do Homem dos Ratos.

38. Sua "dama", a única mulher com quem ele parece realmente haver considerado se casar, parece muito desinteressada por suas investidas sexuais.
39. Convém notar que Freud *não afirma* categoricamente, nesse artigo, que a análise seja *incapaz* de levar o paciente além do complexo de castração. Consideremos suas afirmações finais: "Seria difícil dizer se e quando fomos bem-sucedidos no domínio desse fator [no protesto contra a castração: quer a 'inveja do pênis', quer o 'protesto masculino'] num tratamento analítico. Podemos apenas nos consolar com a certeza de ter dado à pessoa analisada todo o incentivo possível para que ela reexamine e altere sua atitude perante ele" (*SE* XXIII, p.252-3).

Em outras palavras, Freud não parece excluir a possibilidade de que o paciente adote uma atitude diferente para com a castração. Diz ele: "É *frequente* termos a impressão de" não poder ir adiante (grifo meu), mas não afirma que *nunca* possamos levar o analisando mais longe.
40. Como diz Freud, "os homens sempre tiveram dificuldade de renunciar ao prazer; não conseguem se animar a fazê-lo sem alguma forma de compensação" (*SE* XVI, p.371).
41. Deixa de garantir o gozo do Outro (ver *Escritos*, p.826[841]).
42. Ver, em particular, "Construções em análise", *SE* XXIII, p.257-69.
43. A queixa do neurótico é sempre "Eles fizeram isso comigo", "Eles me fizeram ser assim". O neurótico não assume a responsabilidade por seus atos, escolhas ou decisões; nem mesmo certos neuróticos obsessivos, que parecem perfeitamente dispostos a aceitar a *culpa* seja pelo que for, veem sua vida como algo que envolveu uma série de *escolhas*, concessões e sacrifícios feitos por eles mesmos. A história que se conta é que o Outro fez tal coisa, quis isto, esperou aquilo de mim, e *não pude* recusar: era impossível. Não se trata de que "eu não estava disposto" ou "eu não queria, por causa de *x*, *y* e *z*", mas de que "Eles me forçaram", "Tive que fazer isso", "Não pude recusar" e assim por diante.

A subjetivação significa que o sujeito assume a responsabilidade – não apenas em palavras, isto é, de forma consciente, porém num nível "mais profundo" – por seu destino, suas ações, decisões e acidentes do passado. O sujeito nasce ali onde sua vida foi determinada por forças externas ou impessoais: o desejo do Outro, o desejo parental que o trouxe ao mundo. "Lá onde isso foi" – ali onde minha vida era regida pelo desejo do Outro – "eu devo advir" ("*Là où fut ça, il me faut advenir*", *Escritos*, p.524[528]). Essa é apenas uma das maneiras de Lacan traduzir o "*Wo Es war, soll Ich werden*" de Freud, encontrado nas *Novas conferências introdutórias à psicanálise* (*SE* XXII, p.80). É uma espécie de "Esteja aí agora".

6. Uma abordagem lacaniana do diagnóstico (p.87-90)

1. Como menciona Lacan, "acontece recebermos pré-psicóticos em análise, e sabemos em que isso dá – isso dá em psicóticos. Não se colocaria a questão das contraindicações da análise se todos nós não tivéssemos na memória tal caso de nossa prática,

ou da prática de nossos colegas, em que uma bela e boa psicose ... é desencadeada quando das primeiras sessões de análise um pouco acaloradas" (Seminário 3, p.285[293]). Convém assinalar que, posteriormente, Lacan não considerou a psicose como uma contraindicação para a análise – isto é, não recomendou que os psicóticos fossem excluídos da terapia psicanalítica –, mas sugeriu que a abordagem adotada pelo analista tinha de ser bem diferente no trabalho com psicóticos. Um paciente psicótico que recebi em terapia durante algum tempo veio me procurar justamente porque o analista com quem estivera trabalhando antes havia enfatizado os significados ambíguos de suas palavras – ou seja, havia tratado esse paciente como se ele fosse neurótico. Se o paciente houvesse permanecido com esse analista, é bem provável que um surto psicótico tivesse sido desencadeado.

2. Ver, por exemplo, SE XIX, p.153.
3. Ver, a esse respeito, SE XIX, p.143, e SE XXIII, p.204 e 277. A distinção feita por Freud nem sempre é tão consistente quanto desejaríamos. Compare-se, por exemplo, SE XXI, p.153, em que o desmentido é descrito como o que acontece com uma ideia quando o afeto ligado a ela é recalcado, e SE XIX, p.184, onde Freud considera o desmentido uma "reação psicótica".
4. Ver, em particular, *Gesammelte Werke* XII (Frankfurt, Fischer Verlag, 1952), p.11, em que Freud usa a forma verbal *verwirft*, traduzida por Strachey como "*rejects*" [rejeita] (SE XVII, p.79-80).
5. Essa leitura rigorosa pode ser encontrada no Seminário 2 e foi feita com a ajuda de Jean Hyppolite, notável filósofo e tradutor da obra de Hegel para o francês. Ela também é discutida nos *Escritos*.
6. A primeira tradução ("rejeição") é encontrada no Seminário 1, p.54[56], e a segunda ("foraclusão"), no Seminário 3, p.361[370]. Ambas voltam a ser mencionadas no Seminário 21, aula de 19 mar 1974.
7. SE XVI, p.358. Ele faz a mesma colocação posteriormente, com mais detalhes, nas *Conferências introdutórias sobre psicanálise*: "Não podemos negar que também as pessoas sadias possuem em sua vida mental aquilo que é a única coisa a possibilitar a formação de sonhos e sintomas, e devemos concluir que também elas fizeram recalcamentos, que elas gastam certa quantidade de energia para mantê-los, que seu sistema inconsciente esconde impulsos recalcados que ainda estão investidos de energia, e que *parte de sua libido é retirada da disponibilidade do eu*. Portanto, a pessoa sadia também é, na prática, neurótica" (SE XVI, p.456-7).
8. Em sua maioria, os lacanianos veem os pacientes classificados de *borderline* por outros terapeutas como neuróticos que simplesmente causam mais dificuldades para o clínico do que a maioria dos outros neuróticos. Vista na perspectiva histórica, sempre houve, na psiquiatria/psicologia, uma espécie de categoria coletiva em que são colocados os pacientes difíceis; no século XIX era a "paranoia"; hoje, é o "borderline". Consideremos as observações de Lacan sobre a visão dominante da paranoia na França e na Alemanha, antes do seu próprio trabalho: "Um paranoico era uma pessoa má, um intolerante, um tipo de mau humor, orgulho, desconfiança, suscetibilidade, sobrestimação de si mesmo. Essa característica constituía o fundamento da

paranoia – quando o paranoico era por demais paranoico, ele acabava por delirar" (Seminário 3, p.13[13]).
9. Ver Seminário 3, p.42[43]: a "assinatura", aqui, é um quase neologismo produzido pelo paciente em francês: *galopiner*.

7. Psicose (p.91-126)

1. Ver, por exemplo, Freud, "Female sexuality", in *Collected Papers* V, p.256 ["Sexualidade feminina", *ESB*, vol.XXI]; Strachey o traduz por "ação paterna" (*SE* XXI, p.229). Em Lacan, Seminário 3, p.240[242], e Seminário 20, p.74, encontra-se a expressão *fonction du père* ("função do pai"). Ver minha tradução do Seminário 20 [*Mais, ainda*, Rio de Janeiro, Zahar, 2008].
2. Note-se que *le nom du père* também pode significar o nome dado à criança pelo pai – ou seja, o sobrenome que vem do pai ou é transmitido pelo pai. A *função simbólica* do pai de modo algum impede, nem sugere em nenhum sentido, que a função do pai como provedor de amor e incentivo seja supérflua, como argumentaram algumas autoras feministas.
3. Aliás, a foraclusão é uma função e, como tal, não podemos descrever exaustivamente todos os "ambientes" ou configurações familiares possíveis que lhe dão origem. Os que tentam fazê-lo caem numa espécie de psicologização, na qual "vagam qual almas penadas da mãe frustradora para a mãe saciadora" (*Escritos*, p.578[585]) e, quando examinam o papel do pai ("o pai tonitruante, o pai indulgente, o pai onipotente, o pai humilhado, o pai acabrunhado, o pai derrisório, o pai caseiro ou o pai passeador" [*Escritos*, p.578[585]]), negligenciam o papel conferido à palavra e à autoridade do pai pela mãe – em outras palavras, "o lugar que ela reserva para o Nome-do-Pai na promoção da lei" (*Escritos*, p.579[585]) – e a relação do próprio pai com a lei.
4. Todos conhecemos famílias em que o pai é fraco e a mãe é dominadora; esta é, aliás, a descrição estereotipada da família judaica. No entanto, em geral isso não significa que a função paterna não seja exercida nessas famílias. Uma mãe pode dominar o marido e, ainda assim, conferir-lhe certo peso, simplesmente por viver reclamando dele: se ele é fonte de tantas chateações, se é uma pedra no sapato da mãe, então no mínimo ainda é uma força a ser levada em conta. Em geral, a aniquilação do pai pela mãe precisa ser muito mais completa que isso para impedir a função paterna.
5. "An introduction to Lacan's clinical perspectives", in Fink et al. (orgs.), *Reading Seminars I and II: Lacan's Return to Freud* (Albany, Suny Press, 1996), p.242.
6. Em certos sentidos, poderíamos considerar uma "mera questão de semântica" afirmar que nem todas as alucinações são iguais, em vez de asseverar que a alucinação não basta para justificar um diagnóstico de psicose, e que temos de examinar outros fatores. Entretanto parece-me mais conveniente, em termos políticos, dado o estigma da alucinação – a saber a associação automática, na mentalidade popular e na

mente de muitos clínicos, da alucinação com a psicose –, oferecer uma descrição e explicação mais criteriosas dos fenômenos alucinatórios, e a psicanálise nos fornece os meios para fazê-lo. Enquanto for possível internar pessoas contra a sua vontade por causa de "alucinações" (problema que a maioria dos profissionais franceses não tem de combater), a distinção semântica entre alucinações autênticas e alucinações não psicóticas será de importância considerável.

7. Ver, por exemplo, os comentários de Lacan no Seminário 22, *RSI*: "É clara, no entanto, a diferença entre acreditar no sintoma e fiar-se nele [crer que ele existe e confiar no seu conteúdo]. Isso constitui a diferença entre a neurose e a psicose. O psicótico não apenas acredita nas vozes [que escuta], como também confia nelas. Tudo depende desse divisor" (21 jan 1975, inédito). Em inglês, in Juliet Mitchell e Jacqueline Rose (orgs.), *Feminine Sexuality* (Nova York, Norton, 1982), p.170. A propósito, ver também Colette Soler, "Quelle place pour l'analyste?", *Actes de l'École de la Cause Freudienne*, n.13, *L'Expérience psychanalytique des psychoses*, 1987, p.30.
8. Com efeito, Lacan sugere que todos vemos a realidade pelas lentes de nossa fantasia (fundamental). Sendo assim, como poderia o analista "conhecer a realidade", "saber o que é real e o que não é" melhor do que o analisando? A psicanálise lacaniana com certeza não é um discurso de domínio em que o analista seja considerado uma espécie de senhor da realidade. No decorrer de sua própria "análise didática" [análise de formação], o analista não aprende o que é e o que não é real, mas aprende algo sobre sua própria fantasia (enquanto ela é reconfigurada) e sobre como impedi-la de se imiscuir no trabalho com os pacientes.
9. Ver, por exemplo, Seminário 3, p.88[93-4]. Consideremos também as observações de Lacan nos *Escritos* (p.576[583]): "Que essa psicose [coletiva, envolvendo a crença em coisas como a liberdade e Papai Noel] revele-se compatível com a chamada boa ordem é coisa de que não se duvida, mas tampouco é o que autoriza o psiquiatra, ainda que psicanalista, a se fiar em sua própria compatibilidade com essa ordem para se acreditar de posse de uma ideia adequada da *realidade*, da qual seu paciente se mostraria discrepante. Nessas condições, talvez ele fizesse melhor em elidir essa ideia [de realidade] de sua apreciação dos fundamentos da psicose: o que conduz nosso olhar ao objetivo de seu tratamento."
10. Como diz Lacan, "a certeza é a coisa mais rara para o sujeito normal" (Seminário 3, p.87[92]), ou seja, o neurótico. Lacan conta uma história do proverbial "ciumento [normal, segundo sua descrição] que persegue sua mulher até a porta do quarto onde ela está trancada com um outro", e ainda se pergunta se ela está mesmo, de verdade, tendo uma aventura extraconjugal. O psicótico, ao contrário, chega à certeza sem precisar de nenhuma prova dessa natureza.
11. Ver, por exemplo, Daniel Paul Schreber, *Memórias de um doente dos nervos*.
12. Sobre medos que encobrem desejos, ver *SE* X, p.180.
13. Ver, por exemplo, o caso do Homem dos Ratos, *SE* X; o Homem dos Ratos relatou vozes que lhe ordenavam, por exemplo, que cortasse a própria garganta.
14. Ver "O estádio do espelho como formador da função do eu", nos *Escritos*, e a revisão posterior da teoria do estádio do espelho no Seminário 8, *A transferência*.

15. Ver a discussão pormenorizada sobre o ego in Fink, *O sujeito lacaniano* (Princeton, Princeton UP, 1995 [Rio de Janeiro, Zahar, 1998]). Lacan associa claramente esse "comentário corrente da existência [do indivíduo]" com o *alter ego* (Seminário 3, p.219[227]).
16. Ao dizer isso, não pretendo implicar que o self [si mesmo], tal como definido por todos os outros teóricos, seja idêntico ao ego. O que quero dizer é que, *no linguajar comum*, aquilo a que a pessoa se refere como seu "eu" é mais ou menos equivalente ao ego, tal como entendido na psicanálise lacaniana.
17. Em *O eu e o isso*, Freud tece pelo menos quatro comentários diferentes sobre o ego, dois dos quais parecem defini-lo como um objeto: (1) uma projeção da superfície do corpo e (2) um precipitado ou sedimentação de investimentos objetais abandonados, ou seja, de identificações anteriores. Os outros dois parecem definir o ego como agente: (3) o representante da realidade e (4) uma parte do isso que foi especialmente modificada, ou seja, dessexualizada. De modo algum fica claro que essas quatro características possam se aplicar em algum sentido a uma mesma "coisa", e Lacan claramente considera que as duas primeiras são cruciais para o ego, enquanto as duas últimas não o são.
18. Na medida em que o nascimento do ego requer a linguagem (ver Seminário 8), é a linguagem, de modo nada surpreendente, que permite a possibilidade da consciência de si, e não o inverso. A linguagem, afinal, é o que nos permite falar de algo como um objeto – falar de falar, falar de pensar etc. Para uma discussão instigante da "*consciência de si*", ver o Seminário 2, p.62-9[69-77], em que Lacan a compara a uma câmera que tira fotografias de um lago, da manhã à noite; ver também Seminário 3, p.204[213], onde Lacan discute a alucinação auditiva em relação à experiência muito mais comum de nos ouvirmos pronunciar palavras em nossa própria mente.

Minha abordagem da consciência de si, nesse ponto, pode ser frutiferamente comparada com a teoria de Julian Jaynes sobre a origem da consciência (i.e., algo a que ele se refere simplesmente como consciência) – teoria que ele expõe em *The Origin of Consciousness in the Breakdown of the Bicameral Mind* (Boston, Houghton Mifflin, 1976, reed. 1990). Embora sentindo necessidade de localizar tudo nos hemisférios direito ou esquerdo do cérebro, e totalmente desconhecedor do famoso trabalho de Lacan sobre o estádio do espelho, Jaynes reconhece a importância da linguagem (e até da metáfora) no advento da consciência na história humana e na capacidade que cada criança tem de se conscientizar de si. Jaynes foi também um dos poucos psicólogos contemporâneos a reconhecer que na esquizofrenia há uma perda da ideia de eu [self] (aliás, ele fornece amplas provas clínicas sobre isso nas p.404-26 de seu livro). No entanto, ele nunca consegue estabelecer uma ligação entre os problemas do esquizofrênico que sustenta um eu ou uma ideia de eu e as perturbações da linguagem do esquizofrênico, porque, querendo manter-se apoiado numa espécie de base científica supostamente sólida (e é difícil imaginar um livro menos tradicionalmente científico que o dele, que em certos aspectos faz lembrar o *Moisés e o monoteísmo* de Freud), ele confia na teoria absurdamente simplista de que todas as alucinações se devem ao estresse: supostamente, alucinamos quando estamos tensos, e algumas pessoas não conseguem suportar tanta tensão quanto outras, por deficiências genéticas. Todavia, como a maioria de meus leitores, Jaynes certamente concordaria que, por mais estressantes que fossem as condições a que nos víssemos submetidos, nunca terminaríamos alucinando como fazem os psicóticos. Isso não acontece com qualquer um, porque *não pode* acontecer com os neuróticos! Nossos eus não se desintegram quando ficam sob tensão; podemos ver e ouvir coisas, como ao sermos seriamente privados do sono, ou podemos achar que estamos enlouquecendo, por causa de visões e vozes em nossa cabeça no confinamento solitário, mas não interpretamos como os psicóticos, nossa paranoia não assume as mesmas proporções e não reconstituímos delirantemente o mundo (ver minha discussão sobre a "metáfora delirante" mais à frente neste capítulo). Na pior das hipóteses, as experiências dos sobreviventes de campos de concentração devem refutar de uma vez por todas qualquer dessas teorias que dizem que a psicose ou as alucinações se devem ao estresse.

19. Para uma exposição detalhada do conceito de alienação na obra de Lacan, ver Fink, *O sujeito lacaniano*, op.cit., caps.1, 2, 4 e 5.
20. Samuel Beckett é um autor interessante para considerarmos no tocante a esse aspecto: ele rejeitou seu inglês natal em favor do francês e escreveu nesta última língua muitos de seus livros.
21. As crianças pequenas, por exemplo, reproduzem interminavelmente comerciais, jingles e toda sorte de expressões que ouvem na televisão, no rádio, em casa e noutros lugares. O que ouvimos no noticiário matutino é transmitido aos que nos cercam, mais tarde, usando as mesmas palavras, os mesmos termos que ouvimos – amiúde, literalmente.
22. Ver Fink, *O sujeito lacaniano*, op.cit., cap.1.
23. Ver "O estádio do espelho como formador da função do eu", nos *Escritos*.
24. Ver Seminário 8, *A transferência*.
25. O termo de Lacan é *entériné*, que tem conotações jurídicas: ratificado ou atestado, como no caso de algo que foi transformado em lei ou reconhecido por lei.
26. "Se a imagem desempenha igualmente um papel capital no campo que é nosso [o dos seres humanos, em contraste com o dos animais], esse papel é inteiramente retomado, refeito, reanimado pela ordem simbólica" (Seminário 3, p.17[17-8]).
27. Ver os comentários de Lacan bem no final do Seminário 3 e no Seminário 4.
28. *SE* XVI, p.323.
29. Isso se assemelha a fenômenos corporais vistos em crianças autistas; em tais casos, ainda que uma parte do corpo da criança esteja empenhada numa função excretória, nenhuma assistência é fornecida por qualquer outra parte do corpo. (Ver, por exemplo, as descrições de Laurie feitas por Bruno Bettelheim em *The Empty Fortress* (Nova York, Free Press, 1967 [*A fortaleza vazia*, São Paulo, Martins Fontes, 1987]). Um músculo funciona independentemente dos outros. O corpo não consegue funcionar como um todo, de modo harmonioso e unificado. Sem o ponto de ancoragem (juízo parental interno ou ideal do eu) que permite a formação de uma autoimagem relativamente coerente e estável, não há possibilidade de um senso unificado do eu em

muitos casos de autismo. Na psicose, essa autoimagem pode facilmente esfacelar-se sob pressão: o senso de eu do indivíduo se dissolve.

30. Em *How Lacan's Ideas Are Used in Clinical Practice*, org. e trad. Stuart Schneiderman (Northvale, Jason Aronson, 1993), esp. p.19 e 40. A edição anterior dessa coletânea é mais conhecida de muitos leitores: *Returning to Freud: Clinical Psychoanalysis in the School of Lacan* (New Haven, Yale University Press, 1980).

31. No conto de Guy de Maupassant intitulado "O Horla", uma força invisível parece tentar tomar o lugar do narrador; não raro, porém, trata-se de uma pessoa muito semelhante ao psicótico. "Le Horla" pode ser encontrado nas *Oeuvres complètes de Guy de Maupassant*, vol.18 (Paris, Louis Conard, 1927), p.3-48. *Contos fantásticos: O Horla & outras histórias*, trad. e seleção José Thomaz Brum, Porto Alegre, L&PM, 1999].

Julian Jaynes forneceu numerosos exemplos do embotamento e colapso do ego ou do senso do eu – ou do que ele chama de "'eu' análogo" – nos esquizofrênicos; ver Jaynes, *The Origin of Consciousness in the Breakdown of the Bicameral Mind*, op.cit., p.404-26. Entretanto, sem fazer qualquer distinção entre a multiplicidade de vozes que podem ser ouvidas – vozes do supereu, vozes do outro (ou *alter ego, a'*) que fala na mente do sujeito, da verbalização de pensamentos pré-conscientes e de sonhos e fantasias inconscientes (isto é, do Outro) –, Jaynes é levado a fazer uma associação absurda entre a esquizofrenia e o que chama de "mente bicameral". Apesar de ser provável que a psicose tenha sido muito mais prevalente entre os "homens primitivos" do que nos seres humanos atuais (dadas a inexistência quase completa da lei, tal como agora a conhecemos, e a condição tênue da função paterna), a sintonia "bicameral" com vozes não é, de modo algum, coextensiva à esquizofrenia. Parte da experiência de todo analisando ao fazer psicanálise – e me refiro aqui aos "neuróticos comuns" – consiste em ouvir as vozes e ideias verbalizadas que passam o tempo todo pela nossa cabeça. Freud as chama de pensamentos "pré-conscientes" ou "inconscientes", ou vozes "do supereu" (vozes "admonitórias", nos termos de Jaynes), e Lacan se refere a elas como "o discurso do Outro". Nenhuma delas tem absolutamente nada a ver com a esquizofrenia, e, se o "homem bicameral" as atribuiu a Deus, ele o fez na ausência de qualquer compreensão psicológica – assim como pessoas religiosas de diversas sortes continuam a fazer até hoje.

32. Outra maneira de expressar essa ideia seria dizer que a linguagem nunca se torna simbólica na psicose – permanece real.

33. Para uma excelente discussão acerca das metáforas substitutivas, ver Russell Grigg, "Metaphor and metonymy", *Newsletter of the Freudian Field*, n.3, 1989, p.58-79.

34. Embora ele ainda não seja o recalcamento propriamente dito, como veremos nos Capítulos 8 e 9.

35. A criança tem de se sentir convidada ou ser "seduzida" pelo mundo da mãe e pela linguagem. Quando os pais só usam a linguagem para expressar hostilidade, ou para exigir obediência a horários inflexíveis de alimentação e excreção, e querem que seu filho fale apenas para que possam ter a sensação de que a criança é um reflexo

inteligente e precoce deles, não é de admirar que a criança se recuse a falar (embora, com frequência, compreenda muito do que é dito a seu redor).
36. Outros filhos e outros membros da família também podem interferir, claro.
37. Os "momentos" que discuto aqui são menos etapas do desenvolvimento do que aquilo a que Lacan se refere como "momentos lógicos" – momentos que, embora nem sempre sejam fáceis de discernir em termos cronológicos, precisam ter ocorrido para que a criança possa ter chegado à sua estrutura clínica atual (por exemplo, neurótica, em oposição a psicótica). Em termos muito simples, o segundo momento da metáfora paterna poderia ser compreendido da seguinte maneira: uma vez ocorrido o recalcamento, desaparece certa transparência: já não me conheço como conhecia antes, e posso começar a me perguntar o que quero e o que os outros querem de mim. Antes disso eu não me perguntava "O que minha mãe quer?", mas agora isso se transforma numa indagação para mim. "Será que sou o que há de mais precioso para ela? Ela parece aceitar as proibições do papai quando ele está por perto e, às vezes, até quando ele não está, mas será que não continuo a ser seu xodó?" Assim, a criança é levada a examinar detidamente o comportamento e a fala da mãe, na medida em que eles manifestam o desejo, tentando discernir seu lugar no desejo dela. Tipicamente, a criança é forçada a se dar conta de que não é, de modo algum, a única coisa importante para a mãe: esta é percebida como alguém que deixa a companhia do filho quando o pai chama, que abandona o filho a fim de fazer tarefas para o pai, ou de ficar sozinha com ele e assim por diante. À pergunta "O que ela quer?", a criança é obrigada a responder: o papai. O desejo dela aponta, mais além da relação diádica mãe–filho, para o estereotípico triângulo edipiano.

O segundo momento da metáfora paterna pode então ser entendido como a resposta à pergunta "O que quer minha mãe/meu Outro materno?", "O que é isso que ela deseja e que a tira de mim?". Aqui, a resposta clássica é "o pai"; *o pai é a chave do mistério do desejo da mãe*. Esse segundo momento da metáfora paterna resulta na denominação do desejo da mãe – isto é, em sua interpretação e delimitação.

$$\frac{\text{Nome-do-Pai}}{\text{Mãe como desejo}}$$

Em geral a criança não se detém aí, mas se pergunta o que há no pai que a mãe/Outro materno deseja, e o que há em outros homens, outras pessoas, outras atividades e outras coisas que leva a mamãe a desejá-los. Quando a criança consegue descobrir o que a mãe quer, pode passar a tentar transformar-se *nisso* – não no objeto com que a mãe obtém gozo, mas no objeto que ela estima, deseja ou preza. Seja riqueza, posição ou poder que ela quer, trata-se, nos melhores casos, de algo que situa a busca da criança no nível simbólico, como uma buscadora de posições socialmente valorizadas (o primeiro lugar nos esportes, na culinária, na dança, no canto, na música ou na matemática, ou a participação num time, num grupo ou num departamento engajado em projetos ou esforços reconhecidos).

O primeiro momento da metáfora paterna corresponde ao que Lacan chama de alienação e o segundo, à separação. Esses pontos serão mais bem estudados no Capítulo 9.
38. A Figura 7.3 baseia-se, em parte, numa figura de Ferdinand de Saussure, *Course on General Linguistics* (Nova York, McGraw-Hill, 1959), p.112 [*Curso de linguística geral*, org. Charles Bally e Albert Séchehaye, São Paulo, Cultrix, 22ª ed., 2000]. Entretanto, Saussure coloca a linguagem ("o vago plano dos sons") embaixo e o significado ("o plano infinito das ideias misturadas") em cima.
39. Isso sugere um vínculo importante entre a metáfora paterna e o ideal do eu; com efeito, a primeira pode ser entendida como aquilo que instaura o S_1, o significante mestre, o imperativo, assim como o ideal do eu envolve a instauração do "traço unário", denominação anterior de Lacan para o S_1 (ver, por exemplo, o Seminário 9, *A identificação*). Se tomarmos emprestada a imagem que Corday fornece do eu (ou ego) como um balão, o ideal do eu seria o barbante (ou fio) que ata o balão, mantendo-o fechado e impedindo que ele murche.
40. Ver *Escritos*, p.804[819-20]. Para um comentário detalhado, ver Slavoj Žižek, *The Sublime Object of Ideology* (Londres, Verso, 1989), cap.3.
41. No Seminário 20, Lacan diz algo muito parecido a respeito das frases interrompidas de Schreber (como "Agora eu vou..." e "Vocês devem..."): "Percebe-se aí a exigência de uma frase, qualquer que seja ela, que seja tal que um de seus elos, por faltar, libera todos os outros, ou seja, lhes retira o Um" (p.115[136]) – em outras palavras, retira a unidade de sentido da frase.
42. Certa vez, fui procurado em meu consultório por um fotógrafo canadense em estado de pânico, na época em que eu clinicava em Paris. Ele estava em meio ao que vivenciava manifestamente como uma grave crise na vida. Disse ter sido hospitalizado numas duas ocasiões, ter feito terapia por seis anos e estar considerando a ideia de se internar voluntariamente num hospital psiquiátrico próximo. Sua outra possibilidade, segundo ele, era voltar para o Canadá. Estava bastante desorientado e confuso, e minha primeira preocupação foi determinar se ele era ou não psicótico, e se deveria ser estimulado, talvez, a permitir que eu o acompanhasse imediatamente até o hospital. Convidando-o a falar do que o havia deixado em tamanho pânico, tentei determinar se o conflito se situava ou não num nível estritamente imaginário. Havia outro fotógrafo, que ele descreveu como alguém que vinha tentando tirar-lhe o emprego, mas, ao conversarmos, foi ficando mais claro que o conflito com esse outro fotógrafo estava subordinado a seu desejo de agradar ao chefe dos dois, uma figura paterna mais velha. O simples uso desses dois eixos, o imaginário e o simbólico, permitiu-me avaliar bem depressa a situação, diagnosticando provisoriamente o paciente como neurótico, e elaborar com ele arranjos de tratamento que não incluíam a hospitalização. (Obviamente, não estou sugerindo que todos os psicóticos precisem ser hospitalizados nos momentos de crise, nem que os neuróticos nunca necessitem disso.)
43. De acordo com Lacan, a origem do ego no estádio do espelho é tal que há um núcleo de paranoia em todos nós. O próprio ego é de natureza essencialmente paranoide, ao

definir o que sou eu e o que não sou eu, e ao surgir numa rivalidade ou competição fundamental com o outro.
44. Nos *Estudos sobre a histeria* (*SE* II), Freud menciona numerosos casos de anestesia e hipersensibilidade que não eram regulados, de nenhum modo ou forma, pela localização de determinadas terminações nervosas em certa parte do corpo, mas que, em vez disso, obedeciam claramente às ideias populares de onde uma dada parte do corpo, tal como definida na fala comum, começava e acabava. Embora, por exemplo, nenhum nervo específico comece e termine no que comumente chamamos de "pulso", este pode se tornar um lócus de anestesia ou hipersensibilidade psicossomática, por ser a área geral em que se usam pulseiras e relógios nas sociedades ocidentais. (O sintoma se porta, no dizer de Freud, "como se não existisse anatomia".) Cada língua recorta ou "recobre" o corpo de maneiras ligeiramente diferentes, e o corpo é inscrito por significantes; a linguagem "incrusta-se no ser vivo", para tomar emprestada a expressão de Bergson. O corpo é sobrescrito/substituído pela linguagem.
45. E é até "canalizada para fora do corpo", na medida em que o objeto *a* é um lócus da libido fora do corpo (*hors corps*).
46. Ver Freud, "Notas psicanalíticas sobre um relato autobiográfico de um caso de paranoia", *SE* XII, p.9-82; o estudo de Freud baseou-se no livro de Daniel Paul Schreber, *Memórias de um doente dos nervos*. Lacan comenta longamente o caso Schreber em "De uma questão preliminar a todo tratamento possível da psicose", *Escritos*, p.531-83[537-90]; e no Seminário 3, *As psicoses*.
47. Quando o neurótico é atuante e eficaz, em geral isso se dá sem intenção ou de forma inadvertida por parte dele.
48. Ver, por exemplo, Françoise Gorog, "Clinical vignette: a case of transsexualism", in Fink et al. (orgs.), *Reading Seminars I and II*, op.cit., p.283-6.
49. Ver, por exemplo, Seminário 3, p.74-5[78-80].
50. Um de meus pacientes disse que seu pai queria uma filha, não um menino, e que competia com o filho em muitas áreas: quando havia bolo em casa, o pai pegava tudo, e a mãe era forçada a "dividir as coisas meio a meio" entre os dois; quando meu paciente foi para a universidade, seu pai decidiu matricular-se no mesmo programa acadêmico que o filho. As intervenções simbólicas da mãe não foram suficientes para se opor à relação de rivalidade do pai com o filho, e este último começou a ter episódios psicóticos na casa dos vinte anos.
51. Não por identificação com a mãe, como às vezes vemos em casos de homossexualidade masculina não psicótica.
52. Examinarei algumas razões dos surtos psicóticos em minha discussão de um caso de psicose, adiante neste capítulo.
53. Ver, por exemplo, Gorog, "Clinical vignette", op.cit.
54. Nesse sentido, pode-se dizer que a função paterna "humaniza" a própria linguagem, sendo esta entendida como uma espécie de máquina de funcionamento autônomo. Quanto a essa perspectiva sobre a linguagem, ver Fink, *O sujeito lacaniano*, op.cit., cap.2 e apêndices 1 e 2.
55. Fink, *O sujeito lacaniano*, op.cit., cap.8. Ver a discussão extremamente densa de Lacan sobre as estruturas masculina e feminina no Seminário 20.

56. O termo de Lacan para essa feminização é *pousse à la femme*, que é bem difícil de traduzir e significa, literalmente, um "desabrochar em mulher", ou "crescer para a feminilidade"; em termos menos literais, seria um "impulso para vir a ser igual à mulher". Num registro parecido, Freud enfatiza a importância da homossexualidade na psicose masculina; emprega também o termo *Verweiblichung*, que poderia ser traduzido por "transformação em mulher", "metamorfose em mulher" ou feminização. Ver *Escritos*, p.565[571].

57. Efetivamente, o sistema delirante fomentado pelo psicótico representa uma tentativa espontânea de construir um sistema imaginário (isto é, um sistema de significados) capaz de manter unificado o seu universo (de estabilizar a relação entre significado e significante). Lacan refere-se a isso como "metáfora delirante" (*Escritos*, p.577[584]); eu o examinarei mais adiante neste capítulo, no contexto de um caso específico, e também no final do Capítulo 9.

58. Originalmente publicado em *Scilicet*, n.2-3, 1970, p.351-61. Tradução para o inglês de Stuart Schneiderman, in *How Lacan's Ideas Are Used in Clinical Practice*, op.cit., p.184-94. As referências de página do texto são da edição em inglês.

59. Schneiderman traduziu literalmente a frase "*ça n'a pas de nom*" como "*has no name*" [não tem nome] (p.187). Para mim, a conotação parece ser de que não há nome suficientemente forte para qualificar seu pai, não há epíteto capaz de dizer quanto ele é terrível.

60. Em casos de adoção, segundas núpcias etc., claro que a identidade do pai biológico pode ser questionada.

61. Como faz o pai freudiano estereotípico, ao servir de Outro simbólico que separa a mãe do filho.

62. Todos os quatro lugares – ego, *alter ego*, sujeito e Outro –, em termos latos, "encontram-se dentro" de cada "indivíduo". Embora o Esquema L possa ser usado para compreendermos os componentes imaginário e simbólico da relação analítica, ele também se aplica a cada "pessoa", mapeando os "espaços intrapsíquicos", a estrutura "intrapessoal". Como podemos ver, no entanto, metade do Esquema L não é aplicável ao psicótico (esse esquema é aplicável à neurose e à perversão). Lacan fornece um mapeamento muito mais complexo da psicose em sua fase "terminal": o Esquema R (*Escritos*, p.571[578]).

Aqui podemos entender o sujeito como aquilo que é constituído pelo recalcamento: o recalcamento primário da mãe como desejo. Esse recalcamento dá origem às posições do sujeito e do Outro.

63. Nesse ponto, a ligação é ainda mais direta em francês: *marteau* significa "martelo" e é também uma gíria que significa "maluco".

64. Quando Lacan grafa o *Un* com inicial maiúscula, principalmente no seu trabalho mais tardio, isso se refere à ordem simbólica, na medida em que ela é totalizante – isto é, na medida em que ela constitui todos ou unidades completas (tomando um conjunto talvez amorfo e díspar de coisas ou acontecimentos e contando-os como um só, por exemplo como quando tomamos um período histórico composto de milhões de ocorrências heterogêneas e o chamamos de "Renascimento"). Nela ele se justapõe ao "Outro", entendido como aquilo que permanece radicalmente externo

ou heterogêneo à ordem simbólica – em outras palavras, como aquilo que resiste à simbolização (como no "Outro gozo").
65. Semelhante a Deus Pai, o pai que cria algo do nada – um sujeito – ao lhe dar nome. Ver Capítulo 9 sobre nomeação e criação.
66. Ele tentou entrar em contato com o "*professeur: c'est 'un nom'*".
67. Parece provável que, embora certos tratamentos medicamentosos usados nos psicóticos ponham fim à atividade delirante, eles com isso também impeçam a possível construção de uma metáfora delirante. Assim, para preservar a estabilidade, é comum tais tratamentos medicamentosos terem que ser mantidos *ad infinitum*.
68. Como disse Bruno Bettelheim certa vez, "o amor não basta" quando se trata de criar filhos, e nem mesmo os defensores contemporâneos do "amor durão" costumam apreender a distinção entre impor limites e estabelecer a Lei como tal. Com frequência, os pais impõem limites aos filhos pelo simples fato de que lhes é mais conveniente fazê-lo, e os limites não dependem de nada além do humor ou dos caprichos dos pais. Se digo a meus filhos que eles têm de dormir às oito e meia todos os dias de semana porque no dia seguinte têm escola, e depois os deixo ficar acordados até as onze da noite num dia de semana porque estou com vontade de ter companhia, eu lhes mostro que me considero o único limite do seu gozo. Se eu lhes digo que eles têm de respeitar o direito de propriedade e os limites de velocidade e depois furto umas miudezas de hotéis e, na base da conversa, tento me livrar de uma multa por excesso de velocidade, eu lhes mostro que não aceito lei alguma acima de mim, não aceito qualquer limitação ou restrição legítima da minha vontade e do meu desejo.

A lei do pacto simbólico, por outro lado, aplica-se a todas as partes e limita todas as partes. Se prometo a meu filho que as tardes de sábado são dele para fazer o que quiser, não posso decidir, arbitrariamente, que ele tem de passar toda a tarde deste sábado arrumando o quarto de brinquedos, seu quarto de dormir e o armário. *De acordo com o pacto simbólico, estou tão obrigado a cumprir minhas promessas quanto meu filho*. Se eu abrir todas as exceções que quiser, não restará nada da regra, e a criança – percebendo que me considero minha própria lei – aspirará simplesmente a me destronar e, por sua vez, a se tornar sua própria lei.

A mãe tem tanta (se não maior) probabilidade quanto o pai de captar a importância da lei do pacto simbólico (ou Lei com L maiúsculo), mas tanto as mães quanto os pais, na medida em que são neuróticos, tendem a ter seus próprios problemas com a aceitação da Lei (como veremos no próximo capítulo), e são mais propensos a criticar um no outro o desrespeito à Lei do que a criticar suas próprias transgressões. Temos muito mais facilidade de detectar caprichos, egoísmo e incoerência na fala e no comportamento alheios do que nos nossos. Em tese, a mãe solitária pode proporcionar um amoroso vínculo mãe/filho e apelar para uma lei que esteja acima dela (quer se trate do dr. Spock ou da Constituição norte-americana, qualquer um dos quais poderia servir de Nome-do-Pai, nos termos lacanianos), e que se aplique igualmente à mãe e ao filho, com isso introduzindo o necessário terceiro termo simbólico. Do mesmo modo, o pai soleteiro e os casais homossexuais podem, em tese, fornecer o amor e a Lei. Dada a frequência com que a estrutura familiar tradicional falha, apesar de séculos de divisão do amor e da Lei entre os sexos, em papéis sexuais consideravelmente codificados, qual a probabilidade de que os dois papéis sejam desempenhados por apenas um pai ou mãe, ou por dois pais criados em papéis sexuais similarmente codificados? Nesses casos, não haveria uma tendência de aumento da incidência de psicose?

É óbvio que nossa relação com a Lei é um assunto muito complicado, e estes comentários sucintos não são senão superficiais. Pois sempre podemos levantar a questão da injustiça ou imoralidade da lei (seja ela local, estadual, nacional ou internacional), e isso tem sido feito desde Antígona até Thoreau, desde a tradição da desobediência civil até os movimentos pelos direitos civis e pelos direitos das mulheres, e assume uma infinidade de formas. Em tais casos, apelamos para uma ideia de direito ou justiça que vai além das leis particulares da terra, questionando o que torna essas leis corretas ou justas, e com isso levantando a questão daquilo que Lacan chama de "garantia" – isto é, do que legitima ou confere autoridade ao Outro, à Lei em si. E o problema é que *nunca pode haver uma garantia*: não existe justificação absoluta da Lei (na terminologia lacaniana, não há "Outro do Outro", não há uma base estável, fora do Outro, que sirva de fundamentação ou ancoragem do Outro na verdade, não há ponto externo que garanta a consistência e a coerência do Outro).

Os romances e filmes contemporâneos manifestam um fascínio não apenas pelo tema da legitimidade ou ilegitimidade das leis de uma nação (tema debatido pelo menos desde a época de Platão e Ésquilo, e que gerou uma tradição teórica do contrato social que se estende de Rousseau a Rawls), mas também pela ineficácia dos sistemas de implantação, judiciais e correcionais, supostamente concebidos para implementar a Lei (já que eles não fazem seu trabalho, nós, os cidadãos, somos obrigados a "tomar a lei em nossas próprias mãos"), e também pelas operações secretas, geralmente ilegais, necessárias para manter o "estado de direito" nos países "livres".

Se o sistema judicial de hoje deixa agentes policiais de mãos atadas no tocante à obtenção de provas, se solta criminosos conhecidos por minudências técnicas processuais, se devolve às ruas criminosos condenados em função da superlotação dos presídios, se permite que advogados façam um jogo de cartas marcadas em favor dos clientes que defendem, eliminando todos os jurados que possam se inclinar contra eles, e se permite que políticos e militares sejam ouvidos e julgados por seus pares, e não pelos tribunais a que todos os demais estão sujeitos, solapa-se a confiança na lei. Ela pode parecer boa no papel, mas é aplicada de maneira desigual, e muitas vezes nem sequer é aplicada. Daí considerar-se importante tomar a lei nas próprias mãos.

Por outro lado – novamente, de acordo com os romances e filmes populares –, há órgãos [norte-americanos] (como o FBI, a CIA, o Serviço Secreto, a Agência de Segurança Nacional e o Departamento de Repressão às Drogas) cujos agentes parecem acreditar que estão defendendo o estado de direito (eufemisticamente designado como o "*American way of life*") ao transgredirem todas as leis nacionais e internacionais conhecidas. Operações sigilosas, mantidas em segredo do presidente e do Congresso, são realizadas para defender os "interesses norte-americanos", mas o presidente, o Congresso e o povo são considerados "ingênuos demais" para reconhecer a necessidade imperiosa dessas operações. Em outras palavras, a visão dos agentes desses órgãos é de que a lei escrupulosa e arrumadinha só pode ser sustentada por atividades muito mais sujas e legalmente questionáveis, se não francamente ilegais. Aqui a ideia parece ser que *aquilo que garante o Outro – em outras palavras, o Outro do Outro – são atrocidades abomináveis*. Mas esse segredo nunca pode ser revelado.

A "crise de legitimidade" vai a níveis profundos: o que antes era permitido e até encorajado (o massacre dos indígenas norte-americanos, a escravização dos negros) tornou-se ilegal. Um dos acontecimentos de maior alcance [nos Estados Unidos] em nossa época – o assassinato de John F. Kennedy, que questionou os alicerces do governo e do sistema judicial norte-americanos – continua envolto em mistério. Os bombardeios "secretos" de países do Sudeste Asiático aos quais os Estados Unidos nunca declararam guerra foram ordenados por autoridades do mais alto escalão do governo. Muitos desses acontecimentos levaram à suspeita de negociações ilícitas, praticadas pelos representantes mais visíveis da lei, de ambos os lados do espectro político, à direita e à esquerda.

Decerto não estou dizendo que, no passado, a lei e seus representantes pareciam irrepreensíveis (a tese saudosista). Todavia, quanto mais os representantes da lei se mostram indignos de confiança, mais a própria lei pode ser questionada, e menos nos inclinamos a aceitar os sacrifícios impostos por ela (isto é, a aceitar as limitações/a castração). Para que preservemos alguma ideia de uma Lei justa, acima e além das leis particulares da terra – dada a atual crise de legitimidade dos níveis legislativo, judiciário e executivo do governo –, uma Lei justa que seja aplicada de maneira equitativa e uniforme, devemos ter em casa uma experiência de Lei que ao menos se aproxime em alguma medida desse ideal. Por mais rara que possa ser essa experiência na família nuclear estereotípica, as práticas atualmente defendidas parecem tender a torná-la ainda mais rara. Como disse Lacan certa vez, em tom pessimista: "Não direi que o mínimo gesto para afastar um mal dê possibilidades para um mal maior, ele acarreta *sempre* um mal maior" (Seminário 3, p.361[370]).

8. Neurose (p.127-83)

1. Consideremos a definição lacaniana de um autêntico ato: "O ato é uma ação na medida em que nele se manifesta o próprio desejo que seria feito para inibi-lo" (Seminário 10, p.367[345]). Ver também o seminário lacaniano de um ano inteiro intitulado "O ato psicanalítico" (Seminário 15).
2. Ver, por exemplo, Seminário 3, p.20[20-1].
3. De acordo com Freud, o inconsciente resulta de um processo duplo: recalcamento primário e recalcamento secundário. Para uma discussão de como Lacan traduz isso

em seus próprios termos, ver Fink, *O sujeito lacaniano* (Princeton, Princeton UP, 1995 [Rio de Janeiro, Zahar, 1998]), cap.5. Observe-se que, se não há inconsciente na psicose, não há, propriamente falando, nem ser, nem sujeito, nem desejo.

4. Sobre a "afirmação" (*Bejahung*), ver "A negação", SE XIX, p.236-9; ver também o longo comentário de Jean Hyppolite sobre esse ensaio, no fim do Seminário 2 de Lacan. Colette Soler sugeriu que se traduza *Bejahung* para o francês por *admission* (*admission* ou *acceptance* em inglês [admissão, aceitação, em português]); ver Soler, "The symbolic order", in Fink et al. (orgs.), *Reading Seminars I and II: Lacan's Return to Freud* (Albany, Suny Press, 1996), p.52. Devo muito a um artigo de orientação clínica escrito por Soler, "Hysteria and obsession", incluído no mesmo livro (p.248-82).

5. Sobre o recalcamento como algo que envolve pensamentos, e não percepções, ver o início do Capítulo 9, sobre o desmentido ou a renegação.

6. Em alguns casos, quando um pensamento é recalcado, o afeto ligado a ele é apanhado na luta de forças que levou inicialmente ao recalque desse pensamento; o afeto não é sentido, por ter sido neutralizado por forças contrárias. Por exemplo, quando nosso impulso agressivo (pensamento ou desejo e afeto) esbarra na oposição de um julgamento moral que censura tais impulsos, o horror ou afeto pode ser contido, compensado ou anulado pelo julgamento. Em tais casos, o neurótico professa não estar com raiva e mostra pouca ou nenhuma emoção. Muitos terapeutas que supervisiono creem que tais pacientes são "cerebrais" demais e "incapazes de expressar seus sentimentos", e consideram ser seu objetivo induzi-los a "sentir sua raiva" – em síntese, a "entrar em contato com seus sentimentos" e parar de "pensar" tanto. Essa abordagem perde de vista o que está em questão, porque sentimento e pensamento caminham de mãos dadas. Somente quando se leva o paciente a fazer associações com sonhos, devaneios, fantasias e atos falhos é que os pensamentos que costumam ser censurados podem se articular; e, quando isso acontece, os sentimentos associados a eles costumam brotar espontaneamente. Dizer aos pacientes que eles não estão se permitindo experimentar seus sentimentos e que estão racionalizando tudo em demasia equivale a uma sugestão (e amiúde leva o paciente a tentativas obedientes de apaziguar o terapeuta com demonstrações de emoção), assim como equivale a acusar o paciente de resistir sem interpretar a resistência (ver Capítulo 4).

7. Ver, por exemplo, Seminário 3, p.57[59]. Essa mesma ideia se expressa repetidamente no trabalho dele ao longo da década de 1950.

8. Como diz Freud: "Chamamos de 'inconsciente' qualquer processo mental cuja existência somos obrigados a presumir – por exemplo porque o inferimos de algum modo a partir de seus efeitos" (*SE* XXII, p.70).

9. Ver a exposição que Josef Breuer faz desse caso nos *Estudos sobre a histeria*, SE II, p.21-47.

10. Na verdade, poderíamos dizer que o retorno do recalcado no Outro é o que distingue a neurose da psicose, pois na psicose podemos entender que o material foracluído retorna no real – no anunciante da televisão que é tido como se dirigindo diretamente ao psicótico que assiste à TV, e a mais ninguém – ou é articulado pelo outro com "o" minúsculo.

11. Cada uma dessas gloriosas categorias rendeu a seu "descobridor", sem dúvida, fama acadêmica e fortuna clínica.
12. Outra definição fornecida por Freud é esta: "O obsessivo extrai prazer *demais* de uma experiência sexual precoce (e, mais tarde, sente-se culpado por isso), enquanto o histérico tem prazer *de menos*." Ver os comentários de Lacan sobre essa definição no Seminário 11, p.67[73-4].
13. Sobre a ampla definição freudiana de "sexualidade" (muito mais ampla que a definição que envolve apenas a sexualidade genital heterossexual), ver, por exemplo, *Conferências introdutórias sobre psicanálise*, caps.20 e 21.
14. Os próprios termos "compulsão-obsessiva" e "obsessivo-compulsivo" tendem a ser enganosos, por sugerirem que todo comportamento compulsivo enquadra-se na categoria diagnóstica da "obsessão". Convém enfatizar, ao contrário, que *as pulsões são sempre compulsivas*, independentemente de serem conjugadas às maneiras obsessiva ou histérica.
15. Ver *A correspondência completa de Sigmund Freud para Wilhelm Fliess, 1887-1904*.
16. A fobia será sucintamente examinada no fim deste capítulo. Convém notar que Lacan *nem sempre* inclui a fobia como uma neurose separada; ver, por exemplo, os comentários de Jacques-Alain Miller a esse respeito, in J.-A. Miller, "An introduction to Lacan's clinical perspectives", in Fink et al. (orgs.), *Reading Seminars I and II*, op.cit. Note-se também que Freud inclui a parafrenia nas neuroses, enquanto Lacan a inclui entre as psicoses (Seminário 3, p.282[290]).
17. A propósito do objeto perdido e de sua gênese, ver Fink, *O sujeito lacaniano*, op.cit., cap.7. Sobre a "separação" e os tipos de figuras apresentados adiante para ilustrar a fantasia fundamental na histeria e na obsessão, ver Seminário 11, caps.16-17, e Seminários 14 e 15. A Figura 8.1 encontra-se no Seminário 10 (p.336[317]). Ver também os seminários inéditos de Jacques-Alain Miller (especialmente as aulas dadas em 9, 16 e 23 mar 1983 e 21 e 28 nov 1984), nos quais ele formaliza os conceitos lacanianos de alienação e separação; ver Fink, "Alienation and separation: logical moments of Lacan's dialectic of desire", *Newsletter of the Freudian Field*, n.4, 1990, que se baseia em grande parte no trabalho de Miller; e Fink, *O sujeito lacaniano*, op.cit., cap.5. A separação também é discutida mais adiante, no Capítulo 9.
18. Em vez de falar dessa época em termos cronológicos – em vez de dizer que não há distinção sujeito/objeto antes de três meses ou um ano de idade –, Freud e Lacan sugerem que esse é um momento logicamente necessário, pois o recém-nascido, no começo, não se constitui para si mesmo como uma coisa ou pessoa que possa ser considerada distinta de outras coisas ou pessoas.
19. Como diz Lacan no Seminário 10, o plano da separação não se passa entre a criança e sua mãe, mas entre a criança e o seio.
20. Em 1973, Lacan traçou uma seta do S para o a na mesa abaixo das "fórmulas da sexuação" (Seminário 20, p.73[84]), confirmando, a meu ver, a validade contínua da fórmula ($S \lozenge a$) na obsessão. Embora essas fórmulas tenham sido concebidas para conceituar o que Lacan chama de "estrutura masculina" e "estrutura feminina", creio que, dentro

de certos limites, podemos associar a estrutura masculina à obsessão e a estrutura feminina à histeria. No Seminário 20, ele diz o seguinte sobre os homens: "Esse S só tem a ver, enquanto parceiro, com o objeto *a*... Só lhe é dado atingir seu parceiro sexual, que é o Outro, por intermédio disto, de ele ser a causa de seu desejo. A este título ... isto não é outra coisa senão fantasia" (p.75[86]).

21. No Capítulo 9 veremos algumas afinidades entre essa estratégia e a perversão.
22. No Capítulo 9 explicarei um pouco mais detalhadamente a separação e as figuras que usei para ilustrá-la. O que eu gostaria de oferecer aqui é uma espécie de explicação sociopsicológica (ou psicossociológica) das diferentes abordagens encontradas nos obsessivos (geralmente homens) e nas histéricas (geralmente mulheres) para superar a separação.

Dito em termos muito esquemáticos, há uma tendência por parte das mães, por exemplo, a se doarem de maneira um pouco mais generosa e abnegada a seus filhos varões desde o nascimento. Doam-se a eles no sentido de que *é aos meninos que falta alguma coisa* – alimento e calor humano – que as mães podem oferecer. Mais tarde, em consequência disso, os meninos tentam superar sua separação da mãe – imposta durante aquilo a que Freud se refere como complexo de castração – complementando-se, fantasisticamente, com um objeto relacionado com a mãe (o seio, uma voz suave e calorosa, um olhar de ternura etc.). Como o menino passa a intuir que é ele que carece de algo, ele busca na fantasia o objeto que possa completá-*lo*.

Com as filhas, por outro lado, as mães tendem a prover alimento e cuidados com muito menos boa vontade e por períodos mais curtos (os estudos mostram que as mães amamentam os filhos varões por um período 70% mais longo do que as filhas). A mãe tende a dar à filha a impressão de que é a ela, a mãe, que falta alguma coisa, e de que a filha deve dar-lhe isso; assim, mais tarde, a filha tenta superar a separação da mãe completando esse Outro com ela mesma como objeto. Ela vem a intuir que é a mãe/Outro materno que é carente e necessita dela como objeto para compensar sua perda – a dela, mãe/Outro materno.

Se e quando ocorre a edipianização, essa estratégia de completar a mãe como Outro é transferida para o Outro masculino – em geral, o pai –, mas eu sugeriria que ela surge primeiro em relação ao *Outro materno*, e não à figura paterna. (Um fenômeno clínico amplamente atestado consiste em as mulheres reproduzirem, em seus relacionamentos com parceiros masculinos, a relação que mantinham com a mãe, pelo menos em parte. Veremos essa estratégia em funcionamento, em relação às figuras materna e paterna, no caso de histeria debatido em detalhes neste capítulo.

É óbvio que o pai também desempenha um papel nisso, na medida em que tende a ver os filhos varões como rivais maiores pela atenção da mãe do que as filhas, e por isso são mais vigilantes em seus esforços de separar os filhos varões da mãe do que em seus esforços de separar dela as filhas. Aliás, é comum eles se comprazerem em deixar que as filhas sejam fonte de alívio, consolo e alegria para as mães, intuindo que a relação da mãe com as filhas compensa algumas insatisfações na relação da mãe com o marido.

As diferentes abordagens que surgem dessa situação para superar a separação podem ou não coincidir com papéis sexuais aprendidos e com ideias sociais de como são os homens e as mulheres, e de como devem se comportar. Tais abordagens constituem relações fundamentais com o Outro, amiúde detectadas no fato de uma pessoa estabelecer repetidamente certos tipos de relações com outras pessoas, independentemente de sua própria concepção dos tipos de relação que gostaria de ter: ou seja, trata-se do tipo de relação que a pessoa estabelece e torna a estabelecer, inadvertidamente, apesar dos objetivos inculcados em casa, na escola e nos meios de comunicação a respeito da importância de manter a autonomia, evitar a "codependência" e assim por diante.

Obviamente, alguns pais ficam mais do que satisfeitos em deixar seus filhos varões satisfazerem os desejos insatisfeitos das mães, enquanto há outros que mantêm vigilantemente a separação entre mães e filhas; e há mães que dão às filhas a impressão de que são estas que precisam de algo que a mãe pode oferecer, enquanto outras dão aos filhos varões a sensação de que eles devem prover-lhes a satisfação que elas não obtêm com seus maridos. Entretanto, ao oferecer uma explicação psicologista, restrinjo minha atenção, nesse ponto, ao que poderíamos chamar de "generalidades estatísticas" nas sociedades ocidentais contemporâneas.

Por que a maioria dos pais e das mães trata seus filhos masculinos e femininos de modos tão diferentes? É óbvio que suas próprias rivalidades e ciúmes edipianos desempenham um papel significativo, como o desempenha a percepção da importância maior do filho varão, por ser ele quem transmite o sobrenome da família – isso era particularmente verdadeiro em épocas mais antigas, embora ainda hoje o seja, até certo ponto – e desempenha certo papel na produção econômica. Tudo leva à criação de atitudes contrastantes em relação às crianças de sexo masculino e feminino, atitudes que desencadeiam as tendências futuras, levando à reprodução da "diferença sexual" ou (talvez mais exatamente) de papéis sexuais típicos e de diferentes abordagens para superar a separação.

23. A formulação lacaniana do discurso da histérica, nos Seminários 17 e 20, poderia levar a uma modificação dessa fórmula. Ver Fink, *O sujeito lacaniano*, op.cit., cap. 9; e adiante.
24. Assim como o fonema é o componente mais elementar da fala e o semantema é o componente mais elementar da significação, o "matema" é concebido por Lacan como a unidade mais básica da estrutura psíquica.
25. Lacan fornece versões diferentes dos matemas da histeria e da obsessão. Num texto de 1960, sugere que o $(-\varphi)$, a "função imaginária da castração", situa-se, na neurose, sob o sujeito barrado:

$$\frac{\S \quad \Diamond \quad a}{(-\varphi)}$$

No mesmo texto, ele sugere que o $(-\varphi)$ pode situar-se abaixo de qualquer desses termos, e parece até indicar que, quando ele se situa abaixo do a, a fantasia fundamental é não neurótica (nesse ponto, ele se refere ao desejo de Alcibíades por Sócrates, no *Banquete* de Platão). Ver *Escritos*, p.825-6[839-41].

Em 1961 (Seminário 8, p.289[306] e 295[312]), Lacan forneceu fórmulas um tanto diferentes. A histeria foi grafada da seguinte maneira:

$$\frac{a}{(-\varphi)} \Diamond A$$

porque a histérica se coloca no lugar do objeto em relação ao Outro. A obsessão é grafada da seguinte maneira:

$$\bcancel{A} \Diamond \varphi\,(a, a', a'', a''', \ldots)$$

Aqui, Lacan sugere que é a "função imaginária da castração" que torna equivalentes todos os objetos ($a, a', a'', a''', \ldots$) do desejo do obsessivo; a castração aqui cumpre uma função semelhante à das funções matemáticas, como $f(x)$, nas quais os diferentes objetos ficam sujeitos à mesma função quando colocados no lugar da variável, x. O sujeito obsessivo é grafado aqui como $\bcancel{A}$ porque "nunca está onde parece designar-se"; por exemplo, ele diz "Sou escrevente, mas este é só o meu trabalho diurno; na verdade, sou roteirista de cinema". Seja qual for a designação ou definição fornecida, nunca se trata realmente *disto*; há sempre uma outra coisa.

Observem-se também as diferentes "funções Φ" que Lacan fornece para a histeria e a obsessão em outro contexto: "A função Φ do significante perdido, ao qual o sujeito sacrifica seu falo, as formas Φ(*a*) do desejo masculino e $\bcancel{A}$ (φ) do desejo feminino…" (*Escritos*, p.683[690]). No Seminário 6 (p.533-4[484]), Lacan fornece uma fórmula ainda anterior para toda a neurose; diz que os neuróticos se dedicam a tentar satisfazer todas as demandas do Outro à custa de seu próprio desejo: $S \Diamond a$ transforma-se em $\Phi \Diamond i(a)$, este último designando o "falo barrado" na presença de um objeto do desejo – objeto que é, aqui, a imagem do outro imaginário ou ego. Não há dúvida de que essa formulação foi precursora da que se encontra nos *Escritos*, $S \Diamond D$; ali, Lacan diz que o neurótico confunde a falta do Outro com a demanda do Outro. A demanda do Outro assume a função do objeto na fantasia do neurótico (*Escritos*, p.823[838]).

Muito se poderia dizer sobre essas fórmulas, claro, mas resolvi não apresentar neste livro o conceito lacaniano de "função imaginária da castração", pois me parece que ela é superada, em alguns aspectos, pela ideia lacaniana posterior de "função fálica", a função simbólica apresentada nos Seminários 18 a 21 como Φ. Ver Fink, *O sujeito lacaniano*, op.cit., cap.8. Entretanto, convém observar que, no trabalho posterior de Lacan, –φ assume o significado de uma perda de gozo (ou menos gozo) que é "positivada" no objeto *a*. Ver, por exemplo, *Scilicet*, n.1, 1968, p.23.
26. O leitor interessado nos primeiros matemas lacanianos deve consultar Lacan, "Subversão do sujeito e dialética do desejo no inconsciente freudiano" [*Escritos*] e o Seminário 8, *A transferência*, lições XV-XVIII. Ver também os muitos comentários variados de membros da École da la Cause Freudienne na obra coletiva e extremamente útil intitulada *Hystérie et obsession* (Paris, Navarin, 1986).

27. O obsessivo funciona numa variação da formulação de Descartes: "Estou pensando, logo, existo." Ele pode substituir o pensamento pela contagem – contando, por exemplo, suas conquistas, seu dinheiro, seus batimentos cardíacos etc.
28. Como diz Lacan, "O inconsciente é o discurso do Outro" (*Escritos*, p.16[18]): não é a mensagem que pretendíamos transmitir – é uma Outra mensagem, uma voz estrangeira que fala dentro de nós. Ver Fink, *O sujeito lacaniano*, op.cit., cap.1. A recusa a reconhecer o inconsciente é mais um modo de o obsessivo anular o Outro.
29. Isso se liga ao matema lacaniano de 1961 para a obsessão: $A \Diamond \varphi (a, a', a'', a''', ...)$.
30. Como enfatiza Lacan no Seminário 6, "é evidente que, na prática, amor e desejo são duas coisas diferentes. ... convém ser claro e dizer que se pode amar muito um ser e desejar outro" (p.531[482]).
31. Ver Soler, "Hysteria and obsession", in Fink et al. (orgs.), *Reading Seminars I and II*, op.cit.
32. Como representante do que Lacan chama de Outro sexo (o sexo que é radicalmente Outro ou diferente, inassimilável para homens e mulheres, a saber a Mulher, que segundo Lacan não existe), ela é anulada ou riscada de tal modo que não pode ocorrer encontro algum com o Outro sexo. No Seminário 6, onde discute a impotência masculina, Lacan diz que muitas vezes o sujeito "receia a satisfação de seu desejo.... É que essa satisfação o faz passar a depender do outro que vai satisfazê-lo" (p.129[118]).
33. Como diz Aristóteles, "Os prazeres são um empecilho para o pensamento, tanto mais quanto mais nos deleitamos com eles, a exemplo do prazer sexual, pois ninguém é capaz de pensar em nada quando está absorto nele" (*Ética a Nicômaco*, 1152b, p.6-18). É óbvio que Aristóteles nunca havia encontrado alguém muito parecido com o obsessivo em questão!
34. Num estudo da revista *Shape*, vol.14, n.6, fev 1995, vários homens foram entrevistados e praticamente todos admitiram tecer fantasias com uma mulher enquanto fazem amor com outra.
35. Ver Seminário 11, lições XVI-XVII. Lacan toma emprestado de Ernest Jones o termo "afânise", porém não o usa da mesma maneira. Sugere haver uma ligação entre a afânise e a obsessão, assim como entre o não funcionamento da afânise (da "função da afânise") e a histeria. Visto que a fantasia fundamental da histeria não enfatiza o sujeito como senhor consciente e pensante do seu próprio desejo – isto é, uma vez que o desejo da histérica é ser um objeto desejado, não uma coisa pensante (*res cogitans*) ou uma máquina – a afânise não constitui preocupação, e é comum os sintomas aparecerem no corpo, não na mente. O obsessivo preocupa-se com sua tendência a desvanecer; a histérica não está preocupada com seu esvanecimento, e sim com sua constituição como objeto. A linguagem como Outro é assimilada de forma diferente pela histérica, e o "sujeito do significante" (isto é, o sujeito implícito na linguagem, pelo fato de falarmos) não é ameaçado de esvanecimento.

Convém ainda notar que, ao perseguir um desejo impossível, o obsessivo, tal como a histérica, parece querer – mais que qualquer outra coisa – continuar a desejar. De fato, essa parece ser a própria natureza do desejo: reproduzir-se.
36. Ver Fink, *O sujeito lacaniano*, op.cit., cap.8.

37. O comentário de Lacan nesse texto [dos *Escritos*] foi examinado por numerosos lacanianos ilustres de Paris. Jacques-Alain Miller dedicou-lhe várias aulas durante seu "Seminário de Mestrado" na École da la Cause Freudienne em 1988-1989. Os leitores que dominam a língua inglesa podem encontrar discussões esclarecedoras sobre o assunto em Colette Soler, "History and hysteria: the witty butcher's wife", *Newsletter of the Freudian Field*, n.6, 1992; e Soler, "Hysteria and obsession", op.cit.
38. Poderíamos dizer que ela depende do significante do desejo (o falo) para sustentar sua posição de desejante. Como diz Lacan: "É por intermédio do sr. K. que [Dora] deseja, mas não é ele quem ela ama, e sim a sra. K." (Seminário 8, p.425[446]). Na mesa abaixo das "fórmulas da sexuação", no Seminário 20 (p.73[84]), Lacan desenha uma seta que vai de M̶u̶l̶h̶e̶r̶ (L̶a̶, na versão francesa) para Φ, o falo: o desejo de uma mulher tem que *passer par* – "passar por", "passar através" ou "manobrar pelo" – o falo, um marcador masculino ou uma espécie de símbolo. A outra seta, que vai de M̶u̶l̶h̶e̶r̶ a S(A̶), concerne não ao desejo, mas ao gozo: o Outro gozo.

    Os triângulos histéricos também se formam em casais homossexuais, claro. É bem possível, por exemplo, que a histérica lésbica procure detectar em sua parceira (como Outro) um desejo por outra mulher, e passe a desejar como ela.
39. Em muitos casos (embora não no da mulher do açougueiro), quando a histérica é levada a desempenhar o papel do homem, é exatamente porque o homem em questão – em geral, o pai – não faz "seu papel". Quando o pai de uma família se recusa, por exemplo, a separar a mãe da filha, a enunciar e impor limites – como o direito da filha a ter certo espaço próprio, um diário e outros assuntos pessoais a que a mãe não possa ter acesso –, é comum a filha ser levada a fazê-lo, estabelecendo ela mesma os limites, do modo que for possível. Num caso que supervisionei, a filha, verbalmente agredida pela mãe a troco de qualquer coisa enquanto o pai assistia à televisão na sala ao lado, aprendeu a "explodir", como dizia, gritando de modo extremamente violento, até finalmente silenciar a mãe. Não era isso que a filha queria fazer, pois achava que era tarefa do pai protegê-la, mas ele se recusava a intervir. Vemos aí a histérica desempenhando o papel de homem *faute d'un vrai* – isto é, por não haver um homem de verdade no circuito, nenhum homem que desempenhe o papel que lhe é destinado por certa concepção social do que se espera que o pai faça.

    No exemplo citado, vemos também um indício da erotização da relação mãe–filha – que se deve, sem dúvida, ao fato de a mãe ficar "toda alvoroçada" ao gritar com ela, ou seja, de se mostrar muito veemente, passional e agitada ao desfeiteá-la – na escolha que a filha faz do termo "explodir" para descrever sua maneira de reagir à mãe. E vemos a natureza "perversa" do comportamento da mãe com a filha, levando-a a ponto de ela mesma ter de enunciar uma lei, um limite, uma fronteira além da qual a mãe não possa ir, como se a mãe pedisse à filha para lhe dizer quando parar (ver Capítulo 9, adiante, sobre a importância da enunciação da lei na perversão). A mãe – muito possivelmente também histérica – seria provavelmente descrita, de acordo com as formulações infelizes de certos psicanalistas, como uma criança em busca de limites. Mas, caso se pretenda considerar as histéricas como "infantis", isto será tudo menos um "problema de desenvolvimento"; o problema surge, antes, precisamente porque durante a infância é muito raro a lei ser enunciada nas casas das histéricas de maneira clara e definitiva. É comum haver certa semelhança entre a histeria e a perversão no tocante à necessidade de separação (ver, em particular, o final do Capítulo 9).

Em outros casos, a histérica "faz o homem" (*fait l'homme*) – isto é, transforma o homem de sua vida num "homem de verdade", ou numa verdadeira figura paterna simbólica, levando-o a "agir direito", a agir de maneira nobre e justa. Esse homem não o faz espontaneamente, mas a histérica trabalha com muito afinco para garantir que ele o faça, seja como for.

40. Como se expressou uma paciente, "Adoro restrições". Lacan sugere que o importante não é a anoréxica não comer, mas o fato de ela comer *nada*. O "nada" em si é uma espécie de objeto na histeria, uma causa do desejo ("o nada", como o enuncia Lacan). A anoréxica se compraz comendo o *nada*.
41. Nesse ponto faço, na verdade, uma interpretação. O francês diz "*le désir ne s'y maintient que de l'insatisfaction qu'on y apporte en s'y dérobant comme objet*" ["o desejo só se mantém pela insatisfação que lhe é trazida ao se furtar ali como objeto", *Escritos*, p.824[838]].
42. É frequente isso despertar seu ciúme – prova de que o desejo dela continua vivo. Mas de quem ela tem ciúme? Do marido? Da outra mulher? Dos dois? Muitas vezes, o triângulo do desejo é ainda mais complicado, desabrochando num quadrilátero; ver os comentários de Lacan sobre o quadrilátero de Dora, no Seminário 3, p.107[113].
43. Dado o horror da histérica à sexualidade, Lacan chega a sugerir que a mulher do açougueiro gostaria de dar o marido à sua amiga para que ele praticasse seus anseios sexuais com a outra, e não com ela. Em termos mais gerais, Lacan escreve que "a histérica ... oferece a mulher em quem adora seu próprio mistério [por exemplo, a amiga "inimitável" que recusa a si mesma o salmão, tal como a mulher do açougueiro se recusa o caviar] ao homem cujo papel ela assume, sem dele poder usufruir" (*Escritos*, p.452[453]).
44. Vemos aí que o obsessivo também torna impossível o desejo do parceiro. Não é apenas o seu próprio desejo que é impossível!
45. A propósito da afirmação de Lacan a respeito da inexistência da relação entre os sexos, ver Fink, *O sujeito lacaniano*, op.cit., cap.8. O lema da histérica, nesse ponto, parece ser: "Esteja em outro lugar agora."
46. Jacques-Alain Miller sugere que (a demanda de) amor e desejo podem orientar-se para um mesmo objeto com mais frequência entre as mulheres que entre os homens ("Donc", 11 mai 1994). Talvez desejo e gozo convirjam com mais frequência para um mesmo objeto entre os homens.
47. Ver, por exemplo, os comentários dele em *Escritos*, p.604-7[610-4].
48. A formulação exata de Lacan é "*Que l'Autre ne jouisse pas de moi!*". Ver o comentário de Jacques-Alain Miller sobre essa frase em seu seminário de 1985-1986, "Extimité" (inédito), 5 fev 1986.
49. Sobre esse ponto, ver as observações de Colette Soler em "Hysteria and obsession", op.cit.

50. Essa citação vem de um artigo extremamente difícil, "Subversão do sujeito e dialética do desejo no inconsciente freudiano" (*Escritos*, p.826[841]): "A castração faz [da fantasia fundamental] a cadeia simultaneamente flexível e inextensível pela qual a suspensão [*l'arrêt*] do investimento objetal, que não pode ultrapassar certos limites naturais, assume a função transcendental de garantir o gozo do Outro que me é transmitido por essa cadeia na Lei."
51. Ver Jacques-Alain Miller, "A discussion of Lacan's 'Kant with Sade'", in Fink et al. (orgs.), *Reading Seminars I and II*, op.cit., p.212-37; e as muitas discussões de Slavoj Žižek sobre o gozo obsceno do supereu sádico. Nesse sentido, o gozo da relação com o Outro que é proibido pela proibição paterna é obtido mesmo assim, de uma forma disfarçada.
52. Poderíamos nos referir a isso como "sutura", para tomar um termo que Lacan havia usado em outro contexto (Seminário 12, *Problemas cruciais para a psicanálise*). Esse termo ganhou fama através de um estudo de Jacques-Alain Miller, "Suture", *Cahiers pour l'Analyse*, n.1-2, 1966, p.37-49 ["Ação da estrutura", in *Matemas I*, Rio de Janeiro, Zahar, 1996]. A abertura para o Outro é fechada ou suturada como uma incisão cirúrgica, voltando a se fechar.
53. E o erro será sempre do analista, que será responsabilizado. A histérica culpa o Outro, já que é o Outro que lhe concede seu ser, ao passo que o obsessivo inclina-se muito mais a se culpar.
54. Ver Fink, *O sujeito lacaniano*, op.cit., cap.9. Em termos mais gerais, ver o Seminário 17 (no qual Lacan elabora longamente seus "quatro discursos") e o Seminário 20. Colette Soler examina essa passagem do discurso da histérica para o discurso analítico em "Hysteria and obsession", in Fink et al. (orgs.), *Reading Seminars I and II*, op.cit., p.276.
55. S_1 e S_2 nem ao menos foram apresentados neste livro; os leitores devem consultar o Seminário 11 e Fink, *O sujeito lacaniano*, op.cit., caps.5, 6, 8 e 9. Dito em termos sucintos, S_1 é o significante mestre, um significante que, quando isolado, subjuga o sujeito; quando ligado a outro significante, ocorre a subjetivação, e o resultado é o sentido (grafado como *s*). S_2 é qualquer outro significante, ou todos os outros significantes; nos quatro discursos, representa o saber como um todo.
56. Nos quatro discursos delineados por Lacan, não há discurso do obsessivo em si; o que mais se aproxima do discurso do obsessivo, ao que me parece, é o que Lacan denomina discurso da universidade ou discurso acadêmico. Ver Fink, *O sujeito lacaniano*, op.cit., cap.9, e os Seminários 17 e 20.
57. Ver Fink, *O sujeito lacaniano*, op.cit., cap.8.
58. Para uma discussão detalhada dos limites na obsessão, ver Fink, *O sujeito lacaniano*, op.cit., p.109-12.
59. O efeito de sofrer a imposição desse sacrifício poderia ter sido muito salutar para Robert, caso ela houvesse ocorrido; mas, como vimos, não ocorreu. O Homem dos Ratos também procurou a análise em decorrência do encontro com uma figura de autoridade (o "capitão cruel") que se comprazia com o castigo corporal e parecia

ao Homem dos Ratos estar interessado em lhe infligir um sacrifício (o pagamento em dinheiro de um pincenê para a pessoa errada e/ou sua própria ridicularização).

Assim como o psicótico tende a entrar em surto quando ocorre um encontro com Um-pai, o neurótico tende a entrar em crise quando ocorre um encontro direto com o desejo ou o gozo do Outro.

60. Com efeito, era muito difícil ficar à altura do seu sobrenome, que era o de um grande homem, conhecido no mundo inteiro.
61. Como vimos no Capítulo 3. Ver também Fink, *O sujeito lacaniano*, op.cit., caps.1, 4, 5 e 7.
62. Vez por outra, essa culpa também se articulava nos moldes esboçados por Lacan no Seminário 7, isto é, como decorrente de ele abrir mão do seu desejo – em outras palavras, de se submeter a sua crítica interna e a seus ideais simbólicos, em vez de fazer o que "queria". À luz das formulações posteriores de Lacan, poderíamos traduzir isso por *desistir de suas pulsões*. Nesse contexto, ver o Capítulo 10, adiante.
63. Ou, como disse Lacan certa vez, como "o cocô da sua fantasia". Esse cocô é, ao mesmo tempo, o próprio sujeito: na retenção das fezes, é o vir a ser do sujeito que fica em questão. Talvez também haja aí alguma relação com sua imagem onírica de uma "figura embrulhada numa capa preta e toda encolhida" – uma mulher idealizada que ele apedrejava.
64. Essa divisão parece brotar diretamente do complexo de castração nos meninos, quando ele põe fim ao complexo de Édipo, ao colocar a mãe numa zona proibida. O mundo das mulheres passa a se dividir em dois subconjuntos: mamãe e o resto. A mãe do menino torna-se inacessível, por meio da proibição ou ameaça paterna, e, na medida em que é perdida como a provedora das satisfações mais significativas do filho, passa a ser idealizada. Essa figura materna idealizada, cujo amor é visto, retrospectivamente, como perfeito, não pode ser imaginada como alguém que traiu a confiança do menino ao manter relações sexuais com o pai dele; o menino deve ter sido produto de uma concepção imaculada – donde a imagem da Madona. Nos casos menos extremos, a mãe do menino é caracterizada como só tendo dormido com o pai tantas vezes quantos são os filhos do casal.

Mais tarde, caso o menino comece a procurar outras mulheres, em geral elas são criticadas por alguma imperfeição – não são suficientemente inteligentes ou bonitas, e assim por diante – e, vez por outra, chegam a ser explicitamente vistas como indignas de confiança, infiéis e não incondicionais em seu amor (em outras palavras, potenciais traidoras ou prostitutas que poriam sua satisfação à frente da dele). A mulher que se parece de algum modo com a mãe, entretanto, pode ser transformada numa figura materna, adquirindo aos poucos, ou muito depressa, todas as características da mãe na cabeça do menino. Se Freud foi levado a dizer que, muitas vezes, a mulher só fica feliz depois que transforma o marido numa criança, para poder maternalizá-lo, o reverso da moeda é pelo menos igualmente comum.

65. O que deve ser entendido no sentido fatalista da expressão "*Shit happens*".
66. Até poderíamos ficar tentados a ver nisso a origem da postura obsessiva de Robert, isto é, sua aversão ao gozo e sua culpa por ele. A natureza mecânica do objeto fálico

sugere uma necessidade de privar de gozo o seu próprio órgão, talvez em função da culpa advinda de sua observação ilícita da cena. Teria ele sido apanhado observando uma cena assim, quando criança? Ademais, ao contrário de muitos obsessivos, Robert dizia-se fascinado pelos orgasmos das mulheres. Será que uma sensação exagerada de excitação derivava de ele ter assistido a essas cenas, de ter obtido um gozo vicário e de ter sido castigado depois disso? Será que todas as tentativas de levar a mulher ao orgasmo, a partir daí, foram maculadas pela revolta contra o pai? Ou isso acontecia somente com as mulheres "adequadas", ou seja, as parecidas com a mãe? Nenhuma dessas perguntas foi respondida no curso da breve análise de Robert.

Uma quarta posição possível adotada por ele na fantasia era a do falo como objeto parcial, objeto *a*. Essa posição, como veremos no próximo capítulo, faz lembrar uma posição perversa: o sujeito como objeto que causa o gozo do Outro. Alternativamente, na condição de objeto fálico, Robert poderia ser entendido como a cópula entre homem e mulher, como o intermediário, a ligação, a articulação ou a cavilha entre pai e mãe, o que sugere uma posição histérica. Pois o histérico de ambos os sexos se vê, muitas vezes, como se estivesse no centro de um eixo de relações e, mais especificamente, como aquilo que possibilita uma relação entre outras duas pessoas. Nesse sentido, o histérico é um facilitador, mediador, negociador ou elo entre duas pessoas que, afora isso, não estão ligadas – como mamãe e papai, por exemplo.

As quatro possíveis "posições do sujeito" aqui mencionadas no caso de Robert não devem ser vistas, em nenhum sentido, como mutuamente excludentes ou exaustivas. Assim como Freud nos diz que o sonhador pode estar representado em praticamente todos os personagens de seu sonho, o fantasiador pode estar representado em praticamente todas as pessoas e acessórios ou adereços de sua fantasia.

67. Ver o artigo de Freud intitulado "Recordar, repetir, elaborar" (*SE* XII, p.147-56). A cena poderia até ter ocorrido quando ela contava apenas quatro ou cinco anos, dada a incerteza quanto à ocasião em que seu pai havia deixado o país. Observe-se que, como é frequente suceder na histeria, esse acontecimento fora esquecido; na obsessão, por outro lado, o acontecimento geralmente é lembrado, mas não o seu impacto afetivo. No primeiro caso, a própria representação do evento é recalcada, ao passo que, no segundo, o recalcamento posterior separa a representação do afeto.
68. Examinarei essa intervenção com alguns detalhes no comentário que se segue à minha apresentação desse material do caso.
69. Em francês, *la vue* tanto significa o sentido da "visão" quanto "vista", ou seja, aquilo que é visto. Portanto, o problema da visão da paciente talvez também se relacionasse com o que ela vira naquele corredor frio na África setentrional. Talvez a visão que tivera estivesse até, em certo sentido, alimentando seu trabalho artístico.
70. O que obviamente implicava, em termos freudianos, que ela não tinha resolvido seu complexo de Édipo. Em outro sentido, parece provável que o pai de Jeanne fosse o tipo de homem que produz filhos varões psicóticos; por sorte, ele teve cinco filhas.
71. O lapso também poderia ser entendido como pondo-a no lugar deles, se lermos *amoureuse*, no singular, em vez de *amoureuses*, no plural, palavras com pronúncia

idêntica em francês. Nesse sentido, seria ela a apaixonada. Como alternativa, o lapso poderia sugerir o desejo de pretendentes do sexo feminino, mas nenhum desejo dessa natureza jamais foi sugerido nas associações de Jeanne com o sonho.

72. É claro que "masculino" e "feminino" são termos aproximados, que têm apenas significações convencionais; ver a discussão detalhada dos dois em Fink, *O sujeito lacaniano*, op.cit., cap.8.

73. Fazer Bertrand rejeitar seus avanços no sonho também constituiu uma espécie de externalização das inibições de Jeanne, como veremos. Se ele a rejeitasse, ela não teria que se deter, como geralmente fazia.

74. Jeanne também mencionou, em certa ocasião, que não suportava quando "*Bertrand a mal*" – quando ele sentia alguma dor (uma dor de estômago, por exemplo) –, porque também ela passava a sentir a mesma dor, por identificação. Convém notar que *mal* ("dor", "doença" ou "mal") e *mâle* ("masculino", "macho") costumam ter pronúncia idêntica em francês.

75. Foi uma escolha de palavras em que ela poderia ter se expressado igualmente bem dizendo [de maneira] "ilegal", "ilícita", "duvidosa", "não muito católica" (*pas bien catholique*) etc., em vez de "desonesta".

76. Receber dinheiro pelo sexo faz com que ele pareça aceitável, em certo sentido, por ser equiparado ao "significante universal", como diz Lacan, que quase todos são obrigados a honrar. Praticamente todo mundo compreende (ainda que não o aprove) o argumento do "faço isso por dinheiro". É extremamente comum ouvir pessoas dizerem que se sentem como prostitutas em seus empregos, justificando toda sorte de trabalhos feitos abaixo do padrão e transações não muito lícitas, por ser o que são pagas para fazer. (Aliás, como disse um paciente, "todo trabalho é prostituição"). Nesse contexto, o sexo pode ser visto como uma atividade necessária, e não algo moralmente repreensível. Quando, para determinada mulher (como Jeanne), o sexo "comum", não pago, é cercado por uma multidão de inibições e sentimentos esmagadores de culpa, raiva, dor, traição etc., talvez o dinheiro possa aniquilar ou neutralizar muitos desses afetos poderosos. O dinheiro é o grande nivelador ou igualador.

77. Lacan, como já vimos, realmente sugere que as pulsões já incluem o Outro parental numa medida importante; sendo assim, não quero sugerir que haja uma oposição absoluta entre as pulsões e o Outro (como ideais). Nas pulsões, o sujeito é constituído em relação às demandas do Outro, e este, na medida em que elas são contraditórias, já pode muito bem plantar as sementes das reações à satisfação. Ver no Capítulo 10 uma análise mais detalhada desse aspecto.

78. Outro sonho pareceu atestar o fato de que Jeanne não se desinteressava do sexo em todos os níveis: ela teve o que parecia uma espécie de encontro sexual com o pai, sob a forma de "uma baleia com uma tromba comprida [literalmente, *trompe* é "tromba", mas é também uma forma do verbo *tromper*, "tapear", "enganar" ou "trair"] e um microfone". Isso a fez lembrar-se de um videoclipe musical que ela vira pouco antes, no qual uma moça com grossos lábios vermelhos segurava um microfone e o enfiava na boca. Talvez isso pudesse ser visto como uma expressão da pulsão oral, a

qual, afora isso, só encontrava expressão na relação de Jeanne com os alimentos, que parecia envolver alguns indícios de anorexia.

Observe-se que Freud, no caso Dora, não toma o "repúdio da sexualidade" na paciente como um dado *a priori*, mas como resultado de experiências infantis precoces, conducentes a uma inibição considerável (*SE* VII, p.87-8).

79. Sobre a interpretação visando e atingindo o real ou a causa, ver Fink, *O sujeito lacaniano*, op.cit., cap.3. Na medida em que deixava Jeanne fixada, a cena em questão funcionava como S_1, um significante mestre. Se este foi efetivamente "dialetizado" por minha intervenção (no sentido explicado em *O sujeito lacaniano*, op.cit., cap.6), Jeanne, como sujeito, passou a existir como uma ruptura, ou uma interconexão, ou uma ligação de S_1 (como a cena real, isto é, ainda não simbolizada) com S_2 (a colocação em palavras ou a interpretação da cena real). Nesse aspecto, foi um exemplo de subjetivação – isto é, de nascimento do sujeito onde antes estivera isso (uma força estranha, impessoal). Afinal, é assim que Lacan interpreta a injunção freudiana "*Wo Es war, soll Ich werden*". Como mostrei em *O sujeito lacaniano* (op.cit., cap.6), o lampejo de subjetividade entre S_1 e S_2 implica também uma perda, que parecemos poder localizar, nesse caso, na perda do gozo (se bem que doloroso) que antes era proporcionado pelo sintoma, pois este não mais apareceu a partir daí.

80. Claro que Bertrand reagiu como se ela estivesse tendo um caso escondido dele. Dada a sua própria visível insatisfação com o relacionamento, poderíamos indagar por que ele se opunha tanto à análise da mulher. O que estaria tirando dessa relação entravada dos dois, e que ele tinha tanto horror a abandonar?

81. Seria tentador explicá-lo com base numa relação exageradamente estreita com um dos pais, levando a um desejo excessivo por ele. Quando um desejo assim é tomado em conjunto com um incidente de sedução (real ou imaginário), o resultado é um excesso de prazer. Mas, então, por que o relacionamento com um dos pais era estreito demais?

82. Ver Fink, *O sujeito lacaniano*, op.cit., cap.8.

83. Lacan também diz que a fobia é "a forma mais simples de neurose" (Seminário 6, p.503[456]). Freud comenta as fobias: "Parece certo que elas devem ser vistas apenas como síndromes que podem fazer parte de várias neuroses e que não precisamos classificar como um processo patológico independente" (*SE* X, p.115).

84. Como diz Lacan, o objeto fóbico – o cavalo, no caso de Hans – é Φ, "um falo que assume o valor de todos os significantes, o do pai, se necessário" (Seminário 4). Em outro texto, ele qualifica "o objeto fóbico como significante para todo uso, para suprir [ou vedar] a falta do Outro [ou a falta no Outro]" (*Escritos*, p.610[617]).

85. Em outras palavras, a histérica – diversamente do perverso, como veremos no próximo capítulo – é capaz de abandonar seu papel de objeto que dá satisfação (consolo, solidariedade, carinho etc.) à mãe/Outro materno, aspirando a ser a causa do desejo do Outro. Se ela procura completar o Outro, é no nível do desejo, não do gozo. (A Figura 8.3 envolve o desejo, ao passo que a figura com que represento a perversão – o lado esquerdo da Figura 9.1 – envolve o gozo.)

86. Ofereço um pequeno relato da fobia do Pequeno Hans e de sua relação com a metáfora paterna no Capítulo 9, e futuramente discutirei a fobia mais detidamente. Aqui,

convém apenas notar que o respaldo da metáfora paterna por Hans só tem sucesso enquanto dura sua fobia dos cavalos. Quando esta desaparece, Hans não se torna, a meu ver (nem na opinião de Lacan, no Seminário 4), um neurótico comum: embora a alienação se instaure, a separação não o faz.

9. Perversão (p.184-224)

1. Ver, por exemplo, Robert J. Stoller, *Sex and Gender* (Nova York, Science House, 1968). Muitos dos indivíduos examinados por Stoller podem ser mais bem compreendidos como psicóticos do que como perversos. Ver a discussão sobre tais indivíduos em Moustapha Safouan, "Contribution to the psychoanalysis of transsexualism", in Stuart Schneiderman (org.), *How Lacan's Ideas Are Used in Clinical Practice* (Northvale, Aronson, 1993), p.195-212, ou *Returning to Freud: Clinical Psychoanalysis in the School of Lacan* (New Haven, Yale UP, 1980). Ver também o estudo de Lacan no Seminário 18, p.23-37 [22-36].
2. Essas distinções diagnósticas "sutis" são incluídas na categoria geral das "parafilias" no *Diagnostic and Statistical Manual of Mental Disorders* (DSM-III-R), Washington, American Psychiatric Association, 1987. Os autores psiquiátricos desse manual de ampla utilização parecem adotar o termo "parafilias", que soa mais científico, para evitar o vocábulo "perversões", que parece ser considerado menos politicamente correto. Entretanto, eles passam a usar a linguagem mais crassamente política e moralista em suas discussões detalhadas das parafilias – por exemplo, "a imagística de uma parafilia ... pode ser relativamente inofensiva" (p.279); "a atividade sexual *normal* inclui a excitação sexual que provém de tocar ou acariciar o parceiro sexual" (p.283, grifo nosso) e assim por diante.
3. Ver *Escritos*, p.610[617], em que Lacan fala do "fetiche fundamental de toda perversão como objeto percebido no corte do significante", com isso implicando que o objeto como fetiche é crucial em todas as perversões. O objeto isolado pelo significante ("recortado" de um terreno não diferenciado, criando simultaneamente o primeiro e o segundo planos) será examinado adiante, ainda neste capítulo.
4. Ver a excelente discussão sobre a *Verleugnung* in J. Laplanche e J.-B. Pontalis, *Vocabulário da psicanálise*, livro indispensável, que fornece uma análise enciclopédica dos conceitos freudianos mais centrais e complexos. Observe-se que, ao traduzir *Verleugnung*, às vezes os franceses também usam o termo *démenti* – de *démentir*, que significa diretamente "desmentir".
5. *SE* X, p.11; ver também *SE* XXIII, p.276.
6. Ver a referência de Freud a esse termo in *SE* XXI, p.153.
7. Ver as discussões desse termo in Fink, *O sujeito lacaniano* (Princeton, Princeton UP, 1995 [Rio de Janeiro, Zahar, 1998]). Ele deve ser entendido em relação ao termo correlato de Freud, *Triebrepräsentanz* – o representante, no nível do pensamento, de uma pulsão (por exemplo a ideia "Quero dormir com minha cunhada").

8. Ou "representante da pulsão" (*Triebrepräsentanz*) – isto é, o representante da pulsão no nível do pensamento. Strachey traduz *Triebrepräsentanz* por *instinctual representative* ["representante instintual"].
9. Em alguns momentos, Freud parece sugerir que a própria castração é desmentida – em outras palavras, a ideia de que o pênis da mãe foi cortado e de que o pênis do próprio indivíduo poderia ser cortado da mesma maneira. Nesse caso, dir-se-ia que permanece uma ideia na consciência – "Todo ser humano tem pênis" –, enquanto uma ideia diametralmente oposta é afastada da mente, e isso equivale à própria definição freudiana do recalcamento.
10. Como diz Lacan, "Por definição, o real é pleno" (Seminário 4, p.218[224]), ou seja, não falta nada no real. Ver também Seminário 6, p.413[374], no qual Lacan diz: "O real como tal se define como sempre pleno." A mesma ideia geral se repete reiteradamente na obra lacaniana. No Seminário 10, Lacan sugere que o que ele quer dizer com isso não é tanto que não existam buracos nem rasgos no real, mas que não *falta* nada no real, não há nada ausente nem faltando.
11. De fato, como nos ensina a histérica, a própria percepção não é um processo "inocente" nem cientificamente objetivo, que nos dê uma "visão verdadeira" do "mundo externo real". Toda cultura "percebe" de maneiras diferentes, em função das distinções geradas por sua linguagem.
12. Consideremos como Lacan problematiza qualquer tentativa de traçar linhas nítidas entre o dentro e o fora, em seu uso de superfícies como a garrafa de Klein e o *crosscap*, no Seminário 9. Ver também Fink, *O sujeito lacaniano*, op.cit., fim do cap.8.
13. Em outras palavras, algum recalcamento ocorreu. Note-se que, quando alguma coisa é "tirada da cabeça", primeiro tem de ter estado "na cabeça" – primeiro teve de ser um pensamento, teve de ser simbolizada.
14. Os teóricos e clínicos que dão pouca ênfase à importância da linguagem, da lei e do simbólico tendem a achar que Lacan foi infeliz em sua sistematização de Freud, deixando de fora a importância da mãe. Entretanto, para qualquer um que faça uma leitura criteriosa de Freud deve ficar claro que, em toda a sua obra, o pai é de importância capital. Lacan simplesmente dá aos freudianos os recursos para refutar os críticos de Freud que frisam a importância do pré-edipiano: com o advento da linguagem e da lei, o pré-edipiano é reescrito ou sobrescrito. "As fases pré-genitais [são] ordenadas na retroação do [complexo de] Édipo" (*Escritos*, p.554[561]). O complexo de Édipo tem um efeito retroativo sobre aquilo que o precedeu no tempo, o que deixa implícito que ele é uma operação simbólica, pois no processo de significação o acréscimo de um novo significante a uma série (digamos, da expressão "'Não!' do pai" à série "Nome-do-Pai", "sobrenome do pai" e "sobrenome dado pelo pai") transforma o significado do que foi dito antes. Uma vez que a fala é o único instrumento à nossa disposição na psicanálise, aquilo com que lidamos como analistas são os significados retroativamente constituídos, não as relações pré-edipianas que os precederam.
15. Esse é um caso em que a terminologia de Freud precisa ser esclarecida mediante o uso das categorias de Lacan: o fetichista acredita que sua mãe tem pênis – um órgão biológico real, não um falo. Pois o falo é um símbolo – ou seja, parte integrante da

ordem simbólica. Às vezes, falando em linhas gerais, Lacan se refere ao órgão em que a criança acredita como "falo imaginário", mas isso deve ser entendido, *grosso modo*, como implicando o pênis (o órgão real) que a criança imagina que a mãe possui.
16. Essa expressão é usada em *O mercador de Veneza*, de Shakespeare.
17. Freud diz que um pensamento persiste no id e outro no ego (*SE* XXIII, p.204), formulação que leva a outros problemas em sua metapsicologia.
18. Freud nos incentiva a entender essa cisão do ego em termos de conhecimento. De acordo com ele, a percepção da genitália feminina é afastada da mente por implicar que o pai está falando sério quando ameaça cortar o pênis do menino (na verdade, o menino acredita que o pai já fez isso com a mãe dele, menino); essa possibilidade recém-discernida de perder o órgão em que foi feito um enorme investimento leva a uma angústia considerável. Tal angústia é enfrentada não como na neurose, na qual se forma um sintoma para ligá-la ou aliviá-la, mas pela formação de uma espécie de cisão (*Spaltung*). A cisão é tal que dois "conhecimentos" são mantidos lado a lado, numa espécie de suspensão local da lei da não contradição: "As mulheres não têm pênis" e "Todos os seres humanos têm pênis". Pode haver um conhecimento abstrato, memorizado, no qual o perverso simplesmente repete o que dizem as pessoas que o cercam ("As mulheres não têm pênis") e, simultaneamente, um reconhecimento, em algum nível, de que isso é verdade, pois essa ideia gera angústia no perverso. Ao lado disso, porém, há uma espécie de necessidade subjetiva que leva a uma crença que vai além de qualquer prova, um desmentido desse conhecimento intolerável ("Agora ele é pequeno, mas vai crescer"). O perverso sabe muito bem que as mulheres não têm pênis, mas mesmo assim não consegue deixar de achar que o têm ("*Je le sais très bien, mais quand même*" ["Sei muito bem disso, mas, ainda assim…"]).

Enquanto a neurose consiste numa defesa contra uma ideia incompatível que envolve a sexualidade, levando a uma negação que assume uma forma clássica – "A pessoa do meu sonho não era minha mãe", na qual a ideia só chega à consciência graças ao acréscimo do "não" –, a perversão envolve uma espécie de cisão, de acordo com Freud: o perverso diz sim e não, simultaneamente.
19. Consideremos a importância, na cultura norte-americana – uma importância intuitivamente compreendida por todo publicitário –, de obter coisas de graça. Consideremos também a eminente popularidade dos filmes, livros e histórias sobre assaltantes de bancos (por exemplo *Um peixe chamado Wanda*), ladrões de joias (*A pantera cor-de-rosa*) etc., nos quais a plateia é levada a se identificar com os criminosos e se compraz com as façanhas deles, que levam a milhões gratuitos.
20. No mínimo, o comportamento autoerótico do obsessivo se transforma: se ele continua a se masturbar, é num desafio à proibição paterna, e portanto a proibição torna-se parte integrante da atividade masturbatória. O Outro passa a ser incluído (não necessariamente de forma consciente, claro) nas fantasias que a acompanham. Uma de minhas analisandas, por exemplo, continuou a se masturbar enquanto fantasiava ser observada por um homem poderoso.

Essa cessão do prazer ao Outro também pode ser entendida em termos de sublimação, tal como conceituada por Freud.
21. Segundo Freud, o comportamento masturbatório do menino geralmente envolve fantasias sobre sua mãe, o que implica que já é aloerótico – em outras palavras, que envolve outra pessoa. Eu chegaria até a afirmar que, passada uma idade extremamente tenra, não existe autoerotismo. Até as apalpações masturbatórias do bebê já incluem seus pais, na medida em que primeiro eles estimularam certas zonas, demonstraram interesse por elas, prestaram atenção a elas, dedicaram fartos cuidados a elas e assim por diante. A ligação com outras pessoas – evidenciada nas fantasias do adulto que invariavelmente acompanham o "comportamento autoerótico" – é tão fundamental que, sem ela, não parece haver erotismo como tal. Todo erotismo é aloerotismo.
22. Por exemplo, *SE* XVI, conferências 21-22.
23. Consideremos, por exemplo, o comportamento da mãe do Pequeno Hans: enquanto bate em sua filha Hanna, ela leva o filho para sua cama, para o banheiro com ela etc.
24. É assim que penso que podemos entender o que Freud quer dizer quando fala do grande apego narcísico do perverso a seu pênis, e de suas pulsões "excessivas". É que as pulsões não são de origem constitucional nem biológica, mas passam a existir em função das demandas do Outro (a pulsão anal, por exemplo, surge em decorrência das demandas parentais de que o filho ou filha aprenda a usar o banheiro, aprenda a controlar suas funções excretoras). É o interesse da mãe/Outro materno pelo pênis do perverso, bem como suas demandas relacionadas com ele, que responde pela intensidade das pulsões do perverso.
25. Embora, nos casos de psicose, possa muito bem ser isso.
26. O fetichismo, que ocupa um importante lugar teórico entre as perversões, envolve a localização de uma grande quantidade de libido numa espécie de órgão sexual substituto (como veremos no estudo de caso examinado mais adiante), e isso ocorre em grau muito menor nas meninas que nos meninos.
27. Similarmente, Lacan define Don Juan como um sonho feminino, o sonho com um homem a quem não falta nada ("*qui ne manque rien*", Seminário 10, p.224[212]). Ele também se refere a Don Juan como um mito feminino (Seminário 20, p.15[17]). Convém notar que Lacan não diz, necessariamente, que não há absolutamente nada que se possa chamar de masoquismo feminino; ele quer dizer, antes, que os homens tendem a vê-lo nas mulheres porque querem vê-lo nelas, e que, portanto, decerto ele é muito mais raro do que os homens gostariam de acreditar.

Lacan sugere que o homem, através dessa fantasia de que a mulher é masoquista (o que implica, como veremos mais adiante, que ela está tentando despertar angústia nele), sustenta sua possibilidade de gozar com sua própria angústia, a qual, para ele, coincide com o objeto que serve como a própria condição do seu desejo (o *sine qua non* de seu desejo). O desejo meramente encobre ou dissimula a angústia. "No reino do homem, há sempre a presença de alguma impostura" (Seminário 10, p.223[210]), o que eu me sentiria tentado a chamar de farsa masculina.

28. "Chamemos heterossexual, por definição, aquele que ama as mulheres, qualquer que seja seu sexo próprio", "O aturdito", in *Outros escritos*, p.467[467].
29. Ver Jacques-Alain Miller, "On perversion", in Fink et al. (orgs.), *Reading Seminars I and II: Lacan's Return to Freud* (Albany, Suny Press, 1996). Na p.319, diz Miller sobre a perversão feminina: "É preciso procurar a perversão feminina onde ela é invisível. O narcisismo feminino pode ser tomado como uma perversão, como uma extensão do conceito. É por ser a Alteridade como tal, ou o Outro, que a Mulher passa tanto tempo diante do espelho – só para se reconhecer, ou talvez para se reconhecer como Outro. Ainda que seja um mito, isso é muito importante. Pode-se encontrar a perversão feminina no narcisismo, no cerne da própria imagem da pessoa, ou, como propôs Freud, no filho – o filho usado como objeto de satisfação.

    "Neste último caso, temos a mãe e o objeto imaginário, o falo. A mãe, aqui, é responsável pela perversão do filho varão, mas ao mesmo tempo usa o filho como instrumento de gozo. De acordo com a fórmula anterior, seria possível dar a isso o nome de perversão. Será que o primeiro par perverso foi o par mãe e filho? Nos anos 1950, Lacan sugeriu que é na ligação entre o corpo da mãe e o filho que se pode encontrar uma expressão oculta da perversão feminina.

    "Na medida em que a homossexualidade feminina elimina o órgão masculino, há certa dificuldade de situá-la no registro da perversão propriamente dita."

    Para mim, não fica claro se Lacan teria ou não equiparado a natureza "perversa" da relação mãe–filho com a estrutura perversa, estritamente falando.
30. Convém ter em mente que esses pais fracos são bem documentados em textos literários que remontam pelo menos à época da Roma antiga, e que a tese de que o pai perdeu um enorme poder desde o século passado parece meio precariamente demonstrada.
31. Consideremos, no diálogo abaixo (de *SE* X, p.17), o modo com a mãe tenta impedi-lo de sentir desejo por outra mulher que não ela mesma, induzindo-o a entrar em culpa quando manifesta tal desejo:

    HANS: Ah, então vou só descer e dormir com a Mariedl.
    MÃE: Você quer mesmo deixar a mamãe e ir dormir lá embaixo?
    HANS: Ah, eu subo de novo amanhã de manhã, para tomar café e fazer pipi.
    MÃE: Bem, se você quer mesmo largar o papai e a mamãe, leve o seu casaco e os seus culotes, e adeus!

32. Aliás, como nos diz Freud, o princípio do prazer nos faria atingir o nível mais baixo possível de tensão ou excitação.
33. Neste livro, meus comentários sobre as duas operações que Lacan chama de "alienação" e "separação" são bastante básicos; para uma discussão mais aprofundada, ver Fink, *O sujeito lacaniano*, op.cit., caps.5 e 6. Observe-se aqui que, embora o sujeito passe a existir na linguagem através da alienação, ele vem a existir como mero ocupante de lugar ou como falta-a-ser (*manque-à-être*). É a separação que proporciona algo mais, dentro dos moldes do ser.

34. Nesse ponto, o pai deixa de fornecer o "significante fálico" – por exemplo, de "desatarraxar" o falo imaginário de Hans (num dos sonhos do menino, a torneira da banheira, um símbolo do seu pênis, vai ser trocada pelo bombeiro) e substituí-lo por um falo simbólico.
35. A posição do sujeito, como um sintoma, é, fundamentalmente, a solução de um problema. Note-se aqui que o esquema que forneci da solução do perverso, na Figura 9.1, tem certa afinidade com a solução da histérica na Figura 8.3 (embora, na primeira, o lado do sujeito esteja completamente ausente). Mas há uma importante diferença de registro entre os dois: enquanto a histérica tenta ser o objeto que causa o desejo (simbólico) do Outro, o perverso torna-se o objeto que causa o gozo (real) do Outro – isto é, o objeto por meio do qual o Outro obtém satisfação. A histérica, como vimos no Capítulo 8, recusa-se a ser o objeto físico real por meio do qual o Outro obtém satisfação.
36. O analista ocupa o lugar da indagação do analisando ou de sua falta de satisfação: quando não há indagação – quer ela envolva a razão de ser do paciente, quer sua confusão a respeito do que lhe dá satisfação sexual – nem falta, o analista não pode desempenhar seu papel. Como disse Jacques-Alain Miller, "é necessário um certo vazio ou déficit no lugar do prazer sexual para que emerja o sujeito suposto saber" ("On perversion", *Reading Seminars I and II*, op.cit., p.310).
37. Aqui, o primeiro objeto libidinal (isto é, o objeto que proporciona gozo à criança) é a mãe.
38. Lacan levanta a questão da falta de falta num contexto um pouco diferente: é muito comum acreditar-se que a criança fica angustiada quando a mãe se ausenta, quando não está ao lado do filho; Lacan sugere, por outro lado, que na verdade a angústia surge em decorrência da falta de falta, quando a mãe/Outro materno está presente o tempo todo. "O que provoca a angústia ... não é, ao contrário do que se diz, o ritmo nem a alternância da presença-ausência da mãe. A prova disso é que a criança se compraz em renovar esse jogo de presença-ausência. A possibilidade da ausência, eis a segurança da presença. O que há de mais angustiante para a criança é, justamente, quando a relação com base na qual essa possibilidade se institui, pela falta que a transforma em desejo, é perturbada, e ela fica perturbada ao máximo quando não há possibilidade de falta, quando a mãe está o tempo todo nas costas dela" (Seminário 10, p.67[64]). O que isso sugere, no caso do perverso, é que, dada a relação excessivamente estreita entre mãe e filho, não só a mãe não é percebida como carente, pois parece não desejar nada além do filho (que ela "possui"), como o próprio filho não consegue sentir uma falta em sua própria vida, e, assim, não pode desejar, falando em termos estritos – não pode vir a ser como sujeito desejante. O desejo, Lacan nos ensina, é um disfarce da angústia, mas é também um remédio para ela.
39. Na perversão, parece haver um gesto voltado para trás e um gesto voltado para a frente: o primeiro envolve a tentativa de proporcionar satisfação ao Outro; o segundo, como veremos mais adiante, procura escorar ou suplementar o ato de denominação praticado pelo pai. Também na neurose há gestos voltados para trás e para a frente: o primeiro envolve a tentativa de vir a ser o que o Outro deseja – na obsessão, encarnar perfeitamente o significante do desejo do Outro (Φ), na histeria, encarnar perfeita-

mente a causa do desejo do Outro (*a*) –, embora este último envolva a tentativa de libertação da fixação no desejo do Outro, o que constitui o caminho do analisando.
40. Consideremos os comentários dele sobre as vantagens do fetichismo: "Agora podemos ver o que o fetiche consegue e o que o mantém. Ele persiste como um símbolo de vitória sobre a ameaça de castração e uma proteção contra ela. Também salva o fetichista de se tornar homossexual, ao dotar as mulheres da característica que as torna toleráveis como objetos sexuais. Numa fase posterior da vida, o fetichista sente que desfruta de mais uma vantagem do seu substituto de órgão genital. O significado do fetiche não é conhecido por outras pessoas, de modo que ninguém o retira dele: o fetiche é de acesso fácil e o fetichista pode obter prontamente a satisfação sexual que está ligada a ele. Aquilo pelo qual outros homens têm que cortejar e fazer esforços pode ser obtido pelo fetichista sem a menor dificuldade" (*SE* XXI, p.154).
41. Obviamente, ligar a angústia é algo que se pode entender em termos de satisfação, porque reduz o nível de tensão, como é exigido pelo princípio do prazer; de modo similar, a encenação de separação do perverso pode ser compreendida em termos de satisfação, como veremos.
42. Se tomarmos como um dado *le désir de la mère* (o desejo da mãe pelo filho, ou o desejo do filho pela mãe), cairá frequentemente sobre o pai o ônus de promover a triangulação e a separação.
43. Os atos concretos de uma pessoa não raro nos dão uma ideia muito melhor de sua fantasia fundamental do que as fantasias de que ela tem consciência, especialmente no começo da análise.
44. Originalmente publicado na revista *Scilicet*, n.1, 1968, p.153-67. Traduzido para o inglês por Stuart Schneiderman como "Fetishization of a phobic object" no livro *How Lacan's Ideas Are Used in Clinical Practice*, op.cit., p.247-60; as referências de página do texto são da edição inglesa. O estudo do caso, tal como escrito por Tostain, é menos útil para a maioria dos leitores ingleses do que para os leitores franceses versados na teoria lacaniana, visto que simplesmente *alude* a muitas ideias complexas, sem explicá-las (como acontece com grande parte dos trabalhos feitos em francês sobre Lacan). Se o estudo do caso for tomado em conjunto com as discussões do presente livro, entretanto, o leitor deverá achá-lo realmente fascinante.
45. Poderíamos dizer, em certo sentido, que ela precisava que ele fosse uma criança doentia para poder definir-se de alguma forma – nesse caso, como mãe perfeita. Assim, fazia com que o filho necessitasse dela.
46. Como diz Tostain, longe de *ser o falo* para a mãe, Jean pôde então levantar a questão de *ter o falo*. "Ter", afinal, é um assunto simbólico: *a posse é uma coisa garantida por lei*. O problema de Jean foi que o pai, embora houvesse conseguido, à sua maneira atrapalhada, tirar do filho o pênis imaginário, não conseguiu lhe dar em troca um pênis simbólico – em outras palavras, um falo. Ser o falo pode ser entendido como imaginário ou real (envolve ser um objeto para a mãe), ao passo que ter o falo é uma função simbólica. Sobre ter e ser, ver Lacan, "Intervenção sobre a transferência", nos *Escritos*.
47. Não está inteiramente claro o que envolve um orgasmo masculino aos seis anos de idade, porém muitos pacientes descrevem experiências sexuais precoces nesses termos.

48. Com sua fobia de um botão único, ele se poupou de ter que voltar a ajudar a mãe a se vestir em algum momento (e com isso poupou-se de ter as mesmas sensações sexuais em relação a ela e o mesmo gozo doloroso), e expressou seu desejo de que ela morresse, pois a fobia se formou no dia em que a mãe lhe disse: "O que seria de mim sem o meu homenzinho?" Seu sintoma fóbico pareceu dizer: "Vamos descobrir o que lhe acontecerá quando você não me tiver mais!", ou "Tomara que lhe aconteça uma coisa terrível sem mim!" Como diz Lacan, a separação envolve perguntas que podem ser assim formuladas: "Ela pode me perder?", "Ela tem condição de desistir de mim?", "Será que fazer isso a mataria?".
49. Uma espécie de *suppléance au Nom-du-Père* [suplência do Nome-do-Pai].
50. Reveremos isso adiante, na discussão sobre masoquismo e sadismo.
51. A citação vem de "A ciência e a verdade" [in *Escritos*, p.855-77[869-92]], que traduzi em *Newsletter of the Freudian Field*, n.3, 1989.
52. Esses esquemas podem ser encontrados em "Kant com Sade" (*Escritos*, p.774[786] e 778[790]; e, com uma explicação ligeiramente maior, no Seminário 10, 16 jan 1963). Para um exame detalhado deles, ver Fink, "On perversion: Lacan's 'Kant with Sade' and other texts".
53. Esse objetivo está presente, sem dúvida, na fantasia consciente ou pré-consciente do masoquista.
54. No Velho Testamento, é a voz de Deus que ordena. No judaísmo, é o chofar tocado no Yom Kippur que relembra/re-apresenta a voz de Deus. Lacan discute isso longamente no Seminário 10, lição de 22 de maio de 1963.
55. Kant, por exemplo, tenta erradicar o desejo de uma lei moral que não deixa espaço para os sentimentos, apegos e desejos humanos, em sua busca de universalidade (aplicável na totalidade dos casos); a moral, entretanto, nunca é desligada de seu meio: a voz parental que expressa desejo e/ou raiva (paixão ou gozo) ao expressar um princípio moral.
56. Comentário feito recentemente por um juiz de Pittsburgh.
57. Lacan traça muitas ligações entre a castração e o ato sexual para o homem. Ver, em particular, suas discussões na segunda metade do Seminário 10, sobretudo na lição de 19 de junho de 1963.
58. Lacan refere-se, nesse ponto, a seus esquemas de quatro termos referentes ao sadismo e ao masoquismo, encontrados nos *Escritos*, p.774[786] e 778[790].
59. Ver, por exemplo, *SE* XXII, p.82, e *SE* XX, p.126.
60. Como mencionei anteriormente, Lacan sugere que o objeto serve a uma função fetichista em todas as perversões: "O fetiche fundamental de toda perversão como objeto percebido [*aperçu*] no corte do significante" (*Escritos*, p.610[617]). O objeto do fetiche é isolado pela enunciação parental de uma proibição: as palavras dos pais isolam o objeto, retiram-no do seu contexto, constituindo-o como tal. No caso do desmame, muitas vezes é a própria mãe que se retrai e proíbe o acesso do filho ao seio.
61. Vemos aí o encontro de um objeto (associado ao gozo) com o significante (Seminário 10, 13 mar 1963).

62. Talvez pareça que o sádico tenta jogar todas as perdas sobre a vítima e afirmar que ele próprio continua a ser um objeto inteiro, no qual nada falta e que não renunciou a nada. O sádico "lança no Outro a dor de existir, sem ver que desse modo se transforma num 'eterno objeto'". A divisão subjetiva é jogada no Outro, no parceiro, que é atormentado. A perda de um objeto é exigida do Outro para que o sádico possa considerar-se inteiro. Mas, na medida em que se identifica com sua vítima, ele continua a buscar a separação.

Um belo exemplo clínico ilustrativo disso encontra-se nas *Obras completas* de Ferenczi, sob o título de "Um galinho" (ver também o comentário de Dominique Miller em "A case of childhood perversion", *Reading Seminars I and II*, op.cit., p.294-300). Ferenczi discute o caso de um menino chamado Arpad, que impõe alegremente a perda da vida a galinhas (quer encenada com uma faca de mentira, quer realmente executada por empregados da cozinha), mas depois cai desmaiado no chão, como se estivesse morto, à guisa de identificação com sua vítima. Assim, ele é ao mesmo tempo o carrasco (ou legislador, cujas ordens são cumpridas pelos empregados domésticos) e o ser que é executado.

Alguns homens que vão parar nas forças policiais do mundo inteiro qualificam-se como sádicos, sem dúvida, visto que se comprazem em fazer suas vítimas saberem o que estão em vias de perder (a vida ou a liberdade), ao mesmo tempo em que acreditam não ser muito diferentes de suas vítimas criminosas. É muito frequente os policiais, comandantes militares e políticos serem retratados como pessoas que se consideram "acima da lei", mas em geral eles se identificam muito com aqueles a quem esmagam, enquanto os esmagam (como se dissessem: "Isso é o que eu mesmo mereço").
63. O Outro como legislador pode ser associado, nesse aspecto, ao sujeito enunciador (ou sujeito da enunciação) e a vítima, ao sujeito da declaração (ou sujeito do enunciado). Essas ligações terminológicas devem ser úteis para acompanhar a discussão de Lacan em "Kant com Sade".
64. O neurótico tem extrema dificuldade de se separar do desejo do Outro, ao passo que o perverso empenha-se muito em dar vida ao desejo do Outro (como lei).
65. É precisamente por não ter sido denominada que a falta da mãe/Outro materno pode ser preenchida pelo filho como objeto real – o filho como o objeto libidinalizado que completa a mãe/Outro materno, levando-lhe o gozo. Uma vez denominada a sua falta, ela não pode ser completada dessa maneira. A neurose, a perversão e a psicose não devem ser vistas unicamente como problemas da completude, mas a dialética do todo e do não-todo é bastante central no pensamento de Lacan e nos proporciona uma importante perspectiva sobre as diferentes categorias clínicas/estruturais psicanalíticas.
66. Ver, em particular, *O sujeito lacaniano*, op.cit., caps.5 e 6. As substituições mostradas aqui se encontram na p.69[93].
67. Os dois exemplos disso fornecidos por Lacan, além da neurose, são Alcibíades, no *Banquete* de Platão, e o soldado de *Le guerrier appliqué*, de Jean Paulhan (Paris, Gallimard, 1930).
68. Por exemplo, o mito da libido como "lamela" em "Posição do inconsciente", nos *Escritos*.

69. Por menor que seja, o reconhecimento da importância da linguagem e da função paterna por parte dos psicanalistas haverá de pôr fim, esperamos, ao tipo de abordagem da perversão adotado por um teórico das relações objetais como Sheldon Bach, que, referindo-se aos sadomasoquistas, proferiu a seguinte banalidade: "Pode-se dizer que esses pacientes, em certa medida, não conseguiram integrar satisfatoriamente a mãe do amparo e a mãe da frustração, ou a mãe do prazer e a mãe da dor" (*The Language of Perversion and the Language of Love*, Northvale, Aronson, 1994, p.17).
70. E o nome, por ser um designador rígido, só pode satisfazer a demanda, não o desejo, estritamente falando.
71. Nesse ponto, também cabe lembrar que os pais de Hans se recusam a lhe dar esclarecimentos sobre a genitália feminina, e ele continua convencido de que sua mãe tem um pênis. Se eles se houvessem disposto a discutir mais abertamente o sexo com o filho, ele poderia ter intuído que sua mãe, não tendo pênis, quereria tê-lo por meio de um homem (embora pudesse concluir, igualmente bem, que a mãe simplesmente queria o dele).
72. A resposta é fornecida na fantasia fundamental.
73. O terapeuta também faria bem em explicar a diferença sexual, com imagens ilustrativas, se necessário. E, num caso como esse, seria recomendável ele dizer ao menino que, como sua mãe não tem pênis, ela tenta obter o de um homem e, na impossibilidade disso, o do filho. O importante é indicar que há algo que o homem possui e que ela quer: ela deseja algo fora dela mesma, porque lhe falta alguma coisa, algo que pode ser denominado. Nada é mais provocador de angústia do que a falta da falta.

10. Do desejo ao gozo (p.227-39)

1. Ver, nesse aspecto, a bela periodização do trabalho de Lacan no seminário de Jacques-Alain Miller de 1993-1994, "Donc" (inédito), no qual se baseia grande parte da minha discussão neste capítulo. Um pequeno excerto desse seminário foi publicado como "Commentary on Lacan's text", trad. Bruce Fink, in Fink et al. (orgs.), *Reading Seminars I and II: Lacan's Return to Freud* (Albany, Suny Press, 1996), p.422-7.
2. Ver, nesse contexto, os comentários de Freud numa carta a Fliess (24 jan 1897): "Pude levantar com segurança a origem de uma histeria surgida no contexto de uma depressão periódica leve ... que ocorreu pela primeira vez aos onze meses, e [pude] tornar a ouvir as palavras que foram trocadas entre dois adultos na ocasião! Foi como se viessem de um fonógrafo." Ver Jeffrey Moussaieff Masson, *Freud's Letters to Fliess* (Cambridge, Harvard University Press, 1988), p.226 [*A correspondência completa de Sigmund Freud para Wilhelm Fliess, 1887-1904*, Rio de Janeiro, Imago, 1986]. Freud estava plenamente ciente, portanto, de que as palavras são registradas ou gravadas em nossa memória muito antes de podermos compreendê-las. (Ver também a carta de 6 abr 1897, na qual Freud menciona "fantasias histéricas que ... remontam regularmente a coisas que as crianças entreouvem em idade precoce e só entendem posteriormente", p.234.) É por isso que Lacan nos diz ser tão importante "prestar atenção ao que dizemos" perto das crianças. "As

falas permanecem" – são gravadas (Seminário 2, p.232[268]). Ver, em relação a isso, Fink, *O sujeito lacaniano* (Princeton, Princeton UP, 1995 [Rio de Janeiro, Zahar, 1998]), cap.2.

3. Como diz Miller, o desejo concerne ao corpo como morto, como mortificado ou sobrescrito pelo significante ("Donc"). Nas palavras de Lacan, "o corpo constitui a cama do Outro, graças à operação do significante" (*Scilicet*, n.1, 1968, p.58). Em outras palavras, o significante transforma o corpo em terreno, domínio ou veículo do Outro.

4. A consequência a ser extraída aqui é que o término não é um "problema" na psicanálise: o analista continua a pedir que o analisando volte, haja o que houver. O analisando, quando seu desejo está suficientemente decidido, termina a análise por si só, sem passar semanas ou meses falando de como sentirá falta do analista ou resumindo o trabalho que os dois fizeram juntos.

5. A frase está em "Do 'Trieb' de Freud e do desejo do psicanalista", que traduzi em *Reading Seminars I and II*, op.cit. (p.419).

6. Curiosamente, as pulsões são aquilo que o analisando costuma caracterizar como mais estranho, mais Outro, quando chega à análise pela primeira vez: "Não é isso que eu quero, mas, assim mesmo, eu me descubro gostando disso."

Em termos freudianos, é possível pensarmos no sujeito desejante, em certo sentido, como o ego/eu (em parte consciente, em parte inconsciente) que se defende do tipo de satisfação pelo qual o id/isso se esforça. O eu considera objetável e ameaçadora a busca de satisfação do isso, porque este não dá atenção às normas e ideais sociais em sua escolha de objetos e orifícios, parceiros e práticas.

7. *Scilicet*, n.1, 1968, p.14-30.

8. No Capítulo 7, mencionei que a psicose se caracteriza pelo pequeno controle sobre as pulsões. As forças inibidoras internas habituais – ou seja, as instâncias simbolicamente estruturadas, como o eu e o supereu (ou ideal do eu) – não se formaram, em larga medida, e não conseguem frear a expressão automática das pulsões. Na neurose se dá o inverso: o sujeito não consegue alcançar a satisfação das pulsões por causa da inibição excessiva, e só obtém satisfação na insatisfação, ou em se torturar – isto é, obtém apenas o gozo do sintoma. Aliás, parte do problema é que, ao contrário do perverso, o neurótico não quer saber o que realmente lhe dá prazer, porque isso não combina com sua autoimagem. Falando em termos metafóricos, o desejo não quer saber de onde vem a verdadeira satisfação e a desconhece sistematicamente.

9. Miller usa a expressão *lever le fantasme* como a expressão mais conhecida, *lever le symptôme*, uma suspensão ou eliminação da fantasia que se assemelha à eliminação do sintoma. Ver seu "Commentary on Lacan's text", in *Reading Seminars I and II*, op.cit., p.426.

10. Como diz Lacan (invertendo aqui a ordem das demandas), o Outro "demanda que nos deixemos ser alimentados [isto é, que paremos de nos agitar, abramos a boca etc.] em resposta a nossa demanda de ser alimentados" (Seminário 8, p.238[251-2]).

11. Como diz Lacan: "Não há fantasia de devoração que não possamos considerar resultante, em algum momento, de sua inversão da ... fantasia de ser devorado" (Seminário 12, 20 jan 1965).

12. Miller caracteriza o objeto *a*, nesse contexto, como a própria satisfação: o objeto como satisfação é discernido ou isolado pela pulsão. Nas palavras dele, "o objeto correspondente à pulsão é *a satisfação como objeto*. É isso que hoje eu gostaria de propor como definição do objeto *a* de Lacan: o objeto *a* é a satisfação como objeto. Assim como distinguimos instinto de pulsão, temos que distinguir entre o objeto escolhido [o parceiro sexual, por exemplo] e o objeto da libido, sendo este último *a satisfação enquanto objeto*" ("On perversion", in *Reading Seminars I and II*, op.cit., p.313).
13. *Escritos*, p.835[849].
14. Lacan nos dá apenas alguns exemplos de pessoas que agem como alguém agiria depois de atravessar sua fantasia fundamental e libertar as pulsões de suas inibições. Um desses exemplos é o personagem central do romance de Jean Paulhan intitulado *Le guerrier appliqué*, Paris, Gallimard, 1930.
15. Miller, "On perversion", in Fink et al. (orgs.), *Reading Seminars I and II*, op.cit., p.314.
16. Vista em termos de separação, podemos sugerir que a pulsão leva o objeto consigo, separando-o do Outro como desejo.

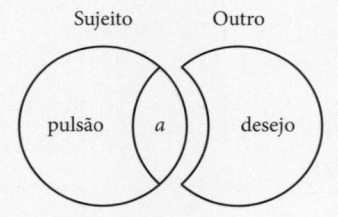

17. Não almeja o "bem" dele ou dela (ver, por exemplo, Seminário 8, p.18[18-9]).
18. O desejo também pode ser associado ao princípio do prazer, e a pulsão, àquilo que fica além do princípio do prazer. Nas palavras de Miller, a pulsão "é uma atividade praticada como transgressão [infração] do princípio do prazer, e que sempre acaba em satisfação – satisfação da pulsão –, ao passo que o sujeito pode sofrer com ela, ficar infeliz com ela, ser sitiado por ela e querer livrar-se dela" ("Donc", 18 mai 1994). O desejo, por outro lado, "inscreve-se dentro dos limites do princípio do prazer; em outras palavras, o desejo continua cativo do princípio do prazer" ("Commentary on Lacan's text", op.cit., p.423).
19. A castração, afinal, é a imposição de uma perda de satisfação (por exemplo, para o menino, ao término do complexo de Édipo, a perda da mãe ou substituta materna como objeto libidinal primário). Essa perda é eternamente lamentada pelo neurótico, ficando o sujeito incapaz de se concentrar nas possibilidades restantes de satisfação. Em vez disso, ele ou ela "ama" sua castração, agarra-se obstinadamente a ela e se recusa a encontrar satisfação em outro lugar.
20. A aposta de Lacan em que a psicanálise pode levar o analisando mais longe do que se costuma julgar possível deve ser entendida em vários níveis, a meu ver. Muitas vezes ouço terapeutas dizerem, por exemplo, que acham que certos pacientes não eram bons candidatos à terapia e que, por isso, seu trabalho com eles assumiu a

forma de assistência social ou de orientação vocacional/conjugal. Como podemos saber de antemão, sem antes fazermos valer nosso desejo como analistas, se alguém pode ou não "fazer análise"? A aposta de Lacan, no meu entender, faria com que nunca presumíssemos que alguém é incapaz de fazer análise ou que não pode ir mais adiante em sua análise.

21. Ver *Escritos*, p.524[528].
22. Como nos diz Freud em suas *Conferências introdutórias à psicanálise*, a angústia, num sonho, é comumente gerada como uma derradeira tentativa da censura de disfarçar a satisfação que o sonhador está obtendo com uma atividade ou situação que suas "faculdades superiores" considerariam inaceitável. Quando perguntei a uma nova analisanda se ela se lembrava de alguma fantasia sexual, ela disse "na verdade, não", mas em seguida descreveu um sonho repetitivo em que sentia o piso ceder diante dela e tentava aflitivamente chegar a um terreno firme. Sua angústia nesse sonho repetitivo, mencionado no contexto da sexualidade, era em si uma espécie de gozo.

Permitam-me aqui simplesmente lembrar a estreita relação entre angústia e orgasmo, mencionada por Freud e por Lacan (ver, por exemplo, Seminário 10, p.208[196]). Freud notou muitas vezes que certos ataques de angústia parecem assumir um caráter orgásmico, ficando a pessoa numa agitação tal que faz lembrar uma espécie de excitação sexual. Assim, os ataques de angústia, os "colapsos" e os "ataques de pânico" proporcionam satisfação de uma forma que comumente não é reconhecível para o olhar inexperiente.

23. Em função dos antolhos que a fantasia nos impõe. Como sugere Lacan, todos vemos o mundo pelas lentes de nossas fantasias.
24. *Scilicet*, n.1, 1968.
25. Esse é um dos sentidos em que o sujeito lacaniano fica "entre a linguagem e o gozo": o sujeito pode "ter" um tipo de prazer primordial ou a linguagem, mas não os dois (trata-se de um "vel", o da "escolha forçada" que a criança pequena tem que ser "seduzida", instigada ou encorajada a fazer a favor da linguagem). Como diz Lacan, o sujeito "corresponde à oposição princípio de realidade/princípio do prazer" (Seminário 7, p.43[46]) – em outras palavras, a oposição entre a linguagem e algum tipo de gozo primordial "fácil", "por antecipação". A fantasia é a tentativa de juntar os dois elementos da escolha – o sujeito da linguagem e o gozo – de tal modo que eles sejam "compossíveis" (para tomar emprestado um termo de *Conditions*, de Alain Badiou (Paris, Seuil, 1992)). A fantasia, portanto, tenta superar o "ou isto ou aquilo", a escolha feita que foi responsável pelo advento do sujeito e por uma perda de satisfação; ela encena a tentativa de reverter essa perda.

O sujeito também fica "entre a linguagem e o gozo" no sentido de ser o elo entre uma experiência afetiva potente e o pensamento (o termo de Freud, nesse ponto, é "representação") que a acompanha. Esse elo se desfaz com frequência na neurose obsessiva; por exemplo, quando adulto, o Homem dos Ratos não consegue ver qualquer relação entre sua raiva e seu pai, até Freud deixá-lo expressar sua raiva no contexto analítico e interpretá-la como tendo algo a ver com o pai do paciente. Com essa interpretação, Freud permite que o Homem dos Ratos venha à luz como o elo entre seu afeto (gozo) e seus pensamentos (articulados na linguagem) sobre o pai. A experiência afetiva poderosa é, na terminologia lacaniana, um S_1, enquanto o pensamento é um S_2. O sujeito é o flash, o clarão entre eles que constitui um elo ou conexão.

26. Essa última abordagem por parte de Lacan poderia ser entendida, em alguns aspectos, como um retorno a um modelo econômico quase freudiano – no qual a satisfação tem precedência –, mas como uma síntese simultânea dos modelos econômico e dinâmico: para que a satisfação prevaleça, é necessária uma nova configuração do desejo (em sua relação com o eu e o inconsciente) com respeito às pulsões (ao isso e talvez ao supereu, na medida em que este comanda a satisfação das pulsões). Poderíamos considerar que as defesas contra a satisfação formam uma instância (*Instanz*) – o sujeito como desejo – numa nova topografia, na qual a outra instância é o sujeito como pulsão. Essas instâncias não admitem uma correspondência uma a uma com as de Freud.

Posfácio (p.241-43)

1. Ver Fink, *O sujeito lacaniano* (Princeton, Princeton UP, 1995 [Rio de Janeiro, Zahar, 1998]), fim do cap.8.
2. A precipitação, claro, é verdadeira quanto a toda compreensão; nesse contexto, ver os comentários de Lacan no Seminário 20, p.65[75].
3. "On perversion", in Fink et al. (orgs.), *Reading Seminars I and II: Lacan's Return to Freud* (Albany, Suny Press, 1996), p.307.
4. O famoso dito de Boileau, "*Ce qui se conçoit clairement s'énonce aisément*" ["O que se concebe com clareza enuncia-se com facilidade"], lê-se "diretamente", em vez de "obscuramente".
5. O estilo, como Lacan repete, pode ser o próprio homem (*Escritos*, p.9[9]), mas será que é idêntico às ideias deste? A relação entre os dois é obviamente dialética. Expressar as ideias de Lacan como fiz aqui implica uma perda de impacto – de um certo efeito inquietante e provocador no leitor – e uma perda do efeito performativo da escrita dele, os quais, não raro, são um grande deleite. Resta-me apenas esperar que minha escrita "compense" o leitor por essa perda de outras maneiras.

Recomendações de leitura

Nesta seção, menciono em primeiro lugar os trabalhos de interesse geral que abrangem muitos aspectos da prática clínica psicanalítica, e listo em seguida seleções curtas (em geral apenas algumas páginas, ou uma ou duas aulas) de livros ou artigos relevantes para os capítulos deste livro. Isso deve permitir aos leitores o estudo ou revisão somente das páginas de textos de Freud e Lacan que estejam *diretamente relacionadas* à discussão em pauta, em vez de exigir que leiam todo um tratado teórico, até o fim, em busca de uma só concepção clínica. Forneço uma brevíssima indicação dos assuntos abrangidos em cada trabalho citado, quando eles não se evidenciam prontamente pelo título, e acrescento a anotação "difícil" nos casos em que os não iniciados talvez julguem o texto um desafio em termos estilísticos e/ou conceituais. Em todos os tópicos os trabalhos de Freud e Lacan são relacionados em primeiro lugar, seguidos pelos de outros autores em ordem de importância.

Textos gerais

Lacan, Jacques. *O Seminário*, livro 3, *As psicoses* [Rio de Janeiro, Zahar, 2010]. Esse seminário é para o clínico talvez o mais acessível e pertinente dos trabalhos de Lacan até hoje publicados. Boa parte dos numerosos seminários de Lacan encontra-se estabelecida e publicada hoje: livros 1-8, 10-11, 16-20 e 23 [todos eles publicados no Brasil pela Zahar].

_____. *O Seminário*, livro 1, *Os escritos técnicos de Freud* [Rio de Janeiro, Zahar, 2009].

_____. "A direção do tratamento e os princípios de seu poder", in *Escritos* [Rio de Janeiro, Zahar, 1998]; difícil.

Fink, Bruce. *The Lacanian Subject: Between Language and Jouissance*. Princeton, Princeton University Press, 1995 [*O sujeito lacaniano: entre a linguagem e o gozo*. Rio de Janeiro, Zahar, 1998].

Fink, Bruce, Richard Feldstein e Maire Jaanus (orgs.). *Reading Seminars I and II: Lacan's Return to Freud*. Albany, Suny Press, 1996. Coleção de aulas ministradas a alunos iniciantes na psicanálise lacaniana pelos principais analistas da École de la Cause Freudienne. Os textos clínicos incluídos neste volume não são superados em parte alguma, na língua inglesa, em termos de acessibilidade e clareza.

_____ (orgs.). *Reading Seminar XI: Lacan's Four Fundamental Concepts of Psychoanalysis*. Albany, Suny Press, 1995 [*Para ler o Seminário 11 de Lacan: os quatro conceitos fundamentais da psicanálise*, Rio de Janeiro, Zahar, 1997]. Segundo volume de aulas ministradas por analistas da École de la Cause Freudienne, expondo os conceitos lacanianos fundamentais de maneira muito clara e direta.

Laplanche, J. e J.-B. Pontalis. *The Language of Psychoanalysis*. Nova York, Norton, 1973 [*Vocabulário da psicanálise*, São Paulo, Martins Fontes, 2014]. A melhor fonte enciclopédica sobre os conceitos freudianos, da autoria de dois alunos proeminentes de Lacan.

1. O desejo na análise (p.13-20)

Freud, Sigmund. *Introductory Lectures on Psychoanalysis* (1917). *SE* XVI, conferência 19 [*Conferências introdutórias sobre psicanálise*, in *Sigmund Freud: obras completas*, São Paulo, Companhia das Letras, vol.13, 2014 / *Edição standard brasileira das obras psicológicas completas de Sigmund Freud*, vol.XV. Rio de Janeiro, Imago, 1974];* sobre resistência e recalcamento.
_____. "Analysis of a case of hysteria" [Dora] (1905). *SE* VII, p.105 [*Fragmento da análise de um caso de histeria*, in *ESB* VII, 2ª ed. rev., 1987]; um contraexemplo do desejo do analista.
Lacan, Jacques. *O Seminário*, livro 1, *Os escritos técnicos de Freud*, cap. 1-4 [Rio de Janeiro, Zahar, 2009]; sobre a resistência, a defesa e o eu.
_____. "Introduction à l'édition allemande d'un premier volume des *Écrits*", *Scilicet*, n.5, 1975, p.11-7 ["Introdução à edição alemã de um primeiro volume dos *Escritos*", in *Outros escritos*, Rio de Janeiro, Zahar, 2003]; difícil.
Soler, Colette. "The real aims of the analytic act", *Lacanian Ink*, n.5, 1992, p.53-60; difícil.

2. Engajando o paciente no processo terapêutico (p.21-38)

Freud, Sigmund. "Recommendations to physicians practising psychoanalysis" (1912). *SE* XII, p.111-20 ["Recomendações aos médicos que exercem a psicanálise", in *SFOC* vol.10, 2010 / *ESB* vol.XII, 1974]; sobre a postura do analista.
_____. "On beginning the treatment" (1913). *SE* XII, p.123-44 ["Sobre o início do tratamento (Novas recomendações sobre a técnica da psicanálise I)", in *SFOC* vol.10, 2010 / *ESB* vol.XII, 1974]; sobre a abordagem geral do analista.
_____. "The handling of dream-interpretation in psychoanalysis" (1911). *SE* XII, p.91-6 ["O manejo da interpretação de sonhos em psicanálise", in *SFOC* vol.10, 2010 / *ESB* XII, 1974].
_____. "Remarks on the theory and practice of dream-interpretation" (1923). *SE* XIX, p.109-21 ["Observações sobre a teoria e a prática da interpretação dos sonhos", in *SFOC*, vol.16, 2011 / *ESB*, vol.XIX, 1974].
_____. "Some additional notes on dream-interpretation as a whole" (1925). *SE* XIX, p.127-38 ["Algumas notas adicionais sobre a interpretação dos sonhos como um todo", in *SFOC*, vol.16, 2011 / *ESB*, vol.XIX, 1974].

---

* Doravante abreviadas respectivamente como *SFOC* e *ESB*. Considere-se que pode haver pequenas variações nos títulos de artigos entre uma edição e outra. (N.E.B.)

_____. *Introductory Lectures on Psychoanalysis* (1916). *SE* XVI, p.284-5 [*Conferências introdutórias sobre psicanálise*, in *SFOC*, vol.13, 2014 / *ESB*, vol.XV, 1974]; o ego não é "senhor em sua própria casa".
Lacan, Jacques. *O Seminário*, livro 3, caps.4, 7, 10, 12 e 13 [Rio de Janeiro, Zahar, 2010]; sobre o sentido e o simbólico, e sobre o desejo como questão.
_____. *Escritos* [Rio de Janeiro, Zahar, 1998, p.310-22[311-24]; sobre o tempo e a sessão de duração variável.
_____. *O Seminário*, livro 8, *A transferência* [Rio de Janeiro, Zahar, 2010]; o analista como espelho.
_____. *O Seminário*, livro 10, *A angústia*, lição de 12 jun 1963 [Rio de Janeiro, Zahar, 2005]; sobre a sistematização dos sintomas no começo da análise.
_____. "Geneva lecture on the symptom". *Analysis*, n.1, 1989, p.10; sobre não colocar o paciente no divã cedo demais.
_____. "A coisa freudiana, ou Sentido do retorno a Freud em psicanálise", in *Escritos* [Rio de Janeiro, Zahar, 1998]; difícil.
_____. "Subversão do sujeito e dialética do desejo no inconsciente freudiano". *Escritos* [Rio de Janeiro, Zahar, 1998]; difícil.
_____. *O Seminário*, livro 5, *As formações do inconsciente* [Rio de Janeiro, Zahar, 1999]; sobre trocadilhos, lapsos e toda sorte de atos falhos.
Miller, Jacques-Alain. "La sortie d'analyse". *La lettre mensuelle de l'ECF*, n.119, 1993, p.31-8; sobre a emergência de uma demanda "autônoma"; difícil.
Sylvestre, Michel. *Demain la psychanalyse*. Paris, Navarin, 1987, p.66; o analista como aquele que finge não ter compreendido ou ouvido bem.

3. A relação analítica (p.39-53)

Freud, Sigmund. *Introductory Lectures on Psychoanalysis* (1916-17). *SE* XVI, conferências 27-28 [*Conferências introdutórias sobre psicanálise*, in *SFOC*, vol.13, 2014 / *ESB*, vol. XV. Rio de Janeiro, Imago, 1974].
_____. "The dynamics of transference" (1912) ["A dinâmica da transferência", in *SFOC* vol.10, 2010 / *ESB*, vol. XII, 1974].
_____. "Remembering, repeating and working-through" (1914). *SE* XII, p.147-56 ["Recordar, repetir e elaborar (Novas recomendações sobre a técnica da psicanálise II)", in *SFOC*, vol.10, 2010 / *ESB*, vol.XII, 1974].
_____. "Observations on transference-love" (1915). *SE* XII, p.159-71 ["Observações sobre o amor transferencial", in *SFOC*, vol.10, 2010 / *ESB*, vol.XII, 1974].
_____. *Studies on Hysteria* (1895). *SE* II, caps.1-2 [*Estudos sobre a histeria*, in *SFOC*, vol.2, 2016 / *ESB*, vol.II, 1987].
Lacan, Jacques. *O Seminário*, livro 3, *As psicoses*, cap.7 [Rio de Janeiro, Zahar, 2010].
_____. *O Seminário*, livro 8, *A transferência*, caps.12-13 [Rio de Janeiro, Zahar, 2010].
_____. "A direção do tratamento e os princípios de seu poder", in *Escritos* [Rio de Janeiro, Zahar, 1998]; difícil.

_____. *O Seminário*, livro 11, *Os quatro conceitos fundamentais da psicanálise*, cap.18 [Rio de Janeiro, Zahar, 2008]; difícil.
_____. "Intervenção sobre a transferência", in *Escritos* [Rio de Janeiro, Zahar, 1998].
_____. "Variantes do tratamento-padrão", in *Escritos* [Rio de Janeiro, Zahar, 1998].

4. A interpretação: abrindo o espaço do desejo (p.54-61)

Freud, Sigmund. *New Introductory Lectures on Psychoanalysis* (1933). SE XXII, conferência 31 [*Novas conferências introdutórias sobre psicanálise*, conferência 31, in *ESB*, vol.XXII, 1974].
Lacan, Jacques. *O Seminário*, livro 3, *As psicoses*, p.184, 293-305 [Rio de Janeiro, Zahar, 2010].
_____. *O Seminário*, livro 8, *A transferência*, caps.1-11 e 14-15 [Rio de Janeiro, Zahar, 2010].
_____. *O Seminário*, livro 18, *De um discurso que não fosse semblante*, lição de 13 jan 1971. [Rio de Janeiro, Jorge Zahar, 2009].
_____. *Escritos* [Rio de Janeiro, Zahar, 1998, p.106 e 588 [109 e 594-5].
_____. "Introdução à edição alemã de um primeiro volume dos *Escritos*", *Scilicet*, n.5, 1975, p.16 [*in Outros escritos*, Rio de Janeiro, Zahar, 2003].
Fink, Bruce. *The Lacanian Subject*. Princeton, Princeton University Press, 1995, caps.3, 7, 8 e 10 [*O sujeito lacaniano: entre a linguagem e o gozo*. Rio de Janeiro, Zahar, 1998].

5. A dialética do desejo (p.62-84)

Freud, Sigmund. *The Origins of Psychoanalysis*. Nova York, Basic Books, 1954, p.163-4, carta de 30 mai 1896.
_____. "Project for a scientific Psychology". *SE* I, p.338-9 (sobre a alucinação) e 353-6 (sobre a ação protelada) ["Projeto para uma psicologia científica". *ESB*, vol.I, 1987].
_____. *The Interpretation of Dreams*. *SE* IV, p.146-51 [*A interpretação dos sonhos*, in *ESB*, vols. IV-V, 1974]; sonho contado pela "mulher do açougueiro".
_____. *Introductory Lectures on Psychoanalysis*. *SE* XVI, conferência 21, "The development of the libido and the sexual organizations" ["O desenvolvimento da libido e as organizações sexuais". *Conferências introdutórias sobre psicanálise*, in *SFOC*, vol.13, 2014 / *ESB*, vol.XV, 1974].
_____. "Analysis terminable and interminable" (1937). *SE* XXIII, p.252-3 ["Análise terminável e interminável". *ESB*, vol.XXIII, 1974].
_____. "Constructions in analysis" (1937). *SE* XXIII, p.257-69 ["Construções em análise", in *ESB*, vol.XXIII, 1974].
Lacan, Jacques. "A direção do tratamento e os princípios de seu poder", in *Escritos* [Rio de Janeiro, Zahar, 1998]; difícil.
_____. *O Seminário*, livro 8, *A transferência*, cap.15-18 e 25 [Rio de Janeiro, Zahar, 2010].
_____. *O Seminário*, livro 10, *A angústia*, lição de 14 nov 1962 [Rio de Janeiro, Zahar, 2005].
_____. *O Seminário*, livro 14, *A lógica da fantasia* (inédito); difícil.

_____. "Do 'Trieb' de Freud e do desejo do psicanalista", in *Escritos* [Rio de Janeiro, Zahar, 1998]; difícil.
_____. *O Seminário*, livro 6, *O desejo e sua interpretação* [Rio de Janeiro, Zahar, 2016].
_____. "Subversão do sujeito e dialética do desejo no inconsciente freudiano", in *Escritos* [Rio de Janeiro, Zahar, 1998]; difícil.
Soler, Colette. "History and hysteria: the witty butcher's wife". *Newsletter of the Freudian Field*, n.6, 1992, p.16-33.
_____. "Hysteria and obsession", in Fink et al. (orgs.), *Reading Seminars I and II: Lacan's Return to Freud*. Albany, Suny Press, 1996, p.248-82.
Vários autores. *Comment finissent les analyses*. Paris, Seuil, 1994, p.163-210 [*Como terminam as análises*, textos reunidos pela Associação Mundial de Psicanálise, Rio de Janeiro, Zahar, 1995]; obra coletiva.
Fink, Bruce. *The Lacanian Subject*. Princeton, Princeton University Press, 1995, caps.1, 5, 6 e 7 [*O sujeito lacaniano: entre a linguagem e o gozo*. Rio de Janeiro, Zahar, 1998].
_____. "Reading *Hamlet* with Lacan", in Richard Feldstein e Willy Apollon (orgs.). *Lacan, Politics, Aesthetics*. Albany, Suny Press, 1995.
Roudinesco, Elizabeth. *Jacques Lacan & Co.: A History of Psychoanalysis in France, 1925-1985*, trad. Jeffrey Mehlman. Chicago, University of Chicago Press, 1990 [*História da psicanálise na França: a Batalha dos Cem Anos*, vol.II: 1925-1985. Rio de Janeiro, Zahar, 1988]. Discussões, por diferentes analistas, de suas análises com Lacan.

6. Uma abordagem lacaniana do diagnóstico (p.87-90)

Freud, Sigmund. *Introductory Lectures on Psychoanalysis*, conferências 23 e 28 [*Conferências introdutórias sobre psicanálise*, in *SFOC*, vol.13, 2014 / *ESB*, vol.XVI, 1974].
_____. "Neurosis and psychosis" (1923). *SE* XIX, p.149-53 ["Neurose e psicose", *ESB*, vol.XIX, 1974].
_____. "The infantile genital organization" (1923). *SE* XIX, p.141-5 ["A organização genital infantil: uma interpolação na teoria da sexualidade", in *SFOC*, vol.16, 2011 / *ESB*, vol.XIX, 1974].
_____. "The loss of reality in neurosis and psychosis" (1924). *SE* XIX, p.183-7 ["A perda da realidade na neurose e na psicose", in *ESB*, vol.XIX, 1974].
_____. "Negation" (1924). *SE* XIX, p.236-9 ["A negação", in *SFOC*, vol.16, 2011 / *ESB*, vol.XIX, 1974].
_____. "An outline of psychoanalysis", cap.8 (1938). *SE* XXIII, p.195-204 [*Esboço de psicanálise*, in *ESB*, vol.XXIII, 1974].
_____. "Splitting of the ego in the process of defence" (1938). *SE* XXIII, p.275-8 ["A divisão do ego no processo de defesa", in *ESB*, vol.XXIII, 1974].
_____. "Fetishism" (1927). *SE* XXI, p.152-7 ["Fetichismo", in *SFOC*, vol.17, 2014 / *ESB*, vol.XXI, 1974].

Lacan, Jacques. *O Seminário*, livro 1, *Os escritos técnicos de Freud*, caps.4-5 [Rio de Janeiro, Zahar, 2009]; reformulado por Lacan in *Escritos* [Rio de Janeiro, Zahar, 1998, p.369-99[370-401]].

_____. *O Seminário*, livro 3, *As psicoses*, caps.1, 3, 20 e 25 [Rio de Janeiro, Zahar, 2010].

_____. *O Seminário*, livro 21, "Les non-dupes errent" (inédito), lição de 19 mar 1974; difícil.

Miller, Jacques-Alain. "An introduction to Lacan's clinical perspectives", in Fink et al. (orgs.), *Reading Seminars I and II: Lacan's Return to Freud*. Albany, Suny Press, 1996, p.241-7.

Hyppolite, Jean. "Comentário falado sobre a *Verneinung* de Freud", in Lacan, Jacques, *Escritos* [Rio de Janeiro, Zahar, 1998, p.879-87[893-902]]; difícil.

Fink, Bruce. *The Lacanian Subject*, Princeton, Princeton University Press, 1995, caps.5-6 [*O sujeito lacaniano: entre a linguagem e o gozo*. Rio de Janeiro, Zahar, 1998].

7. Psicose (p.91-126)

Freud, Sigmund. "Psychoanalytic notes on an autobiographical account of a case of paranoia [Schreber]" (1911). *SE* XII, p.9-82 ["Notas psicanalíticas sobre um relato autobiográfico de um caso de paranoia (*Dementia paranoides*)", in *SFOC*, vol.10, 2010 / *ESB*, vol.XII, 1974].

Lacan, Jacques. *O Seminário*, livro 3, *As psicoses* [Rio de Janeiro, Zahar, 2010].

_____. "De uma questão preliminar a todo tratamento possível da psicose", in *Escritos* [Rio de Janeiro, Zahar, 1998]; difícil.

Miller, Jacques-Alain. "An introduction to Lacan's clinical perspectives", in *Reading Seminars I and II: Lacan's Return to* Freud. Albany, Suny Press, 1996, p.241-7.

Schaetzel, Jean-Claude. "Bronzehelmet, or The itinerary of the psychotherapy of a psychotic", in Schneiderman (org.). *How Lacan's Ideas Are Used in Clinical Practice*. Northvale, Aronson, 1993, p.184-94; a edição anterior da coleção em que este artigo foi publicado é mais conhecida de muitos leitores: *Returning to Freud: Clinical Psychoanalysis in the School of Lacan*. New Haven, Yale University Press, 1980.

Schreber, Daniel Paul. *Memoirs of My Nervous Illness*. Cambridge, Mass., Harvard University Press, 1988 [*Memórias de um doente dos nervos*, org. Marilene Carone. São Paulo, Graal, 1984].

Clinique différentielle des psychoses. Paris, Navarin, 1988; inclui comentários de muitos membros da École da la Cause Freudienne; difícil.

Gorog, Françoise. "Clinical vignette: a case of transsexualism", in *Reading Seminars I and II: Lacan's Return to Freud*. Albany, Suny Press, 1996, p.283-6.

O ponto de capitonê (ponto de ancoragem ou ponto de basta)

Lacan, Jacques. "Subversão do sujeito e dialética do desejo no inconsciente freudiano", in *Escritos* [Rio de Janeiro, Zahar, 1998]; difícil.

Žižek, Slavoj. *The Sublime Object of Ideology*, cap.3. Londres, Verso, 1989 [*Eles não sabem o que fazem: o sublime objeto da ideologia*. Rio de Janeiro, Zahar, 1992].
Grigg, Russell. "Metaphor and metonymy". *Newsletter of the Freudian Field*, n.3, 1989, p.58-79.

O eu como objeto

Freud, Sigmund. *The Ego and the Id* (1923). *SE* XIX, p.19-39 [*O ego e o id*, in *SFOC*, vol.16, 2011 / *ESB*, vol.XIX, 1974].
Lacan, Jacques. *O Seminário*, livro 2, *O eu na teoria de Freud e na técnica da psicanálise* [Rio de Janeiro, Zahar, 2010, p.62-9[68-77].
_____. "O estádio do espelho como formador da função do eu", in *Escritos* [Rio de Janeiro, Zahar, 1998].
_____. *O Seminário*, livro 8, *A transferência*, caps.23-24 [Rio de Janeiro, Zahar, 2010].
Fink, Bruce. *The Lacanian Subject: Between Language and Jouissance*. Princeton, Princeton University Press, 1995, caps.1, 2, 4 e 5 [*O sujeito lacaniano: entre a linguagem e o gozo*. Rio de Janeiro, Zahar, 1998].

8. Neurose (p.127-83)

Freud, Sigmund. "Negation" (1924). *SE* XIX, p.236-9 ["A negação", in *SFOC*, vol.16, 2011 / *ESB*, vol.XIX, 1974].
_____. *Introductory Lectures on Psychoanalysis*, caps.20-21 [*Conferências introdutórias sobre psicanálise*, in *SFOC*, vol.13, 2014 / *ESB*, vol.XV, 1974].
_____. "Constructions in analysis" (1937). *SE* XXIII, p.257-69 ["Construções em análise", in *ESB*, vol.XXIII, 1974].
Lacan, Jacques. "Do 'Trieb' de Freud e do desejo do psicanalista", in *Escritos* [Rio de Janeiro, Zahar, 1998]; difícil.
_____. "A direção do tratamento e os princípios de seu poder", in *Escritos* [Rio de Janeiro, Zahar, 1998]; difícil.
_____. "Subversão do sujeito e dialética do desejo no inconsciente freudiano". *Escritos* [Rio de Janeiro, Zahar, 1998].
Miller, Jacques-Alain. "Donc", 11 mai 1994; seminário inédito, apresentado em francês.
Fink, Bruce. *The Lacanian Subject: Between Language and Jouissance*. Princeton, Princeton University Press, 1995, caps.1, 5, 7, 8 [*O sujeito lacaniano: entre a linguagem e o gozo*. Rio de Janeiro, Zahar, 1998].

Histeria e obsessão

Freud, Sigmund. *The Interpretation of Dreams* (1899). *SE* IV, p.146-51 [*A interpretação dos sonhos*, in *ESB*, vol.IV-V, 1974]; sonho contado pela "mulher do açougueiro".

_____. "Notes upon a case of obsessional neurosis [Rat Man]" (1909). SE X, p.158-249 ["Notas sobre um caso de neurose obsessiva (O Homem dos Ratos)", in *SFOC*, vol.9, 2013 / *ESB*, vol.X, 1974].

_____. *Introductory Lectures on Psychoanalysis*. SE XVI, p.261-9 [*Conferências introdutórias sobre psicanálise*, in *SFOC*, vol.13, 2014 / *ESB*, vol.XV, 1974].

_____. *Freud's Letters to Fliess*, trad. Jeffrey M. Masson. Cambridge, Mass., Harvard University Press, 1988, p.141 (carta de 8 out 1895); p.144 (carta de 15 out 1895); p.145 (carta de 16 out 1895); p.154 (carta de 8 dez 1895); p.164-9 (Rascunho K); e p.187-90 (carta de 30 mai 1896) [*A correspondência completa de Sigmund Freud para Wilhelm Fliess, 1887-1904*. Rio de Janeiro, Imago, 1986].

Freud, Sigmund e Joseph Breuer. *Studies on Hysteria* (1895). SE II, p.21-47 [*Estudos sobre a histeria*, in *SFOC*, vol.2, 2016 / *ESB*, vol.II, 1987].

Lacan, Jacques. *O Seminário*, livro 3, *As psicoses*, caps.12-13 [Rio de Janeiro, Zahar, 2010].

_____. *O Seminário*, livro 8, *A transferência*, caps.15-18 [Rio de Janeiro, Zahar, 2010].

_____. "A direção do tratamento e os princípios de seu poder", in *Escritos* [Rio de Janeiro, Zahar, 1998]; difícil.

_____. *O Seminário*, livro 10, *A angústia*, lição de 25 jun 1963 [Rio de Janeiro, Zahar, 2005]; sobre o desejo e a obsessão.

_____. *O Seminário*, livro 11, *Os quatro conceitos fundamentais da psicanálise*, p.67 [73/74] [Rio de Janeiro, Zahar, 2008].

_____. *O seminário*, livro 17, *O avesso da psicanálise*, caps.1-5 [Rio de Janeiro, Zahar, 1992]; sobre o discurso da histérica; difícil.

Miller, Jacques-Alain. "H_2O", trad. Bruce Fink, in *Hysteria*. Nova York, Lacan Study Notes, 1988.

Fundação do Campo Freudiano. *Hystérie et obsession*. Paris, Navarin, 1986. Inclui comentários de muitos membros da École de la Cause Freudienne; difícil.

Soler, Colette. "Hysteria and obsession". *Reading Seminars I and II: Lacan's Return to Freud*. Albany, Suny Press, 1996, p.248-82.

_____. "History and hysteria: the witty butcher's wife". *Newsletter of the Freudian Field*, n.6, 1992, p.16-33.

Fink, Bruce. *The Lacanian Subject: Between Language and Jouissance*. Princeton, Princeton University Press, 1995, caps.7, 8 e 9 [*O sujeito lacaniano*. Rio de Janeiro, Zahar, 1998].

Fobia

Lacan, Jacques. "A direção do tratamento e os princípios de seu poder", in *Escritos* [Rio de Janeiro, Zahar, 1998]; difícil.

_____. *O Seminário*, livro 4, *A relação de objeto*, caps.12-24 [Rio de Janeiro, Zahar, 1995].

Recomendações de leitura

Alienação e separação

Lacan, Jacques. *O Seminário*, livro 11, *Os quatro conceitos fundamentais da psicanálise*, caps.16 e 17 [Rio de Janeiro, Zahar, 2008]; difícil.
_____. *O Seminário*, livro 14, *A lógica da fantasia* (inédito); difícil.
_____. *O Seminário*, livro 15, *O ato psicanalítico* (inédito); difícil.
Miller, Jacques-Alain. "Du symptôme au fantasme et retour" (seminário inédito), aulas dadas em 9, 16 e 23 mar 1983; "1, 2, 3, 4" (seminário inédito), aulas dadas em 21 e 28 nov 1984; esse seminário de Miller é *a* obra seminal sobre a alienação e a separação.
Fink, Bruce. *The Lacanian Subject: Between Language and Jouissance*. Princeton, Princeton University Press, 1995, caps.5-6 [*O sujeito lacaniano*. Rio de Janeiro, Zahar, 1998].
_____. "Alienation and separation: logical moments of Lacan's dialectic of desire". *Newsletter of the Freudian Field*, n.4, 1990, p.78-119; esse texto baseia-se predominantemente em artigos de Miller, "Du symptôme au fantasme et retour" e "1, 2, 3, 4" (inédito). Vários erros substantivos foram introduzidos no artigo pelos editores da *Newsletter*. Queira consultar o autor para obter esclarecimentos.

O supereu

Miller, Jacques-Alain. "A discussion of Lacan's 'Kant with Sade'", in *Reading Seminars I and II: Lacan's Return to Freud*. Albany, Suny Press, 1996, p.212-37.

9. Perversão (p.184-224)

Freud, Sigmund. *Introductory Lectures on Psychoanalysis*, conferências 20-21 [*Conferências introdutórias sobre psicanálise*, in *SFOC*, vol.13, 2014 / *ESB*, vol.XV, 1974].
_____. "The infantile genital organization". *SE* XIX, p.141-5 ["A organização genital infantil: uma interpolação na teoria da sexualidade", in *SFOC*, vol.16, 2011 / *ESB*, vol.XIX, 1974].
_____. "Negation" (1925). *SE* XIX, p.235-9 ["A negação", in *SFOC*, vol.16, 2011 / *ESB*, vol.XIX, 1974].
_____. "Fetishism" (1927). *SE* XXI, p.152-7 ["Fetichismo", in *SFOC*, vol.17, 2014 / *ESB*, vol.XXI, 1974].
_____. "An outline of psychoanalysis" (1938). *SE* XXIII, cap.8 [*Esboço de psicanálise*, in *ESB*, vol.XXIII, 1974].
_____. "Splitting of the ego in the procesof defence" (1938). *SE* XXIII, p.275-8 ["A divisão do ego no processo de defesa", in *ESB*, vol.XXIII, 1974].
Lacan, Jacques. *O Seminário*, livro 4, *A relação de objeto*, cap.6-11 [Rio de Janeiro, Zahar, 1995].

_____. *O Seminário*, livro 10, *A angústia*, lições de 5 dez 1962, 16 jan 1963, 27 fev 1963, 13 mar 1963, 20 mar 1963, 26 mar 1963, 22 mai 1963, 19 jun 1963 e 3 jul 1963 [Rio de Janeiro, Zahar, 2005].

_____. "Kant com Sade", in *Escritos* [Rio de Janeiro, Zahar, 1998].

_____. "Posição do inconsciente", in *Escritos* [Rio de Janeiro, Zahar, 1998]; em inglês, ver a tradução de Bruce Fink in *Reading Seminar XI: Lacan's Four Fundamental Concepts of Psychoanalysis*. Albany, Suny Press, 1995 [*Para ler o Seminário 11 de Lacan: os quatro conceitos fundamentais da psicanálise*, Rio de Janeiro, Zahar, 1997].

Miller, Jacques-Alain. "On perversion", in *Reading Seminars I and II: Lacan's Return to Freud*. Albany, Suny Press, 1996, p.306-20.

_____. "A discussion of Lacan's 'Kant with Sade'", in *Reading Seminars I and II: Lacan's Return to Freud*. Albany, Suny Press, 1996, p.212-37.

Tostain, René. "Fetishization of a phobic object", in *How Lacan's Ideas Are Used in Clinical Practice*. Northvale, Aronson, 1993, p.247-60.

Safouan, Moustapha. "Contribution to the psychoanalysis of transsexualism", in *How Lacan's Ideas Are Used in Clinical Practice*. Northvale, Aronson, 1993, p.195-212; usam-se exemplos clínicos para ilustrar a diferença entre perversão e psicose.

Fundação do Campo Freudiano. *Traits de perversion dans les structures cliniques*. Paris, Navarin, 1990. Inclui comentários de muitos membros da École da la Cause Freudienne; difícil.

10. Do desejo ao gozo (p.227-39)

Lacan, Jacques. "Do 'Trieb' de Freud e do desejo do psicanalista", in *Escritos* [Rio de Janeiro, Zahar, 1998]; difícil.

_____. *O Seminário*, livro 10, *A angústia*, lição de 13 mar 1963 [Rio de Janeiro, Zahar, 2005].

_____. "Proposition du 9 octobre 1967 sur le psychanalyste de l'École". *Scilicet*, n.1, 1968, p.14-30 ["Proposição de 9 de outubro de 1967 sobre o psicanalista da Escola", in *Outros escritos*. Rio de Janeiro, Zahar, 2003]; difícil.

Miller, Jacques-Alain. "Donc" (1993-94), seminário inédito, ministrado em francês. Diversas páginas importantes foram extraídas e traduzidas por Bruce Fink sob o título de "Commentary on Lacan's text", in *Reading Seminars I and II: Lacan's Return to Freud*. Albany, Suny Press, 1996, p.422-7.

Dunand, Anne. "The end of analysis", in *Reading Seminar XI: Lacan's Four Fundamental Concepts of Psychoanalysis*. Albany, Suny Press, 1995, p.243-56 [*Para ler o Seminário 11 de Lacan: os quatro conceitos fundamentais da psicanálise*, Rio de Janeiro, Zahar, 1997].

Paulhan, Jean. *Le guerrier appliqué*. Paris, Gallimard, 1930.

Agradecimentos

Jacques-Alain Miller – o editor geral dos seminários de Lacan e presidente da École da la Cause Freudienne, amplamente reconhecido como o principal intérprete da obra de Lacan no mundo atual – ensinou-me a maior parte do que sei sobre a psicanálise lacaniana. Sou imensamente grato à sua contínua Orientation Lacanienne, o seminário semanal que ele realiza como diretor do Departamento de Psicanálise da Universidade Paris VIII, Saint-Denis, que frequentei no período de 1983 a 1989. Ele forneceu muitas das chaves que me permitiram ler Lacan e, tal como aconteceu com meu livro anterior, *O sujeito lacaniano* (sobretudo os Capítulos 2-5 e 10 e os apêndices), aqui eu me pauto consideravelmente por suas aulas publicadas e inéditas. Os Capítulos 6, 9 e 10 têm por base parcial, respectivamente, seus ensaios "Introdução às perspectivas clínicas de Lacan", "Sobre a perversão" e "Comentário sobre o texto de Lacan", e várias figuras que usei nos Capítulos 8, 9 e 10 derivaram de figuras que ele discutiu longamente. Na verdade, as referências a seu trabalho ocorrem por toda parte, uma vez que ele constitui o pano de fundo da visão que apresento sobre o trabalho de Lacan.

Colette Soler, uma das mais experientes psicanalistas lacanianas filiadas à École de la Cause Freudienne, exerceu especial influência na minha compreensão do trabalho clínico de Lacan, e seu trabalho também é fartamente citado aqui. Seu ensaio "Histeria e obsessão" foi-me extremamente útil no Capítulo 8. Não obstante, nem Jacques-Alain Miller nem Colette Soler endossariam, necessariamente, as concepções expressas neste livro – decerto discordariam de várias interpretações aqui expressadas.

Héloïse Fink teceu muitos comentários úteis, que contribuíram para melhorar a legibilidade do livro, e ofereceu apoio moral durante todo o processo de redação.

Índice remissivo

Abraham, Karl, 64
afânise, 140
afeto, 234, 237, 305-6
    recalcamento e, 127-9
Alcibíades, 301n67
alienação, causa do desejo e, 67
    definição da, 297n33
    e sujeito como pulsão, 231-2
    função paterna e, 104-7, 199-200, 273-4n37
    linguagem e, 99, 297n33
    neurose e, 181
    perversão e, 193-4, 195-200, 208-9, 212-3, 214-7
aloerotismo, 296n21
alucinação, 95-8
analisando:
    comportamento sedutor do, 252n15
    demandado *ver* demanda
    desejo do *ver* desejo
    engajamento do *ver* técnica; entrevistas preliminares
    tentativas de amizade do, 21-2
    ver também sujeito
analista:
    como causa do desejo do analisando, 49-53, 62-3, 69-72, 232
    como juiz, 47-9
    como outro imaginário, 43-4
    como Outro simbólico, 42-4, 57-8, 118-20
    como pessoa/indivíduo, 42-4, 45, 46, 47, 150
    como sujeito suposto saber, 42, 43, 239, 254-5n8
    conselhos dados pelo, 29-30, 252-3n19
    desejo do *ver* desejo do analista
    exasperação do, 27
    separação do, 75-6, 83-4, 228
    técnicas do *ver* técnica
"anatomia é o destino, a", 181
angústia:
    afeto e, 237
    de castração, 45, 295n18
    de separação, 194, 298n38
    desejo do Outro como produtor de, 73-4
    desejo e, 196-7, 296n27
    falta de falta como produtora de, 197-8, 302n73
    Freud sobre a, 237
    neurótica *versus* realista, 73-4, 188-9
    nos sonhos, 305n22
    perversão e, 194, 208, 211-3, 298n38
    sintomas como ligação da, 200
angústia (*angoisse*), 73-4
angústia de castração, 45, 187, 191, 295n18
angústia de separação, 194, 298n38
anorexia, 132, 142
ansiedade *ver* angústia
Aristóteles, 56, 285n33
assinatura da psicose, 109
associação livre, 26
ataques de pânico, 305n22
autismo, 104, 271-2n29
autoerotismo como aloerótico, 248n15, 296n21
    obsessão e, 192
    perversão e, 191, 192
    sacrifício do *ver* castração
autoridade, 92-3
    ver também função paterna

Bach, Sheldon, 302n69
Badiou, Alain, 305n25
Bettelheim, Bruno, 277n68
Boileau, 242, 306n4
borderline, 89, 95, 151, 183, 267-8n8
Breuer, Joseph, 52, 96, 130

capitonê, ponto de, 107, 121, 259n7
"carta roubada, A" (Poe), 227-8
Casque-de-Bronze, Roger (pseudônimo), 116-24
castração:
    angústia de, 45, 187, 191, 295n18
    como rocha fundamental, 78, 82-3, 236
    definição da, 79
    desejo do analista e, 83
    divisão santa/prostituta e, 159, 289n64
    estruturas diagnósticas comparadas em relação à, 214-7
    fantasia fundamental e, 78-83, 144-5
    Freud sobre a, 80-2
    função paterna e, 104
    neurose e, 45, 79, 109-11
    o gozo do Outro e, 82-3, 144-5, 214-7
    perversão e, 189, 191-4, 202-6, 212-3
    psicose e falta de, 110
    responsabilidade aceita pelo analisando, 83-4
    separação e, 204-5

Índice remissivo

  ver também gozo; função paterna; falo; separação
causa do desejo (objeto *a*):
  analista como, 50-3, 64-5, 69-72, 232
  como fetichista, 185
  como gozo, 231
  como não sendo o objeto, 62-4
  fixação na, 64-5; *ver também* fantasia fundamental
  o desejo do Outro como, 65-7
  separação da *ver* separação
  termo e notação simbólica da, 64, 261n5
cena primária, 83, 167
certeza, 96
Charcot, Jean-Martin, 40-1
circuito do desejo, 141-4, 173-4
Clérambault, Gaëtan Gatian de, 87
cliente:
  como termo, 19-20
  ver também analisando
compulsão, 281n14
comunicação, 54-5, 257-8n3
consciência *ver* supereu/superego
contratransferência:
  como nível imaginário, 43-4
  composta de preconceitos e embaraços, 254-5n8
  posta de lado, 15-6
  ver também desejo do analista
Corday, Rachel, 102-3, 107, 274n39
Cordié, Anny, 72
corpo:
  neurose e, 110
  psicose e, 102-3, 110-1
  sintomas do, 130
culpa, 111, 132-3, 158-9, 176, 180-1, 194

demanda:
  as pulsões e, 231
  definição de, 249n16, 258n4
  e falta de valor aparente, 30-2, 54, 55
  necessidade distinguida da, 258-9n4
  o desejo do Outro transformado em, 72-3
  versus desejo, 37-8, 54-5, 197-8, 252n15
  ver também desejo; gozo
démentir ver desmentido
déni ver desmentido
denominação:
  do desejo da mãe/Outro materno, 197-8, 199, 206, 215, 223-4
  pai e *ver* função paterna
Descartes, René, 285n27
desejo:
  abertura de espaço para o, 54-5, 197-8
  causa do *ver* causa do desejo (objeto *a*)
  como estruturalmente impossível de satisfazer, 63-4, 264-5n34
  como inibidor das pulsões, 264-5n34
  crise do, 65
  da mãe/Outro materno *ver* desejo da mãe/Outro materno
  de que não ocorram mudanças, 13-4
  do analista *ver* desejo do analista
  do Outro *ver* desejo do Outro
  falo como significante do, 181-2
  falta e *ver* falta
  impossível *ver* neurose obsessiva
  insatisfeito *ver* histeria
  linguagem e, 66-7, 114-5, 197-8, 227-8
  metas da análise e, 227-9
  movimento para o *ver* dialética do desejo
  proibição e, 79-80
  saber e, 17-8
  sujeito como, 229-30, 232, 233-6
  versus amor, 143-4
  versus demanda, 37-8, 54-5, 197-8, 252n15
  versus gozo, 143-4, 233-5, 239
  ver também demanda; gozo
desejo da mãe/Outro materno, 91-2
  denominação, 197-8, 199, 206, 215, 223-4
  tamponamento/saciação do, 195-8
desejo do analista:
  capacidade de análise e, 304-5n20
  castração e, 83
  como força motora da terapia, 14-5, 228, 249-51n17
  crise de gozo e, 19
  definição do, 16-7
  e resistência ao saber, 17-8
  escansão e, 26-7
  imprevisibilidade e, 77
  sessões canceladas ou com atraso e, 31-2, 249-51n17
  ver também contratransferência
desejo do Outro:
  como causa do desejo do sujeito, 65-7
  como falta, 55, 56, 63-4, 76-7
  definição do, 66-7
  histérica como causa do, 137-43, 148-50, 298n35, 298-9n39
  separação do, 67-8
  transformado em demanda, 72-3
  ver também desejo da mãe/Outro materno
désir de la mère, le (desejo da/pela mãe), 92
desmentido:
  definição de, 205
  Freud sobre o, 186-9
  função paterna e, 189-90, 205, 208-9, 213
  sacrifício do gozo e, 190-4
  versus recalcamento, 186-90

ver também foraclusão; perversão; recalcamento primário
Diagnostic and Statistical Manual of Mental Disorders (*DSM*) [Manual diagnóstico e estatístico de transtornos mentais], 87, 293n2
diagnóstico, 87-90
    categorias estruturais do, 88-90, 131-2, 179-82, 186, 214-7
    entrevistas preliminares e, 22-3, 87
    posição do analista e, 87, 133, 149-50
    ver também neurose; perversão; psicose
dialética do desejo, 37-8
    como desejo posto em movimento, 37-8
    da neurose *versus* psicose, 113-5
    e fantasia fundamental *ver* fantasia fundamental
    fixação na causa e, 64-5
    o desejo do Outro como causa, 65-7
    separação do desejo do Outro, 67-8, 69-72, 76-7
diferença sexual:
    função paterna e, 192-3, 282n22
    nas estruturas diagnósticas, 134-5, 151, 176, 182, 281-2n20, 282n22, 296n26
    supereu/superego e, 175
    ver também homem; mulher
discurso analítico, 149
discurso da histérica, 149, 283n23
divã, 24, 150
divisão santa/prostituta, 159, 289n64
Don Juan, 296n27
dor, 209
Dora, 251n6, 252n16, 253n27, 286n38
dúvida, 96-7

efeito placebo, 41
elaboração da transferência, 46
    dialetização *ver* dialética do desejo
    reconfiguração *ver* fantasia fundamental
    separação do desejo do Outro, 67-8
entrevistas preliminares:
    aspectos clínicos, 22-4
    divã e as, 24, 150
    intervenções nas, 24-30
    pedagogia analítica, 21-2, 43
erotismo, 296n21
    ver também sexualidade
escansão, 26-30
    definição de, 251n10
espelhamento, 259n8
Espinosa, 54
Esquema L, 46, 119, 235, 276n62
Esquema R, 276n62
esquizofrenia, 270-1n18, 272n31

estádio do espelho, 98, 100, 274-5n43
estresse, 130
estudos de caso:
    fetichismo, 202-7, 228
    histeria, 163-79, 238
    neurose obsessiva, 151-63
    perversão, 201-7, 228
    psicose, 115-24
eu, desejo e, 264-5n34; *ver também* pulsões
eu/ego:
    cisão do, 190-1
    como termo, 36, 98, 270n16
    desejo e, 265n34
    Esquema L e, 46
    estádio do espelho como origem do, 98, 100-1, 274n43
    Freud sobre, 190-1, 270n17
    notação simbólica do, 50
    sentido/significado e, 36
    versus inconsciente como sujeito, 254n4
    ver também supereu/superego

falo:
    como significante cultural do homem/desejo, 181-2
    desejo da mãe/Outro materno e, 195-6
    materno, 186, 190, 205-6, 302n71
    na troca pelo pênis *ver* castração
    ver também pênis
fala oracular, 57-9, 60-1, 236
falo materno, 186, 190, 205-6, 302n71
falta:
    como insuficiência, 76
    denominação (simbolização) da, 197-200
    dependente da linguagem, 187-8
    desejo como, 55, 56, 63-4, 76-7
    falta da falta, 197-8, 302n73
fantasia:
    como defesa contra o gozo, 207-8, 212, 213, 237, 264-5n34
    fundamental *ver* fantasia fundamental
    versus alucinação, 95-8
fantasia fundamental:
    a posição do analista e a, 69-72, 77, 83
    castração e, 78-83, 145
    como construção, 83
    definição de, 69
    demanda *versus* desejo na, 72-4
    neurose e, 134-7, 144-5
    notação simbólica da, 69
    perversão e, 195-8, 201
    sexo e, 282-3n22
    travessia/reconfiguração da, 77, 83-4, 216
    ver também separação, transferência

Índice remissivo

feminização:
    neurose e, 113, 161
    psicose e, 112-3
Ferenczi, Sandor, 301n62
fetichismo, 202-7, 228
    definição de, 296n26
    estudo de caso, 202-7, 228
    Freud sobre o, 205-6, 299n40
fobia, 182-3, 215, 218-21; *ver também* neurose
foraclusão:
    como causa da psicose, 88-90
    da função paterna *ver* função paterna
    definição de, 91, 122
    recalcamento *versus*, 128
    ver também desmentido; recalcamento primário; psicose
função paterna, 91-4
    alienação (primeiro momento) e, 104-7, 199-200, 273-4n37
    amor e, 218
    castração e *ver* castração
    como menor de dois males, 125-6
    como metáfora, 104
    como princípio explicativo, 123-4, 218-24
    como simbólico, 112-3, 217-8
    complementar da, 215
    desmentido e, 189-90, 205, 208-9, 213
    e desejo da mãe, 91-2
    falha da *ver* função paterna, falha da
    fobia e, 182-3
    lei e *ver* lei
    na psicose, como foracluída, 91; *ver também* função paterna, falha da
    neurose e, 286-7n39
    Nom-du-Père como termo, significados do, 91, 93, 199, 294n14
    o pré-edipiano como reescrito/sobrescrito pela, 294n14
    pai ausente ou presente e, 91-4, 112, 113, 125-6, 277-9n68
    perversão e, 102, 189-94, 195-200, 205, 215
    ponto de capitonê e, 107, 121
    separação (segundo momento) e, 195-200, 273-4n37
    sexo e, 282-3n22
    ver também pai; lei; mãe/Outro materno
função paterna, falha da:
    alucinação e, 95-8
    as pulsões e a, 111
    como inalterável, 94, 114
    e falta da pergunta, 113-5
    estudo de caso, 115-24
    feminização e, 111-3
    gozo e, 110-1
    metáfora delirante e, 123-4, 215, 222, 276n57
    o imaginário e, 100-3, 109
    transtornos da linguagem e, 99-109
    Um-pai e, 120
    ver também psicose

Gorog, Françoise, 275n48, 53
gozar, como termo, 248-9n15
gozo:
    a lei e, 209-11
    afeto e, 234, 237
    crise de, 19-20, 238-9
    definição de, 19, 247-9n15
    desejo como e não busca do, 63-4, 264-5n34
    desnudamento do, 236-9
    do Outro *ver* gozo do Outro
    fantasia e, 95, 264-5n34
    perversão e, 144-5, 195-8
    sacrifício do *ver* castração
    versus desejo, 143, 233-4, 238-9
    ver também demanda; desejo
gozo, como termo, 247-8n15
gozo do Outro:
    castração e, 82-3, 144-5, 214-7
    neurose e recusa a ser a causa do, 82-3, 143-6
    perversão e ser a causa do, 144, 195-8, 200-1, 207-8, 209, 213-4
    psicose e, 110, 113
Grigg, Russell, 272n33
guerra, 112

heterossexualidade, neurose e, 142, 151
histeria:
    circuito do desejo da, 141-4, 173-4
    definição estrutural da, 134-7, 176, 179-82
    definição freudiana de, 132-3, 176, 180-1
    e desejo insatisfeito, 63-4, 139-43
    estudo de caso, 163-79, 238
    fobia como relacionada com a, 183
    função paterna e, 286-7n39
    gozo do Outro, recusa a ser a causa do, 143-6
    notação simbólica da, 135-7
    o desejo do Outro como causa da, 137-43, 148-50, 298n35, 298-9n39
    recalcamento na, 128-9
    sexualidade e, 132-3, 139-45, 171-4, 175-6, 215-6, 238
    sintomas físicos e, 129-31
    tratamento da, 143-4, 148-51, 167-9, 171-9
    ver também neurose
histericização, 147-8, 149, 150
homem:
    falo como significante do, 181-2
    ver também pai; diferença sexual; função paterna

Homem dos Ratos, 70-2, 80-1, 129, 145, 161,
    228, 251n2, 256n16, 265n37, 269n13, 288-9n59,
    305-6n25
hommosexualité, 193
homossexualidade:
    Freud sobre, 142, 276n56
    lesbianismo *ver* lesbianismo
    neurose e, 142, 151
    psicose e, 112, 114, 190, 275n51, 276n56

ideais, 74-5, 157-8, 175-6
ideal do eu *ver* supereu/superego
identificação:
    com o analista, 74-5, 77, 235
    com o Outro, 73, 77
    parental, 74
imaginário:
    definição de, 36, 43-4
    elaboração da transferência e, 44-6
    metas da análise e, 256n14
    notação simbólica do objeto do, 50
    pai como, 112
    psicose e, 100-3, 109-10
    relação analítica e, 43-4, 50
    rivalidade e, 43, 46, 101, 112
    significado como, 36
    simbólico como reescrita do, 100-3
inconsciente:
    aceitação do, 35, 36-38
    como faltando nos psicóticos, 128
    como linguagem, 128
    como sujeito suposto saber, 42
    definição do, 280n8
    não aceitação do, 38, 138
    neurose obsessiva e, 138
    recalcamento e *ver* recalcamento
    relações simbólicas e, 45-6
    sintomas como prova do, 129
    ver também sujeito
interpretação:
    abrindo espaço para o desejo, 54-5
    batendo no real, 60-1
    como apofântica, 178
    como criadora da verdade, 177-8
    como fala oracular, 57-9, 60-1, 236
    como polivalente e ambígua, 58-9, 60-1
    como produtora de dependência, 57-8
    construção na, 168, 176-8, 223-4
    da resistência, 257n23
    do fato da transferência, 48, 52-3
    e as crianças, 223-4
    evidenciando a falta no desejo, 56
    Freud e, 251n6
    momento da, 59, 223

    rejeitada pelo analisando, 24
    ver também ponto de capitonê; sentido/
        significado; técnica
interrupção *ver* escansão
intervenções *ver* técnica

Jaynes, Julian, 270-1n18, 272n31
julgamento, 47-9; *ver também* supereu/superego

Kant, Immanuel, 300n55
"Kant com Sade" (Lacan), 80, 145, 300n52, 301n63
Kraepelin, Emil, 87

lampejo de subjetividade, 292n79
lei:
    agressividade e, 111
    definição de, 277-8n68
    desejo e, 229, 234
    e crise de legitimação, 277-9n68
    gozo e, 209-11
    instauração da *ver* função paterna
    neurose e, 184, 210
    perversão e, 184, 200-2, 208, 209-11, 212-3
    psicose e, 184
    relações simbólicas e relação com a, 44-5
lesbianismo:
    como heterossexualidade, 193
    histeria e, 174, 286n38
    Outro sexo no, 143-4, 193, 285n32
    perversão e, 193, 297n29
libido *ver* gozo
limitação *ver* castração
linguagem:
    como base do trabalho, 218
    corpo escrito pela, 110-1, 129-30, 228, 275n44
    e desejo, 66-7, 114-5, 197-8, 227, 228
    e gozo, 201, 238-9, 305-6n25
    fala entreouvida pelas crianças, 227-8
    falta como dependente da, 187-8, 197-8
    função paterna e, 275n54
    histeria *versus* neurose obsessiva e, 181
    inconsciente como, 128
    psicose e *ver* psicose e linguagem
louva-a-deus, 73

mãe:
    falo materno, 186, 190, 205-6, 302n71
    função paterna e, 91-3
    ver também mãe/Outro materno; pais;
        função paterna
mãe/Outro materno:
    como função simbólica *ver* Outro
    comparação de estruturas diagnósticas em
        relação à, 215-7
    definição de, 254-5n8

separação da, 134-5, 194, 198-9, 212-3, 215, 223-4, 298n38
  ver também função paterna
Marx, Karl, 92
masculinização, 113
masoquismo, 190, 201, 207-9, 296n27
masturbação *ver* autoerotismo
matema, definição de, 283n24
Mesmer, Franz, 40
metáfora delirante, 123-4, 215, 222, 276n57
metáfora paterna *ver* função paterna
metáforas:
  incapacidade de criar, 103-7
  substitutivas (momentos), 216
Miller, Dominique, 301n62
Miller, Jacques-Alain:
  sobre a alucinação, 95
  sobre a demanda, 24, 251n3, 309
  sobre a dialetização, 253n30
  sobre a fantasia, 303n9
  sobre a histeria, 286n37
  sobre a periodização do trabalho de Lacan, 230, 242, 256n14, 302n1
  sobre a perversão, 288n51, 297n29, 298n36, 304n15
  sobre a sutura, 288n52
  sobre amor/desejo/gozo, 287n46, 287n48
  sobre as pulsões, 230, 233, 238, 304n18, 313, 314
  sobre o corpo, 303n3
  sobre o desejo do analista, 247n8, 249n17
  sobre o diagnóstico, 281n16, 281n17, 312, 313, 314
  sobre o real, 61, 304n12
mitos na psicanálise, 217-8
momentos *ver* alienação; separação; travessia da fantasia
Monroe, Marilyn, 56
moral:
  Freud sobre, 209-10
  função paterna e, 111
  gozo e, 209-11
mudança:
  evitação da, 13-4
  ver também desejo do analista; resistência
mulher:
  como Outro sexo, 181, 285n32, 297n29
  ver também mãe; mãe/Outro materno; diferença sexual

narcisismo, 297n29
necessidade, definição de, 258n4
neurose, 127-8, 214-7
  agressão e, 111
  alienação/separação e, 199, 214-7
  alucinação *versus* fantasia e, 95-8
  características definidoras da, 179-82
  corpo como morto na, 110-1, 158
  desejo do analista e, 15
  dialética do desejo e, 113-5
  discursos da, 149
  dúvida como marca característica da, 96-7
  e a lei, 184, 210-1
  feminização e, 113, 161
  fobia *ver* fobia
  Freud sobre a, 88, 89
  gozar com o gozo e, 233-4
  gozo do Outro, recusa a ser causa do, 82-3, 143-6
  histeria *ver* histeria
  identificação com o Outro e, 71-7
  imaginário *versus* simbólico e, 101-2, 109-10
  linguagem e, 99-100, 109
  metas da análise e, 231, 234-6
  notação simbólica da, 135, 136-7
  obsessão *ver* neurose obsessiva
  pergunta feita na, 137-9
  princípio explicativo e, 218-22
  recalcamento e *ver* recalcamento
  sacrifício do gozo e *ver* castração
  separação do Outro e, 67-8
  sessões de duração variável e, 28
  transferência e *ver* transferência
  tratamento da, 122-4; *ver também* técnica; *verbetes sobre estruturas diagnósticas específicas*
  ver também perversão; psicose
neurose obsessiva:
  alucinação e, 97-8
  compulsividade e, 281n14
  definição estrutural da, 134-7, 176, 179-82
  definição freudiana da, 132-3, 180-1, 281n12, 281n14
  e desejo impossível, 63-4, 139-40, 142
  estudo de caso, 151-63
  notação simbólica da, 135, 136-7
  recalcamento na, 129
  recusa a reconhecer o Outro, 134, 135, 138, 146-8, 298-9n39
  recusa a ser a causa do gozo do Outro, 144-5
  sacrifício do gozo e, 192
  ser no pensamento e, 137-9, 305-6n25
  sessões de duração variável e, 29
  sexualidade e, 132, 137-43, 153-5, 159-61, 191-2, 215
  sintomas físicos e, 130
  tratamento da, 129, 146-8, 150-1, 153, 156, 157-63
  ver também neurose

Nom-du-Père ver função paterna
Nome-do-Pai *ver* função paterna

objeto *a ver* causa do desejo (objeto *a*)
obsessão *ver* neurose obsessiva
oráculo de Delfos, 58
Outro:
    como relações simbólicas, 44-6
    comparação de estruturas diagnósticas em relação ao, 214-7
    definição do, 43, 254-5n8
    desejo do *ver* desejo do Outro
    falta no, 76
    gozo do *ver* gozo do Outro
    notação simbólica do, 50
    o analista como simbólico, 42-4, 57-8, 118-20
    o recalcamento e o *ver* recalcamento
    Outro do Outro, 277-9n68
    recusa dos obsessivos a reconhecer o, 134, 135, 138, 146-8, 298-9n39
    separação do *ver* separação
    ver também lei; mãe/Outro materno; sujeito
outro, o:
    analista como imaginário, 44
    definição de, 254-5n8
    psicose e imaginário, 109-10

paciente:
    como termo, 20
    ver também analisando
pai:
    ausente *versus* presente, 91, 92-3, 112, 113, 125-6, 277-9n68
    como função simbólica, 112, 117
    como função *ver* função paterna
    como instaurador da lei, 112
    como menor de dois males, 125-6
    como rival imaginário do(a) filho(a), 112
    confusão contemporânea sobre o papel do, 125-6, 193-4, 200
    freudiano, como proibidor, 102, 193, 200
    ver também lei; mãe; mãe/Outro materno; pais
pais:
    como o Outro, e desejo, 66-7, 74
    falta nos, 263n29
paranoia:
    como categoria oniabrangente, 267-8n8
    perseguição e, 110
passe, 235-6, 263n32
Paulhan, Jean, 301n67, 304n14
paz, 112
pênis:
    falo materno, 186, 190, 205-6, 302n71

    perversão, pulsões e o, 191-2
    sacrifício do gozo e, 191-2
    ver também castração; falo
pequeno *a ver* causa do desejo (objeto *a*)
Pequeno Hans, 182-3, 186, 192, 194, 218-21, 292-3n86, 296n23, 297n31, 298n34, 302n71
perseguição, 110
perversão, 214-7
    alienação e separação e, 193-4, 195-200, 208-9, 212-3, 214-7
    alucinação e, 95
    como estrutura clínica vs. estigma, 184, 185-6
    desmentido e *ver* desmentido
    e a lei, 184, 200-2, 208, 209-11, 212-3
    e afinidade com a fobia, 183
    entrevistas preliminares e, 23
    estudo de caso, 202-7, 228
    falo materno e, 186, 190, 205-6, 302n71
    falta de pergunta na, 195-6, 207, 298n36
    fantasia fundamental na, 195-8, 201
    fetichismo *ver* fetichismo
    Freud sobre a, 186-9, 190-2
    função paterna e, 102, 189-94, 195-200, 205, 215
    gozo do Outro e, 144, 195-8, 200-1, 207-8, 209, 213-4
    imaginário reescrito pelo simbólico na, 101-2
    masoquismo, 190, 201, 207-9, 296n27
    metas da análise e, 231
    notação simbólica da, 191-2
    raridade da, 184, 185
    sacrifício do gozo e, 189, 190-4
    sadismo, 211-3
    sexualidade e, 190-2, 203-5
    traços de, na neurose, 160, 215-6
    tratamento da, 196-8, 206-7
    vontade de gozo e, 200, 213-4
    ver também neurose; psicose
Platão, 259n9
Poe, Edgar Allan, 227
point de capiton ver ponto de capitonê
ponto de ancoragem *ver* ponto de capitonê
ponto de capitonê (*point de capiton*), 107, 121, 259n7
pontuação, 25
prazer sexual, perda do *ver* castração
primeiro recalcamento *ver* recalcamento primário
primeiro sentido, 106
    ver também ponto de capitonê
princípio de realidade, gozo e, 247-9n15
princípio do prazer:
    desejo e, 304n18
    gozo e, 247-9n15, 297n32

proibição *ver* castração; função paterna
prostituição, 175, 238, 291n76
psicose, 214-7
    alienação/separação e, 199, 215-6
    alucinação e, 95-8
    causa da *ver* foraclusão; função paterna, falha da
    certeza como característica da, 96-7
    desejo do analista e, 246-7n4
    e a lei, 184
    e as pulsões, 111, 303n8
    e falta de pergunta na, 113-5
    e tratamento, 22-3, 87, 115-24, 223-4, 259n7
    entrevistas preliminares e, 23
    estudo de caso, 115-24
    feminização e, 111-3
    Freud sobre a, 88, 112
    função paterna e *ver* função paterna
    gozo e, 110-1, 113
    linguagem e *ver* psicose e linguagem
    metáfora delirante, 123-4, 215, 222, 276n57
    ponto de capitonê e, 107, 121, 259n7
    princípio explicativo e, 222-4
    produções literárias na, 118, 121
    relações imaginárias e, 100-3, 109-10
    sexualidade e, 116
    tratamentos medicamentosos e, 277n67
    Um-pai e, 120
    ver também perversão
psicose e linguagem, 99-100
    feminização e, 112-3
    frases interrompidas, 107-9
    incapacidade de criar metáforas, 103-7
    neologismos, 107-9
    simbólico *versus* imaginário e, 100-3
pulsões:
    aceitação das, para além da neurose, 233-6
    compulsividade e, 281n14
    desejo e, 264-5n34
    e demanda, 296n24
    neurose e, 111
    perversão e, 102
    psicose e, 110-1, 303n8
    socialização das, 102, 110-1
    transformações das, 230-2
    ver também castração

real:
    definição, 61, 177
    interpretação como algo que bate no, 60-1, 177
    notação simbólica do objeto do, 50
    o analista como, 49-50
    o corpo como, 110
    simbolização do, como objetivo analítico, 61
    sujeito como, 232
    trauma como, 61
realidade:
    analista não árbitro da, 239, 254-5n8, 269n8, 269n9
    como imposição dos pais, 247-8n15
    objetiva, como crença, 96, 187-9
recalcamento:
    como causa da neurose, 88-9, 190-1
    como não ocorrido *ver* função paterna, falha da
    como pensamento/linguagem, 127-9
    definição de, 127-8
    desmentido *versus ver* desmentido
    fobia e, 182-3
    foraclusão *versus*, 128
    na histeria *versus* neurose obsessiva, 181
    primário, 104-6, 195, 196
    retorno do recalcado, 129-31
    secundário, 199
recalcamento primário, 128; *ver também* desmentido; foraclusão; neurose
recusa [*denial*] *ver* desmentido
relação analítica:
    e o sujeito suposto saber *ver* sujeito suposto saber
    face real, 232
    Freud sobre a, 52
    início da *ver* entrevistas preliminares
    julgamento pelo analista e, 47-9
    relações simbólicas *versus* imaginárias e, 44-6
    sugestão e, 19, 40-1
    término da, 83-4, 228
    ver também sessões; tratamento
relações simbólicas:
    definição de, 44-6
    imaginário reescrito/sobrescrito pelas, 100-3
    pai e, 111-3
    ver também linguagem; lei; função paterna
representação, 305-6n25
repugnância, 132, 166, 172, 176
resistência:
    ao gozo, 238
    como necessidade estrutural, 257n23
    do analista, 17-8, 250-1n17
    Freud sobre a, 32, 252n17
    interpretação da, 257n23
responsabilidade *ver* subjetivação
rivalidade, 43, 46, 101, 112
rivalidade fraterna, 43

saber:
    analista não é senhor do, 42, 43, 239, 254-5n8, 269n8, 269n9
    autoridade do *ver* sujeito suposto saber

desejo de não saber, 17-8
desmentido e, 295n18
histeria e o saber do analista, 148-51
histeria *versus* neurose obsessiva e, 181
sugestionabilidade e, 39-41
sadismo, 211-3
satisfação:
    como termo, 247-9n15
    ver gozo
Saussure, Ferdinand de, 274n38
Schaetzel, Jean-Claude, 116-24
Schneiderman, Stuart, 276n58, 276n59
Schreber, Daniel Paul, 103, 110, 111-2, 120, 123-4, 269n11, 274n41, 275n46, 312; *ver* eu/ego
sentido/significado:
    ambiguidade do, 34-6
    como imaginário, 36
    metáfora delirante/psicose e, 122-4, 215, 222, 259n7, 276n57
    nunca óbvio, 33
    o Outro como determinante do, 54-5
    o primeiro, 106; *ver também* ponto de capitonê
    princípio explicativo e, 218-24
    ver também interpretação; linguagem
separação:
    angústia de, 194, 298n38
    definição de, 297n33
    do analista, 75-6, 83-4, 228
    do desejo do Outro, como tarefa essencial, 67-8
    do seio, 134, 135, 212
    e sujeito como pulsão, 231-2, 233-4
    função paterna e, 195-200, 273-4n37
    linguagem e, 297n33
    perversão e, 193-4, 195-200, 208-9, 212-3, 214-7
    resposta/reação à *ver* fantasia fundamental
sessões:
    com atraso ou canceladas, e remarcação, 31-2, 249-51n17
    de duração variável, 27-9, 236
    face a face, 24, 150
    preliminares *ver* entrevistas preliminares
    ver também divã
sessões de duração variável, 27-9, 236
sessões face a face, 24, 150
sexualidade:
    angústia e, 305n22
    autoerotismo *ver* autoerotismo
    como perverso-polimorfa, 185-6
    e as pulsões, 233-4
    heterossexualidade, 151
    histeria e, 132-3, 139-45, 171-4, 175-6, 215-6, 238

homossexualidade *ver* homossexualidade
interpretação e, 58-9
interrogações diagnósticas e, 23
neurose obsessiva e, 132, 137-43, 153-5, 159-61, 191-2, 215
normativa, análise e, 143-4, 185-6, 234, 293n2
perversão e, 190-2, 203-5
psicose e, 116
ver também castração
Shakespeare, William, 67, 295n16
significado *ver* sentido/significado
significantes, 181-2, 288n55, 292n79
sintomas:
    como decorrentes de forças contrárias, 190-1
    como satisfações substitutas, 18-20
    como solução de problemas, 200, 209, 220-2
    conversivos (somáticos), 129-31
    desmentido e, 186-7
    e histeria, na análise, 149
    entrevistas preliminares e isolamento dos, 23-4
    ligando a angústia, 200
    o inconsciente como prova dos, 129-30
    prazer com os, 13
    profusão de classificações baseadas nos, 131-2
sintomas conversivos, 130-1
sintomas somáticos *ver* corpo
sobrecarga sexual, 78
Sócrates, 259n9
Soler, Colette, 247n13, 260-1n2, 262n23, 263n32, 269n7, 280n4, 286n37, 287n49, 288n54, 308, 311, 314
sonhos, analista como causa de, 49-50
subjetivação:
    como objetivo da análise, 68, 77, 177-9, 228-9
    definição de, 238, 266n43
sugestão:
    aprovação do analista e, 49
    poder da, 40-1
    vivência de sentimentos e, 280n6
sujeito:
    advento do, 224
    como demanda, 231, 232
    como desejo, 229-30, 232, 233-6
    como elo/vínculo, 260n13
    como lampejo, 292n79
    como postura em relação ao objeto *a*, 230-2, 239
    como pulsão, 229-32, 234-6
    do gozo, 233-6
    e denominação da falta na mãe/Outro materno, 198
    em relação à causa *ver* fantasia fundamental
    entre a linguagem e o gozo, 238-9, 305-6n25

momentos lógicos do, 215-6; *ver também* alienação, separação; travessia da fantasia
ver também Outro
sujeito lacaniano, 224, 292n79
sujeito suposto saber:
  como inconsciente do analisando, 42, 43, 239, 254-5n8
  cultura e, 39-40
  falta necessária ao surgimento do, 298n36
  pessoa do analista e, 42-4
  queda do, 75
  sugestionabilidade e, 39-41
supereu/superego:
  aceitação das pulsões e, 233
  como alucinação auditiva, 97-8
  e ideais como geradores de inibição, 176
  e identificação parental, 74-5
  e o Outro, 74-7
  Freud sobre o, 74, 175-6
  função paterna e, 274n39
  gozo e, 145
  lei moral e, 209-10
  neurose obsessiva e, 157-8
  simbólico *versus* imaginário e, 100-3
  ver também pulsões; eu/ego; moral
supervisão, 250n17
surpresa, elemento de, 27-30
surtos psicóticos, desencadeamento de, 87, 94-5, 102, 112, 118, 120
Sylvester, Michel, 33

técnica:
  desnudando o gozo, 236-9
  escansão, 26-30, 251n10
  fala oracular, 57-9, 60-1, 236
  imprevisibilidade na, 69-72, 77
  interpretação *ver* interpretação
  nos estudos de caso *ver* estudos de caso
  pontuação, 25

Tostain, René, 202, 206-7, 299n44, 299n46
traição, 171, 238
transexualidade, 112-3
transferência:
  como projeção, 69-70
  como resistência, 257n19, 257n23
  definição da, 52-3
  elaboração da *ver* elaboração da transferência
  estímulo/desestímulo da, 42-4, 47-9, 52-3
  fixação e neurose de, 65
  Freud sobre a, 256n16
  histeria e, 148-51
  identificação com o analista e, 73-6, 234-6
  negativa, 51-2
  neurose obsessiva e, 146-8, 150-1
  perversão e, 196-7
  positiva, 50-1
  separação do analista, 73-6, 83-4
  ver também contratransferência
transtornos da, 99-109
tratamento *ver verbetes sobre estruturas diagnósticas específicas*; técnica
tratamentos medicamentosos, 131
trauma, 61, 264n34
travessia da fantasia, 77, 83-4, 216, 231-2, 235-6
triângulo edipiano *ver* função paterna
Triebrepräsentanz, 293n7, 294n8

Um-pai [*Un-père*], 120

Verleugnung ver desmentido
Vorstellungsrepräsentanz, 187
voz interior *ver* supereu/superego
vozes *ver* alucinação; psicose e linguagem

Winnicott, D.W., 64
Wissentrieb, 17, 247n9

Žižek, Slavoj, 246n1, 274n40, 288n51, 313

1ª EDIÇÃO [2018] 8 reimpressões

ESTA OBRA FOI COMPOSTA POR MARI TABOADA EM META PRO
E MINION PRO E IMPRESSA EM OFSETE PELA GRÁFICA BARTIRA
SOBRE PAPEL PÓLEN DA SUZANO S.A. PARA A
EDITORA SCHWARCZ EM FEVEREIRO DE 2025

A marca FSC® é a garantia de que a madeira utilizada na fabricação do papel deste livro provém de florestas que foram gerenciadas de maneira ambientalmente correta, socialmente justa e economicamente viável, além de outras fontes de origem controlada.